国家出版基金项目
NATIONAL PUBLICATION FOUNDATION

海外著名汉学家评传丛书

葛桂录 主编

Academic Biographies
of Renowned
Sinologists

葛桂录　陈夏临　著

A CRITICAL
哈罗德·阿克顿
评传
BIOGRAPHY

Harold Mario Mitchell Acton

山东教育出版社
·济南·

图书在版编目（CIP）数据

哈罗德·阿克顿评传 / 葛桂录，陈夏临著 . — 济南：
山东教育出版社，2023.12
（海外著名汉学家评传丛书 / 葛桂录主编）
ISBN 978-7-5701-2744-3

I. ①哈… Ⅱ. ①葛… ②陈… Ⅲ. ①哈罗德·阿克
顿—评传 Ⅳ. ① K835.615.6

中国国家版本馆 CIP 数据核字（2023）第 223999 号

HALUODE AKEDUN PINGZHUAN
哈罗德·阿克顿评传

葛桂录 陈夏临 著

总 策 划	祝 丽
责 任 编 辑	周红心
责 任 校 对	刘 园
装 帧 设 计	M 书籍／设计／工坊 刘运来工作室

主 管 单 位	山东出版传媒股份有限公司
出 版 人	杨大卫
出 版 发 行	山东教育出版社

地 址	济南市市中区二环南路 2066 号 4 区 1 号
邮 编	250003
电 话	(0531) 82092660
网 址	www.sjs.com.cn

印 刷	济南精致印务有限公司
开 本	710 毫米 x 1000 毫米 1/16
印 张	20.75
字 数	320 千
版 次	2023 年 12 月第 1 版
印 次	2023 年 12 月第 1 次印刷
定 价	108.00 元

如印装质量有问题，请与印刷厂联系调换，电话：0531-88783898

哈罗德·阿克顿（Harold Mario Mitchell Acton,
1904—1994）

总　序

　　"汉学"（Sinology）[1]概念正式出现于 19 世纪。1814 年，法国法兰西学院设立了被称为西方汉学起点的汉学讲座。我国学界关于汉学概念的认知有所差异，比如有关"汉学"的称谓就包括海外汉学、国际汉学、域外汉学、世界汉学、中国学、海外中国学、国际中国学、国际中国文化等，近年来更有"汉学"与"中国学"概念之争及有关"汉学主义"的概念讨论。[2]李学勤先生将"汉学"看作外国学者对中国历史文化和语言文学等方面的研究。阎纯德先生在为"列国汉学史书系"所写的序言中说，中国人对中国文化的研究应该称为国学，而外国学者研究中国文化的那种学问则应称为汉学，汉学既符合中国文化的学术规范，又符合国际上的历史认同与学术发展实际。[3]这样，我们在综合国内外学者主流观点的基础上，目前拟将"（海外）汉学"初步界定为国外对中国的人文学科（如语言、文学、历史、哲学、地理、宗教、艺术、考古、人类学等）的研究，也将其作为本套"海外著名汉学家评传丛书"选择

---

〔1〕指代"汉学"的 Sinologie（即英文的 Sinology）一词出现在 18 世纪末。
〔2〕顾明栋：《汉学主义：东方主义与后殖民主义的替代理论》，张强、段国重、冯涛等译，商务印书馆 2015 年版，第 40—140 页。
〔3〕阎纯德：《汉学历史与学术形态》，见阎纯德主编《汉学研究》（总第十集），学苑出版社 2007 年版。

传主对象的依据之一。当然，随着海外汉学研究不断深入拓展，它所囊括的范围也将包括政治、社会、经济、管理、法律、军事等国际中国学研究所涉及的社会科学范围，打通国际"汉学"和"中国学"研究的学术领域。正如国内海外汉学研究的领军人物张西平教授所说，我们要树立历史中国和当代中国统一性的正确史观。[1]

中国自公元 1219 年蒙古大军第一次西征引发与欧洲的"谋面"始，与西欧就有了越来越多的接触与交流。数百年来的中西文化交流史，同时也是海外汉学的发展史，在这一历史过程中，海外汉学家是研究与传播中国文化的特殊群体。他们在本国学术规范与文化传统下做着有关中国文化与文学的研究和翻译工作。从中外交流的角度挖掘一代代海外汉学家的存在价值并给予其科学的历史定位，既有益于中国文化走向世界，也有利于中国学术与世界接轨，因而该领域的研究工作亟待拓展与深化。

本丛书旨在通过撰著汉学家评传的方式，致力于海外汉学研究的深耕掘进，具体涉及汉学家的翻译、研究、教学、交游，重点是考察中国文化、文学在异域的接受轨迹与变异特征，进而从新世纪世界文化学术史的角度，在中华文化与世界主要国家文化的交流、碰撞和融合之中深入探索中华文化的现代意义，加深对中华传统文化价值的认识，借此推动学术界关于"中学西传"的研究更上新台阶，并促进海外汉学在学科自觉意义上达到一个新高度。

一、海外汉学与中华文化国际传播

海外汉学的发展历程是中华文化与异质文化交流互动的历史，

---

[1] 张西平：《历史中国和当代中国的统一性是开展中国研究的出发点》，载《国际人才交流》2022 年第 10 期。

也是域外学人认识、研究、理解、接受中华文化的足迹，它昭示着中华文化的世界性意义。参与其中的汉学家是国外借以了解中华文化的主要媒介，中华文化正是在他们的不懈努力下逐渐走向了异域他乡，他们在中华文化走向世界的过程中做出了特殊的贡献。

季羡林先生早在为《汉学研究》杂志创刊号作序时就提醒世人不可忽视西方汉学家的重要价值："所幸在西方浑浑噩噩的芸芸众生中，还有一些人'世人皆醉，而我独醒'，人数虽少，意义却大，这一小部分人就是西方的汉学家……我现在敢于预言：到了 21 世纪，阴霾渐扫，光明再现，中国文化重放异彩的时候，西方的汉学家将是中坚人物，将是中流砥柱。"[1]季先生还指出："中国学术界对国外的汉学研究一向是重视的。但是，过去只限于论文的翻译，只限于对学术论文、学术水平的评价与借鉴。至于西方汉学家对中西文化交流所起的作用，他们对中国所怀的特殊感情等等则注意还不太够。"[2]

事实上，海外汉学家将中华文化作为自己的兴趣关注点与学术研究对象，精心从事中华文化典籍的翻译、阐释和研究，他们丰富的汉学研究成果在其本国学术界、文化界、思想界相继产生了不小的影响，并反过来对中国学术发展产生了一定的促进作用。汉学家独特的"非我"眼光是中国文化反照自身的一面极好的镜子。通常汉学家不仅对中华文化怀着极深的感情，而且具有深厚的汉学功底，是向域外大众正确解读与传播中华文化的最可依赖的力量之一。尤其是专业汉学家以对异域文化、文明的译研认知为本位，其

---

[1]季羡林：《重新认识西方汉学家的作用》，见季羡林研究所编《季羡林谈翻译》，当代中国出版社2007年版，第60页。
[2]季羡林：《重新认识西方汉学家的作用》，见季羡林研究所编《季羡林谈翻译》，当代中国出版社2007年版，第60页。

研究与译介中国文化与文学本着一种美好的交流愿景，最终也成就了中外文化与文学宏大的交流事业。他们的汉学活动提供了中国文化、文学在国外流播的基本资料，因而成为研讨中华文化外播与影响的首要考察对象。

自《约翰·曼德维尔游记》(*The Travels of Sir John Mandeville*，1357 年）所代表的游记汉学时代起，海外汉学至今已有六个多世纪的历史。如果从传教士汉学、外交官汉学或学院专业汉学算起，也分别有四百多年、近三百年以及约两百年的历史。而中外文化、文学交流的顺利开展无法绕过汉学家这一特殊的群体，"惟有汉学家们才具备从深层次上与中国学术界打交道的资格"[1]。

19 世纪下半叶至 20 世纪初，随着第二次工业革命的兴起，西方国家对海外市场开拓的需求打破了以往传教士汉学时代以传教为目的而研讨中华文明的格局，经济上的实用目的由此成为重要驱动力，这一时期是海外汉学由"业余汉学"向"专业汉学"转变的过渡时期。海外汉学在这一时期取得了较大的突破，不论汉学家的人数抑或汉学著述的数量皆有很大增长。

尤其随着二战以后国际专业汉学时代的来临，各国学府自己培养的第一代专业汉学家成长起来，他们对中华文化的解读与接受趋于准确和理性，在中华文化较为真实地走向世界的过程中做出了巨大贡献。他们是献身学术与友谊的专业使者，是中国学术与世界接轨的桥梁。其中如英国著名汉学家大卫·霍克思（David Hawkes），他把自己最美好的时光献给了他所热爱的汉学事业。霍克思一生大部分时间都用于中国文化、文学的翻译、研究、阐释与传播。即

---

[1] 方骏：《中国海外汉学研究现状之管见》，见任继愈主编《国际汉学》（第六辑），大象出版社 2000 年版，第 14 页。

使到晚年，他对中华文化的热爱与探究之情也丝毫未减。2008 年，八十五岁高龄的他与牛津大学汉学教授杜德桥（Glen Dudbridge）、卜正民（Timothy Brook）专程从牛津搭乘火车赶到伦敦，为中国昆剧《牡丹亭》青春版的英国首次演出助阵。翌年春，霍克思抱病接待前来拜访的时任中国驻英大使傅莹女士。傅莹大使赠送的一套唐诗茶具立即引起霍克思的探究之心，几天后他给傅莹大使发去电子邮件，指出这套唐诗茶具中的"唐"指的是明代唐寅而非唐代，茶具所画乃唐寅的《事茗图》，还就茶具所印诗作中几个不甚清楚的汉字向傅莹大使讨教。霍克思这样的汉学家对中华文化的熟悉程度与探究精神让人敬佩，他们是理性解读与力图准确传播中国文学与文化的专业汉学家。确实如前引季羡林先生所说，这些汉学家对中国怀有特殊的感情。

霍克思与他的汉学前辈翟理斯（Herbert Allen Giles）、阿瑟·韦利（Arthur David Waley）可以共称为推动中国文学译介最为有力的"英国汉学三大家"，在某种程度上他们改变了西方对中国的成见与偏见。他们三人均发自内心地热爱中华文化，从而成为向英语国家乃至西方世界读者推介中国文学特别是中国古典文学的闯将。西方读者正是通过他们对中国优美诗歌及文学故事的移译，才知晓中国有优美的文学，中国人有道德承担感。如此有助于国际的平等交流，也提升了中国在西方的地位，同时他们也让西方读者看到了中国的重要性，使关于中国的离奇谣言不攻自破，让外国人明白原来中国人可以沟通并理解，并非像过去西方出于成见与偏见而想象的那样异样与怪诞。

由此可见，海外汉学家在中国文学与文化向域外传播的过程中扮演着重要的角色，他们与中华文化国际传播存在着天然的联系。诚如北京语言大学原校长刘利教授在题为《构建以汉学为重要支撑

的国际传播体系》的文章中指出:"汉学自诞生之日起,便担负着
中华文化国际传播的重要使命。汉学家们在波澜壮阔的中外交流史
中留下了独特且深厚的历史印记,他们广博精深的研究成果推动了
中外文化交流和文明交融互鉴,世界各国对中国形象的认知也因此
更为清晰、立体、真实。"[1]确实,中外文明交流互鉴的结果有利于
在世界上显现丰富而真实的中国形象,这不仅意味着中华文明"外
化"的传播,也意味着异域文明对中华文明"内化"的接受,这有
助于展示中华文明走向外部世界的行行足迹。

在新的时代背景下,推进中华文明国际传播,推动中华文化更
好地走向世界,除了我们自身要掌握思想和文化主动,还要特别关
注海外汉学家的著译成果,特别是海外汉学家的全球史视野、跨文
化比较视阈以及批判性反思与自我间离的能力,有助于增强不同文
化之间的共识,创建我们所渴求的文化对话,并发展出一套相互认
同的智性标准。[2]因而,在此时代语境中,探讨海外汉学具有重大
战略意义。

从中国角度看,海外汉学可以帮助我们了解中华优秀传统文化
在国外的传播与影响情况,了解域外的中国形象构成及其背后的诸
多因素,并吸收他们传播中华文化的有益经验。从世界角度看,海
外汉学著译成果及汉学家的诸多汉学活动(教育教学、与中国学人
的互动交流等),可以让世界了解中华文化的特性及其与域外文化
交流互补的特征。

充分关注与深度研讨丰富多彩的海外汉学成果,有助于我们站
在全球史视野与新世纪世界文化学术史的角度,在中华文明与异域

---

[1]刘利:《构建以汉学为重要支撑的国际传播体系》,载《学习时报》2023年7月21日。
[2]葛桂录:《中华文明国际传播与话语建设》,载《外国语言文学》2023年第3期。

文化的碰撞交流与融合发展之中，梳理与总结出中国文学与文化对外传播影响的多元境遇、历史规律、思路方法，为国家制定全球文化战略提供学术佐证，为深化文明交流互鉴提供路径策略，为中华文化国际传播与中国话语体系建设提供历史经验。

本丛书正是以海外汉学家为中心的综合研究的成果，我们将从十位汉学家的思想观念中理解和分析具体的汉学文本或问题，从产生汉学著作的动态社会历史和知识文化背景中理解汉学家思想观念的转折和变化，从而总体性把握与整体性评价汉学家在中华文明外播域外的进程中所做的诸种努力及其实际效果，以确证海外汉学的知识体系和思想脉络。在外国人对中国认知逐步深入的过程中，汉学研究的成果始终起着传播和梳理中国知识、打破旧有思想体系束缚、引领国民中国观念、学习和融合中华文化的重要作用。

二、撰著的方法路径与比较文学视角

海外汉学研究离不开汉学知识史的建构与汉学家身份的认知。正如张西平教授所说："在西方东方学的历史中，汉学作为一个独立学科存在的时间并不长，但学术的传统和人脉一直在延续。正像中国学者做研究必须熟悉本国学术史一样，做中国文化典籍在域外的传播研究首先也要熟悉域外各国的汉学史，因为绝大多数中国古代文化典籍的译介是由汉学家们完成的。不熟悉汉学家的师承、流派和学术背景，自然就很难做好中国文化的海外传播研究。"[1]

海外汉学自身的跨文化、跨语言、跨学科的特质要求我们打破

---

〔1〕葛桂录主编：《中国古典文学的英国之旅——英国三大汉学家年谱：翟理斯、韦利、霍克思》，大象出版社 2017 年版，总序第 5 页。

学科界限，使用综合性的研究方法；用严谨的史学方法搜集整理汉学原典材料，用学术史、思想史的眼光来解释这些材料，用历史哲学的方法来凸显这些材料的观念内涵；尽可能将丰富的汉学史料放在它形成和演变的整个历史进程中动态地考察，区分其主次源流，辨明其价值与真伪，将汉学史料的甄别贯穿于史料研究、整理工作的全过程之中；充分借鉴中国传统学术如版本目录学、校雠学、史料检索学以及西方新历史学派的方法论与研究理念，遵循前人所确立的学术规范。

目前已出版的海外汉学专题研究论著，不少是在翻译研究的学术框架下以译本为中心的个案研究，通过原本与译本的比较，援引翻译研究理论，重点是考察与比较汉学家翻译工作中的误读、误释的基本情况，揭示汉学典籍在域外的传播与变异特征。本丛书旨在文献史料、研究视野、学理方法、思想交流诸方面创新海外汉学研究的观念价值，拓展海外汉学领域的学术空间，特别是深度呈现中外文化交流语境里中华文化的命运，详尽考察中华文化从走出国门（翻译、教学与研究）到走进异域思想文化（碰撞、认知与吸纳）的路径，再到以融合中华文明因子的异域思想文化为参照系，激活中国本土文化的提升空间与持久动力的历程。具体也涉及特定历史文化语境中的汉学家如何直接拥抱所处时代的文化思想及学术大潮，构建自身的异域认知与他者形象。我们要借助丰富多彩的海外汉学成果，关注中外哲学文化思想层面的交互作用，在此意义上评估中华文明的延展性、适时性、繁殖力等影响力问题。

在方法路径上，首先，要在中外文化交流史的基础上弄清楚中华文化向域外传播的历史轨迹，从这个角度梳理出海外汉学形成的历史过程及汉学家依附的文化语境。其次，以历史文献学考证和分析的基本方法来掌握海外汉学文献的传播轨迹和方式，进而勾勒出构成海外汉学家知识来源的重要线索。最后，借用历史语境主义的研究范式探究海外汉学家不同发展阶段的汉学成就及观念诉求。

因而，文献史料的发掘与研究不仅是重要的基础研究工作，同时也意味着学术创新的孕育与发动，其学术价值不容低估。应该说，独立的文献准备是学术创见的基础，充分掌握并严肃运用文献，是每一位海外汉学研究人员必须具备的基本素养。而呈现数百年来中华文化在域外传播影响的复杂性与丰富性的途径之一，就是充分重视文献史料对海外汉学家研究和评传写作的意义。海外汉学史研究领域的发展、成熟与文献学相关，海外汉学研究史料的挖掘、整理和研究，仍有许许多多的工作要做。丛书在这方面付出了诸多努力，包括每位传主的年谱简编及相关文献史料的搜集整理，为厘清中华文化向域外传播的历史轨迹，梳理海外汉学发展的历史过程及汉学家依附的文化语境，起到了重要的支撑作用。

构建海外汉学史的框架脉络，需要翻阅各种各样的包括书刊、典籍、图片在内的原始材料，如此才能对海外汉学交流场有所感悟。这种感悟决定了从史料文献的搜集中，可以生发出关于异域文化交流观念的可能性及具体程度。海外汉学史研究从史料升华为史识的中间环节是"史感"。"史感"是在与汉学史料的触摸中产生的生命感。这种感觉应该以历史感为基础，同时含有现实感甚至还会有未来感。史料正是在研究者的多重感觉中获得了生命。

通过翔实的中外文原典文献资料的搜罗梳理及综合阐释，我们既可以清晰地看出海外汉学家、思想家对中国文化、文学典籍的译介策略与评述尺度，又能获知外国作家借助于所获取的汉学知识而书写的中国主题及其建构的中国形象，从而加深对中外文学、文化同异性的认知，重新审视中外文学交流的历史性价值和世界性意义，有助于提升中外文学交流史的研究层次，提出新的研究课题，拓展新的研究领域，并奠定中外文学交流文献史料学的研究基础。

海外汉学家研究属于中外文学、文化交流的研究领域，从属于比较文学研究的学科范畴。我们要以海外汉学数百年的发展史为背景，从中外文化与文学交流的角度来重新观照、审视汉学家的汉学经历、成就及影响，因而必须借鉴历史分析等传统学术研究方法，并综合运用西方新史学理论，接受传播学理论、文本发生学理论、跨文化研究理论，以及文化传播中的误读与误释理论等理论成果，从文化交流角度准确定位海外汉学家的历史地位，清晰勾勒他们如何通过汉学活动以促进中外文明交流发展的脉络。这不仅有利于传主汉学面貌的清晰呈现，也裨益于中国文学与文化的域外传播，同时更有助于我们透视外国人眼中的中华文化。因此，海外汉学家研究作为中国比较文学学科的一个重要领域，必将能为中华文化的海外弘扬贡献力量，它昭示的是中华文化的世界性意义。

同样，海外汉学家在其著译与教育交流实践中，也非常关注比较文学视角的运用。比如，霍克思担任牛津汉学讲座教授几年后，从比较文学的视角正面回答了汉学学科这一安身立命的问题。在他看来，中国文学的价值在于其与西方的相异性，作为世界文化的一个组成部分，其独特性使其有了存在与被研究的必要。霍克思认为，对不同文学间主题、文体、语言表达与思想表达差异的寻找等都是中西文学比较中可展开的话题。他在多年的汉学研究中时刻不忘比较视域，其学术路径在传统语文学研究方法基础上增加了比较思想史视野下审视学术文献意义的步骤。对于霍克思而言，研究汉学既是为了了解中国，了解一个不同于西方的文学世界，也是为了中英互比、互识与互证。此中贯穿着比较，贯穿着两种文化的互识与交流。霍克思对中国典籍译研的文化阐释影响深远，比较文学意识可算是贯穿其汉学著译始终的重要研究理念。

　　比较文学视角有助于促成跨文化交流与文明互鉴的理想结果，也就是对话双方能够在交流中找寻本土思想文化创新发展的契机并实现互惠。因为，跨文化对话有一种镜子效应，把陌生文化当作一面镜子，在双方的对话中更好地认识自己，而且新意往往形成于两者的交锋对话之中。当然，安乐哲（Roger T. Ames）也提醒我们："文化比较需要一把'双面镜'，除了要站在西方文化的立场上依据西方的思想体系和结构翻译与诠释中国文化外，我们更应当以平等的态度和眼光，通过回归经典去实事求是地理解中国的传统，即从中国哲学和文化本身出发去理解它，并且从中认识到其所具有的独特性。"[1]

　　在此意义上，海外汉学家在中国典籍翻译阐释中所展示的跨文化对话意识具有特殊意义。他们固然可以复制出忠实于原作的译本，同时更可能出于自己的理论构想与文化诉求，通过主观性阐释与创造性误读，使译作具有独立于原作之外的精神气质与文化品格，同时进行着本民族文化传统的"自我重构"。他们借助于独具特色的译介中国行动，既构筑了新的中国形象，也试图通过东西方文明对话构筑起新的世界，从而实现跨文化对话的目标。

　　本丛书在撰著过程中立足于比较文学视角，依靠史料方面的深入探究，结合思想史研究的路径、文献学的考证和分析、跨文化形象学研究的视角与方法发掘，在具体汉学家的思想观念中理解和分析具体的汉学文本或问题，从产生汉学著作的动态社会历史和知识文化背景中把握汉学家思想观念的转折和变化，展示海外汉学学科体系奠基与进行中西文化融合的过程，从而把握海外汉学的知识体系和思想脉络。

---

〔1〕［美］安乐哲：《"生生"的中国哲学：安乐哲学术思想选集》，人民出版社 2021 年版，第 141 页。

三、编撰理念与总体构想

海外汉学家数量颇为可观。本丛书选择海外著名汉学家十位，每位传主一卷，分别展开他们的综合研究工作，评述每位传主的汉学历程、特点及重要贡献。通过评传编撰，呈现每位传主汉学生涯的生成语境；通过分析阐释传主的翻译策略、文集编选、汉学论著、教育教学理念等，揭示传主汉学身份特征，论析传主汉学思想的载体与构成要素，站在中外文化交流史与海外汉学思想发展史的高度，客观评述传主的汉学成就。反之亦然，从传主的汉学成就观照其所处时代、所在区域的汉学思想演进脉络。撰述过程中关注时代性、征实性、综合性，最终凸显作为汉学思想家的传主形象。

本丛书编撰遵循历史还原、生动理解与内在分析的基本思路。所谓历史还原，即通过对文献史料的爬梳，重现传主汉学成就的历史文化语境。所谓生动理解，即通过消化史料，借助合适的解释框架，理解及重构传主鲜活的汉学发展脉络。所谓内在分析，即通过厘清传主汉学生涯的基本理路，分析传主饱含学养的汉学体验与著译成就。

本丛书各卷的撰述风格与笔法，希望能与今天的阅读习惯接轨，在丰厚翔实、鲜活生动的叙述之中，将传主立体地呈现在读者面前。丛书将以丰富的史料、准确稳妥且富有见地的跨文化传播观点、开放的文化品格、独特的行文风格，使不同层面的读者都能在书中找到各自需要的灵韵，使之在不知不觉的阅读中形成这样的共识：通过几代海外汉学家的不懈努力，中华文化走进异域他乡，引发了中外文学与文化的交融、异质文化的互补，这不仅是昨天的骄傲，更是今天的时尚与主题。

　　本丛书各卷采用寓评于传、评传结合的体例，充分考虑学术性（吸收学界最新成果）与可读性（充满活力的语言），有趣亦有益。各卷引言总论传主的汉学思想特征，各章梳理传主的生活时代与社会思想背景，呈示传主的生平事迹、著述考辨、学养构成，阐释传主的各种汉学成果，从传主的译介、研究、教育教学活动等方面全方位呈现其汉学成就，概括传主的汉学贡献，以确认其应有的汉学地位，最终凸显作为汉学思想家的传主形象，继而为全面深入探讨海外汉学史提供知识谱系与思考路径。同时，我们通过以海外著名汉学家为中心的比较文学跨文化、跨学科（跨界）研究，深入研究、阐释中华优秀传统文化蕴含的思想观念、人文精神、道德规范，力争在中外文明的双向交流中阐发中华文明的内在精髓与独特魅力，努力提高推动中华文明走进域外世界的社会意识，借此回应与推进国家文化发展与国际传播战略，实现中华优秀传统文化的创造性转化与创新性发展，彰显中外人文交流与文明互鉴的价值与意义。

葛桂录

2023 年 10 月 6 日定稿于福建师范大学外语楼

目录

第一章　阿克顿汉学思想的生成背景

第一节　特立独行的"爱美家"身份考辨

一、纯粹唯美主义者

哈罗德·阿克顿爵士（Sir Harold Mario Mitchell Acton，1904—1994）[1]自称"爱美家"（aesthete）。作为一位汉学家、历史学家、诗人与文学家，他以纯粹唯美主义文化思想的实践为终生事业，认为美作为文化艺术的核心，可凝炼美的精华，融合异质文明，衍生和平，并最终能拯救世界。阿克顿将唯美主义艺术的核心，即"美"这一抽象理论概念喻为可流动的客体，认为"美"是客观可感且普遍存在的真理。他曾在自传《一个爱美家的回忆录》（*Memoirs of an Aesthete*）中，深情地对唯美主义告白："我爱美，对我来说，美就是生命。"[2]同时期被唯美主义风潮吸引的，还有来牛津后与阿克顿交往密切的西特维尔一家（the Sitwells），阿克顿与西特维尔家族维持了终生的文化交往；在同时期，崇奉唯美主义的牛津学子还有神秘主义者格特鲁德·斯坦（Gertrude Stein）等。在阿克顿的典雅示范与亲身倡导下，牛津爱美人士集结成了松散的文化群落，阿克顿的追随者还有罗

---

〔1〕哈罗德·阿克顿于 1974 年被封为爵士，1986 年被授予佛罗伦萨荣誉市民称号。
〔2〕Harold Acton. *Memoirs of an Aesthete*. London: Methuen, 1948, p. 2.

伯特·拜伦（Robert Byron）、彼得·昆内尔（Peter Quennell）[1]、奥斯
伯特·西特韦尔（Osbert Sitwell）和 W. H. 奥登（W. H. Auden）等。可以
说，阿克顿开 20 世纪 20 年代牛津唯美主义风气之先，秉承奥斯卡·王尔
德（Oscar Wilde）的唯美主义思想并扬弃再造，进而丰富了唯美主义的内
涵及表现形式，被称为牛津文学的无冕之王。

　　"爱美家"一词源于 19 世纪 80 年代在英国兴起的唯美主义运动
（Aesthetic Movement）。唯美主义运动以对美感的敏锐认知，以心理距离
与审美觉知等微观心理机制为基础，发现并评估事物美的价值，提倡"为
艺术而艺术"，以铸造王尔德对唯美主义的审美规范。"英国唯美主义运动
是作家追求极致风雅、追求极致美的艺术心理的艺术实践，也是社会一定
阶段的公众对艺术美、形式美、空灵美的需要。"[2]英国唯美主义运动的代
表人物王尔德对唯美主义的践行，使"爱美家"除发掘审美趣味、体认审
美觉知的本意之外，还带上了违背世俗、脱离常轨的文化内涵。[3]在阿克
顿的大学时代，唯美主义由王尔德所引发的伦理歧义已让许多浮想联翩者
掩口而笑。[4]回溯唯美主义（aestheticism）与唯美主义者（aesthete）的内
涵，阿克顿所谓"爱美家"除"唯美主义者"之外，兼有"审美家"与
"勤学者"的意义，即唯美主义不仅存在于居高临下的评估体系，还运行
于基础实践的探索与研究领域，只有能以审美维度突破审美距离，从美形

[1] 彼得·昆内尔，诗人，编剧，阿克顿牛津时期的诗友与后辈，阿克顿曾邀其合编 1924 年的《牛津诗歌》（Oxford Poetry）。
[2] 李桂荣：《王尔德唯美主义的渊源》，载《河南师范大学学报（哲学社会科学版）》2007 年第 4 期，第 123 页。
[3] "而且他也把自己定义为美的殉道者，他在逝世前不久为自己想好的永久称号就是‘臭名昭著的牛津圣奥斯卡·诗人、殉道者’。因为他的唯美主义并不能被当时社会所接受，一度遭到了贬斥，所以他也是艺术美的陪葬者。"参见李昕白：《王尔德的唯美主义是逃避主义吗？——论〈道连·葛雷的画像〉》，载《文教资料》2009 年 11 月号第 33 期。
[4] "王尔德入狱的表面和直接原因是他和道格拉斯有伤社会风化的同性恋，因它嘲弄了爱虚荣面子的维多利亚社会，从而遭到了维多利亚社会的严厉指责。但更深层次的原因在于王尔德揭露了社会的伪善道德的本质，在于他与社会、道德的对立，而这才是其真正不为社会所容的原因所在。"参见刘茂生、程小玲：《从享乐到悲哀：王尔德唯美艺术的双重表达》，载《外国文学研究》2011 年第 4 期。

成的基质、培养的过程、阐发的原理、运用的维度，调动人的审美知觉敏
感性，立体综合地奉行艺术至上的唯美主义美学标准，也就是能以"美"
为文化行为的纲领主导美学思想与活动，发掘更广阔的美的素材，探索更
深层的美的价值，才是阿克顿所自我定位的"爱美家"特质。阿克顿对美
的执着追求与对唯美主义内涵的纯粹阐释，以及对唯美主义无畏而真挚的
选择与实践，使得唯美主义这一文化思想主题成为 20 世纪 20 年代牛津一
派特立独行的风潮，而他本人就是逐潮而生且迎浪而起的标志性人物。

　　阿克顿是一位多面"爱美家"，也是一位多栖文化人士。他的形象兼
有厚重的人文主义蕴含、深邃的唯美主义思辨、浪漫的诗意美学禀赋、优
雅的文人贵族风范与奔放的自由人性底色。在牛津派文人克里斯托弗·赛
克斯（Christopher Sykes，1907—1986）[1]眼中，阿克顿无疑是一位魅力四
射的老前辈。阿克顿的卓越声名不仅因其显赫家世，也缘于他的不辍笔耕
与炽盛文名。克里斯托弗入学牛津时，阿克顿的名声与地位在牛津仍如日
中天，凭借与阿克顿的接触和对他的了解，克里斯托弗认定阿克顿确实是
位内外兼美、特立独行、充满魅力的高人气"爱美家"。在英国作家、历
史学家 A. L. 罗斯（A. L. Rowse，1903—1997）看来，阿克顿在牛津文学
中的地位更是至高无上，他是"一个出类拔萃的诗人，是牛津学人的领
袖……牛津文学的无冕之王……天生与众不同"[2]。这位号称一只手写诗、
另一只手写历史的缪斯宠儿，既谦恭又不乏文化自信，既唯美浪漫又注重
实证，希冀既能带着唯美主义敏锐感知的理性做文化与历史学者，又能带
着"爱美家"的冠冕亲近现实蕴美人生。

　　阿克顿出生于 1904 年 7 月 5 日。据英国小说家、戏剧家安东尼·鲍威
尔（Anthony Powell，1905—2000）富有玄幻色彩的推断，阿克顿生辰属

〔1〕克里斯托弗·赛克斯，英国文学家、外交家，与阿克顿同为南希·闵福德的牛津好友。
〔2〕Edward Chaney & Neil Ritchie. *Oxford, China and Italy*. London: Thames and Hudson Ltd., 1984, pp. 63—64.

004

巨蟹座，其艺术觉知较常人而言更为敏感，而唯美主义者的重要标准之一
就是具备敏感纤细的审美体认。感性气质与对审美天然的聚合力，为阿克
顿终生从事与唯美主义艺术相关的文化事业提供了潜在的理解力优势。而
与巨蟹星座敏感且极富主观性色彩气质不同的是，阿克顿的生辰处于巨蟹
座受水星影响最为突出的频道——根据西方的星座学说，处于 7 月 5 日生
辰的巨蟹座，除了天然具备内在的艺术细胞，还富有精确的洞察力，且能
专注地使用洞察力从事创作，即根据天时具备了天然的唯美主义者潜质。
阿克顿出生于爱美之家，深厚的家学与家藏使其除天赋的美感之外，还拥
有得天独厚的启蒙教育与广阔的文化交游环境。

　　除了具备唯美主义的气质，阿克顿也是一位践行唯美主义理想的雅
士。他不仅重现了旧日健谈者的风采，而且在融洽包容的友善外表下虔
诚奉行着极富个人化气质的唯美主义价值观。与阿克顿私交甚密的达勒姆
第五伯爵（the Fifth Earl of Durham）的儿子安东尼·兰白顿（Anthony
Lambton），认为阿克顿是一位充满传统文化魅力的交际天才。兰白顿不惜
用华丽与夸张的语言，盛赞阿克顿为"最后一位继承传统的伟大健谈者哈
罗德·阿克顿爵士"[1]。兰白顿指出，20 世纪初狂乱而肤浅的现代文明正日
渐消亡，而在沙龙中与阿克顿的交谈，则可使人重回昔日谈话优雅持重、
深刻广博的情境中，因为阿克顿继承了 18 世纪伟大健谈者的传统风范，堪
称时代文化交流的雅士。

　　但并非所有人都能欣赏阿克顿的性格与作风。阿克顿在意大利开放文
化熏陶下形成的自由个性，使爱之者敬他为知己，亦使忌之者避之为瘟神。
早在伊顿时期，阿克顿就因公开阅读王尔德作品被看成思想上感染麻风病
的异类。安东尼·鲍威尔曾提到一则轶事，据说伊顿公学的校长阿灵顿博
士（Dr Alington D. D.）在阿克顿入学伊顿公学期间，曾到阿克顿在意大利

---

[1] Edward Chaney & Neil Ritchie. *Oxford, China and Italy*. London: Thames and Hudson Ltd., 1984, p. 34.

佛罗伦萨的彼得拉庄园（Villa La Pietra）家中造访，偶然间从阿克顿书房的书架上抽出一本图册，这本图册居然是由加泰罗尼亚出版的对开本毕加索春宫图。这位严肃的饱学之士在看到书页上希律王面前不着一丝的莎乐美画像时，显得既惊愕又愤怒，终于半句话也没说，很有可能是想抽这个中学生一顿，只是碍于面子没能执行。阿克顿对他人世俗非议与异样眼光的强大免疫力，在终其一生的文化生涯中得到了淋漓尽致的体现。他的身边围绕着为其气质与才华所痴迷的唯美信众，但厌恶、诟病者也多有其人。在阿克顿的唯美主义个性化的行为艺术中，体现出空间的矛盾性。他既通达世俗又气傲孤高，既温厚融通又敏锐执着。阿克顿兼容性与矛盾性并存的气质，与对纯粹唯美主义思想的坚持，使得他体验与认知、结交唯美世界的深度和广度都得到极大提升。对唯美主义的践行者而言，这是一个将唯美主义纯粹化与现实化的感性和理性兼备的过程。

二、牛津唯美主义风向标

在唯美主义的代表人物中，阿克顿可谓是 20 世纪 20 年代最令人敬畏的牛津学人。在阿克顿的后学克里斯托弗·赛克斯看来，"最令人敬畏"的崇高地位之于阿克顿，不仅毫不过誉且唯有不及。克里斯托弗指出，阿克顿在牛津时期的学术地位之高、声名之大，只凭道听途说远不能详悉，若要真正了解他的为人与风范，理解阿克顿的美学立场与文化理念，只能到英语字典里去寻找属于唯美主义与其文化思想的一席之地，追溯唯美主义的渊源与发展在阿克顿个人气质上的完整链条。在克里斯托弗眼中，学生时代的阿克顿不仅牛津派头十足，且充满了异国神秘贵族气质。他如同从一部小说或电影中走出来的人物，拥有皇室血统，身家巨万，来自佛罗伦萨一个如诗如画的中世纪古老庄园，精通法语和意大利语，操着一口流利且有 "韵味" 的牛津英语，爱好歌剧和芭蕾，对戏剧、绘画、建筑、诗

006

歌、历史无不了如指掌……克里斯托弗记忆中的阿克顿，有唯美的意大利轮廓和满口的法国风情，因过分地注重穿着打扮和言谈举止，在气质上给人的感觉仿佛是一位穿着吊袜带骑士长袍的古代公爵。

阿克顿不仅风度翩翩，而且有着天使般的纯粹心灵。牛津学友 A. L. 罗斯评价阿克顿"自带一顶光环，他的光环和他那把永不分离的雨伞令人难忘……阿克顿是最引人注目和最富有挑战性的人中俊杰……他是这世界上最善良的人，有着金子般的天性，性格恬静而不易受到外界干扰……他不仅活得快乐，也是他人快乐的源泉——如果我不得不从文学作品中为他找一个头衔，那便会想到戈尔德史密斯的《善良的人》"[1]。阿克顿既神采出众、气宇轩昂，亦不乏细腻温婉的纤柔气质，无论他身临何处，都能让观者心生敬畏，又不得不因其魅力而心生亲近。阿克顿的随从队伍在牛津同学眼中，被夸张到了面面俱到、无中生有且如影随形的程度。不过，牛津时期身为大学生的他，确实已有了个人专属摄影师。阿克顿存有大量写真，至今仍被珍藏于彼德拉庄园中供后人追忆。在阿克顿早期写真集里，他曾根据所游历之处的风情，穿上各地的标志性服饰留影。这一偏好要追溯到阿克顿的父亲阿瑟·阿克顿（Arthur Acton，1873—1953）和母亲霍腾斯·米歇尔（Hortense Mitchell，1871—1962）酷爱扮相的雅兴。夫妇二人虽感情淡薄，但对戏剧艺术的痴迷相当一致。为能自在观赏歌剧与亲自扮演戏剧人物上场，彼得拉庄园甚至建了一座小型歌剧院。安东尼·鲍威尔曾浏览过阿克顿的化妆照片，照片上的阿克顿既有欧洲贵族的典雅，又兼具东方文士的清俊："他有着令人钦佩的优美口才，是一位风度翩翩、风趣幽默的绅士，一双眼睛就像一对黑樱桃，在他的马车上摇摇摆摆。在中国时，一位中国画师为他画了一幅肖像，穿着长袍马褂，就像一位中国圣

〔1〕Edward Chaney & Neil Ritchie. *Oxford, China and Italy*. London: Thames and Hudson Ltd., 1984, pp. 64—65.

贤的写真。"[1]在彼得·昆内尔看来，邂逅阿克顿则是入学牛津后最值得庆
幸的事。昆内尔记忆中的阿克顿博学多识，极富人格魅力，老成持重却不
循规蹈矩，被牛津学人公认为是一位前途无量的诗人与当之无愧的社会名
流。"没有一个人像哈罗德·阿克顿那样富有娱乐性和独创性……作为当
代美学运动的领袖和最受欢迎的领袖，他总是戴着长及地面的围巾边走边
谈，对好斗的非利士人表现出一种勇敢的漠视。正如我在别处说过的那样，
他采纳了作家让·谷克托（Jean Cocteau）的格言'生活的艺术就是知道该
走多远就走多远'。"[2]阿克顿在不懈努力的自我完善过程中，无论遇到什
么困难，最终皆能克服。

　　阿克顿的坚韧与执着源于他的成长经历，贵族的出身与良好的家庭教
育使他广泛阅读了大量经典，对文化的鉴赏自信如成竹在胸。而在家庭环
境中，父母对阿克顿的忽视与对弟弟威廉的专宠造成了阿克顿向外求证、
广泛结交的内驱力。阿克顿的性格自带强烈悖谬的张力，他的言行带有神
秘的自我暗示性质，这集中地表现在他对纯粹唯美主义的执着捍卫与追求。
彼得·昆内尔在 20 世纪 20 年代曾为阿克顿拍摄了一张西装革履的写真，
特写中的阿克顿骨骼清奇、俊美温婉，像极了王尔德笔下的道林·格雷。
阿克顿的这个唯美主义的标志性形象，存留在牛津时期学人的脑海与风
评中。

　　阿克顿的挚友伊夫林·沃（Evelyn Waugh）在小说中，将阿克顿的形
象代入小说人物安东尼，把安东尼刻画为一位美得富有罪孽气质的富家少
年——"他经常在街上被人指指点点，因为他总是趾高气扬地迈着孔雀般
华丽的步伐"[3]，因继承巨额祖产，所以过着不知该如何更开心地挥霍钱财
的生活，读过牛津，参过战，有严重的恋母情结，曾在加利福尼亚的纸醉

[1] Edward Chaney & Neil Ritchie. *Oxford, China and Italy*. London: Thames and Hudson Ltd., 1984, p. 19.
[2] Edward Chaney & Neil Ritchie. *Oxford, China and Italy*. London: Thames and Hudson Ltd., 1984, p. 57.
[3] Evelyn Waugh. *Brideshead Revisited*. London: Penguin Books, 1981, p. 17.

金迷中吸毒成瘾。安东尼青年时期带着一腔唯美主义、个人主义、理想主义等怪癖环游世界，回国时带回来的除了一堆新见识，还有同性恋情结和一堆亲密追随他的异国男学生。伊夫林的笔法固然有艺术加工成分，但是艺术是现实的一面镜子，伊夫林与阿克顿在牛津期间交往甚密，通信频繁，对阿克顿的美学旨趣与行为艺术都颇有研究。

　　唯美主义的鼻祖王尔德也一度以"爱美家"自居，认为生活与艺术需要达到兼美，但王尔德的体态、相貌与其审美追求相去甚远。阿克顿则更加接近王尔德《道林·格雷的画像》中的男主人公形象，仿佛从画像中走出来的。事实上，阿克顿在自传中确实提到，12 岁初读到《道林·格雷的画像》这本书时陷入痴迷而不能自拔，"那本书美得像颗正当其时的草莓。我确实经由这部作品，认定了原先未及成型的兴趣偏好"[1]。阿克顿对唯美主义的钟爱也始于此，同时期他还钟情于萧伯纳（George Bernard Shaw）的戏剧与欧内斯特·道森（Ernest Dowson）的诗。阿克顿是真正意义上以身践行文化思想的"爱美家"，且他的行动与形象较之王尔德，显然要来得更加唯美动人。阿克顿容貌俊美奇特，穿着永远考究，像一位充满了新现代主义气质的意大利王室成员。阿克顿的挚友理查德·特纳（A. Richard Turner）也称他为"新现代主义的传教士"[2]。克里斯托弗形容他"留着一头很短的乌发，肤色较浅，胡子刮得一丝不苟，一举一动都显示出过人的精力"[3]。伊夫林·沃在《故园风雨后》（Brideshead Revisited）中对安东尼的描述，证明阿克顿还曾仿效其父阿瑟的做派蓄过美髯，但在朋友的劝解与反对中被迫剪去。

　　1926 年，克里斯托弗初次见到阿克顿，以为他是个纯正的意大利人，但其实只是在其遥远的祖先那里才有意大利血统。阿克顿的父亲是勋爵阿

〔1〕Harold Acton. *Memoirs of an Aesthete.* London: Methuen, 1948, p. 55.
〔2〕A. Richard Turner. *La Pietra: Florence, a Family and a Villa.* New York: New York University, 2002, p. 64.
〔3〕Edward Chaney & Neil Ritchie. *Oxford, China and Italy.* London: Thames and Hudson Ltd., 1984, p. 62.

瑟·阿克顿，母亲是美国银行家之女霍腾斯·米歇尔，因而他是名副其实的贵族巨富之子。20世纪初，随着美国经济的全面崛起，欧洲贵族与美国巨富之间的联姻成了普遍的社会现象。但阿克顿的气质当中有强烈的求认同倾向，这种终生不安于他人的眼光、通过强烈的自我表现形式向外界寻求认可的深层因素，缘于阿克顿在家庭中的尴尬地位——处于长子与继承人地位的阿克顿并未得到父母的关爱，虽然阿克顿的父母完全称不上是一对恩爱夫妻，但他们对次子威廉·阿克顿（William Acton，1906—1945）强烈的爱是一致的。阿克顿并不擅长争宠，事实上威廉对长兄阿克顿极其崇拜，以至于到了处处仿效阿克顿的程度。面对父母对弟弟显著的偏爱，阿克顿并未转向自卑或压抑，而是反其道而行地选择了放大自我，在更广阔的世界中寻求认同，并将言行内外统一，形成独具特色的纯粹唯美主义文化意识。理查德·特纳敏锐地捕捉到阿克顿的行为动因："哈罗德从窗口里对着过往的运动员们朗诵《荒原》。哈罗德及他的那群唯美主义者，在言谈举止与穿着打扮上无不装模作样，他们的存在既是在视觉上引发人们的好奇心，也是在智力上挑战人们的理解阈限。"[1]

三、牛津诗歌改革的弄潮儿

在牛津大学学子中，若当年的阿克顿不称第一，无人敢称第二，他是一位响当当的风云人物。克里斯托弗称，"近年来，没有一个大学生在声誉和真正的成就之间达到了类似的地位"[2]。早在伊顿公学时期，阿克顿就确定了唯美主义的价值观，由此被学校视为异端。在绘画教师埃文斯（Evans）的发起下，阿克顿与学校里其他年轻艺术爱好者共同发起并建立

〔1〕A. Richard Turner. *La Pietra: Florence, a Family and a Villa*. New York: New York University, 2002, p. 64.

〔2〕Edward Chaney & Neil Ritchie. *Oxford, China and Italy*. London: Thames and Hudson Ltd., 1984, p. 62.

010

了伊顿社会艺术中心（Artium Societas Etonensis）。在这个组织中，他们可以用诗歌和学术话语创作消遣。阿克顿在伊顿公学即参与了由诺佛克郡的布莱恩·霍华德（Brian Howard）编辑的《伊顿蜡烛》（*Eton Candle*）的撰稿。"这本被装帧成粉红色调的书，在出版当天就被抢购一空，成为现代派诗歌的轰动之作。"[1]这本装帧精美的配画诗集，由在伊顿读书或供职的人制作，阿克顿把这部诗集叫作"伊顿蜡烛"。阿克顿个人对这本集子的评价也颇高，认为这是伊顿艺术学院的人才有机会入选的集子。对于一所公立学校来说，这部模仿马克斯·比尔博姆（Max Beerbohm）作品的集子，获得了商业赞助，称得上是一部非常讲究的作品。

阿克顿在进入牛津的第一年（1922年），即发表了诗集《水族馆》（*Aquarium*），引发诗界的广泛注意，也让其牛津学友羡慕惊叹，但阿克顿表现出一位理想主义者的谦卑，他恰恰认为"他的缪斯女神已将他抛弃"[2]。

1924年，阿克顿与彼得·昆内尔合作编辑了一卷《牛津诗歌》（*Oxford Poetry*）。据昆内尔回忆，他参与这次文学活动是由于二人的友谊。昆内尔受阿克顿之邀，使这一期《牛津诗歌》不同于以往的集子，在选材上不局限于既有的供稿者，而是以美为纲，采用兼容并包的方式吸纳作品，只关注作品，而不在意作者是否出名。结果"正如著名大学杂志的文学批评专栏 *The Cherwell* 所指出的那样，'今年的《牛津诗歌》已经圆满地完成了艰巨的任务，而且还取得了令人惊讶的成果；他们没有去掉蛋糕上的糖衣；他们给我们呈现了诗歌界的完整横截面……他们的编选策略令人钦佩'"[3]。阿克顿无论在创作上还是在编辑上都有不同凡俗的胆略，他的审核眼光是站在更纯粹的审美立场上，并不以即时评论或现世成就为出发点，

---

〔1〕A. Richard Turner. *La Pietra: Florence, a Family and a Villa*. New York: New York University, 2002, p. 63.

〔2〕Edward Chaney & Neil Ritchie. *Oxford, China and Italy*. London: Thames and Hudson Ltd., 1984, p. 64.

〔3〕Edward Chaney & Neil Ritchie. *Oxford, China and Italy*. London: Thames and Hudson Ltd., 1984, p. 58.

这种 "不计后果" 的选取方式，充满了唯美主义的智慧与自信，最终通过
了时间的检验。

    牛津时代的阿克顿对创作的自我期待很高，但其美学观点与文学风格
因为带有太多个性的成分，不以时代风潮为导向，几乎总是与潮流擦肩而
过。虽然当年他的学术生涯结束时，有人曾预测他将成为一名了不起的重
要诗人："在 1927 年出版的阿克顿的诗集《五个圣徒及附录》(*Five Saints
and an Appendix*) 的扉页上写着：哈罗德·阿克顿的这本诗集将马上会使他
成为现代派诗歌的领袖。"[1] 但随后文坛诗歌情色之风炽盛，阿克顿的唯美
主义诗歌受到了冷遇。阿克顿早已未卜先知并为人生立下誓言，要成为一
名致力于诗歌创作的纯粹唯美主义者："我唯一的抱负就是写诗，写更多
的诗。我对这样一个既成事实选择视而不见：在今日的英国，诗人几乎已
无法生存，诗人的权力与荣光早已随风而逝，所以，我对自己的职业期待
也是悲观的，可是我不会妥协，我不需要理性来辅助自己走上一条索然无
味的成功俗路。"[2] 后来阿克顿也逐渐意识到，自己的诗歌创作已走上一条
立足于唯美主义的偏执道路，因过度追求纯粹唯美表达方式，他忽略了
时代对诗歌的偏好，更加削弱了其诗歌的影响力，但他仍旧对个人天赋
充满自信。遗憾的是，如今对阿克顿文学与文化思想成就的关注也逐渐
陷入沉寂，阿克顿所选取的文化路线，就是一条异于常人、常俗与常规
的特立独行之路。

    克里斯托弗谈阿克顿的文学成就，主要围绕其诗人身份展开评述。据
克里斯托弗的评述，在 20 世纪 20 年代的牛津，诗歌被边缘化，极不被重
视，牛津兴起了肤浅古怪的文化风潮。阿克顿在自传《一个爱美家的回忆
录》中也提到牛津的诗歌发展情况，但并没有用 "古怪" 来形容，而是言

---

[1] A. Richard Turner. *La Pietra: Florence, a Family and a Villa*. New York: New York University, 2002, p. 64.

[2] Harold Acton. *Memoirs of an Aesthete*. London: Methuen, 1948, p. 109.

其刻板且缺乏生命力。在阿克顿看来，20 世纪 20 年代的牛津诗歌，远不及 17 世纪的多恩等人的诗作有灵气。阿克顿是忠实的现代诗创作者，童年时期即有小规模的诗歌创作，在伊顿公学期间，他受到了更专业的诗歌熏陶，接受了后来成为文学家的伊顿教师奥尔德斯·赫胥黎（Aldous Huxley）的引导，走向唯美主义现代诗的创作，并开始加入诗歌创作与出版的圈子。入学牛津之后，阿克顿不仅诗集与文集频出，还经常参与现场朗诵和表演，在牛津的诗歌圈子中声名显赫。他决心复兴牛津诗歌，并积极地参与到牛津诗歌改革的团体中去，参编了《牛津展望》（*Oxford Outlook*）和《新牛津》（*The New Oxford*）等牛津刊物。在英国新左翼作家贝特森（F. W. Bateson）与布莱克威尔（Basil Blackwell）的带领下，阿克顿成了 20 世纪 20 年代革新牛津诗歌的"助产士"。可惜后来，他发现牛津诗歌运动发起人盗用其诗歌用于发表，于是毅然决定退出圈子，结束了其在牛津时期的诗歌改革运动。阿克顿毕生都在参与诗歌创作或诗评，以诗歌创作反映他的纯粹唯美主义文化思想。

四、牛津"爱美家"的独特做派

在牛津学友克里斯托弗看来，阿克顿想要使自己的特殊气质脱颖而出，选择了一条迎合审美偏好的唯美主义道路。例如，阿克顿在牛津大学坎特伯雷方庭的基督教堂里保留的那间房子，是 1926 年克里斯托弗与阿克顿初次邂逅之处。这间被装修成维多利亚风格的柠檬黄色调小屋，给牛津留下了深刻且特异的痕迹。伊夫林·沃在小说中也对这间屋子进行过描述。A. L. 罗斯在回忆阿克顿的小屋时表示惊叹："那是一间很高的屋子，在 V 号楼梯上，光线较暗，但有个私人阳台……我偶尔会走进哈罗德的房间，这间充满维多利亚风格的屋子摆设着涂蜡的水果，有着玻璃拱顶，居然还

有一面铜锣！"〔1〕

　　克里斯托弗声称，在阿克顿时期的牛津，无人可与阿克顿的影响力比肩，他是一个没有对手可言的人，多半情况下唱的是独角戏。阿克顿更为出色的是其交谈能力，他涉猎极广，加之有一种特殊的魅力，能随时营造出一种吸引人、改变所在环境氛围的力量，令人迷醉神往。阿克顿的谈话与表现是无功利的，这种无意识自带的吸引力，还一度使阿克顿被人诟病，说他在现场演讲时刻意改变现场听众的意愿，着力营造现场氛围。这确是言过其实，克里斯托弗说，阿克顿只是太健谈了，只要有他在场，没有人能不被他吸引，纵使阿克顿有轻微口吃和一些不符合英语语法的表达方式。关于阿克顿的口吃，克里斯托弗怀疑可能是他有意装出来的。伊夫林在其小说中也提到这个问题，从可辨识的角度着眼，口吃确能提升一定的关注度。以阿克顿为蓝本的主人公安东尼在过度饮酒以后或者极度投入注意力的情况下，口吃的情况反而会消失，验证了伊夫林的怀疑。口吃或许是阿克顿用来吸引谈话注意的策略，可能他自己对此都毫无意识。可是这个习惯也给他带来了困扰，他在回忆录中不无沮丧地提及，虽然他的父母都希望他能够从事外交工作，但他还是没能让他们满意，"要不是因为我的口吃，我将会成为一位出色的外交大使"〔2〕。但在潜意识里，阿克顿只想成为一名诗人。出色的口才会不可避免地使他走上外交之路，所以，他用无意识的言语习惯培养，巧妙地规避了这一种违背潜意识的从业选择。

　　无论在牛津还是在别处，阿克顿持续发展着他与生俱来的独特谈话艺术。此种风范既来源于意大利文化特色，也源自他纯粹与热情的个性。虽然阿克顿是英裔人士，也自小受到系统的英式教育，但出生且成长于意大利的他从未养成传统英国人克制与低调的习惯，尽管早在少年时期他就被

〔1〕Edward Chaney & Neil Ritchie. *Oxford, China and Italy.* London: Thames and Hudson Ltd., 1984, pp. 63—64.

〔2〕Harold Acton. *Memoirs of an Aesthete.* London: Methuen, 1948, p. 109.

014

送往伊顿接受最"英国"的教育。直到老年，他仍旧保持着用微妙的肢体动作来辅助谈话并加深言语意义的习惯。在与阿克顿谈话的过程中，安东尼·兰白顿注意并总结了阿克顿的说话习惯：阿克顿一般都"以较慢的语速先发起话题，接下来伴随着语速的加快，举起右手并慢慢地转动它，同时一边塑造精准的词汇进行表达。他的句子结构完美，有一个主语和一个宾语来传达确切的意思……我们的脑海中留下了想象中弥漫着香水味的迷离东方印象"[1]。

阿克顿将语言的应用与肢体动作紧密结合。如果在谈话中想要形容"巨大"这个词，他就会采用抑扬顿挫的语调来表现这个词，且在肢体动作方面，他会伸出双手，似乎尝试着去环绕一个大到几乎拿不动的物体。如果要表示愤怒的情绪，他就会先露出愤怒且自负的微笑，继而把声音飙到一个慷慨激昂的水平："他把露在桌面上的身体往前倾，他的身体、头部、颈部用力地向前推。"[2]如果要表示赞美，他很可能会反着说"不，这是宏伟的！"[3]，强调对比下的情感张力，且最后一个词为了表示强调，往往经音域处理表现得特别洪亮，经由声带裹着共振，有余音绕梁的奇效。如果要表示厌恶，那么"恶毒"这个词就会像蛇的毒牙一样从他的嘴里狠狠地挤出来。安东尼·兰白顿也指出，由于过度讲求绅士风范，阿克顿在谈话中不免常常吃讲礼貌的亏——正如所有伟大的演说家所保持的谦卑与仪节，他们不会把所有的说话机会都留给自己，而是出于友善与谦逊，在表演之余适度地激励他人，但结果往往令人乏味，还不如直接听他滔滔不绝。遇到尴尬的时候，阿克顿的风度使得他总能继续保持频繁的微笑和鞠躬，只是有一个标志性动作暗示他即将分神——他会在椅背上往下滑一些，使思绪脱离谈话现场，飞向漫无边际的疆域。

---

〔1〕Edward Chaney & Neil Ritchie. *Oxford, China and Italy*. London: Thames and Hudson Ltd., 1984, p. 35.

〔2〕Edward Chaney & Neil Ritchie. *Oxford, China and Italy*. London: Thames and Hudson Ltd., 1984, p. 35.

〔3〕Edward Chaney & Neil Ritchie. *Oxford, China and Italy*. London: Thames and Hudson Ltd., 1984, p. 35.

　　阿克顿在牛津时期出众的交友能力，克里斯托弗用"惊人"来形容。
阿克顿在各处融入圈子、结交友人的天资，使他享此美誉名副其实。克里
斯托弗幽默且不乏感慨地评价，"事实上，在'各种各样的男人'中，他
有一大群追随者：热心人、美学家、学者、教师和星探"[1]。阿克顿在人生
各个时期，都能如鱼得水地融入各地文化圈与核心学术团体，既可邀请到
声名赫赫的学者来大学演讲，也可任性地参与或退出高水平创作团队。其
广受欢迎固然有显赫家世与"泼天"富贵等客观因素，但其突出的个人魅
力才是最关键的吸引力所在。

　　阿克顿生于意大利上流社会有名望的世家，先辈热衷交际，素有好客
家风。彼得拉庄园是有好客传统的文化与风景名胜，纵使在战时，仍旧吸
引了世界各地的文化人士前来参观并融入其家族浩大的沙龙文化圈中。正
如阿克顿在《一个爱美家的回忆录》中所述，他在佛罗伦萨世袭的彼得拉
庄园是对外开放的，佛罗伦萨来彼得拉庄园游历的文化名士很多，庄园也
素以高朋满座为人所称道。"彼得拉庄园千变万化的背景与个性在20世纪
初得到了新一轮的展现，复活了18世纪那不勒斯宫廷的艺术。20世纪是
阿克顿家族的黄金时代，以其奔放、文明、幽默、华丽、充满乐感和小
道消息，带着对现实生活美好愿望的浓缩，成就了一个被生活的辉煌和
痛苦所吸引的人的精神家园。"[2]阿克顿从小就帮助父母接待世界各地慕
名而来的访客，因此他的交际能力非常卓越。基于打造文化朋友圈的内
在意识，阿克顿在任何时期都把人际间文化往来看作是精神生活的重要
组成部分，由此锻造了四海之内皆和谐的可贵友谊，其朋友中不乏毕生
知己。

　　阿克顿的特立独行，还表现在他在牛津期间极端"不保守"的友情。

---

〔1〕Edward Chaney & Neil Ritchie. *Oxford, China and Italy*. London: Thames and Hudson Ltd., 1984, p. 62.

〔2〕Edward Chaney & Neil Ritchie. *Oxford, China and Italy*. London: Thames and Hudson Ltd., 1984, p. 35.

这在伊顿、牛津与北京的朋友圈当中，是不争的事实，甚至使其受到人身攻击，但以阿克顿的说法，误会只因世人太过于在意人与人表达友情的形式。阿克顿的恋母情结与对纯粹艺术形式的执着追求，使其终身未婚，并在不同时期与同性友人交往甚密，但其中许多是同学、同事、学生和挚友，是不以世俗眼光为羁绊的志同道合者，他们的存在共同营建了阿克顿日臻圆满的纯粹唯美主义精神世界。虽然阿克顿事后极力否认，但在伊夫林・沃笔下，阿克顿在伦理上的开放在小说中被渲染得出神入化。事实上，伊夫林在牛津时期与阿克顿过从甚密，加之二人都有同性恋倾向，使得外界对二者关系的猜测颇多。

在《故园风雨后》中，以阿克顿为蓝本的安东尼・布兰奇（Anthony Blanche）对美好事物的追求，始于其内心最深处对唯美主义毫无瑕疵、毫无阻隔的渴求。安东尼认为，追求真情是需要承担风险的。他屡次提及一段往事，以性心理学的角度去衡量，艺术的狂喜源于肉体的暴露，他曾为了满足自己顽皮的艺术狂欢，当着一群男孩子的面走入喷泉当众洗澡，此举激怒了在场所有人，可是却弥补了他心理的缺失。[1]阿克顿的出生地彼得拉庄园中喷泉林立，在阿克顿看来，这里简直就是唯美主义的圣地。在这所培育了"爱美家"的园林里，阿克顿被无拘无束地培养成自由天然的个性，而当他走出这座园林，却发现世间已无可自在践行唯美主义的心灵家园。有着纯粹天性的阿克顿，到了教条主义的牛津时代，成为人群中的异类。事实上，机械化的求知导致人类好奇造物、接近自然与联通天性的天赋能力受到诟病，向人类思维系统研修的进阶及这一过程中所产生的理性思想，反而成了阻碍人类联通与品鉴自然属性的思维障碍。秉承纯粹唯美主义文化思想的阿克顿并不介意世俗眼光，终生以"爱美家"自居。在所到之处，他倾心营建个性化的纯粹唯美主义"爱美家"之家，来安放他

---

[1] Evelyn Waugh. *Brideshead Revisited*. London: Penguin Books, 1981.

在世间不被理解与接纳的天然个性，在人类以局域、规范、推演为范式的
文化理念升级路径外，亲身演绎着现代人文主义的唯美范本。

　　在克里斯托弗·赛克斯入学牛津时，声名赫赫的学长阿克顿已毕业离
开，只有阿克顿的弟弟威廉·阿克顿还在校就读，但这并不影响克里斯托
弗结识阿克顿，并被引入阿克顿的唯美主义牛津学友圈。克里斯托弗·赛
克斯的文友罗伯特·拜伦（Robert Byron）、伊夫林·沃和约翰·贝杰曼（John
Betjeman），几乎都在同一时期就读于牛津大学，并都与阿克顿有来往。
克里斯托弗·赛克斯与阿克顿在 1926 年冬天邂逅，他在回忆录中，兴奋且
得意于阿克顿对他这一"无名小卒"的亲切态度与热心扶掖，认为"他似
乎立刻就喜欢上了我这个人……我兴奋地发现自己在与一位传奇人物会面
的过程中取得了成功"[1]。事实上，这是与阿克顿交往者都有的感觉——阿
克顿是一名卓越的交际大师，他为了让他人感到舒适，有时甚至刻意压抑
自身的不快，除了亲密挚友，旁人基本上无法发现阿克顿在沟通时的细微
变化，总是沉醉于与他的愉悦交谈中。克里斯托弗·赛克斯执着地认为，
阿克顿的挚友伊夫林·沃的小说《故园风雨后》中刻画的人物安东尼·布
兰奇就是阿克顿的翻版，这与理查德·特纳的观点不谋而合。有趣的是，
在这部作品中，伊夫林·沃也将安东尼定位为一位"爱美家"，将阿克顿
不为人所知的"爱美家"品格大加展示，描述得生动活现，比阿克顿的自
我刻画要来得更加细致入微。伊夫林·沃还将阿克顿在牛津期间用扩音器
朗诵艾略特《荒原》（The Waste Land）的轶事载入安东尼这一角色的戏
份中。

　　阿克顿在牛津时期就热衷于 T. S. 艾略特的诗歌。克里斯托弗·赛克斯
提到阿克顿在牛津时，曾经在一个公开场合借助扩音器朗诵艾略特的《荒
原》，这一点在阿克顿的回忆录中也有佐证。安东尼·鲍威尔在回忆录中

---

[1] Edward Chaney & Neil Ritchie. *Oxford, China and Italy*. London: Thames and Hudson Ltd., 1984, p. 61.

也谈到阿克顿当众朗诵诗歌的牛津轶事："有一次，阿克顿与他的摄影师在一起，他的脑子里突然蹦出一个嬉闹的念头，在牛津大学，他从窗口用喇叭向那些在基督教堂草地上散步的人朗诵 T. S. 艾略特的现代诗。"[1]20 世纪 30 年代，阿克顿还将他对艾略特的热情带到了北京大学的课堂中。他在北大英文系执教期间，亦曾满怀热情地向当年对现代主义诗歌还比较陌生的中国学子讲授 T. S. 艾略特的《荒原》，为此曾受到北大英文系保守派教师的蔑视与诟病，但是阿克顿以实力证明了其卓越的授课能力与欣赏眼光。在北大期间，阿克顿的课堂常常人头攒动，演讲座无虚席，受到中国学子的热情拥戴。T. S. 艾略特的《荒原》如今是西方文学史上早已被验证的经典，至今仍被视为外国文学史上的代表诗作。

阿克顿作为 20 世纪 20 年代牛津大学唯美主义风潮的领军人物，以其特立独行的"爱美家"式生活与学术做派，践行唯美主义思想传播与创作实践，奠定了他在牛津大学唯美主义风潮中的重要地位，并为纯粹唯美主义文化思想在国际间传播作出积极贡献。阿克顿以纯粹唯美主义思想加诸牛津唯美主义风潮的人文实践中，并在比较文学与汉学研究范畴广泛深入地加以验证。牛津时期，他在诗歌创作与改革、散文与小说创作等实践中，已自觉地践行了纯粹唯美主义文化思想，形成了具有标志性的"爱美家"文学风格与特立独行的"爱美家"做派。

阿克顿在 20 世纪 20 年代的牛津文化与学术圈中名噪一时，这不仅缘于其显赫家世的国际影响力，更为人称道的是他卓越的交际魅力与非凡的语言天分。他特立独行的"爱美家"行动做派，不仅给当时的牛津学人与晚辈留下深刻印象，还被艺术化地载入文学作品中流传后世，并在众多牛津学人的回忆录中被反复提及与称颂。20 世纪 30 年代后，阿克顿将纯粹唯美主义思想进一步融入其汉学思想的建构与活动开展中，其以崇尚古典的

[1] Edward Chaney & Neil Ritchie. *Oxford, China and Italy*. London: Thames and Hudson Ltd., 1984, pp. 9.

态度评介选译中国经典，形成以诗译诗的纯粹艺术观，成为向英语世界译
介中国新诗第一人，将"天人合一"的思想"知行合一"地在汉学领域践
行纯粹唯美主义思想。阿克顿以"美"为行动纲领，以"爱美家"为身份
认同，以和平仁爱为最终目的贯穿汉学活动始终，为中西文化交流提供了
纯粹唯美主义思路。阿克顿的纯粹唯美主义思想蕴含比较文学与文化思想
的人文关怀，站在人类文明与文化生态以"美"为纽带和谐统一的文化比
较与交融视角，为跨学科、跨文明间比较文化活动的行为模式进行了积极
探索。

第二节　阿克顿的"爱美家"之家

　　深为中国文化所迷醉的哈罗德·阿克顿生于意大利佛罗伦萨的彼得拉
庄园，并将北京列为自己的第二故乡。在他的回忆录及以北京为蓝本的小
说中，将符合其严苛"爱美家"精神的三处精神家园进行了工笔细刻式
的描绘。阿克顿通过展示以古韵、华美、细腻、天然为特色的独到审美理
念，彰显其作为一位具有国际眼光的中西文化交流使者所拥有的宽容、大
气、厚学、严谨之审美风范。阿克顿素以"爱美家"自居，作为 20 世纪
初积极推动"中学西传"的中坚力量，以其独到的审美理念将中国经典文
艺作品，以个性化的选取方式，译介并引荐到西方文化世界中。阿克顿将
其"爱美家"情怀映射在他的毕生所志、所学、所思与广阔的寻美之旅上，
形成了其独具风韵的"爱美家"文化美学。他的爱美情结，源于其成长的
佛罗伦萨彼得拉庄园（La Pietra Villa, Florence），绽放于美国的檀香山钻
石头山下的彼得拉庄园（La Pietra Villa, Honolulu），凝炼在北京的恭俭胡
同四合院中（Kung Hsian Hutung, Beijing）。这三处"爱美家"之家，无
不彰显着阿克顿个性化的审美理念。

一、佛罗伦萨彼得拉庄园："爱美家"灵魂建构之地

在意大利佛罗伦萨的城郊，坐落着"爱美家"阿克顿爵士的宅邸——彼得拉庄园。这所历史悠久的古老贵族庄园是"爱美家"阿克顿的灵魂诞生之所，也是其终生寻美之路的始发站。在阿克顿的小说、回忆录等作品中，彼得拉庄园是挥之不去的底色。他的童年记忆存留、成长期的性格养成与演变，以及远在他乡时的思乡之情，与余生永伴的梦中图景，都萦绕着这所故园的身影。

彼得拉庄园坐落于蒙图吉山（Montughi Hill）中，距佛罗伦萨市区一英里，是一座典型的意大利乡间别墅。其名 La Pietra Villa 源起于一根石柱，石柱上标志着别墅到佛罗伦萨 San Gallo 老城门的距离——一英里。这座庄园就是阿克顿自 1904 年诞生之时，第一眼认知世界的地方。

庄园处于佛罗伦萨通往博洛尼亚（Bologna，意大利艾米利亚 - 罗马涅大区首府）的主干道上，虽历经战争变故，却基本保存完好。庄园酒窖曾在战时被路过的军队打开过，房子的窗户也一度被机枪扫射破坏过，花园中的雕像亦被部分损毁，但房屋的主体建筑和花园等都保存得较为完好。这座别墅有着哥特式风格，亦有着典型的文艺复兴时期风格，阿克顿在回忆录中评论这所庄园的建筑风格，不啻于对建筑史的一次重写。阿瑟·阿克顿与其子阿克顿一起，联手强化了这所园林极富个人特色的园林风格，他们的宗旨是还原一座文艺复兴时代的园林，因这座园林的历史确可追溯到 14 世纪。在阿克顿的回忆中，在彼得拉庄园那些有着支撑结构的拱顶上，奇高且狭长的窗户上，以及那间年代久远的图书馆中，到处都可以看到首创这座庄园的塞萨帝（Sassetti，撒克逊国王的后裔）家族纹章，以至于他每回看到这些纹章时，都不禁对它年代遥远的主人产生崇敬之情。

彼得拉庄园有着独特的园林艺术品位，中世纪、巴洛克与托斯卡纳式园林艺术相与并存。阿克顿的父亲阿瑟·阿克顿对庄园的个性化整修重

建持续了二十年，终成如今世人所见的建筑风格。由于 19 世纪欧洲风靡
"英—中"式园林艺术，阿瑟·阿克顿将庄园的花园与绿篱部分进行了别
出心裁的托斯卡纳化设计。

　　生活在意大利的阿瑟·阿克顿勋爵，在世时是一位英裔画家兼古董商
人，专门从事艺术品贸易。阿瑟有着不俗的品鉴观，彼得拉庄园里的藏品
在其在世时被视为独到之选，甚至被嘲讽为另类；而今，这些古董价值连
城，其艺术性均已得到公认。自青年时代起，阿瑟就开始收藏艺术品，这
是他平生最重要的爱好，并持续终生。阿瑟娶了美国著名银行家威廉·米
歇尔（William Mitchell）的女儿霍腾斯·米歇尔。因霍腾斯带来了巨额陪
嫁，阿瑟便借此从卡波尼家族手中买下了彼得拉庄园，并以他的个人意愿
将庄园塑造成他理想中的式样。

　　阿克顿曾盛赞道，他伴美而生，甚至不需到别墅花园的墙外去寻美。
在阿克顿儿时，花园里养着各种珍禽和猴子等小兽，花园四季有阳光、音
乐围绕，他与兄弟姐妹们在此间自由地挥洒着与生俱来的艺术天分。彼得
拉庄园的神秘、鲜活与典雅，萦绕着作家毕生的梦境，使阿克顿生而具有
鉴赏美、品味美、重塑美的不凡能力，以至于有朝一日能在异国重构美景
佳园，来承载阿克顿深厚的乡愁与爱美家的心怀。阿克顿在父亲书房里广
泛地阅读，并因此与中国结缘。他在画廊中徘徊不去，绘画与诗歌成为他
儿时表达美的方式。

　　阿瑟·阿克顿于 1953 年去世，其妻霍腾斯·米歇尔于 1962 年去世，
哈罗德·阿克顿便继承了彼得拉庄园。在彼得拉庄园的主楼与四个附属楼
宇里，陈列着各个时代的油画、文艺复兴时期的彩色雕塑、中国瓷器、古
董、巴洛克风格家具、各色挂毯、家装配饰等，还有一个家族专用的图书
馆，收藏了一万两千册的图书与近一万六千张珍贵照片。这所市值超过三
亿英镑的别墅及其中所有珍贵艺术藏品，现归属纽约大学佛罗伦萨分校，
作为阿克顿 1994 年离世后对教育事业的遗赠。

二、檀香山彼得拉庄园："爱美家"心灵放逸之所

在大洋对岸的美国夏威夷檀香山，也有一座彼得拉庄园。此处虽是阿克顿的亲族模仿佛罗伦萨彼得拉庄园建造，但是风格却与佛罗伦萨彼得拉庄园迥异，富有夏威夷岛国的火热情调。与古老意大利的典雅、宁谧与内敛相反，檀香山彼得拉庄园的气氛充满了地道的美国味——它现代、热情、充满活力，一扫阿克顿心中的阴霾与迟疑，使他潜藏的能量激发了出来，释放了另一个未曾发现的自我。作为阿克顿最初的国外旅行之地，美国是阿克顿记忆中最富有安全感的地方。这里是他的外祖父威廉·米歇尔与众多亲族云集之所，且美国的亲族对意大利的彼得拉庄园充满了向往之情。纵使阿瑟夫妇的婚后生活并非琴瑟和鸣，然而两个家族的交往依旧非常融洽，因为阿瑟是岳父相中的乘龙快婿，阿瑟需要米歇尔家族的雄厚财力来振兴贵族的家世，而米歇尔家族想得到欧洲贵族的名声和血统。

檀香山彼得拉庄园的创意，始于 1910 年檀香山米歇尔家族对佛罗伦萨彼得拉庄园的集体造访。此行檀香山的半个家族出动，目的是庆祝阿克顿的姨表姐路易丝·奥格拉·盖伊洛德（Louise Olga Gaylord）与被誉为夏威夷工业男爵的沃尔特·弗朗西斯·迪林翰（Walter Francis Dilingham）喜结良缘。路易斯在意大利的婚礼结束后，阿克顿随这位姨表姐同赴檀香山彼得拉庄园进行游历，感受到完全不同于意大利故园的独特魅力——那是远在他乡的异梦迷醉与似花非花的浑融之美。迪林翰因受意大利彼得拉庄园启发，想为爱妻建造一座充满欧洲风格的寓所，于是选定迪林翰家族地产的钻石头山脚作为宅址。后由迪林翰夫妇二人聘请芝加哥建筑师戴维·阿德勒（David Adler）主持建筑设计，于 1919 年仿照修建了一座彼得拉庄园，路易丝为之命名为 La Pietra，取其因袭家乡故园的意思。新宅几乎还原了意大利彼得拉庄园的神韵，又保有了夏威夷的地域风格。这座庄园也沿袭了彼得拉庄园好客的传统，时常高朋满座。作为檀香山的社交重

地，这里还曾接待过罗斯福总统等知名人物。

因迪林翰在当地声名卓著，阿克顿此次随行受到了当地人民对待皇室般的迎接与拥戴，阿克顿也着实感受了一回夏威夷的火热情调。阿克顿喜欢这里的生活和这里的人，虽然他并未在此地遇到令他敬仰的饱学之士，但是夏威夷的生活气氛令他耳目一新。

路易丝的母亲，即阿克顿的姨妈贝茜·亚当斯（Bess Adams）在檀香山定居。阿克顿身居其家，感受到了心境的平和。她的庄园是由日本设计师建造设计，精妙秀丽，小巧可人，别出心裁的匠心刷新了阿克顿素来对日本人的成见。阿克顿在檀香山的亲戚们并不反感日本人，宅子里的日本人总是显得温和、礼貌、细致。这所宅子的园林极其华美，人造的小溪蜿蜒地流过一座驼峰桥，鲤鱼池由类似玛瑙、鸡血石和玉的鹅卵石筑成，水波粼粼，令人目眩。假山上栽着各色开花植物，石制路灯上包裹着苔藓，玫瑰花丛以类别分布，形成层次感，将公园的小径掩盖。

檀香山彼得拉庄园在建造之前，就已经有了一个建筑雏形，风格与意大利的彼得拉庄园有着相通的本质——奢华、瑰奇。房屋用大量的红珊瑚作为配饰，效仿意大利的装饰风格，且极尽自然之美。富丽堂皇的内院里，精致的喷泉叮当作响，让阿克顿误以为回到了故乡。阿克顿的父亲阿瑟以其独特的品位，为迪林翰寻觅了很多威尼斯风格的雕像，巧妙安置于园林间，更增加了庄园的意大利风格，也使得两所庄园有了许多融通神似之处。香花缭绕，空气生香，宛如神仙般的居所，让阿克顿心醉神迷，乐不知返。

三、恭俭胡同四合院： "爱美家"灵魂升华之地

20 世纪初，因战火而对宗教和欧洲的人道主义失去信心的西方文士们，再一次纷纷将求助的眼光投向辽远的中国。阿克顿在 1932 年来到中国，以一名汉学家的身份在华生活长达八年。他将中国视为第二故乡，并

一心希望能够在北京恭俭胡同的一所四合院中度过余生。因抗日战争爆发，阿克顿在 1939 年不得不在战火中搬离这所宅院。离开中国后，阿克顿在自传中宣称，人生最美好的一段时光也随之永远拉上帷幕。

在当时北京的西方文化人士圈子中，阿克顿是被边缘化的一位。不同于大多数来华的西方文人，他在当时的中国乱象中并不为眼前的衰败景象所惑，且始终如一地铭记来华是为了寻找心灵救赎。

从牛津大学毕业后，阿克顿既未带有西方文士高人一等的行事风格，也不称许当时的中国青年文化人士一心效仿西方的学术作风。在他看来，世界大战就意味着西方文明的终结。第一次世界大战带来的危机接踵而至，成千上万杰出的作家、画家、音乐家在战火中逝去，困顿的生活使得人们将对美的体认束之高阁，思想者们也因生活的压力纷纷丧失了思维的深刻性，灵感总是与战后的人们擦肩而过。在重整旗鼓的日子里，人们食果腹、衣蔽体，但教堂的钟声不再使人们安于祈祷，反而在现实面前表现出了空前的畏缩，正如阿克顿在他的回忆录中所述，战后的人们仿佛遇见鬼魂的哈姆雷特一般，总是魂不守舍。

阿克顿与中国文化的初见即在这一时期。热衷于绘画艺术的他，经常观看画展以遣释怀，正巧油画家阿兰·克鲁登伯格（Alan Francis Clutton-Brock，1904—1976）的中国式画风深深地影响了阿克顿的寻美之路。这位画家力求使画作达到像中国一样神奇的国度才能锻造出的效果，中国的印象在其作品中毕现无遗。以一位西方疗救者的眼光看来，中国的一切，乃是戏台上、古装下、静止不动的中国形象，虽非平等的文化理念，但却是平等的艺术观照。

据阿克顿回忆录记载，他与中国文化的结缘始于他童年时期广泛的阅读经历。描述中国皇帝与守护使者的童话故事《国王的夜莺》（The Emperor's Nightingale），开启了他对中国无穷尽的想象。"按照西特韦尔在《跟我逃亡！东方素描》（Escape with Me! An Oriental Sketch Book）中的回忆，

他对古都北京的向往乃至对北京这个神奇地名的兴趣始于童年观看的童话
剧。1932 年，阿克顿到了中国之后，敏锐地以"爱美家"的寻美之眼，找
到了中华文明的形式与表意的精粹。

　　阿克顿诞生于歌剧发源地意大利，加之他极富艺术气质与尊重文化、
阿瑟夫妇往来无白丁的家庭教育氛围，使得他从小就流连于格调高雅的彼
得拉庄园的园林艺术之间。此时，阿克顿将中国风格园林艺术、中国诗词
与文论经典、中国戏剧及富有中国古典意境美韵的中国现代诗，作为其排
遣忧思与寄情人文的园地。阿克顿在北京的恭俭胡同四合院也延续了彼得
拉庄园昔日高朋满座、书香绕室的盛况。这座从晚清没落贵族手中租赁来
的宅子，被阿克顿注入了浓郁的"爱美家"气息，将他对东西方文化精髓
的提炼，看似无心实则传情地体现在他对恭俭胡同四合院园林的设计上。

　　初到中国，阿克顿在甘雨胡同落脚，与美国人汉德弗斯（Tom Handforth）
和史克门（Laurence Sickman）合住。1934 年，他租下东安门附近北河沿
的一套房子。北河沿即今北京市东城区的北河胡同，这条胡同在清朝被称
为"北河沿"，在阿克顿的传记中将其英文名拟作"Pei Ho Yen"。1936 年，
阿克顿搬进了王府井大街恭俭胡同一所典型的中式四合院里。此宅原主人
因吸食鸦片债务缠身而将寓所租给他人，前任租户也是一位德高望重的旅
居中国的英国人。阿克顿租下这所四合院之后，将其进行了个性化的改造，
完全以自身的审美观念来改建这座房屋并将其视作终生栖身之所。院落的
整体结构本就十分精巧，居于中央的庭院单层建筑的屋顶与柱状游廊连接
在一起，并通过左上方石灰墙上的一个八角门通往中心花园。后院里种着
山楂树，格子砖的建筑已被藤萝覆盖。

　　阿克顿在中央庭院侧边一个封闭式的丁香花苑和装饰性的岩石边上建
起了一个游泳池。他在庭院里铺上了草坪，在房间里布置他从各处搜罗来
的文物和古董家具。在客厅一侧，阿克顿将丝绸装裱的山水花鸟画罗列于
墙面，另一侧挂着吴三桂在山海关战役中大败李自成的画作。客厅与会客

室间，有一个月形斗拱门相通，此门由许多棕色的木料雕成错综复杂的竹林样式。阿克顿又将右手边的房间改造成餐厅，据说这个房间曾摆放着青铜礼器，礼器的摆放痕迹还依旧能够从木制家具上看出，不过在阿克顿租赁的时候它们已被卖掉。餐厅柜子沿墙壁而立，显得不规则，但却能容纳大小不一的文物，正合阿克顿的心意，被他用来摆放各式花瓶和彩绘罐、粗糙盘结的木刻、罗汉沉思的根雕和蘑菇化石的标本等。阿克顿发现，这些中式艺术品韵味隽永，远甚于布朗库西（Constantin Brancusi，1876—1957，罗马尼亚雕塑家）的风格。

恭俭胡同寓所出现的"狐狸精闹鬼"事件，给阿克顿留下了深刻的印象。在新迁的宅子里，看门狗总是在夜里狂吠不止，仆人们固然因这豪宅而骄傲，但是也胆怯于这屋里的"不干净"，认为八成是遭了"狐狸精"，于是请了个道士来念咒，随即复归平静。不过阿克顿很遗憾没能亲眼看到"狐狸精"，因为中国的文章里大都把狐狸精描写成年轻美貌的妖娆女子，有些也可能是能力超凡的男子，若对狐仙付出真心，便要付出生命的代价。在恭俭胡同四合院里，阿克顿每天都被鸟儿们的叫声吵醒，不过这种声音对他来说非但不是噪音，还是对于精神甜美的安慰。

恭俭胡同四合院里的氛围，不过是中国人千百年来在寓所中所司空见惯的，而对于来自异域的"爱美家"阿克顿来说，则充满了神奇的魔力。他认为非得用花香才能形容这儿的情调，晨间如玫瑰，午时如百合，夜晚如兰花，深夜似茉莉。这幢宅邸远离北河沿街道，但是流动小摊贩们的叫卖声还是时隐时现，在严寒的冬季显得凄冷而悠长，在夏季则是融汇了蟋蟀鸣声的交响乐，人与自然在此地呈现水乳交融般的和谐。

阿克顿形容到新居的感受：仿佛一个外星人掉进了中国传统文化里。他在新居中不停地穿梭、品味，听着鸽子们在四合院上空盘旋着咕叫，他觉得有一个中国的先祖在冥冥中传承了这个院落给他。他在新居入住的第一个夜晚是月圆之夜，阿克顿觉得中国的祖先们是以一种特殊的方式在向他的后半生祈祷，给他以使命在中国寻找美、传播美。丁香花在庭院中盛开，阿克顿觉得这儿的岩石几乎都要绽放开来，他在此地流连忘返，在寂夜中还时常品味着中国生活的美好。阿克顿的仆人们都以这幢院子为豪，他还将在广东居住时聘请的帮佣苏齐（Sew Kee）的一家也一并带到了北京。这位忠诚的厨师在新地域环境中，更加创造性地开发了广东菜的特色，让阿克顿享受到了中式美食南北汇合的全新体验。他时常身着长袍马褂，与中外友人一道品茶听戏，与中国士人结交，忘情地在琉璃厂的古董店中流连驻足，将自己活成了一位"洋汉人"，因为中国式的传统生活恰巧迎合了他的爱美之思，是其去国怀乡的最佳归属。那时来到中国的许多西方人，对中国的观感只是停留于入眼的一瞬，所以负面评价颇多，真正走入中式生活世界中去、切身品鉴中国味道的，阿克顿属于其中的少数，而环境对他的回馈是丰厚的。

　　阿克顿居住在恭俭胡同四合院中时，正值世界大战一触即发的前夜。在此期间，阿克顿曾游历中国著名的城市，如济南、曲阜、苏州等。1937年，阿克顿还回了一趟故乡佛罗伦萨，旅居中国期间也曾去过巴厘岛消夏，但随着居住此间的时日渐长，他对中国的留恋竟远甚于故乡。他将北京视作第二故乡，因为中国文化治好了他的精神空虚与信仰迷茫。在阿克顿所撰的反映其北京生活的纪实小说《牡丹与马驹》（*Peonies and Ponies*）中，他化身为主人公菲利浦·费劳尔（Philip Flower），他也想有个中国祖先可以在清明节供他祭扫，证明他有文化气质上的东方血脉。与此前猎奇般品读中国典籍不同，在中国文化环境里，阿克顿如饥似渴地阅读中国经典，这为此后他开启"中学西渐"之学术义举，奠定了丰厚的学养基础。

　　在新居所的文化氛围里，阿克顿体会到了中国之美的精髓，意识到这是一种可以与世界共享的文化资源——美能够使人重新找回和平，因为美是没有阶级、不论贫富的。他以其独到的"爱美家"审美体认，打破了当时以西方文化为中心的偏狭认知，决心以一己之力，与同道者合力开启一场"中学西渐"的浩大文化译介工程——英译中国经典。

　　阿克顿所定位的中国经典，是一套个性化的文学体系，选择的是他所欣赏的中国作品，包括一些小说和短篇故事。经典的鉴别不仅依赖读者的眼光，也有赖于经典诞生地的文学史遴选。阿克顿所选的这个"课题"，在以西方文化为中心的世界文化氛围中显得突兀而新颖。阿克顿的目的在于，能够通过有计划的译研，让英语世界的读者们品读最有格调的中国作品。中国韵味能够让阿克顿远离尘嚣，所以他也希望通过自身的努力，让更多的人享受到这种随处可隐遁的桃花源式文化。他乐观地预计在"美"的终极体验下，世界文化的藩篱正在瓦解，世界文化间的界限也会急剧缩小。为了避免计划惨遭失败，阿克顿在编撰每一卷时，都会单独邀请一位合伙人。

　　阿克顿自信地认为，他将成为欧洲与中国之间文化融通的媒介，因为他既能够适应欧洲的审美理念，又可以迎合中国的文化标准。所以一经决定，他就忘我地投入到文学实践中，将其作为首要的人生目标。当时，阿克顿已经开始着手与中国学人合作翻译《长生殿》与《镜花缘》，这些计划在之后逐渐形成了系列的中国作品翻译汇集。1936 年与陈世骧（Shih-hsiang Chen）合作的《中国现代诗选》（*Modern Chinese Poetry*, Duckworth, 1936），以当时"京派"诗人林庚（Lin Keng，1910—2006）等 15 位作家的 96 首现代诗为对象，首次将中国的白话文诗歌引入英语世界。1937 年与美国戏剧作家 L. C. 阿灵顿（Lewis Charles Arlington）合译的《中国名剧》（*Famous Chinese Plays*, Peiping, Henri Vetch, 1937），选取了《击鼓骂曹》（Beating the Drum and Cursing Cao）等 33 部中国经典京剧剧目进行英文译介。1941 年与李宜燮合译了《如胶似漆：四则训诫故事》（*Glue and Lacquer: Four Cautionary Tales*），收录了四则《三言二拍》故事，即《赫大卿遗恨鸳鸯绦》（The Mandarin-duck Girdle）、《陈多寿生死夫妻》（The Everlasting Couple）、《吴衙内邻舟赴约》（Love in a Junk）、《刘小官雌

雄兄弟 》(Brother or Bride)，由伦敦金鸡出版社（The Golden Cockerel Press ）出版，后于 1948 年伦敦约翰莱曼出版社再版时改名为《四则训诫故事 》(*Four Cautionary Tales*)。1976 年与陈世骧合译了《桃花扇》(*The Peach Blossom Fan*, Berkeley, University of California Press, 1976 ）等。

　　阿克顿在中国旅居期间，积极投身于世界文学交流活动。他沉浸在中国文化的营养中，学道修禅，品诗学画，结交中国文化名流，并于 1932 年应温源宁教授之邀在北京大学外国语文学系教授英国文学。在北大教学期间，阿克顿顶着压力，为学生讲授雪莱、T. S. 艾略特等作家的作品，为当时处于中国文学创作与学术研究前沿的北大学子们，打开了富有"爱美家"特色的西方文化之窗。他的教学灵动新颖，方法独特，大受北大学子欢迎，课堂场场座无虚席。阿克顿以他不带偏见的文化审美观念，将富有中国传统韵味的中国文学译介到英语世界，自觉地充当了中西文化交流的使者，充分展示了其世界文学学者的广阔文化视野，为世界文化交流带来了独特的视角，引导更多的人注目中国文学，也为西方研究中国文学的学者们提供了全新的研究视角。阿克顿认为只有致力于世界文化交流与传播的文化学者，才是真正能够为人类带来爱与和平的美的使者，他在中国期间也如是定位其文化行为，并且将其作为人生目标践行。因抗日战争爆发被迫离开中国之后，阿克顿将在北京的宝贵经历加以凝炼，创作了《牡丹与马驹》一书。他在书中借主人公菲利浦之口，部分还原了自己在中国的史实，并将其"爱美家"理念中的中国至美形象，经由曲折回环的故事情节与人物形象加以尽情锻造。

　　恋家之人阿克顿，其"爱美家"情怀源于蕴美之家。天赐机缘，让这位擅长品美之人，在人生各个时期无论身处富贵安逸，经历风华正茂，还是遭遇战乱流年，都借爱美之力，随时身处"爱美家"的乐园之中。在他的一生中，对其审美理念产生重要影响的，是存留着的这三处家园，它们对诠释阿克顿的文化行为有着一定的史料学意义。经由三处"爱美家"之家，可以追溯阿克顿的"爱美家"情结。从孩提时期的彼得拉庄园的萌生，经由少年时期檀香山的绽放异彩，到青年时期北京恭俭胡同中的沉淀，不仅可以观照其人生轨迹，亦可探究其审美理念的成长轨迹，并推演其文化行为中的美学渊源。

其实，"爱美家"的情操才是阿克顿不断发现美、不断得到精神家园的能量源泉。其爱美的能力，使他能够在所驻各处都留下美的足迹，并成为战乱时代和平与文艺的忠实歌者，传播和平与美的声音。甚至在第一次世界大战后，西方人的信仰受到动摇时，他依旧没有失去对美的憧憬，能够保有辨识美的能力，执着地怀抱传播美的庄严使命感，远赴中国寻美，终得梦圆。

第三节　文化"他者"印象里的"中国故事"

1926年，从牛津毕业的阿克顿选择放弃继续在牛津研修，开启了在欧洲诸国寻找文学职业的生涯。阿克顿自称："离开牛津大学后，我成了一个精神上的流浪者，一个在不安和怀旧中的国外旅居者。"[1]毕业后他到法国巡游，之后回到伦敦，随即遇到创作与出版的瓶颈。

1926年夏季，以牛津大学才子身份毕业的阿克顿在游访巴黎的沙龙时，以其博雅健谈和高贵风度，几乎使巴黎学术圈为之倾倒。岂料同年冬季，同时毕业的朋友们早已一面高喊着"唯美""艺术"，一面纷纷倒向现实名利场。阿克顿与罗伯特·拜伦、彼得·昆内尔和伊夫林·沃三位牛津同窗学友的距离，在短短半年之内被迅速拉开，让原本在既定文学轨道上自信奔跑的阿克顿，瞬间失去了掌控感。他在回忆录中为那时的文学处

〔1〕Harold Acton. *Memoirs of an Aesthete*. London: Methuen, 1948, p. 210.

境发出哀叹，说自己的小说写完了，而最后一本诗集则无人问津，曾频频
为他出版诗集的伦敦出版商，甚至没有勇气再接收他的作品。1926年冬，
被现实迎面击垮的阿克顿，看清了文学审美与接受的大趋势，计划在伦敦
文坛再度立足，并"纡尊降贵"地"低就"专职文学评论，实为紧步牛津
朋友们的后尘。然而，阿克顿的历史学研究慢功夫与唯美主义文字打磨癖，
使其产量锐减，文学评论更进入一个创作瓶颈期。牛津文坛对他的冷落与
恶评，加之昔日同窗的轻慢与疏离，更使曾为牛津文学"无冕之王"的他
无所适从。少年得志是人生之大不幸，壮年遭遇文学创作上的滑铁卢使阿
克顿对《国王与夜莺》童话里的遥远中国充满向往，逃逸当下、隐遁自我
之处即是桃源，他决定在全新领域施展自己的文学才华。

　　阿克顿决心远赴中国的同时，北京正渐渐成为外国人青睐并聚居的中
国城市。"他们主要生活在大使馆附近，除了外交官，传教士和商人也被
这座古城的舒适环境所吸引，特别是在休战期间"，虽然在阿克顿的回忆
录与小说中，北京令人难忘的沙尘暴也常被提及。[1]此时的北京已装上水
电管路，通了电车和电话，邮局与公厕等公共设施一应俱全，生活非常方
便，且外国人在京生活享有特殊待遇，房租、佣金与生活成本都十分低廉。
此时的北京新旧混杂、贫富悬殊，更使这座城市在古老与现代文明、东方
与西方文化的交织下，绽放出独特的光彩。除了宜人的气候、安定的社会
环境，北京是座适合消闲娱乐的欢乐之城。豪华酒店里的鼓乐笙歌、氤氲
澡堂里的推拿与香茗、琉璃厂的古董、大栅栏的娱乐……吸引着像阿克顿、
L. C. 阿灵顿、彼得·昆内尔、戴斯蒙德·帕森斯、罗伯特·拜伦、朱丽
叶·布列登（Juliet Bredon）、阿马德乌斯（Amadeus）、斯文·赫丁（Sven
Hedin）、约翰·冈纳·安德生（Johan Gunnar Andersson）、乔治·巴伯
（George Barbour）等西方人士前往。作为其中的"爱美家"，阿克顿以其

〔1〕Allan Mazur. "Amadeus Grabau in China: 1910—1946", *Carbonates and Evaporites*, v. 21, no. 1, 2006, p. 55.

唯美诗意的"他者"视角，为西方与中国读者，还原了一个富有人文与玄奇色彩的北京，同时也为自己找到了隐遁于世的精神家园。

一、唯美理想救赎：引渡诗思的中国"桃花源"

阿克顿毕生的文学理想，是做个"一手写诗，一手写历史"的文化学者，伦敦文化圈则习惯将他定位为"诗人"，因为阿克顿入学牛津时连续出版了几部诗集。阿克顿是忠实的现代诗创作者，童年时期即有小规模的诗歌创作，在伊顿公学期间，他受到了更专业的诗歌熏陶，接受了伊顿教师也是后来成为文学家的奥尔德斯·赫胥黎的引导，开始走向唯美主义创作，并开始加入诗歌创作与出版的圈子，在牛津时期大放异彩。

除了唯美诗意的文学追求，在牛津期间大展奇才的阿克顿对笔法的标准则更加苛刻，力求以史学研究为基础，打造一部巴洛克式的英语文学经典。在《一个爱美家的回忆录》中，阿克顿不无辛酸地提道："我一下产出了几部史学著作，然而史学研究都需投入大量耐心与时间，以至于我没时间写原创性的评论文章与著述。""随后，出版困境沉重地打击了我，没有出版商对我的历史学著作感兴趣，他们喜欢那些墙头草——花蝴蝶似的理论研究，如此看来，我实在没什么可炫耀的作品。"[1]虽然阿克顿既有小说、历史研究著作，还在牛津期间连出了好几部诗集，几乎创造了牛津文坛的奇迹，但历史研究与唯美主义诗歌的边缘性，使他迅速被嗅觉敏感的牛津学友们超出了一大截。原以为大家不过是出于对文学与艺术的热爱而写作，但随着学友们的专著相继问世，阿克顿这才反应过来，"朋友们也为金钱和名誉而创作"。更难堪的是文学圈中友人们的奚落与不解，在只看重出版的文坛竞逐之后，阿克顿因作品的销量与口碑不佳被贬低得一无

---

[1] Harold Acton. *Memoirs of an Aesthete*. London: Methuen, 1948, p. 201.

是处。罗伯特·拜伦在处女作出版的鸡尾酒庆功宴上，当众揶揄阿克顿 "不
过是个懒惰的业余文学爱好者"。西利尔·康诺利则更为直接，他在《新
政治家》杂志上将伊夫林·沃和阿克顿的小说对比，尖刻地品评道："不
解伊夫林这般卓越的文学天才，为什么偏要对阿克顿这个平庸无能的三流
作家分外垂青？" 此论委实伤透了阿克顿的心，他无奈地悲慨道："难道
这就是我的文学朋友圈赐我的待遇吗？" [1] 但他只能无可奈何地接受现实，
一则他选错了写作方向，二则他错过了最佳的发力时机。令人沮丧的是，
阿克顿追求唯美主义的文字风格与时下 "花蝴蝶" 般的审美标准背道而驰。
虽然阿克顿仍旧保持了高产，可他投身历史研究再次与主流的理论研究南
辕北辙，甚至受到嘲讽。

　　在伦敦，阿克顿遇见了他生命中的第一个中国人——钟昌（Chong
Sung），从此与中国结下了不解之缘。"当我在阿德尔菲的约翰街找到间寓
所之后，我决定为自己寻觅一位中国厨师，经多番问询，我终于来到了古
奇街的中国劳工俱乐部。" "在静谧街巷中一家绝无仅有的地下室，我找到
了这间喧嚣快乐到冒了泡的会所。一张张如象牙般光润的面庞映入眼帘，
我频频眨眼，不禁被眼前这一幕幕充满中国味儿的情景深深吸引：一群中
国水手在下棋，一些人的膝头上抱着逗人喜爱的婴儿，还有些人嘴里叼着
长长的烟斗，专心致志地翻阅报纸，一旁优雅的茶器里斟满了绿茶。" 正是
在这里，他见到了广东人钟昌，并请他担任自己的中国厨师，开始了对中
国人与中国风物的记录过程。[2] 十二年后，阿克顿在《一个爱美家的回忆
录》中满怀深情地想起，是钟昌 "浇灌了那颗我心中沉睡的种子，一种超
越理性的爱——对中国与生俱来的爱，一种对中国的使命感被唤醒了。直
到我前往中国，我的生活才能与周遭融会贯通" [3]。当阿克顿从伦敦返回佛

〔1〕Harold Acton. *Memoirs of an Aesthete*. London: Methuen, 1948, pp. 201—203.
〔2〕Harold Acton. *Memoirs of an Aesthete*. London: Methuen, 1948, p. 195.
〔3〕Harold Acton. *Memoirs of an Aesthete*. London: Methuen, 1948, p. 198.

034

罗伦萨时，他无法带着钟昌同赴意大利，因钟昌已在使馆俱乐部找到一份薪水丰厚的工作。此后，阿克顿在欧洲再也无法找到如此理想的中国朋友，但与钟昌的友谊却使他萌生了前往中国的愿望。他甚至将自己的低产出归咎于无法动身前去中国，以至于对欧洲文学圈彻底失去了经营的信心，也让一腔文学抱负无从施展，于是他开始尝试先接触中国人与中国事物。

阿克顿记录的第一个"中国故事"虽发生在英国，却充满了浓郁的中国味儿，笔触相当亲切。相隔近百年，阿克顿笔端的中国人却充满了智慧与友善，"远非赛珍珠与林语堂笔下那些个蓄指甲、拖长辫子的邪门儿异教徒"[1]。戴着一顶阔大洪堡帽的钟昌，穿着一身整洁的蓝布哔叽褂，胸前的口袋里别着两支钢笔，在一家中餐馆里学会了简单英语。不久，阿克顿就为自己聘请中国厨师的计划狂喜不已："我做了个多么明智的选择，多明智啊！""钟昌是我缪斯女神的完美使者。"阿克顿只列出了一份必需品清单，钟昌却用预算金额采购了一屋子中国奇迹。钟昌就像一个神奇的圣诞老人，拆开一个又一个令人惊喜的中国餐具和食物，"竹盒里，一个精美绝伦的茶壶卧在丝绸上，一只漆茶罐，还有数不清的杯盘碗盏羹匙"。钟昌准备的食物更令人眼花缭乱，金桔、生姜、大米、粉丝、荔枝、蘑菇和各种叫不上来的美味，好像进了一个食物陈列馆。钟昌诚信，实报实销，还向阿克顿呈上了一张亲手誊写的账单，"在我未开化的眼睛看来，这张账单就像一幅精美的书法作品，字母整齐地陈列在一张长方形宣纸上"，更如梦幻般完美的是，当阿克顿面对这张绝美的账单出神时，钟昌为他端出一盏鲜绿的盖碗儿茶，他顿时沦陷了。阿克顿开始迷上用筷子吃中国菜，基本不出门吃饭，中国食物让他长胖了，中国绿茶使他的精神振作，却又感受到清爽宁谧。阿克顿甚至让钟昌成为他了解中国的入门老师，"他为

---

〔1〕Harold Acton. *Memoirs of an Aesthete*. London: Methuen, 1948, p. 198.

我带来了用英语印制的小册子，使我第一次了解了孙中山的革命事迹"，
"随着时间推移，我希望自己能一直这样处于中国的氛围中，我希望能身
在中国。如果一个中国人就能使我的生活变得如此惬意，那么四亿中国人
将使我变得何等幸福呢"。[1]

　　"我有一半的时间在徘徊不定"，"半数以上的朋友都在既有的文学思
潮中奔逐嬉戏，并收获颇丰。他们无法理解我对中国的向往与钟情"。来
家做客时，他们总对钟昌满腹狐疑。"他们细细打量着钟昌，同时审视着
我的眼睛，以便确认我是否也像小说里的中国人一样吸食鸦片。他们小
心翼翼地走来走去，警觉地嗅着，并寻觅有无什么不可告人的东西。"阿
瑟·韦利（Arthur Waley）是个例外，他相当喜欢钟昌的中国菜，还专程
为嘉奖钟昌做的广东美食撰了一副对联。[2]虽然 1926 年就决定去中国，但
因畏于战事，阿克顿仍在欧洲观望，同时艰难地在文学与学术领域开辟领
地。1932 年，在欧洲来回逡巡六年之后，阿克顿决定踏上前往中国的轮船，
从此开始了记录中国故事的旅途，也在中国投射并实现了一个唯美主义者
的"中国梦"。在阿克顿的记忆中，众多为中国人所熟悉的历史人物与事
件，成了颇具异域风情的索引，也为西方人了解中国文化提供了实证。

二、"中国博物馆"：人间与纸上的中国脸谱

　　来到中国后的阿克顿，惊异于北京的历史与古韵，且找到了在故乡佛
罗伦萨才有的归属感。他再次找回了自己，在欧洲文坛逡巡失落的不快与
迷惘被冲淡了。在入住恭俭胡同 2 号四合院之前，阿克顿一直与美国艺术
家汤姆·汉德福斯（Tom Handforth）同住在甘雨胡同（Kan Yu Hutung）。

〔1〕Harold Acton. *Memoirs of an Aesthete*. London: Methuen, 1948, p. 196.
〔2〕Harold Acton. *Memoirs of an Aesthete*. London: Methuen, 1948, p. 198.

036

这一时期，阿克顿遇到了来自丹佛并住在协和胡同（Hsieh Ho Hutung）的劳伦斯·史克门（Laurence Sickman），二人一起迷上了收藏中国艺术品。

在决定落脚北京之前，阿克顿于 1932 年夏季到冬季，与西门·汉考特·史密斯夫妇一道，经历了为时近半年的中国与东南亚之行。一路考察之后，阿克顿在对北京的满怀思念之中返回，并决心将家园与事业都安在北京，还请来了教习普通话的老师周一民，后来还与他一起合译了一部中国京剧合集，该作在战火中被焚毁。在浓郁的中国氛围中，阿克顿很快学会了普通话的基本口语。在戏园子里向其他听众开腔发问时，他得意于中国人对"老外"说中国话的惊异。阿克顿还颇有兴趣地谈到自己鹦鹉学舌般学习普通话的经历："我的老师不懂英语，他是一个很有教养的北京人，彬彬有礼，颇有耐心。他指着东西，念出它们的名字，而我则像一只鹦鹉一样跟着他念。于是我增加了词汇量，但却没有怎么去思考词汇的具体意思。北京话的语法很简单，但语调变化太多，单音节词的朗读错误，使我的语句中汇集了无穷尽的双关语，总是闹笑话。因这些音调的缘故，朗读每个短语都像唱一首歌，再没有比我的上课更滑稽可笑的了，可我最讨厌人打扰我'上课'。"[1]

此间，阿克顿开始进入他在小说《牡丹与马驹》中所描述的那个北京西方人文化圈，看到了形形色色的中国人与西方人，见到了与阿克顿的中国印象大相径庭的"中国博物馆"。面对芸芸众生相，阿克顿萌发了一个大胆的设想，就是照猫画虎地写一本具有春秋笔法的纪实小说，向未能来京的西方读者与友人，呈现他眼中别具一格的北京印象。"我在写一部小说，讲述北京对一群有代表性的西方人之影响，以及这些外国人对少数中国人的影响"，描写对象也包括中国学者与艺术家等。但以阿克顿在京

---

[1] Harold Acton. *Memoirs of an Aesthete*. London: Methuen, 1948, p. 323.

圈西方文化人士中的影响力，这个写作计划立刻引发了关注："每逢有熟
人听到风声，不是坦率地说：'噢，你可一定要把我也写进去！'要么就
是假惺惺地惶恐道：'你可别把我也给写进去！'对于大多数人而言，在
书中认出自己无疑是种乐趣，有助于他们刷存在感。"[1]不过，鉴于一些轶
事近似"爆猛料"，阿克顿不免担心："如果我直接把他们生活中的真实
面貌呈现，那这本书不仅会被认为是蓄意诽谤，还会被斥为是荒淫怪诞之
作。"因此，阿克顿对其中的人物进行了艺术加工，这就是他所谓"'牡
丹'（Peonies）就可以大着胆儿地模仿'马驹'（Ponies）了"的真实内涵，
即将《牡丹与马驹》变成源于真实生活、略加修饰的"在京中国众生相博
物馆"，而北京这座城市才是这部小说的真实主角。

　　基于 1928 年小说《乏味》（*Humdrum*）被讽刺为是对伊夫林·沃的小
说《衰落与瓦解》（*Decline and Fall*）的拙劣模仿，阿克顿对《牡丹与马驹》
的写作"并不像过去那般忠于事实"，但无奈"评论家依然指斥我的小说
过于夸张"。[2]伊夫林·沃的小说虽也在记事，但作者的创作立场与描写
动机非常突出，观点犀利，批判尖锐，也涉及"爆猛料"；而阿克顿的《乏
味》与《牡丹与马驹》，从本质上来说都属纪实小说，群像丰富、影射现
实是其长处，而在个人形象的塑造上，阿克顿的作品却太过于"实事求是"
而缺乏亮点。阿克顿的笔法更接近于历史书写而非文学书写，对真实中的
人物形象缺乏艺术加工，只将"猛料"作为素材，而非借机抨击讽喻的利
刃，最终反而使得作品在结构的经营上败下阵来。但从历史意义与现实投
射的意义上，《牡丹与马驹》确实是一部具有参考意义的纪实小说，涉及
大量 20 世纪 30 年代的北京上流社会与市井生活的真实记录。

---

[1] Harold Acton. *Memoirs of an Aesthete*. London: Methuen, 1948, p. 348.
[2] Harold Acton. *Memoirs of an Aesthete*. London: Methuen, 1948, p. 349.

三、主观纪实笔法：诗意与唯美的个性误读

有深厚历史研究底蕴的阿克顿，特别注重历史资料的考据。他在自传中所援引或复述的"中国故事"，出处清晰，用典翔实。然而，阿克顿的中国知识除了来自在华期间直观的生活实践，更基于前代汉学家等的典籍与译著，因此不免存在转引的谬误。据阿克顿与李宜燮合译的《四则训诫故事》译本注释，阿克顿所引用的条目主要有阿瑟·韦利的《庙歌集》（ *The Temple and other Poems,* 1923）和《再译自中国人》（ *More Translations from the Chinese,* 1919）、翟理斯（Herbert Allen Giles）的《华英字典》（ *A Chinese-English Dictionary,* 1912）和《古今姓氏族谱》（ *Chinese Biograhpical Dictionary,* 1893）、阿瑟·史密斯（Arthur H. Smith）的《中国谚语》（ *Chinese Proverbs and Common Sayings* ）、德克·卜德（Derk Bodde）翻译富察敦崇的《燕京岁时记》（ *Annual Customs and Festivals in Peking,* 1931）、奥斯伍尔德·喜仁龙（Osvald Sirén）的《中国绘画艺术》（ *The Chinese on the Art of Painting,* 1936）、多里（Doré）的《信仰研究》（ *Recherches Sur les Superstitions* ）等多部与中国文化相关的辞书与文学原典。[1]这些典籍中已掺杂了译者对中国文化的第一道"加工"程序，阿克顿的创作部分基于此类辞书的中国印象，也因此受到先入为主的影响。

以唯美主义为尊的阿克顿，对诗意化的中国文人故事，设置了一条明朗的精神线索，即"质而实绮，癯而实腴"的冲淡笔法，兼与自然共振、天人合一的空灵境界。庄子与陶渊明是阿克顿笔下最卓越的中国诗人，阿克顿串联他们的方式，是以质朴的笔墨、可感的襟怀、物我两忘的诗歌意境与怡然自得的人格形象为表现形式，总结出千古中国文人的入世隐遁智

---

[1] Feng Meng-lung, Translated from the Chinese by Harold. Acton. &. LEE YI-HSIEH. *Four Cautionary Tales,* New York: A. A. Wyn , INC, 1948, pp. 147—159.

慧。"正如庄子曾写道：'野马也，尘埃也，生物之以息相吹也。'"经由翟理斯译本，通过对中国艺术品的大量鉴赏，阿克顿意识到，无论是法国印象派画家，还是中国不自称为印象派的印象派艺术家，在不同的领域、形式与文明背景下，都饱含意境地表达相同且极致的"道"的艺术，中西大道相通。阿克顿从卓越的道家精神艺术形式中，体认庄子的逍遥精神与道家"无为"之说的艺术语言。"在中国纸上写字作画的米芾和八大山人可从没画过油画，但他们一定都了然杨柳依依的朦胧意境，他们同样也会读懂，莫奈是个和他们一样极富想象力的艺术家兄弟。即便如此，道以各种不同的方式来表现自己，不计年龄、不论形式，但道就是道，它知道如何恰当地表达自己。"[1]同时，阿克顿在诗意体认中完成了中西方文人情操的共振，从而真正体会到中国出仕文人的隐逸情结。"只有从现世中隐退的人，才能受到圣人的指引。"[2]阿克顿向往道家通达天人的智慧，即因远离尘嚣实现与自然的静谧沟通，其文笔清雅脱尘，甚至通过译作也能感受到"无为"的逍遥旨趣。

在阿克顿看来，梁宗岱用法文翻译的《陶潜诗选》(*Les Poèmes de T'ao Ts'ien*)诗画合一，风格与意境均纯粹恬淡，表达了道家遁世孤独者"无为"的沉思状态与渴望体认山水神韵的虔诚。[3]阿克顿还例举陶渊明的名句"此中有真意，欲辨已忘言"，对逍遥无为的道家人生境界进行阐释。[4]阿克顿所认同的陶渊明道家境界，核心理念即"无为"，因"无为"而不适樊笼，因此得逍遥自在，重返自然天性，恰迎合了阿克顿的唯美主义思想。在阿克顿看来，陶渊明的空寂无为，因其道家境界趋向个人化，是对"无为"不执着表相的追求，陶渊明的理想"就是远离尘嚣，与大自然安

---

[1] Harold Acton. *Memoirs of an Aesthete*. London: Methuen, 1948, p. 403.

[2] [德] 马克斯·韦伯：《儒教与道教》，洪天富译，江苏人民出版社1995年版，第203—204页。

[3] H. Frankel. "Poetry and painting, Chinese and western views of their convertibility". *Comparative Literature*, 1957（4），pp. 289—307.

[4] Harold Acton. *Memoirs of an Aesthete*. London: Methuen, 1948, p. 336.

静地对话"。[1]此外，作为阿瑟·韦利的好友，阿克顿对韦利翻译的白居易诗歌颇为叹赏，多次在传记与汉学著述中引用韦利的白居易译诗，但评述不多，更多的是借白居易赞叹韦利"诗魂附体"，以间接认同白居易诗境打破时空、跨越文明的生命力。

阿克顿对中国文学中的女性形象尤其寄予了唯美希冀。他认为，与男性文人诗意化的旷达胸襟相对应，唯美性更属于婉约凄楚、仪态万方且充满神秘感的中国女性。正如曹雪芹借宝玉之口，道出女儿"如水"的宝贵特质。阿克顿对唯美主义的定义，也恰以"水"作为意象类比。阿克顿曾在回忆录中引用《论语》："'仁者乐山，智者乐水'……我相信，自己的身体里定有一层以水为核心的组织，它就喜欢那些潮湿的事物。'生活是要流动的'，乔治·桑塔亚那[2]说过，'世间事非此即彼'。"[3]可贵的心性与美好的品质总是互相吸引，阿克顿所强调的唯美主义"流动性"，恰是唯美主义对文化的融通性与跨文化性的诠释。他将流动不息的水视为智慧的象征，同时将唯美主义也定位为如水般融汇万物的智慧理论。在论证中国女性形象时，阿克顿引用林黛玉的例子——正当青春年少，黛玉对李商隐的一句诗颇为欣赏，即"留得残荷听雨声"——唯美的女子洁如秋雨，却唯有落户于残荷之上，才能吟出内心的凄楚之声。残荷恰似命运之无情，而秋雨遇残荷之美，恰似中国女子千百年来寄身于无常命运的悲剧之美。阿克顿不禁慨叹，正是在命运的残损与摧折中，林黛玉越发灵秀纯净，仿佛受尽苦痛的洗礼，从而更深切地体认到也无风雨也无晴虚静冲淡的生命本质，而非一味眷恋美好永驻，她的悲观善感暗合了中国人浪漫主义的性格。"《红楼梦》中这个脆弱而敏感的女主人公，一直是中国男子的梦中情

---

[1] Harold Acton. *Memoirs of an Aesthete*. London: Methuen, 1948, p. 404.

[2] 乔治·桑塔亚那（George Santayana, 1863—1952）：西班牙裔美国哲学家、诗人、散文家，美国批判实在论的倡导者。

[3] Harold Acton. *Memoirs of an Aesthete*. London: Methuen, 1948, p. 384.

人，'弱不胜衣'的身体，却总想与大自然维持某种神秘的联结"，她有
见花落泪、见月伤怀的浪漫情怀，洒泪葬花的仙姿与诗情，虽春心萌动却
又不得不故作冷淡，"质本洁来还洁去，强于污淖陷渠沟"，其悲剧结局让
后世千万中国读者在跌足嗟叹中浮想联翩。"林黛玉在中国的影响远甚于
维特在欧洲。她人虽在小说中病逝，但她的灵魂却永远长驻文坛。"[1]

    阿克顿对中国女性的认识，不只局限于能吟多愁的定位，还有对女性
礼仪上的唯美追求。阿克顿以绅士自居，崇尚孔子的礼仁之说。来到中国
后，便亲自体会并演绎儒家礼仪，他不仅在行止品位上追求"君子"风度，
且在汉学研究中，不自觉地偏重"君子"对"窈窕淑女"的主题，在阿克
顿笔下才德兼备、能诗擅赋成为唯美中国女性的标准，这样的中国女性亦
成为君子所殷切追求、绅士所青睐译介的对象。正当他的北大同事纷纷着
手翻译《英诗金库》、托马斯·哈代和康拉德，将好奇与求知的目光几乎
全盘转向西方世界时，阿克顿却正着手将最富有古典气息的中国诗词曲赋
翻译成英文，著名女词人李清照的作品亦在其中。阿克顿从儒家之礼层面
评论李清照及其凄婉生涯，"谈及中国妇人的美德与佳话，李清照就是中
国多才女子中的翘楚"，为保金石再嫁，丝毫未影响阿克顿对李清照的评
价。相较于林黛玉，阿克顿认为李清照是真实可感的女子，她的诗歌与故
事皆具可读性。对于李清照的再嫁，阿克顿持较为宽容的态度，李清照词
中对亡夫的回忆与对夫妻间约定的忠贞，使其人格形象因守信而唯美贞洁。

    在阿克顿在中国生活的年代，他亲见诸多与传统礼法完全悖逆的中国
新式女性。她们中既有张歆海妻子式的女权主义者、康同璧式的维新派，
也有蒯淑平那样理着平头、满口牛津英语的现代女学究，还有冯玫瑰式
精通几国语言与外交辞令的交际明星，抑或外滩不知名的俏丽中国舞女。
"传统中国女性被各种礼俗规训，'行莫回头，语莫掀唇，行不摆裙'"，

---

[1] Harold Acton. *Memoirs of an Aesthete*. London: Methuen, 1948, p. 343.

042

比起眼前所见拿着网球拍满场腾跃的中国新女性，阿克顿还是怀念诗书中
婉约娴静的淑女，并努力翻译她们的诗词与轶事。同事们见状，纷纷揶揄
要帮他物色个传统的中国妻子。若阿克顿有缘在中国久住，或许真有机会
成为中国女婿。[1]

　　在阿克顿笔下，为中国人所耳熟能详的文人故事，变异成了新奇又友
善的中国故事。阿克顿行笔，看似出于客观纪实，实则是变形后的中国镜
像，既诗意又唯美，这既是跨文化因素造成的个性化误读，亦投射了阿克
顿的"中国梦"。

四、唯美品鉴对比：西方审美言说下的中国戏剧

　　阿克顿热爱中国戏剧，他将京剧艺术与中国人性之契合做了深刻阐
释，认为中国人在清心寡欲、与世无争之余，最富有表现力的心境张扬尽
付于京剧舞台，优秀的剧本可作为管窥中国京剧艺术的门径。"无论在中
国还是欧洲，一流的剧本对一流演员都构成了终极考验。"在中国期间，阿
克顿有两部京剧译作，一部是与美国戏剧家 L. C. 阿灵顿合译的三十三出京
剧折子戏合集《中国名剧》。阿灵顿也痴迷京剧，决定与阿克顿一道合作
一部影响力不亚于萧伯纳戏剧的译著。他之所以在众人中选择阿克顿，皆
因阿克顿并未沾染流行汉学圈子里抄袭与作假的坏习气。阿克顿另一部与
周一民合译的京剧译本则毁于战火。阿克顿对这部永远无缘问世的译著评
价极高："这部手稿成为战争的牺牲品对我而言是莫大的悲哀，因为我选
的剧本要比给《洛杉矶时报》的缩略版要好得多。""京剧那轻快的乐声在
我耳边萦绕不去，演员们在我眼前轻盈地跳跃，我希望能借助译笔，将京

---

[1] Harold Acton. *More Memoirs of an Aesthete*. London: Methuen, 1970, pp. 360—361.

剧的魅力传导给西方读者，尽管剧本较之京剧艺术，只是沧海之一粟。"〔1〕

在京剧之外，阿克顿对昆曲剧本的评价最高："这种由 16 世纪早期兴发于江苏昆山的曲艺，是一种集文学与博学于一体的戏剧。它有着柔和的伴奏和温婉的旋律，富有田园诗般的风情，无论是唱腔还是舞蹈，皆显得美好而又纯净，活像一首首诗的场景复现。"在北京期间，阿克顿和戴斯蒙德几乎未错过任何一场昆曲演出。"演员们经验丰富，在演艺生涯中都曾有过辉煌的往昔，却仍旧对昆曲艺术保持着初心——不论观众是否稀疏零落，他们都在尽力如初见般向观众呈现诗意般的舞台效果与艺术境界。"〔2〕阿克顿在中国期间，翻译了《春香闹学》《跪池》《林冲夜奔》三出昆曲折子戏，皆发表于《天下月刊》(T'ien Hsia Monthly，1935—1941)。作为阿克顿借"译笔返乡"的最后一部汉学著述，他与陈世骧、西利尔·白之(Cyril Birch) 合译的昆曲剧本《桃花扇》译本，则被西方汉学界公认为一部唯美主义佳作。

阿克顿在京时，与戴斯蒙德·帕森斯关系最好，二人过从甚密，惺惺相惜，在京西方人圈子中"还一度起了哈罗德·阿克顿暗恋帕森斯的绯闻"〔3〕。阿克顿无论在回忆录还是小说中，对与戴斯蒙德的投缘、漫游及其病逝等的描述中，体现出的都是挚友之情，并借"爆料"纪实小说《牡丹与马驹》，还原历史真相并怒斥造谣滋事者。阿克顿和戴斯蒙德都出身贵族，是那个时代标准的牛津才子，对北京有共同的热爱，对京剧的痴迷使他们与在京西方人群体的艺术品味大相径庭。但戴斯蒙德除了北京，也向

---

〔1〕1937 年北平沦陷于日军战火之后，阿克顿选择继续留在北京。在这些日子里，京剧就成了他最主要的消遣，他时常与自己的普通话教师周一民翻译京剧剧本。战事一起，周先生的外国弟子跑了大半，因此周先生常常花上大半天的时间陪阿克顿一起研究。周先生不识英文，而阿克顿的中文水平亦有限，但甄选的剧本是好的，周先生的国文功底深厚，阿克顿的英译水平也了得，二人如是切磋琢磨，乐在其中。以上内容参看 Harold Acton. *More Memoirs of an Aesthete*. London: Methuen, 1970, p. 2.
〔2〕Harold Acton. *Memoirs of an Aesthete*. London: Methuen, 1948, p. 357.
〔3〕Jeremiah Jenne. "Sojourners in Peking". *The World of Chinese*, issue 2, 2021, p. 77.

往中国的别处。他是个敦煌迷，"在戴斯蒙德外出旅行归来的间隙，他总喜欢陪我去中国戏院，我已成了京剧的狂热崇拜者"。阿克顿赶上了中国戏剧演绎的黄金时期，梅兰芳、程砚秋、韩世昌等人的剧目轮番上演，令听戏成癖的阿克顿过足了戏瘾。《武松打虎》的片段看得他酣畅淋漓，《马义杀女》一折听得他五内摧伤，程砚秋细腻沉郁的唱功与表现力沁入其肺腑，而梅兰芳的《霸王别姬》《白蛇传》等折铭刻了阿克顿如牡丹般绮艳的中国梦。"北京是中国京剧的故乡，恰好比好莱坞是美国电影的故乡一般。我曾邀请许多朋友前去观看我认为极精彩的剧目，但他们总待不了多长时间，就借口耳朵疼、头疼、无聊而匆匆离去。"[1]京剧对西方观众而言，实在是一种难以欣赏的音乐，假声唱腔与尖锐伴奏的震耳欲聋，让听惯了轻音乐与歌剧的他们无法忍受。但阿克顿认为这其中不乏西方观众基于文明差异的傲慢与偏见，因为在 18 世纪，歌剧中女高音大量使用假声的情况并不罕见，乃至传承为意大利歌剧特色。

阿克顿印象中的京剧，建立在以西方戏剧审美为基础的文化前提上，他首先将京剧与戴尔艺术喜剧（Commedia Dell'arte）、伊丽莎白时代（Elizabethan）的舞台剧进行类比。但比较的最终结果，乃是京剧堪为毫不逊色于意大利歌剧的伟大东方传统剧种。阿克顿克服了语言与文化的屏障，灵魂受到了京剧美感的直击。"中国京剧的故事情节总能给人以深刻的寓意，对人性构成了一种最深层的吸引，同样的戏剧每年都在上演，观众对其挑剔程度绝不亚于意大利歌剧迷。"京剧实现了阿克顿基于幼年时期对意大利歌剧与少年时期对俄罗斯芭蕾舞剧的艺术理想，"这是一种汇集对白、歌唱、舞蹈与杂技的和谐组合"。而中国京剧演员的精湛演技与华丽假声唱腔，使简单的布景显得寓意无穷，"在这个一切都被极度简化了的舞台上，一切都通过技术而实现了强化"，而"这个光秃秃的舞台上，一切的

〔1〕Harold Acton. *Memoirs of an Aesthete*. London: Methuen, 1948, p. 355.

道具都因极简而具有丰富的象征意义"。作为一位唯美主义者，阿克顿认
为京剧美不胜收，"服装的美，化妆的美，动作的美，哑剧的精妙，以至
于观者并不知道细节，也听不懂音乐的内涵，依然会为整体的美感而激动
不已"[1]。

　　阿克顿最爱的京剧类型是武戏与历史剧，如《三国演义》与《水浒
传》改编成的折子戏。虽然阿克顿认为这两部小说的情节比较乏味，但搬
上京剧舞台以后却生动无比。他笔下的中国京剧，较之对细节的计较，更
多的是笼统地感受气氛。阿克顿在其间扮演了异质文化猎奇者与京剧艺术
拜读者的双重身份，他的感悟时常令人忍俊不禁。舞台的生动与程式化令
阿克顿既觉得出其不意、惊喜连连，又仿佛能摸索到其中的规律。但他很
快被京剧的武戏带入节奏，进入情境：小童们灵活的打斗，柔软却又精确
的击剑，沉静理性与激越感性杂糅着的各色人物，带有儒家卫道士色彩的
端庄女英雄，以及哼着曲儿的老者和他们那一把把不知如何长出来的大胡
子。将军们衣着华丽，都像雄鸡似的昂首阔步，头盔上还插着巨大的羽饰。
当他们以精准的速度向前时，露出厚实的白底靴，随之就玩起各自的武器
来。"打斗场面令人心旷神怡，乃至血压升高。"将军们个个骁勇善战、视
死如归，气势与阵势兼备，令观者肃然起敬。

　　阿克顿一面惊叹京剧演员的高超技艺，一面忍不住推论："生性爱好
和平的中国人，把他们为数不多的好斗性格都留在了京剧里。"只有在京剧
里的打斗与呐喊，才能使观者得到境界的升华与艺术的浸润。京剧的打斗
也富有儒家礼仪与精湛武术之美，猛如张飞者，亦不趁人之危进攻剿灭，
而是在两军对垒时，光明正大地策马前驱。将军们虽高喊着"决一死战"，
长矛金戈擦出火花，然而当锣声响起，交战双方即停止打斗。戏台上哪怕
历经一百场气势恢宏的拳赛，也不可能分出输赢，训练有素的演员轮番上

───────────────

[1] Harold Acton. *Memoirs of an Aesthete*. London: Methuen, 1948, p. 355.

046

阵，格斗一个轮回后即后撤，等待下次上场，"每个动作都像一对卷轴一样对称"，舞台的气氛就如是推向顶峰。[1]

阿克顿对京剧的舞蹈与歌唱结合形式尤其关注，意大利歌剧也具有类似特点，但舞蹈的嵌入并不如京剧这般深入，而京剧对动作细节等的关注与处理使得其舞台效果令人难忘。阿克顿对情节本身的注意使得他对剧作还原的重点偏移了，他笔下的常见剧目时常因过度关注"事理"与"情节"而令人忍俊不禁。观《武松打虎》，武松醉酒思睡，顺手掀翻一把椅子就可作卧睡的枕头；表意性的"微风"则用喇叭吹送，阿克顿不禁慨叹："这是多么令人神清气爽的微风哪！"接下来，由演员假扮的"大虫"出现的第一时间不是饿虎扑人，而是赶忙立起身向观众唱歌炫耀自己。"这个厚脸皮的畜生看起来，还真是威风凛凛，不仅会唱歌儿，而且还在随后的搏斗中用'爪子'折了哨棒。"阿克顿不禁揶揄道，在英雄与野兽的搏斗中，最重要的似乎不是谁赢了谁，而是抓紧时间唱歌，向观众抒发感想，仿佛观众较其对手而言，是更值得亲热和拉拢的人。[2]

阿克顿在回忆录中，还时常提及由男性扮演的女性角色，梅兰芳和程砚秋所塑造的京剧形象超凡脱俗，给他留下了深刻印象。"令人感到矛盾的是，女性角色往往被男性诠释得最好，他们铸就了一种极端女性化的视觉体验，而舞台上的女性角色之美，较之外表则更倾向于流露'她们的'内在魅力，这不得不说是京剧艺术战胜自然的另一壮举。"[3]在阿克顿在中国生活的时代，女伶虽已在舞台上出现，但并未成为主流，一些戏曲学校开始招收女学生，但常见的女性角色多由男性扮演。京剧脸谱本身就是一个奇迹，能将一个四五十岁的矮胖男人，乔装成舞台上灵动的仙女——这绝对是艺术对自然的非凡胜利。扮相与唱腔，是最令阿克顿动容的京剧女

---

〔1〕Harold Acton. *Memoirs of an Aesthete*. London: Methuen, 1948, p. 356.
〔2〕Harold Acton. *More Memoirs of an Aesthete*. London: Methuen, 1970, pp. 4—5.
〔3〕Harold Acton. *More Memoirs of an Aesthet*. London: Methuen, 1970, p. 2.

角特点，这些京剧"文戏"中的女性角色往往充满悲剧色彩，令观者看得
愁肠百转。阿克顿说，中国文戏最经常反映的，就是男主人公因追求功名，
如尤利西斯般长时间离家奔赴战场与考场，而被抛在家中的女子则面临着
生计与贞洁的双重考验。以女性角色为主的"文戏"，较之武戏要细腻得
多，能否享受到其中妙处，得益于听者"是否有能力辨识，演员利用切分
音唱出的那些长篇感伤独白：这种艺术品位完全有赖于后天的培养"。阿
克顿在谈及品鉴戏剧的经验时不免扬扬得意，其父母就是歌剧迷，家中盖
了个小型歌剧院，阿克顿夫妇不仅常请名角来家坐镇，也时常带孩子们玩
角色扮演。他的歌剧天分是先天遗传并养成的。

　　不过，较之喧闹与华彩的舞台，台下的观众与京剧剧院的氛围也同样
令阿克顿充满兴趣。京剧剧场里，台上台下的对决不啻一场生死博弈，二
者的唯一执着只在守护纯粹的京剧艺术。但这场演员与观众的无形较量，
在形式上却完全无法捉摸，这点让阿克顿十分感兴趣，乃至亲手记录了下
来。阿克顿认为，中国观众看似对戏台漠不关心，甚至分心得有些对角色
不敬，但打动他们的唯一标准，是绝对唯美的京剧艺术，差之毫厘，他们
便会给予冷遇，乃至喝倒彩当场打击演员。京剧戏台上锣鼓喧天、刀光剑
影，而台下的听众却能面色如常，在人满为患的戏台前，半空不断抛飞的
手巾"把他们从琐碎中吸引过去"，否则，他们就会持续一脸漠然地品鉴
着凶险的剧情——中国观众的内心，如隐于丛林的猛兽，刚猛不露、沉静
不语，与他们平素温婉的外表形成鲜明对比。但京剧演员已习惯于这种严
苛的审视，太宽松的环境反而令他们无所适从，以至于"梅兰芳在欧洲
演出时，观众们的沉默让他十分不习惯"[1]。有别于武戏，《贵妃醉酒》在
阿克顿笔下反复出现，成为迎合其唯美主义理想且印象最深的一出京剧。
"仿佛是一个难以进入的魔圈，他有时觉得自己已入其门径并陶醉其间，

---

[1] Harold Acton. *More Memoirs of an Aesthete*. London: Methuen, 1970, p. 3.

些许还有些得其妙处的时候，那曲调却倏然停止，耳朵便失去了前一刻如在天堂的仙境"，"而那戏台上柔弱无骨的身姿，当真属于一个男人吗"，"小碎步儿怯生生地，将女子步态模仿得惟妙惟肖"。[1]而神异之处在于，这男扮的女性角色在万般妩媚之中，依旧有一丝阳刚气概，大巧若拙。阿克顿对男演员扮的女角儿感到新奇，隐秘的男性身份反而让公之于众的女性角色在可鉴之余更增几丝玄妙的违禁色彩。

阿克顿说，在北京的时光里，他在北大与京剧剧院之间两点一线式地来回，几乎没时间投入创作。阿克顿对中国文化那些永恒不变的特质如此热爱，以至于他沦陷于京剧艺术中不能自拔。"京剧舞台艺术，生动且真实地见证了几个世纪以来，古老中国的生活、习俗、思想与装饰"，"王国维将其上溯至原始的驱魔歌舞，试图用戏剧艺术引导善识，规训恶识，正如在北京喇嘛庙上演的萨满舞"。[2]除了京剧与昆曲，阿克顿还提到了凤阳花鼓。作为一次花鼓戏演出的观览者，他饶有兴致地记下了花鼓戏简单的旋律："它的单调范围很少超过八度半，基于五个音阶中，却是中国乡村音乐的基本旋律，天真、简朴且未经修饰。"花鼓戏通俗易懂的剧情并不影响它的丰富表意，"北京方言为它注入了许多即兴的双关语，借用了每种富有诗意的表达方式，却仍旧保持了每句唱词的对称工整"，至于题材，"悠哉的城里胖老鼠与流窜的乡下瘦老鼠，城里婆婆向亲家母抱怨乡下媳妇儿的主题是如此普遍，以至于无人不晓其中唱的那些滑稽戏词究竟是何意思"。具有历史研究敏感性的阿克顿，甚至追溯了凤阳花鼓的渊源，虽说艺术形式很亲民，"但它发端于明朝开国皇帝朱元璋的生平，据说在他的正式职业生涯开始之前，亦曾唱过花鼓戏"，北京表演此戏的人都是真正的乡下人，"扮演女性角色的男孩子们脚踝上绑着小木腿儿

---

[1] Harold Acton. *Peonies and Ponies*. London: Oxford University Press, 1941, pp. 83—84.

[2] Harold Acton. *More Memoirs of an Aesthete*. London: Methuen, 1970, p. 3.

跳舞"。[1]

　　1939 年，阿克顿迫于战争形势离开中国，回到欧洲后随即奔赴二战前线，错失了返回中国的机缘。但他并未忘记中国戏剧，于 1944 年秋在《新写作之光》（*New Writing and Daylight*）上发表了中国戏剧理论研究文章《仪轨与现实：中国通俗戏剧》（*Convention and Reality: The Chinese Popular Theatre*），延续了对中国京剧舞台艺术的关注。1948 年，他与北大时的学生陈世骧及美国汉学家西利尔·白之合译昆曲剧本《桃花扇》，思借译笔"返乡"，重温中国戏剧之梦。

五、人文"他者"视角：通俗与玄奇的民俗概览

　　阿克顿的"中国故事"涵盖了古今中国文化与民俗轶事，且从表述风格上体现了具有人文色彩的玄奇的中国印象。这些印象与中国世俗社会及人文精神密切相关，融合了阿克顿对中国戏剧与小说的认知，承载了阿克顿立足西方文化视角的"他者"对中国民俗世界的概览，呈现了与西方既有中国印象迥异的"中国故事"。阿克顿借助中国戏曲与通俗小说，将鲜活灵动的艺术精粹与市井众生相中的中国民俗散汇成篇，这既是阿克顿唯美与人文追求的异域投射，也代表了 20 世纪 20 年代西方主流学界对中国文化的研究方向。阿克顿不自觉地将中西方具有类似风格的作品与作家进行对比，在定位中国小说的行文风格时，亦将作者的创作思想与笔法摆在重要的考证地位上。

　　阿克顿对中国通俗小说的欣赏与研究，分为前后两个时期，前一时期以翻译研究为主，后一时期以涉猎与评论为主。前一时期的代表作是 1931年与李宜燮合译的《四则训诫故事》，创作时间在阿克顿来中国之前。阿

---

[1] Harold Acton. *Memoirs of an Aesthete*. London: Methuen, 1948, p. 393.

050

克顿根据大英博物馆馆藏文献，节选了冯梦龙"三言"故事中的四则具有训诫意义的故事。阿克顿作为跨文化翻译者的比较意识浓厚，在其中四则篇目里，节选了一篇与《十日谈》第三天第一个故事几乎情节一致的故事《赫大卿遗恨鸳鸯绦》。为了强调对这篇故事的重视与甄选视角，阿克顿在另一则故事的楔子中也重复了类似的训诫观，即"佛门第一戒邪淫"。经二者比照，影射无论在哪种文明背景下都存在严苛戒律下的悖逆者，以现实的违禁将宗教戒律沦为一纸空文。阿瑟·韦利在此书序言中将《四则训诫故事》喻为"东方《十日谈》"，称其文笔较之薄伽丘的《十日谈》来得更加精美。除了节选四则与忠孝节义关涉且具有代表性的中国言情故事，阿克顿在文末的注释部分还引用了大量西方中国辞典与中国文化简介书籍译本，作为对文中重要中国知识点的补充说明。脚注的选择与注解的阐释，不啻一部基于阿克顿个人兴趣与审美关注的微型中国文化辞典，极富可读性，呈现了与中国历史故事相异的"他者"视角。

来到中国以后，阿克顿曾关注《红楼梦》《三国演义》《水浒传》《西游记》《聊斋志异》等中国经典小说。他曾一度为《红楼梦》痴迷，但为了追寻更广阔的学术视野，他放弃了投身《红楼梦》翻译的大工程。阿克顿认为《三国演义》与《水浒传》小说本身有些无聊，但改编成的戏剧委实不错。三国武戏的绚丽与热闹令他过目难忘，他还曾在《天下》月刊上翻译《风雪山神庙》一出昆曲剧本，其剧情紧凑，角色内心变化急促且密集，颇有现代主义戏剧的风貌。《聊斋志异》是阿克顿青睐的中国小说，其中的玄幻色彩固然令中西书生共神往，但较之阿克顿最欣赏的《镜花缘》，前者在笔法与想象力层面上却大为逊色。

在秉承唯美主义与现代主义的阿克顿看来，浩如烟海的中国小说，在题材与风格上最伟大的作品有两部：一部是《西游记》，主要指阿瑟·韦利翻译的节译本《猴》（Monkey）；另一部就是《镜花缘》，后者的成就之巨"跨越了所有超现实主义小说的巅峰"。阿克顿将这两部中国小说与

西方小说经典作比，称《镜花缘》的成就不逊于《格列佛游记》，而《西
游记》的成就则可与《尼尔斯骑鹅旅行记》相提并论。有趣的是，正如阿
瑟·韦利与西利尔·白之赞美阿克顿的《四则训诫故事》类于《十日谈》，
笔法行文却优于《十日谈》，阿克顿也褒扬这两部中国小说 "在想象力与
诗意上都优于相对比的两部英文经典，基于它们都拥有强大的精神内核"。
创作上尤其注重文学手法传承与创新的阿克顿，亦惊异于《镜花缘》与
《西游记》令人眼花缭乱的写作技巧与内容："变形、想象、化身、升华、
移形、探索、漫游、短足、行者、宇宙起源、幻术、幻想、幽默、诙谐、
妄想、华丽的、变态的、动物变身的、石化、神化……"，而较之技巧更
值得称道的是，"它们的情节较之欧洲的任何一部小说都要来得复杂"。阿
克顿也从写作技法角度，客观审视《西游记》与《镜花缘》未能风靡西
方的原因，"由于两部作品的陈述中，都有格拉德维尔长诗式的冗长乏味，
使得超现实主义信徒们未能对它们表达本应有的热情"[1]，但阿克顿在其回
忆录中仍旧对其最青睐的《镜花缘》赞誉有加。

    《镜花缘》作者 "李汝珍是一位伟大的语言学家，吸引我的是他那借
诸荒诞的说教形式，以及不可思议的拉伯雷式天才智慧"，"他的写作风格
与刘易斯·卡罗尔（Lewis Carroll）相近，而非拉伯雷（Rabelais）用写实
主义笔法描述奇闻逸事"。[2]阿克顿对《镜花缘》中具有代表性的后半部
进行了细读，概述黑齿国、淑士国、两面国的文章轶事，传达出与原书作
者李汝珍相应和的平等精神与女权意识，讽刺并批判了人生百态与真实人
性的丑陋，也批判了诸如纳妾、缠足、执着风水等中国习俗。令阿克顿向
往的，是《镜花缘》中 "好让不争" 的君子国，此亦中国文士寄望的礼仪
之邦。阿克顿欣赏其 "无高低贫富贵贱之分，人皆互敬互爱"，行为举止

---

〔1〕Harold Acton. *Memoirs of an Aesthete*. London: Methuen, 1948, p. 366.

〔2〕Harold Acton. *Memoirs of an Aesthete*. London: Methuen, 1948, p. 368.

彬彬有礼，人人堪当君子，这正合阿克顿同做西方绅士与东方君子的人文理想。更令阿克顿感到不可思议的是，"在这里，买东西的人总是恳求商人将价格翻倍，使店主们'羞愧难当'，更不敢多要一分钱"，生怕对方吃亏。[1] 但正如君子国中朝生夕死的薰华草，君子国的唯美主义人文理想因与现实差距太远，而只若夕晖之光华万丈，稍纵即逝；黑齿国人尽染黑齿、通身如墨，形容似无一可取之处，但却博览群书，崇尚智慧。阿克顿惊叹"他们的道德修养与精神境界是如此之高"，而且黑齿国的推崇智慧恰与其外貌上的晦暗形成鲜明对比。

阿克顿认同李汝珍是一位女权主义者，更可贵的是，李汝珍在传统文化土壤里却萌生出充满人文智慧的女性修为观。《太平广记》中，申屠澄虎妻虽有诗才，却因守人间为妇之道，只在临别之际将和诗吟出，因"为妇之道，不可不知书。倘更作诗，反似妪妾耳"。受困于中国传统观念"女子无才便是德"，即使是有才情的女子，也故意隐匿真名而传诗文于世。阿克顿所青睐的中国女子，皆为性情中的才女，而非合乎礼仪的贤淑女子——无论是《红楼梦》中满腹诗书的林黛玉，还是《聊斋志异》中风情万种的红袖狐仙，抑或《镜花缘》中令人叹为观止的巾帼才女，都是秀外慧中的知识女性。

阿克顿来到中国，结交了不少文化名人，每每看到自己的中国男同事，纵周游世界、博览群书，却多半中规中矩早早地娶了"无才便是德"的贤妻，以至于"被随之而来的负担缚住了手脚。他们不停地生育，婴儿的死亡率却高得吓人，他们还不断地被妻子折磨，被父母折磨，甚至被岳母折磨。他们带着悲哀的神态来见我，我凭直觉提前就知道他们会跟我倒什么苦水，不过，他们却反过头来对老大年纪未婚的我饱含同情"[2]。而

〔1〕Harold Acton. *Memoirs of an Aesthete*. London: Methuen, 1948, p. 366.
〔2〕Harold Acton. *Memoirs of an Aesthete*. London: Methuen, 1948, p. 370.

《镜花缘》中的黑齿国里，无论男女都重视教育，女孩子若想嫁得出去就
必须读书。这种观念深得阿克顿赞赏："这里的女孩在四五岁时就被送去
上学，因为学习是结婚的通行证。这里的人根据自己的文学造诣，选择与
个人才华匹配的妻子。"[1]

　　阿克顿所引述的篇章，出自《镜花缘》第十八回"辟清谈幼女讲羲
经　发至论书生尊孟子"。李汝珍借主人公林之洋之口，述黑齿国风俗，
"无论贫富，都以才学高的为贵，不读书的为贱。就是女人，也是这样，
到了年纪略大，有了才名，才有人求亲；若无才学，就是生在大户人家，
也无人同她配婚"[2]。黑齿国如此重才，定让现实中想象夫唱妇随、琴瑟和
鸣的男子羡煞，但无奈貌较才更易得，且才女对父家或夫家来说经营成本
太高，女子有才对男人的学问与品格也是巨大考验。正如《镜花缘》中
多九公恃才倨傲，欲借谈《周易》为难一对黑齿国姐妹，却被两姐妹催
逼嘲讽，反让汉子颜面失尽，诚不若训导其驯顺更为便宜。因此，纵使夫
唱妇随、共同提升才德的理想古已有之，但现实中阿克顿也只能看到"削
足适履"的情境。"风气久成，隄防难决，虽男子大度，许女作诗，或女
子大胆，自许能诗，发为堂皇之崇论，亦必饰以门面之腐谈，示别于'泥
淖''秽迹'。"[3]阿克顿所在的学术环境中，女子有才者不乏其人，而怅望
中国典籍与风俗，美妇固有贤者，却不若黑齿智妇之利于家庭和谐与共同
进步，实在是男子无可奈何的遗憾。基于此，虽然阿克顿的北大同事总热
心为其介绍相亲对象，但阿克顿既已察其结论，便总是婉拒。

　　阿克顿所热衷引述的最具有女权与人文色彩的篇章，莫过于"男女角
色倒置"的"女儿乡"。阿克顿既带着审视异质文明的猎奇之心重点推出
此章，又不乏对男权社会桎梏女性诸陋习的贬抑。阿克顿用的是第三人称

〔1〕Harold Acton. *Memoirs of an Aesthete.* London: Methuen, 1948, p. 368.
〔2〕李汝珍：《镜花缘》，人民文学出版社 2012 年版，第 121—122 页。
〔3〕钱锺书：《管锥编》，生活·读书·新知三联书店 2007 年版，第 1313 页。

的转述口吻，通过细节所重点概述的，主要是中国传统女性的妆容、服饰与裹脚陋习三个层面内容。虽然阿克顿欣赏小说内容，但在这横贯三十二回到三十六回的五章里，他前后只完整引用了一个句子，即"一头青丝黑发，油搽的雪亮，真可滑倒苍蝇"[1]，而"滑倒苍蝇"一语，虽照直译成英文实在无任何美感，但阿克顿察觉其中的诙谐与夸张技法，还是照直翻译为"so well combed and pomaded that no fly could alight on it without slipping"[2]。男扮女装一事原就滑稽荒诞、违背人伦，之所以给阿克顿留下如此深刻的印象，缘于原文对这"女子"风姿的描摹无异于对中国美妇妆束的概览，颇对阿克顿唯美主义的审美口味。而与这绣花"女子"璀璨的头饰、簪环和三寸金莲形成鲜明对比的是，在那张转过头来的脸上，居然"一双盈盈秀目，两道高高蛾眉，面上许多脂粉；再朝嘴上一看，原来一部胡须，是个络腮胡子"，见人偷窥"她"，便扯着"老声老气，倒像破锣一般"的嗓子，满嘴"臊货""蹄子""老娘"地海骂，与其光鲜亮丽的装饰形成鲜明对比，实是"金玉其外，败絮其中"。[3]但阿克顿在翻译时还是将这男子处理得女性化了些，以便更合其身份："'You shameless hussies!' she cries.'You' pretend to be peeping at woman, but you're really cruising for men. Why don't, you look into a mirror and remind yourself of your sex?"[4]阿克顿将原著中的代词"妇人"译为"娘娘腔"（hussies），男子正装为男子，反被嘲为"娘娘腔"，阿克顿此英译实较原著更令人解颐。而在中文意思里，"对镜自照"有着对受者的贬抑，而在小说中，这次的"你去照照镜子，——你把本来面目都忘了！"[5]中的"照镜"，则更增"反映本质"的意味，恰合英语中 mirror 的意义，即"对真实的写照"，

〔1〕李汝珍：《镜花缘》，人民文学出版社 2012 年版，第 221 页。
〔2〕Harold Acton. *Memoirs of an Aesthete*. London: Methuen, 1948, p. 367.
〔3〕李汝珍：《镜花缘》，人民文学出版社 2012 年版，第 222 页。
〔4〕Harold Acton. *Memoirs of an Aesthete*. London: Methuen, 1948, p. 367.
〔5〕李汝珍：《镜花缘》，人民文学出版社 2012 年版，第 222 页。

反而较"对镜自照"在原语境下的意义来得更为贴切。阿克顿在语言上的
敏感性与对语言把握的准确性，使得此处对"对镜自照"这一中国俗谚没
有采用归化翻译，而是用了直译法，应用 mirror 的英文意义来铆合原著借
"对镜自照"表示"认清自己的性别"的潜台词。随后细写的是穿耳，林
之洋因俊秀白净被国王看中并封妃，接下来的乖谬情形，只能借阿克顿所
用的"并发症"（complications）一词来形容。林之洋先是被扮成女子，与
女儿乡男人们一样，被力拔山兮的"宫娥"们强行妆扮梳洗。原文较译文
复杂得多，阿克顿简化为"His ear-lobs are pierced with sharp needles and
hung with heavy ear-rings of eight precious stones, binding follows, while
nobody pays attention to his yells."[1]（"他的耳垂被插入尖针，而后挂上
由八颗宝石做成的沉甸甸的耳环，没人理会他的嘶喊。"）但较之耳垂穿
针、号诉无门，更令阿克顿不寒而栗的第三个细节，是血腥的"女子"裹
脚仪式。"The toes rot off until only a few bones are left and both feet appear
respectably small."[2]（"脚趾烂掉了，只剩下几块骨头，两只脚显得特别
娇小。"）屈从缘于暴戾，男委从为女，还被胁迫与国王完婚。以阿克顿
的审美偏好与人文主义情怀，加之他对英语诗歌语言的把握与操控能力，
《镜花缘》译作若出自他之手，必被诠释得极唯美、绮艳、玄奇、辛辣，
这点从《四则训诫故事》的译本中便可略见一斑。

　　阿克顿还借彰显《镜花缘》中智慧女性的故事，对才女的智慧才情进
行褒扬。与女性的优秀相对，阿克顿也列举了由男权社会主导的淑士国在
父权社会道德礼教畸形发展中衍生出的怪相。"在这个自称'学者国'的
国度里，连酒保都戴着厚厚的眼镜，夸夸其谈地卖弄着学问"，相较于黑
齿国人的沉稳内秀，淑士国的酸腐之气却教人掩鼻。[3]阿克顿所指此段，

---

〔1〕Harold Acton. *Memoirs of an Aesthete*. London: Methuen, 1948, p. 367.
〔2〕Harold Acton. *Memoirs of an Aesthete*. London: Methuen, 1948, p. 367.
〔3〕Harold Acton. *Memoirs of an Aesthete*. London: Methuen, 1948, p. 368.

056

出自《镜花缘》第二十三回"说酸话酒保咬文　讲迂谈腐儒嚼字"。相较于酒保的"儒巾素服，面上戴着眼镜，手中拿着折扇"，以醋作酒饮的老腐儒的一派酸文，洋洋百字却不含半点实质与才情，只惹人焦躁笑叹。[1] 而男权世界的虚伪不仅停留在语言，更表露于面色。阿克顿提及《镜花缘》中有个"一张好脸面向富人、一张恶脸面向穷人的双面人国家"，即指《镜花缘》第二十五回"越危垣潜出淑士关　登曲岸闲游两面国"，主人公好奇地转到好面孔背后，揭开两面国人个个头戴的"浩然巾"，"不意里面藏着一张恶脸，满面横肉"，刺穿了一人两面的真相，伤了他的好脸面，惹怒了两面国人。那恶脸上"把扫帚眉一皱，血盆口一张，伸出一条长舌，喷出一股毒气，霎时阴风惨惨，黑雾漫漫"，前方的好脸孔也随之作恶相，"把好好一张脸变成青面獠牙，伸出一条长舌，犹如一把钢刀，忽隐忽现"。[2]

　　阿克顿选取这则故事大有深意，虽然他对中国充满好感，想做一辈子中国人，但并不意味着他闭目塞听而无法识人。事实上，阿克顿在回忆录中，亦记述了在中国期间所见的表里各异的中国人群像，并将其中事迹或以纪实形式录入回忆录中，或以半纪实半艺术加工的手法，呈现在其小说《牡丹与马驹》中。男性世界的尔虞我诈、明争暗斗，李汝珍借"两面国人"写出，而阿克顿则借引述与评价李汝珍的双面人故事道出。

　　阿克顿推崇具有现实意义的中国小说，李汝珍的《镜花缘》既在写作技巧上满足了阿克顿的唯美主义创作宗旨，亦在现实影射意义上迎合了阿克顿对历史研究的关注。阿克顿借纪实小说《牡丹与马驹》，影射在京西方人圈子的轶事与自己的在京生活，亦借《镜花缘》中的众生相与奇遇，影射他在北京期间有所感却未能道尽的中国风习。《镜花缘》之于阿克顿，

----

〔1〕李汝珍：《镜花缘》，人民文学出版社 2012 年版，第 159—160 页。
〔2〕李汝珍：《镜花缘》，人民文学出版社 2012 年版，第 171 页。

恰如书中众人云游之旅，是借旅记抒发潜在的行旅感怀，亦借助东方奇幻行旅记的镜像影射西方人文与西方世俗社会的众生相。恰如阿克顿所击赏的庄周梦蝶，他在借《镜花缘》故事抒情时，亦达到了古今不辨、物我两忘的境界。在京期间的阿克顿，与阅读《镜花缘》时的阿克顿，既是西方人、现代人、品评人，亦是西方身份的"中国人"、时空穿越者与历史亲历者——多重身份的交织与多重文化使命的复调，使得阿克顿在比较了偏重佛凡神怪世界的《西游记》后，更偏重于对《镜花缘》的关注与思考，以期借作品投射阿克顿眼中真实的"中国故事"。

阿克顿作为文化"他者"中的融入者与记录者，所展现的恰是一位文化拟态原住民的身份。他自幼对中国充满了神奇幻想，并在可行的生活轨迹中，渐渐向真实的中国靠拢，并调整"观者""他者""记者""学者"等多重身份间的视角与笔法。更为难得的是，阿克顿来中国后不以西方人自居，却认同自己具有中国文化的血脉，甚至身怀承继中国文化正统的使命，因此他的中国故事，既是文化"他者"中国观的投射，也是文化行者以游历、猎奇、探访、研究等多重维度立体化透视中国的记录。他在效仿与体认中积极地学做一名中国人，因而其笔下的中国故事既不类同于西方典籍中生硬的中国印象，也并非一边倒的"中国痴"语录，在与中国文化的热切融合中亦不乏冷峻的观察。

作为历史学家的阿克顿，注重原典资料的出处与引证，不全然避免转引与既有文化视角所带来的固着经验与认知谬误。经由阿克顿的回忆视角，呈现了一个具有历史感的中国文化与民俗世界，以跨文化维度，自觉打破文化一元论，建构了具有诗意、唯美、人文、玄奇特色的中国故事汇。这个中国故事集锦，既是阿克顿心目中理想中国的投射，也是西方世界对中国印象的梳理与总结。阿克顿笔下的中国故事，看似出于个性且笔法随性，但事实上是立足唯美主义，以细节还原为手段，集中摹绘了20世纪30年代中国的实际面貌。因此，阿克顿的"中国故事"并非预先基于某个价值标准进行虚构，更非以猎奇营利或哗取声名为宗旨，而是亲眼所见加引经据典实地考察记录，反映了以阿克顿为代表的西方精英知识分子眼中的中国文化。

文明交流互鉴是推动人类文明共同进步和世界和平发展的重要动力，以文化"他者"为镜，尊重并参照"他者"视角，不仅可以回顾自身文化的历史与今朝，亦可反推"他者"的观察视角与理论出发点。阿克顿的中国故事与中国交游，不仅为后人回溯这一时期中外文学交流史提供了丰富的实证材料，且为当下的中外文化互鉴展示出富有前瞻性的示范意义。

第四节　淘古与神交：阿克顿中国印象的投射与重构

阿克顿与中国神交，他对诗与美的理想在中国得到最绚丽的绽放，其自传性纪实小说《牡丹与马驹》即是诗与美与浓郁中国情结的合璧。而阿克顿的唯美主义天性与他的交游过往，却引发了不实的误会，甚至成为现实的羁绊。阿克顿在中国期间，从仿效古人的汉学家风习中，体悟西方汉学对中国传统风习的向往与认同。基于家族淘古传统的影响，阿克顿在中国时的淘古行为，细致入微地投射了他对博物馆式理想中国的唯美情结，更寄托了以唯美主义意识为主宰的自我精神家园的建构。

此外，阿克顿还在书画创作的山水与田园意象中，通过以溥儒为代表的仕人画家与以齐白石为代表的商人画家的交游史实与画风比较，独辟蹊径地解构了中国画作基于山水与田园之异的深层内涵，还原了异质文化视角下的中国仕人精神境界，突破中西文化屏障，完成了与中国"君子"精神的兼容，从而经由现实完成了与中国的神交。

在现实生活中，阿克顿也找到了符合君子形象的"真君子"，并积极模仿。阿克顿进入北京大学英文系从教时，恰逢中国的新文化运动如火如茶地展开，中国知识界对西方文化的热情前所未有地高涨，阿克顿有幸融入其中，成为中西文化驿站的一员。

　　据阿克顿回忆，在北京有一批在清华大学与北京大学教书的德国汉学家邀请阿克顿加入他们的圈子。这些德国汉学家除了日复一日"以日耳曼式的决绝投入各种形式的中国文化研究"、翻译中国作品，还模仿中国官员作风，并团体式地以君子风格在圈子中还原儒学精神。"除了老资格的洪涛生（Vincenz Hundhausen，1878—1955），圈子中的其他人都尽可能地遵守中国传统礼仪，见面互相拱手致意，并争论席间谁理当上座，反复推拒‘卿之抬爱将使我折寿’等，极力模仿中国官绅风范"，"他们用考究的信纸通信，并印上精美的中国图章代替亲笔签名"。他们在享受生活方面更是达成一致。为了足不出京、食遍四海，圈子成员相约"每两周在不同口味的餐馆聚餐，这样就可以尝到几乎每个省份的美食，每一次都比上一次更美味"[1]。每个人几乎都给自己设置了些汉学任务，德国战败使这些德国汉学家几乎将所有的重心都倾注在学术研究上，而阿克顿作为新加入的一员，很快地融入他们的圈子，并接受了汉学家以西方文化为底色、以中国文化为表意的生活方式。

　　以优越的交往能力与个人魅力，加之深厚的西方文化底蕴与对中国文化的深入理解，阿克顿与北京大学的从教者与学习者建立了良好的交流网络。阿克顿重拾家族热情好客、善结因缘的传统，在北京的寓所恭俭胡同，长年举办针对中外文化友人的沙龙，宴请与茶会成了家常便饭，复兴了他在意大利彼得拉庄园与牛津大学时代的交游盛况。阿克顿在北京期间的生活模式，不仅投射了阿克顿对唯美主义中国的"博物馆"情结，还从山水与田园的仕人维度与世俗维度，重构了中国仕人的精神世界。

----

[1] Harold Acton. *Memoirs of an Aesthete*. London: Methuen, 1948, p. 326.

一、在淘古中投射：中国博物馆的唯美情结

据来自丹佛的劳伦斯·史克门（Laurence Sickman）回忆，在他于燕京大学与阿克顿共同生活的岁月里，阿克顿不仅适应了北京的环境，还与传统北京的文化氛围融为一体。阿克顿收藏中国艺术品的爱好与中国化的生活方式，多半来自史克门的引导，两人很快就成为共同癖好者。在史克门看来，阿克顿远比其他同时期在北京的西方人更加了解真实的北京。阿克顿与众多诗人、画家、学者都形成了天然的亲密关系，这使得他得以融入以北京大学为中心的中国知识分子群体。

阿克顿在个人生活层面也染上了《牡丹与马驹》中提到的"中国风习"——淘古。他在小说中以第三者口吻，批驳了在京西方人中的一些投机分子企图借倒卖翡翠等谋求暴富，但他们的目的却只是在北京"再开一家西餐厅或烧烤店，新辟一个溜冰场或组建一支爵士乐队，在北海装修一艘船来作水上舞场"，天坛在他们看来不过是穷乡僻壤，而孔庙则像个拙劣的游乐场，他们一点儒家精神也没有。[1] 相较于一味收集中国翡翠玉饰毫无节制地虚荣炫富，吹嘘喝着慈禧太后御用茉莉花茶却拿香槟当水喝，在接连不断的宴席中实现中西文化交汇的在京西方淘古人，阿克顿的"中国风习"则完全倾向于对儒家君子形象与生活方式的复制与重现。关于阿克顿在恭俭胡同的寓所和藏品，史克门极尽溢美之词："哈罗德家位于恭俭胡同二号那幢漂亮的传统四合院，在那儿的有些藏品我曾见过，有些之前则只是听说过。适合作为书房桌面摆设的古代书法家的毛笔和道教神仙呈现多节怪状的竹雕扶手等。还有一组铜镜，见证了如许事实：世界上再没有任何一个民族像中国人一样，在装饰方面具有如此的天赋

---

[1] Harold Acton. *Peonies and Ponies*. London: Oxford University Press, 1941, p. 63.

与聪明才智。"[1]因史克门在中国访学期间，身兼该博物馆的中国代理人，收集中国藏品成了他的每日必修课，阿克顿就是陪他逛琉璃厂淘宝的忠实搭档。

阿克顿在回忆录中时常提及在北京时与史克门一起逛琉璃厂的古董铺子的经历。他们是懂行且经人引荐的大客户，最后不仅得到了优良的藏品，还了解了北京古董市场的行规。"无论我走到哪里，都被北京人的教养、睿智和坦率的气质所吸引。参观琉璃厂的古玩店，就像拜访私人收藏者的家，如果你的诚意打动了他们，他们才会向你展示他们的珍藏，而非毫无目的地自助游览。"[2]经由无数次走访古玩店的经历，阿克顿甚至掌握了中国绅士求珍的套路，并且屡屡得手，他在《一个爱美家的回忆录》中屡屡提及这些"淘宝"经历。"与珍宝的价值形成鲜明对比的是，这些古玩店陈设极其质朴"，"一件藏品每被拿出来一次，它的价值就会打折扣"，因此藏家只向懂行的人展示，商人和游客一般没眼福见到极品珍宝。阿克顿无奈地抱怨道，当他走访一些商店时，知道是西方来客，一些古玩店主几乎头也不抬地只顾对账本儿。"尤其是老年人，他们往往目空一切"，"他们身着绸缎长袍，外头披着叫作马褂的黑缎背心，烟嘴儿都是翡翠制成的"，"且总是拿玉器敷衍西方人，因为西方人没有这个"，由于西方人看不懂玉器，一些古玩店主虚抬高价，有时甚至完全对西方买家不予理睬，表现出一副对野蛮人的轻视，十足地端着中华帝国遗老的保守与轻慢态度——西方生客不接，未来也不接这样的西方生客。[3]

可买卖还是要做，店主们决心要为好古董找到一个好主人，这个"验货"的过程十分克制，几乎像在为待嫁的女儿找到合适的夫婿。主人彬彬有礼、和蔼可亲，但他们总在默默观察客人的言谈举止，一开始只是喝茶

〔1〕Edward Chaney & Neil Ritchie. *Oxford, China and Italy*. London: Thames and Hudson Ltd., 1984, p. 70.

〔2〕Harold Acton. *Memoirs of an Aesthete*. London: Methuen, 1948, p. 285.

〔3〕Harold Acton. *Memoirs of an Aesthete*. London: Methuen, 1948, p. 285.

聊天，同时在话题中寻找契合点，并估摸买主的品位。出身收藏世家的阿克顿深知，只有对藏品的知悉诚意，加之对收藏者的敬意与个人的经济实力，才能打动藏家。一旦话题投缘，"他们的眼中便立刻闪现出激情的光芒，手指极富表现力地颤抖个不停，手掌上的光核桃或玛瑙球儿撞击着，兀自轮转个不停"，然后，藏家才有可能带上心仪的购买者进入内室，展示珍品：青铜器、玉雕、瓷器……琳琅满目。看着店主小心翼翼地轻抚着一个有裂纹的宋朝瓷碗，或轻击一片玉盘发出叮叮声响，"我常常想起查尔斯·勒泽（Charles Loeser），正以一种虔诚的神情把玩着他的青铜器和马爵利卡（maiolica）陶瓷"〔1〕。

　　据史克门推断，阿克顿在北京期间藏品的精粹，是17—18世纪的文人及诗人的书画。史克门还提到，在北京期间阿克顿还曾将一幅1717年由诗人兼画家华嵒所作的精美画册，无偿赠予史克门所供职的美国纳尔逊博物馆。"这十幅用浓墨绘成的精致山水画，与艺术家优雅书法中的一首诗相匹配。这样的画册，是完全私人的藏品，在中国，收藏家也会像阿克顿一样，将它拿出来与一群志同道合的朋友们共赏。"〔2〕在20世纪30年代，大量中国藏品流入西方买家手中，即便中国古董商也不得不放下身段敷衍西方藏家，有些甚至抱着蓝色包裹走遍各个大使馆上门推销，西方买家的品位被中国古董藏家揣摩得一清二楚。沉迷收藏的阿克顿面对热情的各路古董推销员，不免手头大方，买了不少看起来像古董或不那么古典的古董，并乐在其中。面对推销商次第舒展开的一幅幅卷轴，阿克顿感慨道："相较于史克门因看了太多卷轴而变得迟钝的双眼，我的眼睛因看到展示的书法与色彩而高兴地瞪大了。"与史克门抱怨中国书画单调乏味恰恰相反，阿克顿认为："即使是些无名之辈的画作也使我欣喜，这是一种高贵文化的演

〔1〕 Harold Acton. *Memoirs of an Aesthete*. London: Methuen, 1948, p. 285.
〔2〕 Edward Chaney & Neil Ritchie. *Oxford, China and Italy*. London: Thames and Hudson Ltd., 1984, p. 70.

变，它们表面上看似类同，但内涵的多样性远较欧洲油画上的炖菜、肉干、风景、裸女和静物等来得更富原创性。无疑，中国书画是性情之作。""它们都是手绘的，笔触无一例外地都寄载着富有诗意的灵魂，我无法抗拒它们的魅力。"尽管西蒙·汉考特·史密斯一再提醒他，这些并非极品珍藏，不值那么多钱，但阿克顿觉得自己想买的是一卷卷诗情画意，而并非旷世奇珍。[1]

带着对中国古董的痴心，阿克顿南下广州时，还光顾过当地的古董店。广州古董店要价远高于北京。相较于北京珠光宝气的古董商，广州的古董店老板显得"骨瘦如柴，几乎一丝不挂地坐在柜台后面，藏品更少得可怜，除了一块缠腰布、一个玉手镯或一枚绿玉戒指以外，几乎什么也没有。在黄杨木雕成的罗汉像上，只有玉器的反光显得栩栩如生"。但广州古董商人仍保留了君子待客之道，他们举止庄严地接待来客，并奉上一杯精致好茶。[2]离京前，阿克顿笃定战后自己能回到北京，不仅在家里的院落埋下一坛金币，还未带走任何藏品，这些瑰宝随着战事紧逼与阿克顿遥遥无期的归华梦一道殒没了。

二、从意象中重构：山水田园的认同与质疑

在北京期间，除了结交北京大学文化圈的人士，阿克顿还频繁地拜谒他心仪的优雅君子。其中最具有代表性的是清恭亲王奕䜣之孙溥儒，他的高贵、优雅与才华横溢，引起了阿克顿的共鸣，同时筑就了阿克顿心中中国君子的杰出范本。阿克顿曾在《一个爱美家的回忆录》中记录向溥儒学习中国画的经历，而在彼得拉庄园的照片长廊中，也有多幅恭王府的留

---

[1] Harold Acton. *Memoirs of an Aesthete*. London: Methuen, 1948, p. 285.
[2] Harold Acton. *Memoirs of an Aesthete*. London: Methuen, 1948, p. 295.

影。"我曾是溥儒的门下弟子，时常有幸观其作画。他通常坐在一张桌子旁，面前摊着松散的纸或丝绸。他的手腕灵活地摇摆，下笔皆不停留，每一画都需极强的坚定与柔韧，全过程就如一首诗般行云流水。"[1]阿克顿时常造访恭王府，这座恢宏的建筑未能及时修缮，显出破败与衰亡，但却有一种宁静的魅力和尊严，它既象征着清王朝的穷途末路，亦象征着皇族君子的淡泊清高。"门上的油漆色将褪尽，瓷砖中杂草横生，与饱经风霜的岩石和巨大的莲池柔和地融汇于一体。在长满荒草的小丘下，人们如置乡间般闲步，锯齿形的乱石间，汨汨流淌的溪水早已干涸，但在小桥与垂柳边，仍能听到水声潺潺。"[2]

最为阿克顿所礼赞崇敬的是溥儒本人，"贵族式的相貌，一张刮得干干净净的脸上一个鹰钩鼻，手势典雅，贵气十足"，但令人惊叹的是，"不论下笔如何灵动，他却极其稳重，英俊的外表像面具般固定不动。由于热爱自然，沉醉于山水之间，他举止虽老成持重，但心境却清灵敏捷"。"对他来说，自然才是名副其实的艺术之母，有着女性的曲线与气质。我看到他在花园里停下来，采摘不为人注意的叶子——在人们眼中显得苍白、透明，几乎是枯萎了的叶子。他会把它们排列在一个花瓶里，把它们变成永恒的象征。在这个时代，极少能收获这样的精神财富。"溥儒在这些凋谢的花草中得到诗意灵感，同时，以君子情怀论，他的绘画与精神境界皆是一流的。溥儒极擅画树，将留白、用墨运用得炉火纯青。[3]

观溥儒作画的过程，令阿克顿领略了浸润于中国传统文化中的君子气韵。无论是绘画本身还是借绘画表达隐逸之志，阿克顿认为溥儒绘画的核心点即是诗意——诗意经由人格与笔触呈现，而人格与技法则通过诗意的笔触与卷轴代代流传，中国君子的心灵世界外化为诗书画的过程，阿克顿

〔1〕Harold Acton. *Memoirs of an Aesthete*. London: Methuen, 1948, p. 375.
〔2〕Harold Acton. *Memoirs of an Aesthete*. London: Methuen, 1948, p. 373.
〔3〕Harold Acton. *Memoirs of an Aesthete*. London: Methuen, 1948, p. 375.

以工笔画的技法，几乎临摹式地还原出来。"在没有任何外景可凭藉的情况下，他绘下一座又一座山峰，一条沿着海岸线蜿蜒上升的村径；峭壁上松树丛生，海浪中渔帆点点，群峰渐远渐淡，下笔如疾雨般一发不可收，他只是在将心中的影像借画笔传达出来。"如是君子，胸中有山光水色，亦有大丘壑，溥儒下笔将人格与情操合一，笔法纵横捭阖，却始终不露半点得意之色，让阿克顿在叹为观止的同时，不由一再赞叹其贵族气质与君子之风。[1] 找到榜样的阿克顿开始效法这种生活方式，学画写字，并开始收藏中国卷轴与古董。

　　然而，阿克顿对中国书画的审美一味围绕"诗意""文人气质"，却忽视了客观的鉴赏标准与市场价值，甚至随意碰上个行家，都会受到质疑否定，不由得使他一面嘴硬，一面丧气。1932 年东南亚之行，他在游轮上与唯一一位中国人李先生共处。这位使着金牙签、戴着翡翠扳指的古董行家，对阿克顿的收藏眼光大加否定，这是阿克顿中国行期间遇到的第一个古董鉴赏家，被他否定无异于在收藏品位与审美眼光上被判了"死刑"。"我向他展示新近买的卷轴，他被我出的价格吓了一大跳。他端详着卷轴上的印章和落款，头摇得像个拨浪鼓，活像个诊断绝症患者的大夫。""花150 美元你就买了个这东西？"李先生直言这是临摹的，绝非真迹，最多贵不过三十五镑，行家真是一点儿面子也不给。可李先生又是怎么判断的呢？阿克顿不服气地看到李先生完全不关注画的内容，甚至不听他畅谈对画的观感，仅凭封条印章就对画的价值下了结论。阿克顿禁不住抱怨："他们所有的判断都离不了这些印章和落款、题诗，对西方的鉴赏标准没有任何借鉴。"而李先生扬扬得意，向阿克顿展示了一幅他新入手的董其昌真迹，"瞧画的那些山，尽是些机械排列的笔画"，只因是真的而实际却并不好看，以唯美为尊的阿克顿完全想象不出收藏家为之扬扬得意的理

[1] Harold Acton. *Memoirs of an Aesthete*. London: Methuen, 1948, p. 375.

由，除了保值和不上当。[1]阿克顿对这件事印象深刻，甚至有些耿耿于怀。他在《牡丹与马驹》中借另一个形象——胡适的追随者、大学老师"李博士"，对一群热衷收集中国古董的西方人含蓄说道："你们应该以中国人的眼光看待中国。"阿克顿在小说的字里行间流露出中国人的文化优越感："中国人面对西方人所淘来的古董时，总是不免怀疑，仿佛在无声地反问：'你们西方人对中国艺术能了解多少？'结论清晰地印在他们脸上，即便他们不予置评，一个浅笑也足以证明：这是个不值钱的赝品。"[2]

艺术是无价的，但只以西方的鉴赏标准与文学性标准来衡量并不熟悉的中国绘画，不入乡随俗地学些鉴别真伪的技术，无怪乎阿克顿常常上当，事后又不免因多花冤枉钱而愤愤不平，临时不买又下不来旷达"君子"的高台阶。齐白石油黑生猛的硕鼠图未必不好，但买画过程太像一般交易且有几分忽悠人，让阿克顿不自在，画作的艺术价值在他心中也打了折扣。一手交钱一手交货的现场，画家与品鉴者换位为卖家与买家，多好的画儿都会变成无情的商品。阿克顿击赏的是画家的情怀与画作本身，如果每个画家像他的国画老师溥儒一样，拥有归隐画中山水田园的隐逸之志，且形容举止儒雅脱俗、不问名利，那么山水就是精神的象征，画作也因而无价。

同为书画雅趣，但阿克顿为何对"田园"风不甚青睐，却独对山水书卷心向往之？这缘于引发其共鸣的儒家"君子"风范。自陶渊明以来，归隐田园就成了中国儒生的出世隐遁情结，采菊东篱下的悠然，与草盛豆苗稀的随性，将致仕儒生的形象引导向一个更平实的层面。然而，不论追溯孔子批评樊迟的"吾不如老农""吾不如老圃"，还是左思的"功成不受爵，长揖归田庐"，恰非归事农桑，而是将精神投诸无垠山水间。典型的是泰山，如杜甫的"会当凌绝顶，一览众山小"的壮怀投射，再如姚鼐

---

[1] Harold Acton. *Memoirs of an Aesthete*. London: Methuen, 1948, pp. 300—301.

[2] Harold Acton. *Peonies and Ponies*. London: Oxford University Press, 1941, p. 49.

的"日上，正赤如丹，下有红光，动摇承之"，视云气为东海的精神寄托。
"君子"借山水抒发自我，不仅是"不为五斗米折腰"的气骨，更借助外
在的山水之相将个人胸襟投射到极处。

　　阿克顿所击赏的并非创业者或谋生的儒生，无论得意与失意，他所向
往的是腹有诗书的儒家君子、庙堂碑榜载入史册的文化精英，他非只从技
巧层面判断中国诗书画的艺术高度，但进可观沧海河山、退可守园林诗酒
的君子风范是其审美基调。而且，阿克顿对中国卷轴意境中的文学气质极
为重视，纵使皆为文人山水，写意的空间配置，笔触需轻灵又柔美，气质
文雅，肖似又悠远，但又不失体面地华丽，与阿克顿唯美主义理想相呼应。

　　西方学界对阿克顿的评价，更多基于其史学与汉学成就，将其定位为
一名史学家、翻译家。但阿克顿希望成为"一手写诗，一手写历史"的
"爱美家"，诗与美才是他的寄望，而史学家与翻译家的定论，实为对阿克
顿文化理想的误会。阿克顿通过唯美主义的诗性壮游，融通了中西信仰。
他在诗与美的庇护中，不申辩、不改志、不停步，以诗与美为庐，消化了
世人的误会与遗忘，隐遁者不辩，自得尘寰中。

　　1939 年离开北京前，阿克顿自诩为一名中国绅士，并过起了中式生
活。"我对中国的一切实在是太迷醉，以至于无法好好地描绘她。这看起
来仿佛是对所爱之国的背叛，但真实的原因在于，她太博大了，三言两语
不仅说不完，还是对博大的怠慢。"[1]回佛罗伦萨探亲时，亲友们惊异于阿
克顿的改变，为了不让他彻底变成一个中国人，轮流劝他"回归正途"，
无人看好阿克顿为中西文化互鉴所作的贡献，相反，他们认为汉学这门学
科远在主流之外，毫无前景可言。但君子阿克顿，在离京之前的每一天，
都享受着在恭俭胡同庭院的中式生活。他在树下与窗前悠哉地喝上一整天
绿茶，沉醉于古老中国的诗意与韵律，在寓所古董架前摩挲品味每样奇珍，

---

[1] Harold Acton. *Peonies and Ponies*. London: Oxford University Press, 1941, p. 77.

甚至在离开之后，他的耳际还时常响起中国的戏曲，眼前频闪过恭俭胡同寓所中的一幕幕，甚至闻到北京家中的味道。离开中国固然抱憾，但他已成为精神上的君子。1948 年，阔别北京九年的阿克顿与因战事滞留在美国的陈世骧一道重温故旧。陈世骧拟以"最后的君子"陆机为精神英译《文赋》，其间得到阿克顿在翻译方面的指导，溯史温经，将中国传统君子精神，借助可与之共鸣的文本及译文在更广阔的文化空间传承并发展开去。

第二章　"妙能汇通"的"爱美家"

第一节　儒家文化修习者：阿克顿的唯美君子养成记

　　基于中西文化的融通互鉴，阿克顿立足西方世界对儒家学说与礼仪的认知，以纪实笔法忠实记录了 20 世纪 30 年代的中国儒者印象。作为牛津精英学者与英国贵族绅士，阿克顿对地位与精神境界可与其比肩的中国君子饱含敬慕，力求以唯美主义风格对君子风范进行异质文化表意重构，并通过行止理念、书画收藏的践行，为其唯美主义思想汲取儒家文化注脚。阿克顿在其纪实小说《牡丹与马驹》与传记《一个爱美家的回忆录》中，投射了异质文化交融背景下试图融入"他者"文化语境的西方绅士形象，包含了他对现实中儒家礼仪践行的批判与反思，亲身成就了中西文化交流史中一段儒家君子养成的中国故事。

　　在小说《牡丹与马驹》中，阿克顿借主人公菲利浦·费劳尔之口，将理想中的君子风范以"金鱼"作喻。"正如《论语》中孔子所言'君子坦荡荡，小人长戚戚'。以驯顺替代悖反，以优雅的举止言传身教，千古以来的中国君子在累世静默中优雅地完成了儒家精神气脉与文化使命的传承。亦如在以阿克顿为原型的菲利浦眼中，一群高贵的金鱼在绚丽的鱼缸里悠然漫游，在一次次看似轻巧的擦肩而过中，大鱼的优雅感染了小鱼，于是，

070

高贵血统的代际传承，就这么悄无声息地绵延下去。"[1]

20世纪30年代，年轻的精英贵族阿克顿，带着对古老中国文明的热切与对千年辉煌历史的敬仰来到中国。阿克顿惊喜地发现远在东方的神秘中国圆了其对唯美主义的所有梦想，他的血液里涌动着对中国文化根脉的皈依感，他迷醉于中国人普遍拥有的神秘高贵气质，并想将中国文明作为自己的精神家园，延续其在另一个文明维度中的贵族血脉。继17—18世纪欧洲"中国热"之后，儒家仪礼在西方的传播，经历了传教士到学院派的代际传承与阐释。凭借既有译文资料的研究，20世纪汉学研究界以翻译研究、思想研究为主流，阿克顿对儒家礼仪生成了以唯美主义为理论核心的文化表意阐释。阿克顿对中国儒家礼仪的崇奉与对君子风范的倾慕，使得他最终在中国获得了灵与肉的重生。他成为一名内外兼修的文人雅士，汇通中西礼仪精粹，也经由儒家礼仪感知到中国文化气脉中的平和与宽容，在中国完成了对唯美主义"精神贵族"的注脚，疗愈了由家庭与战争带来的缺失与伤痛，从而以优雅仁厚的言行与体态，沉着地迎接一个个内在的"更悠然、更诚挚的平和世界"。"美总是要通过小心翼翼的过程来培育的"[2]，而儒家礼仪与君子风范是千百年来中国人成就和平外在与平和内在的宝典。

一、融通与崇礼：中国"君子"与儒家印象

英国小说家、戏剧家安东尼·鲍威尔曾浏览过阿克顿的中国扮相照片。他笔下的阿克顿既有欧洲贵族的典雅，又兼具东方文士的清俊："他有着令人钦佩的优美口才，是一位风度翩翩、风趣幽默的绅士，一双眼睛就像

[1] Harold Acton. *Peonies and Ponies*. London: Oxford University Press, 1941, p. 76.
[2] Harold Acton. *Peonies and Ponies*. London: Oxford University Press, 1941, p. 76.

一对黑樱桃，在他的马车上摇摇摆摆。在中国时，一位中国画师为他画了一张肖像，穿着长袍马褂，就像一位中国圣贤的写真。"[1]

阿克顿在伊顿与牛津求学时，被认为是充满异国风情的意大利贵族；而在意大利时，却是英裔与美裔的异域贵族；在中国，他则是一身长袍马褂、一口中国话的"洋汉人"……在任何圈子中，精于交际的阿克顿都显得卓尔不群，华丽的装束与精致的礼数使他成为"最后的健谈家"。他的风姿、口才与口吃、手势间或配搭，反而更显得风度翩翩。全球绕了大半圈之后他决定留在北京，爱上了他在《牡丹与马驹》中描述的城市，决定学会像一个令人景仰的中国君子那样度过余生。

"北京的氛围令人心胸开阔，这里没有枪炮和战火。"1932年冬，历经近半年南方之游的阿克顿迫不及待地回到北京，感受到了北京浓郁的人文气息与融洽氛围，"使我感到与周围的环境打成了一片，很容易就安定了下来，如同鱼儿在水中般自在释然。离开欧洲良久，我又一次在北京找到了自我"[2]。阿克顿在中国的20世纪30年代，正是西方思想与文化在中国传播炽盛的时期。基于东西文化融合的人文立场，阿克顿立足于个人对中国儒家礼仪的理解，以纪行文体对近百年前的中国儒家礼仪加以客观呈现。

曾任北大校长的蔡元培对儒家"君子"与西方"绅士"进行过比较："儒家提出'君子'作为教育的理想，要求每一个受教育者都要达到这个目标。这与英国的'绅士'教育完全相同。"[3]而以《论语》孔子学说为核心的儒家学说与礼仪，乃是建构"君子"的始基。在英译《论语》中，严复也曾将"君子"与gentleman相联系，"如gentlemanly（君子之风）另

---

[1] Edward Chaney & Neil Ritchie. *Oxford, China and Italy*. London: Thames and Hudson Ltd., 1984, p. 19.

[2] Harold Acton. *Memoirs of an Aesthete*, London: Methuen, 1948, p. 323.

[3] 蔡元培：《蔡元培全集》（第四卷），中华书局1984年版，第427页。

一处则译为'斯文'，关注 gentleman 突出仪态作风的一面"[1]。以社会地位而言，中国"君子"与西方"绅士"大多指贵族或上层阶级，而随着社会发展，道德上迎合主流思想与道德风范者，也可称之为"君子"或"绅士"。阿克顿出身贵族，但在精神上他也力求还原祖辈荣光，成为用世之才与行为典范。而儒家针对"君子"修身的需要所提出的核心理念与道德要求，即仁、义、礼、智、信"五常"，是体现"君子"人生价值的核心要旨。

阿克顿是唯美主义的践行者，其实践唯美主义的方式也是"君子"之行。阿克顿所强调的唯美"流动性"包含了对中西文化的融通，东方的君子与西方的绅士，二者的内在精神是兼容乃至类同的。

来到中国后，阿克顿在寻求自我时，几乎毫不犹豫地选择了做个"君子"。他在北大执教，参与汉学研究，融入中国文化生活，并接近最令人尊敬的君子。而说起君子的修为及平和的心境，阿克顿则赞誉《论语》"是一本能够为人类带来幸福的行为准则"，"《论语》即孔子将其人生智慧分享世人的智慧语录，循行从小处可修身，从大处可治国"。阿克顿敏锐地指出了孔子儒家学说的关键，即与纯粹唯美主义的现实意义相呼应的特点——和谐与艺术。"孔子回答一个弟子关于另一个世界的问题时反诘：'未知生，焉知死？'孔子认为，相较于一味执着生死而言，有利修为的音乐与诗歌更为重要，因为音乐的功能可使人与人和谐相处。《论语》阐明了黄金时代的礼仪，并向君主们展示应如何治理国家。"[2]孔子的礼仪教化，注重用儒教理论指导现实生活，使之唯美、和谐，为君主传授治国兴邦为政之道，为百姓灌输平和优雅的生活理念。这符合阿克顿以纯粹唯美主义拯救世界的观念，即保持以和谐、和平为基准的生存状态，以礼乐诗

---

[1] 庞秀成、刘连朋：《儒家君子人格的跨语际旅行——兼与 Gentleman（绅士）比较》，载《孔子研究》2020 年第 1 期。

[2] Harold Acton. *Memoirs of an Aesthete*. London: Methuen, 1948, p. 317.

书等纯粹唯美的形式为修养心身的现实手段。在儒家礼仪的约束与感染下，
和谐与人格渐渐融合。在平和完美的人际关系中，打破和谐无异于毁灭自
我，而崇奉儒家学说的个体，即"君子"，就是内圣外王的"应时者"，
内可安身立命、达于平静自在，外可担负伟任、守护正道与和平，这也是
自幼饱经战祸之苦的阿克顿想成为中国君子的动因。

　　西方对孔子及《论语》的译介早已有之。1593 年，欧洲首次对《论
语》进行翻译，后于 1687 年由传教士、汉学家柏应理（Philippe Couplet）
编译了《中国哲学家孔子》（Confucius Sinarum Philosophus）拉丁文版。在
英语世界普及孔子道德哲学思想的《中国哲学家孔子的道德箴言》一书，
则转译自彼埃尔·萨武雷（Pierre Savouret）于 1688 年根据拉丁文版翻译
的《中国哲学家孔子的道德箴言》（La morale de Confucius, philosophe de la
Chine）法文版。[1]而自欧洲中心主义时期到文化多元时期，西方的《论语》
译介与对孔子思想的研究步履不停。阿克顿在 1932 年南游时途经上海，还
见到了英译《论语》的林语堂。

　　阿克顿在回忆录中指出，纵使新文化运动的开展使年轻一代中国人开
始质疑乃至反抗儒家思想，"但儒家伦理仍然是中国人现成的行动指南"。
"千百年来，圣人一直在传授良好的礼仪与道德，即使那些在贬斥'封建
思想'的人，也遵循本能在演绎儒家传统。"[2]阿克顿客观地审视并崇奉儒
学，将《论语》的地位在东西方经典中进行了对比，将其提升到比耶稣的
《登山宝训》还要神圣得多的地位，因为儒学与君子为中国带来了和平。

　　阿克顿回溯西方的儒学精神传播史，中肯地指出西方文化"从孔子那
里学到的东西，远比从欧洲哲学家和社会学家那里学到的还要多得多。与
《论语》相比，《登山宝训》不过是一纸空谈"。阿克顿在汉学著作中也时

---

〔1〕蔡乾：《思想史语境中的17、18世纪英国汉学研究》，福建师范大学博士学位论文，2017年，第245—246页。
〔2〕Harold Acton. *Memoirs of an Aesthete*. London: Methuen, 1948, p. 284.

074

常引用《论语》作为注释，提出要做内圣外王的君子并以致用效忠。真正的中国君子，研习的起点皆在孔子思想，因此阿克顿在回忆录与汉学译作中，经常引用孔子的格言，将自己定位为一名跨文化的君子，并决心在精神层面延续中国儒家血脉。

二、迥异与落差：儒家礼仪与"君子"之风

阿克顿身为唯美主义的践行者，对 20 世纪 30 年代儒家礼仪在中国的表现进行冷静观照。基于现实的落差，阿克顿发现自己并不处于一个君子之道盛行的和平时期。20 世纪 30 年代的中国正经历着内忧外患，卢沟桥事变后，在日伪政府主持下的儒家礼仪"光复"仪式，既非发起者所欲，亦非实施者所欲：发起者日本政府为的是消除孙中山的政治影响，进行殖民主义文化怀柔政策，执行者汪精卫则是俯就逢迎侵略者，是委曲求生的无奈之举。阿克顿所亲见的最华彩的儒家礼仪，已经完全背离了礼仪的本相，反变成一场空虚无聊的登场闹剧。

不义的侵略战争，导致礼乐崩坏；趋利的初衷，导致礼乐的仪式性异化为荒诞性。这些以"儒"妄称的仪式中既无君子，也无礼义。在阿克顿看来，这次活动是一场没有灵魂的戏仿。"为了消除孙中山对中国民众的影响，日本要求当时的中国政府主持复兴崇儒仪节，勒令官员与民众在每个周日，穿上他们最华丽的衣服聚集在孔庙前，五体着地行三跪九叩之礼。一群来自孤儿院的孩子戴着红色的帽子，穿着蓝色的衣服，表演一种慢动作舞蹈；一些人拿着孔雀的羽毛，另一些人则手执木制的矛和盾，以夸张的方式强调他们的动作，以传达礼乐中的崇敬之情。敬孔子的礼乐都是用一些稀见的乐器来演奏，比如呈三角形的玉磬等。在孔庙里，新任市政官向圣人献祭，通常是一只羊、一口猪和一只假的牛犊。老市长仪表堂堂，但其他人都显得笨手笨脚、畏畏缩缩，他们拿着盒子和大浅盘，盛着祭祀

用的食品走上水泥台阶，其中只有一个人把它们举得与眉毛齐平。"[1] "整个祭祀活动结束后，孔庙闻起来像个肉铺，我不知道孔子是否高兴得起来。"[2] 阿克顿印象中的儒家礼仪，是思想与形式合一的完美礼乐制度，是由谦和的君子所主持的和平的大礼。阿克顿在《一个爱美家的回忆录》中记述，这场由日本政府发起的礼乐复兴大典，在日本摄影师的记录下，定格为一个天大的笑话。主持者空自欢喜，执行者毫无诚意。和平之相不是表演出来的，而表演出来的和平像场猴戏。

阿克顿认为自己是一名跨国界、跨文化的"君子"，而在来京之前，他则是一位"绅士"（gentleman）。礼仪是阿克顿连接东西方文化的核心点。作为费迪南德四世时期那不勒斯首相约翰·阿克顿爵士的重曾孙，阿克顿的贵族身份奠定其成长环境与教育背景，但他壮游欧美、行访亚洲，最终发现北京是最有贵族气质的城市。北京这座皇城不仅有优越的文化传承，且在现实中仍活跃着大量鲜活的精神贵族。阿克顿期待融入中国顶级文人圈子，频繁的社交活动使他有机会结识大量中国文人。决定跻身中国文化圈的阿克顿，希望自己能拿出一副标准的中国文人范儿来。他先是仔细观察了一番周围的中国人，离他最近且与他身份最类同的是同在北京执教的一批留过洋的中国大学教师，有胡适、温源宁、张歆海、梁实秋、胡先骕、朱光潜、蒯淑平、梁宗岱、杨宗翰、袁家骅。优秀的学子更是不计其数，如卞之琳、陈梦家、陈世骧、李宜燮、李广田等。在这些中国最优秀的学者与学子中，阿克顿却在留意能为自己中国形象设计作借鉴的理想范例。

1932 年春夏之交，同去妙峰山的杨宗翰给阿克顿留下了深刻印象，他看到了理想的中国"君子"。蒙古人杨宗翰"一身鸽灰色长袍，几缕绸缎般的胡须，举止文雅"，用词极为考究，遣词造句就像个品酒师般细致，

---

〔1〕Harold Acton. *Memoirs of an Aesthete*. London: Methuen, 1948, p. 402.
〔2〕Harold Acton. *Memoirs of an Aesthete*. London: Methuen, 1948, p. 402.

076

对音节的把握恰如对美酒的品鉴。[1]阿克顿形容杨宗翰"是个典型的儒家君子"，他确定这个人风度翩然、超脱尘外，是"竹林七贤"般的雅士。当杨宗翰谈起罗素的时候，阿克顿总有些不适应，他觉得此人在哈佛一定不被洋气逼人的同学们欢迎，留洋经历仿佛只在杨宗翰的口语与学识上留下痕迹，除此以外，他仿佛是个从古代卷轴中走出来的中国学者。[2]这与阿克顿异质文化表意系统重构"君子"形象的计划几乎吻合，即在精英文化学者与贵族绅士的基质下，重构一个同质的中国"君子"。

　　在生活细节层面，阿克顿固然深爱中国文化，但还是对一些"非礼"的行为感到排斥。阿克顿意识到中国人并不全然等同于儒家君子，时常以周围的"非君子"作反例。在中国期间，与阿克顿最亲密的除了北大的师生友朋，还有家中的帮佣，他们皆因供职于阿克顿的豪华宅邸而欣欣得意，实非"君子"应有的胸襟。搬入新宅后第一夜，屋里便闹起"狐精"，阿克顿正打算亲历一番《聊斋志异》中的"狐仙绮梦"，岂料帮佣们全然不理会主人的文学情趣，竟不与主人商量便自作主张请来道长作法。异国书生从此便与中国狐仙失之交臂，他跌足叹息，却又不得不以"君子之风"领受他们自专的好意。除了忽视主人文学理想的帮佣，阿克顿包租的人力车夫也令他左右为难。为了保持自己与主人的体面，该车夫甚至不让阿克顿步行去任何地方，纵使几十米路程，也要请他坐人力车"代步"。为顾全车夫面子而疏于行步，乃是阿克顿来京发福的首要原因，然而作为一位有"君子"之风的仁爱雇主，阿克顿无法不欢喜纳受人力车夫所提出的"双赢"建议。

　　来京发福的第二大原因则在于，阿克顿拥有一位在厨艺上锐意进取的厨师。阿克顿聘用中国厨师始于 1926 年的伦敦，当时钟昌做的中国菜滋味令他永生难忘，在伦敦时他就因吃中国菜胖了不少，而来到中国以后，他

〔1〕Harold Acton. *Memoirs of an Aesthete*. London: Methuen, 1948, p. 282.
〔2〕Harold Acton. *Memoirs of an Aesthete*. London: Methuen, 1948, p. 331.

更像是找着鱼群的企鹅，连佛罗伦萨的家乡经典美味也不屑问津了。阿克
顿在回忆录中，数次提及他在中国的广东厨子苏齐。苏齐为谋生计，携家
与阿克顿一同来到北京。固然苏齐能做出让阿克顿吃得大胖几十斤的广州
风味、北京烤鸭、京广什锦美食，且曲意奉承这位贵族阔绰主人，但阿克
顿早在广州见到苏齐的第一眼，就断定此人并非"君子"。阿克顿记得在
广州生了热病，决定雇下苏齐的时候，苏齐像只麻雀般喞啾个不停，"不
管他是啥来头，此人看上去就像一只栖息在房梁上的机灵雀鸟——一只瘦
骨嶙峋的、张着嘴期待被喂食，且还精明地计较着食物好不好、多与少的
雀鸟"。这位日后驯顺、逢迎，把主人喂胖的同时也将自己附带养育肥胖
的广东佣人，在首次与阿克顿会面并谈价钱时，展示出与"君子"无关的
绝对精明："纵使对行旅生活憧憬万分，但他却时刻不忘争辩离家应得到
的更高报酬。我看得出来，他的大脑里一定装着一台加法计算器，除了一
切东西的价格之外，他什么也不关心。"正如阿克顿叹息却又由衷欣赏国画
老师溥儒对待金钱的态度——任由管家徇私舞弊，不得不卖掉大量无价藏
品，可也不过问花销的"小事"，阿克顿认为如苏齐这般过分计较利益，
实在不合绅士或君子的身份。而苏齐的言行永远只围着价格转，"他试图
像个拍卖行老板一样对我的财产与身价进行估值"，面对一位花钱如流水
的西方贵族，苏齐充满了不知疲倦的"求知欲"。阿克顿忍不住挖苦道：
"如果你看到苏齐眼望大海，那此时他一定在想，一平方英里的海水能晒
出几斤盐巴，一海里能捞到多少条鱼"，"他那双斜视的小眼睛就像一只胖
胖的蚕，能精确预测出每一只虫子、每一片桑叶的潜在价值"。苏齐不仅
精明，他天生且不体面的幽默感也时常令阿克顿无可奈何，虽然这些趣话
儿有时实在令人忍俊不禁。"广州热病之后，我每天梳头都要掉不少头发，
且掉得非常之厉害，但苏齐见状却反而高兴，揶揄我'很快脑袋就和脸一
样光滑了'。"称职的厨子苏齐委实不是个"君子"，可谁知他竟一语成
谶——阿克顿这位头发浓密的青年绅士，自广东之行始，在八年中国生涯

078

中，掉光了最后一根头发。[1]

三、投射与重构："金鱼"意象与"君子"血脉

    基于君子礼仪的投射，最能反映阿克顿对中国印象的，是《牡丹与马驹》中的"金鱼"意象。正如《论语》所言："君子不器。"金鱼并不贵在致用，它以秘不示人的宁谧而高贵悠游于既定局域中，却传递着中国君子的精神能量。菲利浦隔着鱼缸，在与金鱼群次次缓缓的擦身而过中，被点染了类似的文化气质，那种熟悉的感觉激起了他潜藏于意识深处的贵族文化学者情结。在阿克顿的笔下，"金鱼"是一个极富人性的意象，既象征着难以触及的神秘遥远，又充满了游弋生姿的高贵优雅。在伦敦时，阿克顿曾与加纳德夫人（Lady Cunard）交好，二人相谈甚欢时，他也同样使用了"金鱼"意象——"此刻，壁炉里的火像中国的金鱼一样流动，钟摆的咔哒声较之窗外的幽暗世界更显悠然"，"我总是想为常举办文艺沙龙的伦敦格罗夫纳广场（Grosvenor Square）寓所的加纳德夫人写些新书，她在我生命中的出现不啻一种短暂而甜蜜的福音，而此刻她依旧在对我产生影响：她将自己永葆青春的特质传递给每一个爱她的人"，"要不是战事影响，我一定早已说服她与我同去中国游玩"。"金鱼"意象之于阿克顿，象征了遥远中国的华贵与美好，而加纳德夫人的出现，唤起了阿克顿内心的共鸣，只可惜此时的他已变成一位中国君子，而加纳德夫人却始终坚持做一名英伦淑女，互相倾慕的二人如此失之交臂。[2]中国的金鱼与古老而神秘的欧洲文化贵族，前者是相，后者为镜，它们总在互相见证、一体两面中悄然肩并，若即若离，如梦似幻，却又永不分行。

〔1〕Harold Acton. *Memoirs of an Aesthete*. London: Methuen, 1948, pp. 296—297.
〔2〕Harold Acton. *Memoirs of an Aesthete*. London: Methuen, 1948, p. 390.

　　穷则独善其身，达则兼济天下。作为一位西方贵族文化学者，阿克顿对中国君子风范饱含敬慕。时局动荡，阿克顿只好退守到个人世界中，企图通过理想重构实现"君子"血脉的接续与传承。1936 年，当他兴高采烈地迁入恭俭胡同四合院时，感觉到自己佛罗伦萨的祖先，亦在冥冥中引导自己住进这里。阿克顿虽身处异乡，却如同魂归故里。他甚至希望自己能有机会像一位普通的中国人那样，在清明节为假想的中国祖先上坟，并在牌位前举行庄严的礼拜仪式。作为中国文化的认同者与传播者，阿克顿笃信"叶落归根"，因此在西山为自己买好了坟地。

　　阿克顿在现实中也尽力结交了许多优秀的中国年轻人，将他们视同己出，资助他们成长，鼓励他们在战时实现新文学理想。而在其纪实小说《牡丹与马驹》中，以阿克顿为蓝本的主人公菲利浦·费劳尔收养了一个唱戏的中国男孩杨宝琴，试图用最传统的中国儒家精神与审美去影响他，让这个男孩在精神上延续自己的血脉。关于延续中国精神血脉，《牡丹与马驹》提及一个儒家礼仪的细节，即拜祖与尽孝。菲利浦收养宝琴之后，当宝琴问及祖先牌位在何处、自己要向何人磕头时，他不得不承认自己没有供养牌位，这使宝琴非常困惑。但宝琴还是坚持要为养父尽孝，当即庄严地跪倒在地，行跪拜大礼。此时，初为人养父的菲利浦，既腼腆又紧张，"他的心脏怦怦怦跳得厉害，几乎都能听得见，双膝微微战栗"，这是他期待已久的中国传统儒家礼节，可身在其中只觉得惶恐不安，但毫无疑问，他被深深地打动了。[1]

　　表象上的一瞬间幸福，很快就被连带而来的麻烦事儿给打消了。较之性格上的非"君子"之行，阿克顿对礼节上的非"君子"之行更为在意。他对现实中的人无法过分要求，但在《牡丹与马驹》中，阿克顿倾注了自己对"君子"的理想。以阿克顿为原型的主人公菲利浦对养子宝琴，既充

---

〔1〕Harold Acton. *Peonies and Ponies.* London: Oxford University Press, 1941, p. 194.

满中国家长式的包容与慈爱，又不免反感他一口吞下四碗面条的大食量和鼓腹仰天打嗝的恶习。菲利浦一方面劝说自己"饱嗝不过是一种天真自然的饱足状态"；另一方面，"他还是瑟缩了一下，把目光转向一边。不知什么东西告诉他，他永远也习惯不了那种嗝声，肯辛顿的某种高贵气质在他内心震动"。[1]这个中国孩子不仅完全不是当初菲利浦在戏台上看到的"虞姬"，反而举止粗俗，一身腱子肉，他的"师父"和早就把他卖了的祖母都想通过这桩"认亲"大讹菲利浦一笔。最可怕的还是，这孩子并非天生自带儒家风范，相反他没有受到很好的教养，既不会读也不会写。菲利浦却希望他的养子能像在戏台上一样熠熠闪光，"精通翰墨，成为饱学之士，实现儒家君子的全部理想"。他甚至为义子请了一位曾任清朝巡抚的满族官员敦先生当塾师："菲利浦对宝琴读书的一切细节都一丝不苟，他小心翼翼地请来一位算命先生择黄道吉日开学，甚至因为现居的卧室风水宜做教室，而主动腾挪住屋，原来的床榻处，现在用来供奉至圣先师孔子。"拜师仪式极其庄严，菲利浦远比中国养子更庄重地对待这一儒家礼仪。他身着中国传统服饰，燃香点烛，诚挚地为孔圣人烧化"金元宝"，做三叩首。但讽刺且令人无奈的是，菲利浦的养子对拜师礼完全是一副勉强逢迎的表情，举动跟戏台上唱戏一般轻浮，比菲利浦这个西方人更无视最神圣的儒家礼仪，甚至连中式礼服都不肯穿，令菲利浦屡屡失望。这位年轻的中国男孩无时无刻不向往着西方的高楼广宇、纸醉金迷，完全不理会义父试图经由他来延续中国传统文化血脉的初衷。[2]

除了在回忆录中书写对君子风范的崇奉，阿克顿对儒教礼仪的敬奉与效法，以纯粹唯美主义的标准，从正统儒家思想到崇儒之礼皆然。阿克顿试图将贵族绅士精神与唯美主义思想，融于对中国君子风范的异质文化表意中，看似仿效古人，实为重构自我。例如，他在描写反映来华西方人生

〔1〕Harold Acton., *Peonies and Ponies*. London: Oxford University Press, 1941, p. 193.
〔2〕Harold Acton. *Peonies and Ponies*. London: Oxford University Press, 1941, pp. 119—120.

活的小说《牡丹与马驹》中，借主人公菲利浦·费劳尔无微不至甚至矫枉过正的崇儒细节，来展示其对儒家礼仪的崇奉。阿克顿借菲利浦之口，传达对中国血统的认同，每年清明节可上祖坟行拜谒之礼。但这一目标无法实现，于是菲利浦就想通过精神血脉来"延续"，即在北京收养一个中国孩子。阿克顿在现实中也将北京视为第二故乡，认为在北京找到了在佛罗伦萨时才能拥有的归属感，打算永久性地租下一套古色古香的中式四合院，作为安放肉体与灵魂的居所。

与《牡丹与马驹》中主人公追求真正的儒家精神有明显出入的是，在现实情境中，阿克顿对儒家礼仪也并非全盘接受，如古典礼乐厚重的历史感就使他迷惘。1932 年夏，阿克顿行经上海，在友人贝尔纳丁·绍德 - 弗里茨（Bernardine Szold-Fritz）的寓所，听到了真正的儒家音乐。演奏者是一位看起来像有一千岁的老艺人，仿佛刚从某个古老的时代复活，只为听众弹这曲琵琶。但听曲子的感觉诡异又迷幻，"这些曲子虽然别致，但却令我不寒而栗，好像有一群秋日里沙沙响的枯叶，随着这幽灵般的曲调翩翩起舞，再被一阵变幻莫测的狂风吹得片影全无"。阿克顿无奈地感叹，或许一个人需完全放空身心方能体会个中奥妙，外国人面对如此深邃的艺术无从下手。[1]

阿克顿的唯美中国情结，经由对儒家礼仪的修习与实践，得到了个性化的演绎，不仅构筑了他的汉学成就，还以中国儒家文化为注脚，完善了他的唯美主义文化思想。阿克顿对近百年前儒家礼仪与训诫的体认，结合了观察和审视、品味与反思，既有先入为主的中国印象，又有后天油然而生的"故土"情结。情感与理性的融合，使得阿克顿的中国儒家印象尤其具有人文主义的温情。虽然其中包含了阿克顿对现实中儒家礼仪与君子之风的反思与质疑，但是终究沉醉并皈依于中国传统文化血脉的强大吸引力。

---

[1] Harold Acton. *Memoirs of an Aesthete*. London: Methuen, 1948, p. 287.

082

经由中国之行，阿克顿汲取了儒家礼仪的风范，体认中西文化汇通后的"君子"精神，融通中西方士人气韵之精粹，将绅士风范与"君子"之风融合，形成了独具特色的唯美君子风格。阿克顿的君子修习之旅，既从文化注脚上夯实其纯粹唯美主义的内涵，又在形式上实现了他作为一位"爱美家"的瑰丽"中国梦"，借助译笔向西方世界讲述了一个西方君子的"中国故事"。

第二节　阿克顿与百年佛教的"妙能汇通"

近百年前阿克顿来到中国，曾引用《圆觉经》(*Yüan Chiu Sutra*)，衷心赞叹佛法的无量智慧，并最终得到引渡。"一切众生从无始来，种种颠倒，犹如迷人四方易处；妄认四大为自身相，六尘缘影为自心相，譬彼病目见空中华及第二月。"[1] 恒常不变的佛法与永恒变化的观照相映，阿克顿悟到所见即是虚妄，悟"空"即证涅槃。在阿克顿的自传性纪实小说《牡丹与马驹》最后一章《涅槃》中，他援引弗里德里希·马克斯·穆勒(F. Max Müller, 1923—1900)所译《东方圣书》(*The Sacred Books of the East*)第十卷的佛经，表达了一位来自西方的佛教修行者在中国开启般若智慧的无限感铭。

阿克顿声称："我不必俯身亲吻这方受佛光庇佑的神圣土地，因为在沙尘的涡流中，北京已先将我吻了个遍，它塞满了我的嘴巴、眼睛、鼻孔，乃至牙缝。"[2] 1932 年夏，初到中国的阿克顿与京郊的沙尘暴来了次亲密接触，正式开启为期八年的北京生活。当马车踏上北京的那一瞬，"无边无际的宁静降临到我身心，仿佛身在古罗马的平原，我有一种奇妙的感觉，

---

〔1〕Harold Acton. *Peonies and Ponies*. London: Oxford University Press, 1941, p. 309.
〔2〕Harold Acton. *Memoirs of an Aesthete*. London: Methuen, 1948, p. 309.

我并不是初到此处，而只是回归家园"[1]。在北京的八年里，阿克顿与近百
年前的佛教亲密邂逅，他时常游历京郊寺院，结交佛教人士，在古刹中开
悟、在战火中皈依、在释怀中圆满。1939年被迫离开中国后，阿克顿在《一
个爱美家的回忆录》《一个爱美家的回忆续录》及纪实小说《牡丹与马驹》
中记录在京所见，近百年前的中国佛教印象弥漫其间，形成兼具史传性与
文学性的佛教记忆卷册，亦见证了他的开悟历程。

作为20世纪20年代牛津文学的无冕之王、"牛津学人中风头最健者"，
旨在"一手写诗歌，一手写历史"的文化学者阿克顿，饱受第一次世界大
战的阴影折磨。为寻求解脱与慰藉，他于20世纪30年代初舍弃留欧的优
渥前程，带着寻找精神家园的心念远赴中国。岂料入他乡如返故园，中国
之行激发起他灵魂深处涌动的中国文化血脉，并使他终生将北京视为"第
二故乡"。阿克顿自觉打破基督教一神论的苑囿，引导个体完成中西宗教
融通，并积极探索般若智慧的现实妙用，形成"妙能汇通"的儒释道耶信
仰体系。阿克顿以唯美主义视角，观照中国佛教文化的诗意特征与现实智
慧，以笃信辅佐实践，以体悟引导思维，忠实还原了一位汉学家眼中的百
年佛教印象。战火中的坚守、修行与证悟，更成就了20世纪初西方汉学家
汇通耶佛教义之第一人。

一、万劫一行中尽纳，寻僧几度悟空空

1932年秋，初到北京的阿克顿，与牛津友人、语言学家戴斯蒙德·帕
森斯和人力车夫"猴哥"（The Monkey）一道，前往西山几处寺院参观
拜谒。中国僧侣的明睿通达与京郊佛寺的庄严肃穆，让他感到之前在西方
信仰中从未有过的平和。参观寺院并置身其间体悟佛门清净，他首次为佛

---

[1] Harold Acton. *Memoirs of an Aesthete*. London: Methuen, 1948, p. 309.

084

陀的智慧与佛教的精深发出赞叹，不禁对这门古老宗教在中国的影响力顿生崇敬。阿克顿在游历西山大觉寺时，并无引导者相随解说，却不妨碍他此后坚定地与中国佛教结缘。阿克顿由初访佛寺到离开中国前的"妙能汇通"，既是他与佛教的宿缘，亦是纯粹唯美主义者对佛教智慧真空妙有的辨识力。

因战争而遭受严重心理创伤的阿克顿，在庄严的佛寺中感受到了极致清净。"急躁是所有现代思维方式最显著的特征，也是我们所有人生活的诅咒，但在佛陀微笑的光芒下，急躁被消解了。"[1]阿克顿站在佛像前，回溯释迦牟尼佛（Sakyamuni）修持悟道的经历，感知他对众生的博爱。并不谙熟佛教教义的阿克顿，仅在敬览佛陀与罗汉雕塑时，就产生了从未有过的平静。进入佛寺后，阿克顿感受到释迦牟尼佛所体悟的"涅槃寂静"（Santm Nirvanam）之境，虽当日前来拜谒者络绎不绝，但阿克顿体察到了极度的宁静、平和，而"'寂静'的意义就是内外'和平'，即内心的和平和外界的和平"，安抚了阿克顿因蒙战难而伤损的心。[2]

西山大觉寺也成了阿克顿英年早逝的好友戴斯蒙德最喜欢的地方。"北京成了戴斯蒙德临终的寄望，我真希望那些医学专家们放下胆怯与虚荣，承认各种折磨人的复杂疗法对他无效，好让他在生前能返回北京，回到西山的寺庙中静待涅槃。若能在夕阳穿透雪松和冷杉的枝杈间那一刻，让万道霞光辉映他身心，让清风带走纯净的灵魂，肯定比吵吵闹闹地死在伦敦大医院里要好上百倍……此时，大觉寺里塔与古树依然合抱，龙头仍在喷洒清泉，成群的金鱼和倒映的阳光使水池波光粼粼，鼻间充溢着松柏的凛冽清香，领要亭曾是戴斯蒙德生前最爱的地方。"[3]

〔1〕Harold Acton. *Memoirs of an Aesthete*. London: Methuen, 1948, p. 280.
〔2〕赵朴初：《亚洲宗教徒团结起来，为世界和平作出积极的贡献——"亚宗和"二次大会书面发言》，载《法音》1982年第1期。
〔3〕Harold Acton. *Memoirs of an Aesthete*. London: Methuen, 1948, pp. 394—395.

北京与佛教，是让阿克顿建立纯粹唯美主义与具有"启示性、神秘感、忏悔意识"佛教思维相连接的重要关卡，二者融合，使初入中国的阿克顿迅速建立起与中国佛教间的精神纽带，游历过程中的感知成了直接触发点。暑热难耐，阿克顿时常随友人走访京郊寺院，无意间总有通透之感。佛寺清幽出尘之境，"绝不仅仅是单纯的择一凉爽之地避暑纳凉，更重要的是从一片钟磬声里得到了心灵的宁静与依托，从而感知到了内心的清凉"[1]。"佛教徒总是把庙宇建在优美秀丽的胜地，例如树木繁茂的极巅或深谷中，抑或芙蕖成片的池塘和鲤鱼摆尾的溪流边"，因此许多寺院本身就是绝佳名胜。[2]

阿克顿在回忆录中极其细致地记述了他于 1932 年夏第一次游览北京西山佛寺时的情形："不仅北京城，城墙外的原野竟也如此美丽，令人心旷神怡。我渴望发现这宁静与美丽的奥秘，因这是从前从未见过的。从僧人们温文尔雅的从容举止中，可想见他们早已摆脱日常生活的琐碎和尘世毫无结果的烦恼与空虚。但这并不是说，在西山的每一处树木繁茂的凉亭里，都刻意装饰着精美绝伦的艺术品，打动人心的是浑然天成的自在之美。这些散乱的寺庙、庭院、石阶和鱼塘，虽更像一个个单独村庄紧密相连，总体却产生了比许多更有气势、更宏伟的建筑更令人无法抗拒的效果：它们散发出超越一切理解范围的平和气息。"[3]阿克顿发现，西山寺院建筑建构看似章法随心，却含藏随缘顺变的自在智慧与"无为生万法"的终极哲理。

阿克顿以敏锐直觉，体察到在看似平淡的表象中，西山寺院、寺中僧侣与阿克顿所理解的佛教教义，具有和平的共通性。"从早期开始，佛教就是一个提供修道生活和遁世的宗教"，随着 20 世纪佛教经由经文译介等传入欧美，"佛教在西方青年中变得很有影响"，"佛教传统给出了一个明

〔1〕田玉婷：《浅论唐人僧寺避暑之习》，载《法音》2020 年第 7 期。

〔2〕Harold Acton. *Peonies and Ponies*. London: Oxford University Press, 1941, p. 308.

〔3〕Harold Acton., *Memoirs of an Aesthete*. London: Methuen, 1948, p. 280.

确的信息：仇恨和暴力是会给个人和团体带来巨大伤害、消极的极端形式。它们应当从人的意识中被清除，代之以一种内省的、有同情心的生活。只有当我们都向这一方向努力，和平才能在社会中成为现实。"[1]阿克顿形容西山佛寺时，使用了"peace"一词，兼具"太平""和平""平静""宁静""和睦""融洽""和谐"等多重释义，与阿克顿对中国佛教的直觉契合，亦合乎阿克顿所秉承的唯美主义以和谐为美的文化理念。

阿克顿还从发音层面解构了"佛"的和平内涵。他在与同行牛津诗友罗伯特·拜伦的交流中，发现"佛"的中国发音非常圆润，是一个圆圆的单音节词，就像殿上供奉的大肚子弥陀佛。[2]阿克顿在传述中对佛祖与佛教的天然亲近，并非无知者的僭越，而恰是一位中西文化融通者，自觉放下了对中西文化差异性的偏执"小我"，亲近仁善与智慧的"无我"佛光，从而端正心念，自觉开启了通向佛教的门扉。

二、教融通筑"人格"，巧借般若达汇通

阿克顿来华时期，亦是西方思想与文化在中国传播的炽盛期。但阿克顿既不秉持"欧洲中心论"观点，也不先入为主以基督教一神论为执念，而是采取融入现实的视角，体认中国儒释道三者合一的存在合理性，并亲践儒释道耶四者融通的现实可行性。他先以纯粹唯美主义视角，从和谐共生层面观照中国儒释道合一的社会与文化原因，终成儒释道耶四者的"妙能汇通"者与虔诚修习者。

阿克顿以唯美主义视角，在儒释道耶四者中各取所长，自觉打破文化壁垒，做到了信仰坚定且游刃有余，旨在寻求其间的相通性与互补性，小

---

〔1〕[英]阿伦·亨特：《和平与宗教》，卢彦名译，载《学海》2004 年第 3 期。
〔2〕Harold Acton. *Memoirs of an Aesthete*. London: Methuen, 1948, p. 369.

可使其身平和，大可使天下和平。

　　阿克顿意识到中国是个儒释道并驾齐驱的国度，三者并行不悖，共同构成了中国人"修心"的信仰内核。本着求同存异的理念，纵一时面临战乱贫弱的国情，也能使信众安贫乐道、静以修身。阿克顿在小说《牡丹与马驹》中，借修行者敦先生之口表达对儒释道三家合一的看法，"儒释道三者互不排斥，这三者的立足点不同，但却指向同一个源头：一个完美的中国人格"[1]。阿克顿认为中华民族是非常依赖精神力量生存发展的民族，"三种信仰和崇拜体系，对务实的中国人来说，就等同于三重保障，每一种都可以寄托且储备精神力量"[2]。三家思想起到了良性互补作用，不执着于祝福的来源与形式。祝福叠加不仅代表了乐观通达的民族心理，而且对祝福寄载形式的宽容是中国人在实际中践行"性空"的大智慧。

　　在三家中，佛家是内核，道家是体认，儒家是表述，三者各行其道，互为辅益。以阿克顿对中国文化的理解，作为内核的佛家是需要被印证的，因此有了与佛家性空出世并存的道家入世盛仪。佛家主张"性空"，不执着于象；儒家主张施礼，执着的是修身，而非显灵。但是"性空"与"修身"是隐性的修为，而传导真理、表述修为，是理论外化的必然途径，道家就充当了佛家与儒家外化的佐证。

　　阿克顿对佛家的"性空"持赞赏态度，并以之作为衡量三家区别的指征。儒家执礼，道家守元，佛家不执不守，对现世的儒家成礼与道家培元采取了包容与顺应的态度，正因无为，最终得以融通三家。德国汉学家花之安（Ernst Faber，1839—1899）对儒释道三家的认识——道家提倡清净无为，儒家提倡修身仁爱，"而释教则悟道理于一心，而外物俱视为空寂"。这使阿克顿意识到，作为行为表述的儒家，在中国是需要被忠实践

〔1〕Harold Acton. *Peonies and Ponies*. London: Oxford University Press, 1941, p. 308.

〔2〕Harold Acton. *Memoirs of an Aesthete*. London: Methuen, 1948, p. 284.

行的。[1]相形之下，阿克顿由衷体会到佛教的生命力与包容性。纵使"随着革命（此处指中国的新文化运动）的进行，年轻一代中国人开始反抗儒家思想……但儒家伦理仍然是中国人的现实行动指南。千百年来，圣人一直在传授良好的礼仪与道德，即使那些在贬斥'封建思想'的人，也遵循本能在演绎儒家传统。佛教可与儒家伦理共存，尽管它在真理性的层面超越了儒家伦理，仅仅通过博爱与自制来实现现世的救赎。佛教不需要任何儒家思想所坚持的传统与社会礼仪，也不需要道家的魅力与神秘力量的支持"[2]。

阿克顿所认同的四者融通是符合纯粹唯美主义指向的，无民族与文化偏见的唯美宗教信仰。阿克顿说他是"一名真正意义上的唯美主义者"[3]，"美"即是他融通观的核心要旨。阿克顿所认同的"美"具有流动性，任何可诠释"美"的理论与事物，皆可作为唯美主义注脚。他的唯美主义具有与佛教类似的般若智慧，即可转化同质不同名的诸般"美"。

三、会意佛心诗行里，遁归圣境在了无

除了探寻中西宗教融通的路径，阿克顿还以一位诗人的视角，在佛理与诗意间找到了联通点：一首反映佛教智慧的诗，必是好诗，不论诗人是有心还是无意，是了悟还是偶得。他以法国象征派诗人保尔·瓦雷里（Paul Valéry，1871—1945）的诗为例，敏锐指出其诗在空与有、生与死等人生终极问题表述上的精妙，即对般若辩证法无处不在这一佛理的异质文化诗意呈现。"'空中之音、相中之色、水中之月、镜中之象'用以形容'兴趣'的妙处，这些说法也出自佛典"，可闻可见之透彻意象，与不可听闻

〔1〕张硕：《花之安在华传教活动及其思想研究》，北京大学博士学位论文，2007年，第89页。
〔2〕Harold Acton. *Memoirs of an Aesthete*. London: Methuen, 1948, p. 284.
〔3〕Harold Acton. *Memoirs of an Aesthete*. London: Methuen, 1948, p. 2.

触见之玲珑通感，皆如"羚羊挂角，无迹可求"的妙悟，与佛理精妙相仿佛。[1]

　　"瓦雷里的《海滨墓园》是为中国人所喜爱的一部西方诗作。"[2]阿克顿认为，瓦雷里的诗歌无意中展示了佛法般若智慧的点滴，表现了绝对静止与人生瞬息万变的对立统一关系，呈现出唯美精深的妙境，以至于达到其师马拉美（Stéphane Mallarmé，1842—1898）亦难以超越的境界。"梵乐希（梁宗岱将"瓦雷里"译为"梵乐希"）实在是马拉美最忠心最专一的门徒之一，就是马拉美所以能在法兰西诗史上占第一流底位置，至少一半是梵氏之功。"[3]当瓦雷里通过诗句传达了佛理精妙，他的诗歌便具有思辨价值。阿克顿结合佛理对瓦雷里的诗进行佛理与场景的互证，暗示其诗歌高明之处在于，无意并准确地通达了佛教智慧。《海滨墓园》（Le Cimetière Marin）中，有大量如是生与死、明与暗对立统一的智慧妙语："死者已化为冥冥的虚无，森森白骨溶进了红色的粘土，生命的才华变成了墓地的鲜花，当年他们的谈笑风生安在？"[4]"我那破裂的命运，在沉寂中用最纯最纯的光照亮我这颗破碎的心。"[5]瓦雷里曾在斐声文坛的盛年隐遁诗坛，决心用"纯粹的、无私的知识"走出尘嚣，"认识自我，探讨精神机能和思维方法"。[6]

　　关于瓦雷里诗歌对佛理的阐释，阿克顿如是评价："任何事物都处于不断变化之中，而且这些变化是可被感知的。在神圣的时间中，它从不停留，并且永不雷同。恒常变化这一主题，激发瓦雷里创造最完美的诗句。"[7]阿克顿指出，瓦雷里的出彩诗句，皆因无形中传达了佛教真理。瓦

---

〔1〕刘金华：《神韵说与纯诗论比较研究》，浙江大学博士学位论文，2012年，第102页。

〔2〕Harold Acton. *Memoirs of an Aesthete*. London: Methuen, 1948, p. 283.

〔3〕梁宗岱：《梁宗岱文集Ⅱ》，中央编译出版社2003年版，第12页。

〔4〕[法]保尔·瓦雷里：《瓦雷里诗歌全集》，葛雷、梁栋译，中国文学出版社1996年版，第142页。

〔5〕[法]保尔·瓦雷里：《瓦雷里诗歌全集》，葛雷、梁栋译，中国文学出版社1996年版，第44页。

〔6〕陈力川：《瓦雷里诗论简述》，载《国外文学》1983年第2期。

〔7〕Harold Acton. *Memoirs of an Aesthete*. London: Methuen, 1948, p. 283.

090

雷里将真理以诗语外化，蕴含佛理的诗性智慧就构成了唯美的极致，这不仅是阿克顿欣赏艺术的标准，也是阿克顿终生实践的理论基础。

阿克顿也客观地指出，瓦雷里的现实行为与诗歌理论有悖佛理。瓦雷里只是在创作中随机呈现了佛理，从而成就不朽诗行；但正因瓦雷里非佛教笃信者，而只是"哲学的诗人"，因此诗作并不处处精彩、诗思亦不每每睿智。"瓦雷里背离了佛教，转而成了现实的逢迎者，为生活寻求正当理由。在永恒的枯燥乏味中，瓦雷里否定了人类转瞬即逝的尊严与价值。"[1]也因瓦雷里并不深谙佛教智慧，诗行中的潇洒智性与执着感性相互交织映衬。其诗不仅有人间无实之真实，亦充满了虚幻的空花泡影，世俗的怅惘之情使描绘死亡的诗句充斥着阴霾："又哪里去了，他们个人的风采和荦落的秉性？当年那多情的眼里而今只有蛆虫的蠕动。"[2]固然在梁宗岱看来，瓦雷里的诗歌"已达到音乐，那最纯粹，也许是最高的艺术底境界了"，且瓦雷里亦沉醉于自己"用文字来创造音乐"并将诗歌"提到音乐底纯粹境界"之功，"尤不讳言他是马拉美——那最精微，最丰富，最新颖，最复杂的字的音乐底创造者——之嫡裔"。[3]但瓦雷里在欣然自得于诗思敏逸之际，亦不讳言无法驾驭这团狂暴涌动的诗思："我并不知道我有着怎样的存在意志，来与这精神的自由与混乱分庭抗礼——有时这种自由和混乱，裹挟着精神，溢过自己的意图，而诗则变成了与预先构思迥然不同的诗。"[4]

出于对涅槃的兴趣，阿克顿在京郊一间佛寺停留了一整夜，在接受僧人引导并受到触动的同时，也领悟了佛教对中国人和瓦雷里的影响力之所在。"这种威力是需要被指出的，瓦雷里的作品吸引人也源于这种动

〔1〕Harold Acton. *Memoirs of an Aesthete*. London: Methuen, 1948, p. 283.
〔2〕［法］保尔·瓦雷里：《瓦雷里诗歌全集》，葛雷、梁栋译，中国文学出版社 1996 年版，第 142 页。
〔3〕梁宗岱：《梁宗岱文集Ⅱ》，中央编译出版社 2003 年版，第 20 页。
〔4〕［法］保尔·瓦雷里：《瓦雷里诗歌全集》，葛雷、梁栋译，中国文学出版社 1996 年版，第 285 页。

力。《海滨墓园》表现出佛教徒式的驯顺，且瞬间发出一声高喊：'生活万岁！'这就是我在寺院中的悟道。……我们可以无限接近佛陀，沐浴在他恢宏博爱的佛光中，无论在眼下转瞬即逝的人类尊严里，还是人类思想价值的浩瀚长卷中，坚定的皈依者皆终将胜出。在回答'生存还是毁灭'这个问题时，佛教徒低语道'空'，而基督徒则叫嚷'有'。"[1]

　　阿克顿所奉行的是纯粹唯美的诗歌创作路径，其诗歌创作的核心在于围绕打破个人感观与体认的唯美世界。佛教智慧的辩证性与恒常性，是唯美来源之一，也是阿克顿所推崇的瓦雷里诗作之精髓所在。瓦雷里试图通过实存性的表象与音乐般的律动诗行、一种不同于日常语言的理想的"声音"，传达某一种神奇的超越个体经验的思想。他认为诗就是一种能表达生命神秘力量的文字载体，将象征主义"纯诗"对"神圣美"的体认发挥到极致，从而使诗歌走出个人表达的范畴，将诗笔指向广阔的十方世界，从取材的"众生平等"与万物有灵的角度，使"纯诗"的"始作俑者"瓦雷里的唯美主义诗歌，具有了类似于佛教智慧的灵动感与辩证性。[2]

　　在阿克顿小说《牡丹与马驹》中，《金刚经》（Diamond Sutra）是被提及最多的佛教经典。"此经于 5 世纪初，由后秦译僧鸠摩罗什最早译为汉文。鸠摩罗什以后，菩提流支、真谛、达摩笈多、玄奘、义净又分别译出五部汉译，以首译罗什本传播最广、影响最大。"[3] 阿克顿记载他曾于西山古刹中得到指点，苦集灭道后入涅槃之境（Nirvana），但传记中并未提及这位引导他开悟的僧人的法号。阿克顿后在《牡丹与马驹》中以故事形式将这位僧人代之以"大隐隐于市"的通达智者形象，记载佛学精神导师"敦先生"（Mr. Tun）使以阿克顿为蓝本的主人公、英国贵族菲利浦·费劳尔开启般若智慧，从而放下世俗分别心与对现世的执着，领悟"性空"

---

〔1〕Harold Acton. *Memoirs of an Aesthete*. London: Methuen, 1948, p. 283.

〔2〕高蔚：《"纯诗"及其中国化研究》，华东师范大学博士学位论文，2006 年，第 15 页。

〔3〕张开媛：《〈金刚经〉英译本及其在美国的传播》，载《法音》2020 年第 8 期。

092

的真实，在精神上走向涅槃的过程。

随着战争硝烟四起，北京不再是《牡丹与马驹》初时描绘的那个繁花似锦的圣地，在京西方人大量撤离，但菲利浦选择同他的中国养子留在北京。"菲利浦是少数几个把自己锁闭在屋里的人，他更像一个躲在精神屏障后，超然而盲目的观察者。正如孔孟的时代，礼崩乐坏。"[1]生死未卜之际，养子杨宝琴的家庭教师敦先生终日在院子另一头诵读一块木板上用梵文写就的《金刚经》——"一切有为法，如梦幻泡影，如露亦如电，应作如是观……"敦先生的家被日本兵占为营房，他的妻儿也随他一道寄人篱下。通过长时间近距离的观察，菲利浦越发惊异于敦先生的超脱。"他快要失明了，但拒绝去看医生，尽管菲利浦愿意帮他支付药费。他那宽容、仁慈又冷静的微笑，反而使信仰不坚定的菲利浦心神不宁……这是一个懂得等待古老文明复兴的睿智微笑。菲利浦惊觉，这种微笑难道不是所有中国人都有的吗？"[2]敦先生的宁谧笑容与沉静修为，使菲利浦油然心生敬畏并好奇这力量的源头。在敦先生的微笑里，他似乎觉察到一种甜蜜的哲学、一种令他倾慕的平和，他感到欧洲文明在佛光普照的中国文明的映衬下，犹如唯美主义者沃尔特·佩特（Walter Pater）站在蒙娜丽莎面前时一般。[3]

菲利浦无法知道敦先生参悟教义的过程，只想要那个心平气和的结果。"菲利浦像战时逃亡的孔子一样，渴望片刻安宁而不可得，远处的炮筒不知下一回会指向何处，而头顶呼啸的轰炸机随时可能掷下一枚炸弹。"在疯狂的战时，避免烦恼、达到自在的途径，居然就是一个字——空。"一切都是空，当你接受了空才是实相，其余皆是虚妄，你就可以获得真正的自在"，开启自在的门扉，只需做到虔诚地相信"空"而放下

〔1〕Harold Acton. *Peonies and Ponies*. London: Oxford University Press, 1941, p. 302.

〔2〕Harold Acton. *Peonies and Ponies*. London: Oxford University Press, 1941, p. 307.

〔3〕Harold Acton. *Peonies and Ponies*. London: Oxford University Press, 1941, p. 307.

"有"。[1]敦先生向菲利浦引荐"智慧超越所有哲学"的《金刚经》，并主动教授一些佛经，引经据典地打消菲利浦的执着，鼓励并引他入门，还将他引荐给几位虔诚的僧人。"如果一个人始终战无不胜，而另一个人始终战胜自己，那么，以佛教观点，认为后者才真正具足智慧。"正如空桶能引水、弓箭手能张弓、木匠能刻绘木雕，"智慧者求诸己，而非向外求于人。征服自我，塑造自我，这不就是个性的真实意义吗"[2]。菲利浦第一次意识到佛教为中国普通民众带来的影响，正如佛教在等级制度森严的印度得到大范围的笃信——众生平等，"在前佛教时代的中国，几乎不承认个人价值，个人的意义被记载并湮没在家族、氏族中。但佛教律法指示众生平等，从而人人能获得最终的救赎"[3]。

战时一切都归于荒芜，日军占领北京后的虚假繁荣，不能掩百业消颓。阿克顿借菲利浦的战时经历，还原了1937年至1939年间他在北京研修佛教的心路历程。但接触佛法、体认实修只是漫长征途的起点，"他需要数年时间，才能达到启蒙阶段，一路步履蹒跚地匍行往涅槃的方向；但好在，他可与敦先生结伴，虔诚诵读《妙法莲华经》和《金刚经》，遁出这个活生生的'炼狱'"。菲利浦开始放下物质享受、戒酒、吃素，终日沉浸在诵读、冥想、拜忏、虔修中……但是精进之路十分艰难，文化背景不一致，使理解教义阻碍重重，战时的极端考验更加重了修行的难度："'敦先生，您何以心平气和？''别去担心就可以。''可轰炸机就在头顶，怎能不担心？''一切都是空，空才是最大的真实，你明白这个，就再也不会担心了。''我接受一切都是空，但却还是会担心。''那说明你还没真的接受，真的接受，这些担心和使你担心的，都会成空。多读多想，持颂

---

[1] Harold Acton. *Peonies and Ponies*. London: Oxford University Press, 1941, p. 307.

[2] Harold Acton. *Peonies and Ponies*. London: Oxford University Press, 1941, p. 308.

[3] Harold Acton. *Peonies and Ponies*. London: Oxford University Press, 1941, p. 308.

094

祈祷，实实在在把佛念到心里，打出一切妄念，就能得大自在。'"[1]菲利浦最终成为坚定的隐士，通过专注冥想，他时常能体会到敦先生所描述的那种喜悦自在，再后来他证得喜悦自在亦是空。

1937 年，阿克顿曾回欧探亲，亲朋故旧从他身上看到了此前从未有过的特点。八年里，中国食物把他养胖了，初到中国时的狭长锥子脸变成了油光浑圆的鹅蛋脸，不知什么缘故竟还秃了头，额顶脸庞闪耀着中年油腻的温润与虔诚。"我的朋友们坚持说，我看起来已像个彻头彻尾的老北京。"1937 年的阿克顿已像个地道的中国绅士，不仅是那一袭长袍马褂，也不仅是那踱着的方步，更不仅是那向上飘的眼神，而且他已找到灵魂的归宿，将身心默许北京。阿克顿希望在生前能证得三昧（Samādhi，即"三摩提"），得到真正的大自在。

"无常故苦，苦故无我。"离开中国五年后的 1942 年，在同样一个酷热的夏天，战时负伤的阿克顿孤身一人躺在遥远的印度马苏里（Mussoorie）一张病床上，经历着严重伤口化脓与剧烈药物反应，远在瑞士的父母无从联系，在前线冲锋的弟弟威廉亦杳无音讯。在无边的痛苦与寂寞中，在无望的等待与流逝的光阴中，在病友的哀嚎与绝望的叹息中，在爱尔兰神父弥撒的喃喃声中……有一天，一种在中国时所熟悉的感觉再次飘然而至，阿克顿感到久未谋面的轻灵旷达，一瞬间放下了对境与我的执着，悟到了"性空"。

在北京时，执着于日益膨胀的物欲与人情，阿克顿尚不理解自己是否与北京同在；而在完全失去返京的希望且无所适从，甚至生死未卜的当下，在满眼皆是泪、身受濒死苦时，他却真切地感受到了般若智慧何以使人通过"空无"而得自在。北京胡同里的汉学家阿克顿与印度的英国皇家空军军官，佛罗伦萨的贵族阿克顿与一无所有的修行者阿克顿，共时共生，从

---

[1] Harold Acton. *Peonies and Ponies*. London: Oxford University Press, 1941, p. 307.

未分离，人世之轻重皆若了无，亦真亦幻，如梦幻泡影，无所可执着。阿克顿在《牡丹与马驹》中，影射了这个被佛光普照时刻的欢喜情形。"带着发现智慧的喜悦研究佛经，他听不见头顶飞机的轰鸣，也忘记在战火中残损的城市，也不再关注《北平星报》（ The Peiping Star Bulletin ）上那些令人沮丧的新闻标题。"[1]菲利浦与敦先生一起诵读梵文经书时，他并不完全了然其中意思，只是一个个音节全心地跟，性空是真实、所见是虚妄，"真实的光芒不知从何而来，既在心里，也可感知，真实而醇美、宁静而永恒"[2]。既得满心光明，世间万象百态从此再与他无关。

　　离京之前，康有为之女康同璧（Kang T'ung-pi）曾为阿克顿亲手绘制一幅罗汉打坐图，题字一语道破其"亦耶亦佛，妙能汇通"（A believer both in Christ and Buddha, you harmonize in yourself their various teachings）的文化大同思想，阿克顿本人也颇为认同。作为一名文化研究者与教义修习者，阿克顿于儒释道耶四家融通导遵的文化行为，既见证其唯美之功，亦为人道之志，更展现了他对中西宗教命运共同体的思考与实践。阿克顿自觉打破传统异质文化间非"进"即"出"、非"中"即"外"的狭隘视野，以唯美主义为介质，甘以身为文明间融通文化的导体，真正诠释了一位"爱美家"的文化内涵。

第三节　栖真清论与入世盛仪：阿克顿的道家印象

　　"多年来，我一直等待着某天能亲自踏上这片土地……在中国历史和艺术的熏陶下，我的想象力早已被赋予了更加绚烂的色彩。"[3]1932 年夏，

---

〔1〕Harold Acton. *Peonies and Ponies*. London: Oxford University Press, 1941, p. 309.

〔2〕Harold Acton. *Peonies and Ponies*. London: Oxford University Press, 1941, p. 340.

〔3〕Harold Acton. *Memoirs of an Aesthete*. London: Methuen, 1948, p. 275.

初到北京的阿克顿便与近百年前的道教亲密邂逅。他游览京郊道观，还亲历了道教驱邪仪式，遭遇两次世界大战的他以亲身经历提纯了对道家思想的认知维度。离开中国后，阿克顿在小说《牡丹与马驹》与《一个爱美家的回忆录》《一个爱美家的回忆续录》中记录所见，还原了近百年之前的道家文化道教仪轨。阿克顿亲历中日战争，战火硝烟中，他重拾《庄子》，将对逍遥精神的理解，分享给共患难的友人，体悟道教无为与修身之训；在北河沿的恭俭胡同四合院中，他亲历"狐仙"驾临，并目击了道长的"驱狐仪式"，抱憾道长的无量神功使他与《聊斋志异》中的香艳场景失之交臂；他对《易经》中精确又玄奥的卦象惊叹不已，并为《易经》解析现实的神秘力量与智慧解答所折服……

20 世纪 30 年代，亲身遭遇第一次世界大战的阿克顿，为寻找心灵慰藉，来到战乱与贫弱交织的中国，进行为期八年的汉学实践，并在北京大学英文系执教。阿克顿以唯美主义的视角，析出道家文化的文本智慧与仪式美。他在与近百年前的道教邂逅时，已通读了理雅各（James Legge，1815—1897）译的《道德经》，敏锐地从诗歌、神话、哲学、仪式等多维角度观照中国道教，忠实地呈现了一位汉学家眼中的中国道教文化形象。

一、亲历"捉妖记"："狐仙"梦难圆

1936 年，阿克顿搬入北河沿恭俭胡同四合院，大张旗鼓地修葺一番，还挖了个室内泳池。"我觉得我仁慈的祖先们，一定是怀着某种神秘的期待，暗中指引我来到这个中国人的居所。来的第一晚上，便是个月圆之夜"。[1] 为学京城贵族养花遛鸟，阿克顿在屋檐下养了一走廊的鸟，每天凌晨在鸟鸣中摸黑醒来，享受绿茶的提神、小贩沿街叫卖的吆喝、丁香花

---

〔1〕Harold Acton. *Memoirs of an Aesthete*, London: Methuen, 1948, p. 363.

的芬芳……新居敞亮大气，装潢陈设豪华，主仆皆喜出望外。但新宅子入
住不久，便发生了一件异事，使阿克顿与百年前的道教仪式有了第一次亲
密接触。

一天夜里，"大约凌晨三四点，我的看门狗突然莫名其妙地嚎叫起来。
它们通常并不这样胆小，但那晚当我走近时，却看见它们因害怕而战栗发
抖的身体。我的出现，显然给它们带来一丝安慰，它们如释重负地向我扑
了过来，粘在我身上，不停地嗅我、舔我，似乎在说：'谢天谢地，你总
算把妖怪赶走了。'"[1]。无中生有，必有灵异，阿克顿见状不仅不怕，反
而很兴奋。他喜爱中国的志怪小说，特别是为英国读者所青睐的《聊斋
志异》。来京之前，阿克顿就已熟读翟理斯（Herbert Allen Giles，1845—
1935）所译的《聊斋志异》，并对狐仙与书生的香艳故事十分着迷。在中
国人执着的信仰中，"到了一定年岁，狐狸便很容易变成具有超自然能力
的男人或女人，他们可以对人类玩卑鄙的把戏。有些狐狸精能给人带来好
运，但无论他们多迷人，也会耗尽不幸被盯上者的精气，使他们为精怪所
魅惑，走向衰亡"[2]。

较之阿克顿对狐仙的神往，中国人带着先入为主的民俗偏见，对狐仙
更多的是畏惧而非好奇，"哪怕狐仙像传说中的一样年轻美貌，也一定会
把人们都吓跑"。而在中国民间传说中，犬类识别狐狸时的反应则更加灵
敏。作为两度亲证犬识狐狸的"当事人"，阿克顿回忆起一则往事：他的
哈巴狗就曾对一位被人认为是"狐狸精"的女士退避三舍。纵使旁人对那
位被称为"狐狸精"的女士横加诽谤，说她有一双邪恶之眼、遍身狐臭，
企图通过贬损她来压制她丈夫的政治势力，但阿克顿并没觉得这"狐狸精"
有何凶险叵测或臭不可闻。相反，他认为在识别狐狸这件事上，狗的反应

---

[1] Harold Acton. *Memoirs of an Aesthete*. London: Methuen, 1948, pp. 363—364.
[2] Harold Acton. *Memoirs of an Aesthete*. London: Methuen, 1948, p. 364.

总是毫无必要地过度灵敏、防卫过当，以致误导了人的舆论。

接下来，新宅"狐狸精"事件的发展，让阿克顿猝不及防、大失所望。当他告知仆人们夜间的有趣怪事，仆人们便纷纷咬定，狗无端狂吠一定是遇见了狐仙，毫无情趣地乱作一团。不经阿克顿允可，他们竟自作主张，不知从哪儿请来一位道士，说要给新居驱邪。阿克顿起初并不在意，在他的观念中，那些咒语与方术只是形式上的功夫，但岂料那道长在新宅里来回走了几圈，低声念颂听不懂的咒语，做了令人费解的法术，随后的夜晚，就再没什么非凡动静了。阿克顿十分懊恼，要不是狗对狐狸的敏感，要不是仆人请来了道士，要不是道士的咒语比看上去的有效……"唉，我真遗憾自己没能亲眼看到狐仙！"虽然阿克顿遗憾慨叹，但或许真得感谢那位请走狐仙的道长，否则恐怕这桩轶事就将成为百年前一则悬疑惨案的开端。那时，新闻主题将不再是传统的《聊斋志异》式"书生与狐狸"，而是"英国爵士与京郊狐仙"的百年因缘。

随着 20 世纪东西方宗教文化交流的深入，西方学界承认道教是出自中国文化土壤的宗教形式，文学界对道教及相关母题的文学研究也以客观视角展开。除了 20 世纪 30 年代阿克顿所提及的《聊斋志异》等志怪小说与传记作品中的道家仙人形象，时至 21 世纪的今日，"域外中国道教神话研究主要集中于老子、西王母和吕洞宾"与张三丰等经典形象，"主要聚焦于几位著名的道教神仙"，使西方文学神域中的道家形象，远超"仙话""志怪小说""神魔小说"的传统窠臼。[1]

二、道教的两张面孔：文论与仪轨

在工业文明时代，作为为西方精神危机提供信仰的另一种形式，道家

---

[1] 吴光正：《域外中国道教神话、道教传记、道教小说研究及其启示》，载《社会科学研究》2020 年第 3 期。

思想以其"天人合一"、回归自然的人文性理念，迎来了西方世界的译研热潮。"20世纪以来，道家思想对西方的影响越来越大。尤其是在两次世界大战期间，西方学者对道家思想表现出前所未有的热情，甚至掀起了一阵不小的'道家热'，这一热潮一直延续到20世纪60年代。"[1]虽然在阿克顿来到中国的时代，道家文献在西方的译介已相当普遍，但基于道教的深邃学理与玄奥仪式，"当我问及老子时，人们总是对我耸肩"[2]。阿克顿并非不熟悉道家文化经典，他来中国之前就已熟读《老子》和《庄子》译本，对道家空灵逍遥的精神世界充满了向往。来到中国以后，却发现了道教在中国的两张面孔——道家文化在理论上的极度精准与道教仪式上的神秘隐晦。之前对西方道家经典译本的阅读经验使阿克顿感觉道教不太倾向于神秘主义，但阿克顿来到中国后，道教这一与道家文化密切相关的宗教，其外在表现形式逐渐颠覆了他的认知。

《易经》是最早引发欧洲人关注的中国道教经典。在阿克顿的时代，《易经》的译本在西方早已流行——从1834年耶稣会士雷孝思（Jean Baptiste Regis，1663—1738）及其助手的拉丁文译本，到1882年理雅各的《易经》译本，以及20世纪初翟理斯所著《来自中国的神奇传说》和《占卜概观》两部易学著作，再到卫德明（Hellmut Wilhelm，1905—1990）的《西方传统中的〈易经〉：书目选要》，与迄今较完整的西方易学研究目录《〈易经〉文献书目提要》……但基于《易经》内涵的丰富性与多元性，以及"不同的地域、不同的历史和文化背景，加上《易经》文本意义的模糊性和歧义性"，《易经》的文本阐释与诠释路径复杂多变。纵使阿克顿的纯粹唯美主义观念与儒家文化注重礼义的精神契合，但他通过客观的学习与体认，指出在20世纪初的中国，道家文化较之于儒家文化，在思想美

---

〔1〕姚月英：《现代英美文学作品中的道家思想》，载《中国道教》2019年第3期。
〔2〕Harold Acton. *Memoirs of an Aesthete*. London: Methuen, 1948, p. 283.

感的表现层面来得更加深刻。

阿克顿认为儒家文化主张现世的修为，是指导现实生活的礼仪与文化用书；而道家文化尤其是《易经》占卜书，不但指向现世之外的世界，也可解释现世一切不合常理的事件。阿克顿对《易经》的理解，较大程度受到翟理斯对占卜研究的影响。作为西方较早切入《易经》的研究者与剑桥大学汉文教授的翟理斯，敏锐地点出易经占卜术在世俗层面上的适用性，是导致世人对《易经》感兴趣的最直接原因。这部道教占卜书近于神谕，"每一位《易经》的读者都企求懂得如何用它来预言命运，感应神秘的天意"[1]。

《易经》对阿克顿的道教印象所起的冲击是空前的。《易经》所寄载的神秘力量，颠覆了阿克顿建立在老庄道家思想基础上的审美体会，使其由文学审美与哲学运思的层面进入一个令人叹为观止的境界。简单的图案与文字，精确到令人难以置信的结果，科学时代对科学的颠覆，预设的绝对正确理论……阿克顿对《易经》的评价，充斥了他全身心的拜服。"任何哲学著作都不可能是终极智慧，但是这本占卜书却可以为每个重要问题提供答案。世界上所有的智慧都囊括其中，就隐含在它的直线与虚线中，就包藏在它的神秘图案里。它向我们展示了四季与天地间的八卦之间的关系，而人恰是天地间能量运转表达的结合点。看，天空现出了红色！这是个好兆头。若你一直在谈论战争，你就有机会赢得胜利……"[2]道教重视世事对卦象的呈现，其教义主旨与意象内涵需要被更加深刻地进行体认与表述。在阿克顿看来，《易经》不仅是道教经典理论的体现，也是道教占卜与智慧的实践导论，更是中国历史的真实记录与中华文明图谱的暗藏。阿克顿对《易经》的认识，囊括了西方世界对《易经》的三个阶段认知的

---

〔1〕杨宏声：《二十世纪西方〈易经〉研究的进展》，载《中国哲学史》1995年第2期。
〔2〕Harold Acton. *Memoirs of an Aesthete*, London: Methuen, 1948, p. 317.

全面图景，即"从'宗教之书'到'占卜和智慧之书'再到'历史之书'的过程"，从信仰、美学、史学的立体维度，突破时空阈限，对《易经》的文化内涵建立了全局的"他者"观照。[1]

在阿克顿看来，他在中国所接触的道教表演性质太强，与其纯粹唯美主义的标准有所差别。相较于道家文化经典之简约藏相，道教仪式显得表象多余、凝练不足，在演绎上过于夸张。生于西方文化土壤的阿克顿，无法分清"内用的炼养和外用的符箓"，更难以厘清"箓为气之所化"的不可见动态过程，咒语则是"以意引气"的可见动态过程[2]……道教仪式这波从译本到符箓的跨越、由内心静观到咒禁念诵的反差，使他几乎对道家文化的现实印象产生疑问。

最初接触道教方术与密咒时，阿克顿简单地认为："道教在中国已退化为神话，正如道观也具有神话性质，通俗的民间传说与不可思议的情景，在任何困境中都可以求助于神（或女神），道长们是魔术师与占星术士。"而且，道教在古代中国还有浓厚的政治寓意与实际用途，"古时的皇帝通过道家术士的帮助来锻造生命的奇迹"，熟悉李商隐诗歌的阿克顿，一定对"可怜夜半虚前席，不问苍生问鬼神"的诗境印象深刻。

"一个道士的大脑，一定是这世界上最奇异的幻想宝库，纵使他的内容与许多画家和诗人的道家理想已相去甚远。"[3]纵使阿克顿叹息道教方术与密咒的表现形态不如道家文化中老庄哲学高妙，亦不及陶渊明的哲思来得悠然，但正因有《易经》的"绝对正确"卜辞作为理论支撑，因此道教的表演性质，在夸张的艺术形态下具有强烈的宣讲效用，这是作为有神论者阿克顿也无法避而不谈的。阿克顿认为，在现实情境中最终能够通达《易经》之理的道教仪式感，需要被夸张化地加以传导，借以表达其寄载

---

[1] 吴礼敬、韩子奇：《英语世界认识〈易经〉的三个阶段》，载《翻译界》2018 年第 2 期。
[2] 路永照：《道教气论学说研究》，南京大学博士学位论文，2013 年，第 201—202 页。
[3] Harold Acton. *Memoirs of an Aesthete*. London: Methuen, 1948, p. 284.

的神秘力量与洪大声势。

在阿克顿看，道教仪式与密咒无异于公开的魔术。为了突出礼仪性质，道教仪式无疑借助了各种戏剧性的表达方式，使得仪式具有极强的观演性质。通过道家术士的演绎，观众亦能由内而外地感知仪式与密咒中的天道力量。方术与密咒彰显道家信众对自然神的虔诚与仰赖，经由公开施法者传达天道的庄严与玄奥，产生震慑人心的奇效，从而使信众因融入而笃信，并最终拜服于施咒的灵验，进入信仰的晕轮效应。

神秘是美感的重要组成部分，美感的浓烈与韵味等源自美感渐次绽放的过程。在阿克顿看来，道家的符咒与典籍中的文字是美的，但是过分直露夸张的道家仪式则削减了厚重的美感。道教的表演性质取决于其介于统治者与神灵间的传导性，传导的媒介身份决定了道家仪式被皇权委以重用的先决条件，也是它在现世生存与发展的现实途径，即成为君权的表意系统，来认证君为"天子"的合理性，与行使"天子"联通天人、神权暗授的合法性。"被称为皇帝或天子的统治者领导着这一大套祭祀和天象采集体系"，然而在身份上的天人联通，"天子"却无法亲力亲为，需通过修仙者之手进行宏大的祭祀、祷告与天象采集。[1]

对道教咒与术的研究，在阿克顿的时代西方尚乏专著，但鉴于道家文化在文学、哲学、宗教层面对西方文化产生的重要影响，自 1976 年施舟人（Kristofer Schipper）在欧洲的中国研究会议上提倡对道教开展系统性研究以来，道教仪轨得到了充分重视。2004 年，《道藏通考》问世，收录"哲学经典、易经学、医药学、养生学、炼丹术、神话和道教内部奉行的教义"，集欧美道教研究之大成，收录一千四百多种道教经典，将一般流通与内部流通分类呈现，完善了西方学术界对道教的整体认知。[2]

---

〔1〕〔美〕康儒博：《修仙：古代中国的修行与社会记忆》，顾漩译，江苏人民出版社 2019 年版，第 194—195 页。
〔2〕〔日〕丸山宏：《欧洲的道教研究成果〈道藏通考〉的完成及其意义》，载《国外社会科学》2007 年第6 期。

三、道教的生存智慧："无为"与"有为"

阿克顿在北京的宁谧与凶险中，尝试着感悟庄子的逍遥，前者需要的是悦纳，后者则突破了他对道家文化体认的阈限。据阿克顿回忆，战时并非所有人都逃亡了，一些友人由于家累，选择驻守京城，"他们经常来看我，我们比以前更亲近团结了。与中国的时局完全相反，他们表现出前所未有的乐观，几乎对胜利抱有一种神秘的坚信，就像法国沦陷后英国人表现出的那种无理由的坚定"[1]。阿克顿在战时与北大学生陈世骧一起住在恭俭胡同四合院里，战火弥天之际，为了防止陈世骧过度消沉以至于陷于崩溃，阿克顿力劝他读《庄子》，并向他讲述自己对逍遥精神的理解："我笨拙地试图转移他的注意力，他一定认为我无视现实、极端冷酷……我怀疑我如果是他，是不是能践行庄子那样的美德。"[2]庄子提倡的逍遥是潇洒无为的天性，而战事恰恰违背天性。于家于国皆无能为力之际，要做到无动于衷、逍遥自在，作为亲历者又谈何容易？此时的阿克顿设想若是佛罗伦萨遭难，自己也未必能接受庄子之说。

除了在实践中验证自己的道心，阿克顿在文学上也试图经由道家经典与中国文化经典体认庄子逍遥与无为之说。"在中国纸上写字作画的米芾和八大山人可从没画过油画，可是他们一定都了然杨柳依依的朦胧意境，他们一样会读懂，莫奈是一个和他们一样富有想象力的艺术家兄弟。正如庄子曾写道：'野马也，尘埃也，生物之以息相吹也。'即便如此，道以各种不同的方式来表现自己，不计年龄、不论形式，但道就是道，它知道如何恰当地表达自己。"[3]阿克顿意识到，无论是法国印象派画家，还是中国不自称为印象派的印象派艺术家，他们都掌握了一门学问，就是在不同的

---

〔1〕Harold Acton. *Memoirs of an Aesthete*. London: Methuen, 1948, p. 403.
〔2〕Harold Acton. *Memoirs of an Aesthete*. London: Methuen, 1948, p. 336.
〔3〕Harold Acton. *Memoirs of an Aesthete*. London: Methuen, 1948, p. 390.

104

领域、形式与文明背景下，表达相同的极致艺术。逍遥的不仅是艺术家运用艺术的灵感，也是表达艺术的状态，而作为反馈的观者，也同样能从优秀的作品中，接收并沉醉于逍遥的状态——宇宙即尘埃，艺术即逍遥，正如一花一世界，一叶一菩提。觉醒者拈起通达之花，艺术家拈起逍遥之花——经典与现世的相隔，是不隔之隔，是接受与执着的隔，是天性与造作的隔。

援引马克斯·韦伯的观点，中国人普遍拥有一种神秘的处世态度，而道家哲学与隐遁思想就是由这种神秘态度衍生出的行为方式。"只有从现世中隐退的人，才能受到圣人的指引"，"隐士"在中国文化土壤中自带"居家的学者"标签，追求神秘主义、修身延寿，首要的一步就是从世俗脱身，成为"有德才而隐居不愿做官的人"，方可入门径，隐逸观点及神仙形象在庄子论著中大量呈现，即"隐遁者"（Anachorèten）哲学。[1]恬淡的道家修士，旨在远离尘嚣，与大自然静谧地沟通，他们的文笔也清雅脱尘，甚至通过译作也能感受到其"无为"的逍遥旨趣。值得称道的是，梁宗岱用法文翻译的《陶潜诗选》，与阿克顿的唯美主义和以诗译诗的翻译理念恰两相投合。"陶潜明的诗'诗中有画'，梁宗岱又是以诗译诗"，译笔同时也作为画笔，将唯美性、写实性与绘画性都发挥到极致。逍遥之美、无为之趣，尽附笔端。梁译陶诗，将道家雅趣带到法国，成为一时文学界的爱宠，甚至被冠以"中法文学交流史上的扛鼎之作"[2]。

阿克顿在北京大学执教期间还与梁宗岱有过交流。不过，比起梁宗岱唯美诗意的翻译文字，阿克顿感到这个在圣瓦雷里执教的年轻人未免有些少年得志且惺惺作态："梁的语言跳跃性极强，时而英语，时而法语，句中还塞满了俚语，喜欢主动挑起论争……那双橘色的眼睛灼灼放光，竭力想引起我的注意。"在梁宗岱眼中的世界文学圣殿里，仿佛只有法国文学

〔1〕［德］马克斯·韦伯：《儒教与道教》，洪天富译，江苏人民出版社 1995 年版，第 203—204 页。
〔2〕陈庆、仲伟合：《梁宗岱法译〈陶潜诗选〉的绘画性》，载《外语教学》2017 年第 1 期。

堪称丰碑。"这个精力充沛的广东年轻人在巴黎显然受到了宠爱，似乎是
被法国新风尚孕育出的品位，满嘴都是司汤达、拉辛和瓦雷里"，对英国
文学充满轻蔑，让阿克顿不得不为莎士比亚与伊丽莎白时代的文学感到不
平。[1] 阿克顿不明白为何这个激越灵动的年轻人，会被恬淡的陶潜与理智
的瓦雷里所折服。在后来的岁月里，梁宗岱对道家无为与逍遥思想的笃信，
使他在最艰难的岁月里不为五斗米而折腰，别上海辞重庆而归百色，在精
神上"回归自然，放怀宇宙"，返璞归真后，始见"复得返自然"的陶潜
遗风。[2]

　　阿克顿对现实中"有所为"的道教仪轨无法适应，却由衷认同陶渊明
诗所表达的清净道家境界。陶渊明的核心理念即"无为"，因"无为"而
不适樊笼，得逍遥自在重返自然天性，正迎合了阿克顿的纯粹唯美主义理
念。在阿克顿看来，陶渊明的空寂无为，是因为他的道教境界是个人化的
境界，对无为不执相的境界追求："他的理想就是远离尘嚣，与大自然安
静地对话。"[3] 可寄载哲思的田园山水，使得陶渊明出离了尘世，隐遁终南，
拈菊微笑于东篱。但现实中道教的有为，是因为追求教义的群体性生存。
存就要传导存的世相、非执着于表相，而要传达所需的相，存显存相、来
显来相，这一点与佛家思想的"性空"并不违背，且还可经世致用、辅益
儒家，恰是二者融通与智慧之所在。但是，因为阿克顿追求纯粹唯美主义，
所以在他看来，用世的道教演绎形式，已使它从神圣转为神秘、由超脱转
向世俗，不能够迎合他苛刻的审美眼光了。

　　鸦片战争之后，中国被迫打开国门，但中国人对西方新世界的事物，
包含宗教在内，皆未反应过度，而是带着新奇与包容，很好地接受甚至模

---

[1] Harold Acton *Memoirs of an Aesthete*. London: Methuen, 1948, p. 282.
[2] 李剑锋：《陶渊明诗作的法文译介与梁宗岱对陶诗的接受》，载《新疆大学学报（哲学·人文社会科学
版）》2017 年第 4 期。
[3] Harold Acton. *Memoirs of an Aesthete*. London: Methuen, 1948, p. 284.

106

仿，为中西宗教融通提供了开放性文化土壤。法国社会学家、汉学家马塞尔·葛兰言（Marcel Granet，1884—1940）在 1919 年亲历中国的札记中提到，以保守著称的中国人居然能接受西式礼仪乃至男女拥舞，甚至宗教上的挑战他们也近乎全盘接纳，至少能做到不动声色——"一个新主教在大教堂举行就职仪式。几位皇室成员应邀参加盛典……他们丝毫不畏惧与外来信仰接触会被玷污。"〔1〕

阿克顿在 1939 年即以身践行"四教合一"，与冯炳南"五教同化论"异曲同工。他盛赞道家教义的柔软身段，生于乱世，存于乱世，引导治世，协助治世。当他了然道家思想的奥妙之后，他对道教缤纷的咒与术不再简单地持有"述异"的想法，而是深邃地思考道家在中国长存的现实智慧。尤其在阿克顿来到中国的时代，道家的文论与道教的仪轨皆得以在乱世中生存，才是教义的大智慧。探究道教在中国现实社会中得以生存与不断壮大的原因，阿克顿用了一套"组合拳"理论来阐释儒释道三家如何在中国打造为世所用的完整"宗教人格"。

阿克顿认为，儒释道在中国分别扮演了三个不同层面的"宗教人格"，三种性格共同构筑了"三教合一"的中国宗教人格。中国人主张修身、齐家、治国、平天下，恰恰对应了中国完美人格与人生规划的步骤。首先，作为成大业者的第一站，佛教完成了修身前的第一步，即阿克顿所体会到的"性空"，展现了佛家超脱世俗的襟怀，在了然尘俗无所附着之后，便不以依存世事为目的，而建立了"修身"的第一步，即"内外皆空"。其次，当了然佛家"性空"的原理之后，儒家现世的修为便不只为生存，而为存在的目的与使命，即展现最完美的"我在"状态。儒家重视怀仁与修身，内在的修为成为外在笃行的一面镜子，所以儒家所重的礼义是将自我打造成标杆并为世所用的准则，了然"性空"的人自觉地践行"我在"，

---

〔1〕Marcel Granet, *The Religion of the Chinese People*, translated by Maurice Freedman, Oxford: BasilBlackwell, 1975, p. 148.

纵使不了然，直接照着礼仪勤奋修习，七十亦可从心所欲不逾矩。最后，当了然"性空"、完备"修身"之后，道家讲究"证在"的外显，为世所用、应显神通，无论是文论与仪轨，皆讲求灵妙、实证，是最务实的教义，也是最考验"性空"与修身纯粹与否的试金石。佛教主张"性空"，不执着于象；儒家主张施礼，执着的是修身，而非显灵。但是"性空"与"修身"是隐性的修为，而传导真理、表述修为，是理论外化的必然途径，道教就充当了佛教与儒家外化的佐证。在阿克顿看来，儒释道实为中式信仰的"三位一体"，大道相通，正如庄子的"与天和"，"三教合一"就是儒释道三者的"与天和"，既然共生之"命"不可抗拒，就应定性顺命，"静而与阴同德，动而与阳同波"，"从外在必然性的束缚中解脱了出来，超越了内在的主观性力量"，从而不拘泥于形式，得到一种"逍遥无待"的随和之境。[1]

阿克顿对中国的儒释道结合有独到体认，"宗教人格"观点的引入，使他谈及中国宗教文化时，更多立足于文化审美层面，观照"三教合一"现象及儒释道为改良现实生存状态的"用世"之法，而非以一神论武断地以对错区分中西宗教。这使得阿克顿的中西宗教融通观更增了几分人情练达的入世精神。阿克顿对佛理的"性空"思想持赞赏态度，这构成了他对中国宗教审美的基本立足点。儒家执礼，道家守元，而佛家不执不守，不求不问，对现世的儒家成礼与道家培元采取了包容与顺应的态度。中国宗教融三教为世致用与思维成果于一炉，最终凝聚了融通三教、辅助社稷的三足鼎立态势。"三种信仰与崇拜体系，对务实的中国人来说，无异于三重保险，每种宗教都蕴含着精神力量。"[2]

在现代文明打破原发性民族"一族一教"的大趋势下，阿克顿利用"现代民族与宗教的不对位关系"，借鉴中国"三教合一"的融通思维，

---

〔1〕廖同真：《庄子之"与天和"》，载《中国道教》2019年第1期。
〔2〕Harold Acton. *Memoirs of an Aesthete*. London: Methuen, 1948, p. 284.

欣然接受儒释道耶四教融合。他以唯美主义的观照视角，在儒释道耶中各取所长，自觉打破文化壁垒，实现了信仰坚定、游刃有余，四教相融，可入宜入之世、可遁宜遁之时，汇通妙用、融贯西东。

四、战火淬炼：天行有常，循道成长

1939 年 6 月，阿克顿开始收拾行装，他"把珍贵的藏品都留在北京，期待早日回去"[1]。临走之前，阿克顿从一个房间走到另一个房间，来回用目光拂拭每一件藏品，努力记下它们的形状与颜色。虽然归期未卜，阿克顿还是将藏品锁闭于屋中，还在墙根埋了一坛金币，以备回归时若遇物价飞涨，不至于生活无着。

离别的一天终于还是来了，阿克顿轻装归去，岂料送别的场景再度使他难以自持。"去塘沽的火车六点就开了，可令我感激的是，我的中国朋友们一大早就来为我送行。他们的家离火车站都很远，他们起得比鸟儿还早，就为了赶上火车出发的点来送我一程。他们还带来了礼物——新鲜的姜和荔枝、法国白兰地、卷轴、平安符……满满地堆在我身上，我努力地克制自己，结结巴巴地说着谢谢……"[2]战时的离别皆似永诀，眼眶里饱涨着反复冲出的泪水，脑海里回旋着白居易《长恨歌》的"天长地久有时尽，此恨绵绵无绝期"，他登上了日本"友丸号"。伤痛与疲惫让他褪尽衣裳后倒头就睡，引得同舱的日本老太太害羞受窘尖叫不止。途中，他无法自控地一再想起中国，想起北京熟悉的气味和声音，活像一个爱到窒息的痴汉。

被迫离京之后，阿克顿一再申请回中国任职，因不明缘故屡屡被拒。1942 年夏，阿克顿被英国皇家空军公关部派驻到加尔各答附近的孟加拉

---

〔1〕Harold Acton. *More Memoirs of an Aesthete*. London: Methuen, 1970, p. 6.
〔2〕Harold Acton. *More Memoirs of an Aesthete*. London: Methuen, 1970, p. 7.

邦司令部，在情报部门从事档案管理工作。由于加尔各答是盟军与中国间的主要纽带，阿克顿此间遇到了大量中国流亡军人。"虽然中国战事很苦，但是我遇到的多数中国人看起来仍旧泰然自若。五年以来，中国人已经习惯了战争带来的灾难，并习以为常。"拥有虔诚强大信仰的中国人，面对苦难的忍耐力，在战时发挥到了极致。[1]阿克顿急于想回到中国的态度，让所有人都深为不解。一位来自中国的飞行员，直截了当地告知国内战争实情并非报纸上所宣传的一派乐观，真诚劝说阿克顿勿回中国，若想体会中国风情，"加尔各答的唐人街和中餐馆远比重庆好得多、便宜得多"。这位友好的中国飞行员请阿克顿去钱德尼乔克街的中国南方体育俱乐部，还引荐阿克顿认识他的中国同胞，听他们唱中国小曲儿。阿克顿慨叹道："自打离开北京，再也没听到过这个调儿了。"[2]

　　无论战局如何，阿克顿还是想回到北京，战时陪都重庆是他回归北京的跳板——恭俭胡同书香满溢的四合院、西山清幽神圣的墓地、杨厨子的广味北京家常菜、北京的好友、北大的学生和事业、戏园里的胡琴和鼓点……中国的国境线就在不远处向他召唤，他焉忍轻易释手。但较之战时难回北京，更残酷的是，纵使阿克顿冒着生命危险在前线尽职，他却明显感到，自己受到了不明缘故的排挤。"我的上级总是遮遮掩掩，我对时局几乎一无所知，而且我从未被邀请参加任何会议。我不得不从电报杂乱无章的文句中猜测……我有种不被人信任的感觉，很不舒服。后来，我偶然发现一份来自大使馆官员的秘密举报信，让我直面再也无法回到中国的残酷现实。那封信字里行间都满溢侮辱，是对我人格的严重诽谤：文书明确声明我是一位不受欢迎的人，决不允我入中国任职。"[3]虽然阿克顿请律师帮助维权，却无法得到公允的答复，盛怒之下，他向英国皇家空军递交了

---

〔1〕Harold Acton. *More Memoirs of an Aesthete*. London: Methuen, 1970, pp. 111—112.
〔2〕Harold Acton. *More Memoirs of an Aesthete*. London: Methuen, 1970, p. 112.
〔3〕Harold Acton. *More Memoirs of an Aesthete*. London: Methuen, 1970, p. 117.

110

调任申请。有得有失，阿克顿在德里邂逅任中国驻印大使的温源宁——当初请阿克顿进北京大学英文系执教的忘年交，两人快乐地在异国他乡相互陪伴，互诉过往的外交官生活。有一次，一个热情的印度记者了解到阿克顿殷切回归中国的意愿，便将他带到一位出名的孟加拉占卜师那里，并主动做他的翻译。"你将生一场大病，接着还有一趟远行。"[1]命运不幸皆被大师言中，阿克顿不久便大病一场，切除了一个肾，还来了一趟病愈回欧的长途"遣返"。

五、读懂梦蝶："永别"与"共生"

1937年中日战争打响之前，阿克顿曾回欧洲探亲，亲朋故旧从他身上看到了之前从未有过的变化。"我的朋友们坚持说，我看起来已像个彻头彻尾的北京人……但我对他们来说，好像走错了路，摔断了双腿，融入老环境必须一切重新学起。我对在中国工作和发生的事儿尽量避而不谈，他们对中国的小说、戏剧和诗歌半点兴趣也没有。"[2]阿克顿感觉，北京烤鸭的家常滋味已远胜白松露、梨片生火腿、蛋黄酱烤龙虾的佛罗伦萨美食。一天到晚喝绿茶的习惯，使他不再像年轻时那般动辄对着酒杯一饮而尽，朋友们嫌弃他忘了本。虽然父母更疼爱弟弟威廉·阿克顿，但他并不在乎家族财产的继承权，也很爱弟弟，并尊重父母的偏爱。弟弟留在这里陪父母，自己去北京，他暗自决定了。

在佛罗伦萨时，曾有那么一刹那，他看着窗外的日落，面前浅紫色的葡萄酒似乎将心境与景观一道融化了，北京与佛罗伦萨的界限模糊了，去留的心境起了挣扎。"一切都显得神圣而单纯，伴随着最伟大的诗歌和音

[1] Harold Acton. *More Memoirs of an Aesthete*. London: Methuen, 1970, p. 127.

[2] Harold Acton. *More Memoirs of an Aesthete*. London: Methuen, 1970, p. 390.

乐的精髓，它也曾被但丁和蒙特维尔完美地抒发出来。童年时的情感再次
回到我的心头，和我此后经历过的任何一次一样强烈。此刻，我意识到，
在我心目中佛罗伦萨从未失去它的地位。难道我经历了那么多，就只为了
此刻重回人生的起点吗？这个念头引发的悲哀几乎使我瘫倒在地。"[1]但他
很快从佛罗伦萨与北京的心灵拉锯中缓过神来，随之作出了抉择，他要回
到北京去并待在那里。1937年，欧洲与中国同样都充满了山雨欲来风满楼
的战争气息。阿克顿从尘世之美的佛罗伦萨幻影中醒来，北京涵养了他
的灵魂，已成为他精神上的故乡。"佛罗伦萨和北京的天空，似乎都比别
处更蓝。两处都磨砺了我对世界的洞察力，我既属于佛罗伦萨，更属于
北京。"[2]

　　戏剧性的是，五年后同样一个酷热的夏天，负伤的阿克顿独自躺在印
度马苏里的一张病床上。有一天，在爱尔兰神父的弥撒中，某种在中国期
间他熟悉的感觉再次飘然而至。"在这些日子里，所有事情都变得微不足
道，充满了象征意味。它们像双双蝶羽，轻轻颤抖着，纷然向我飘落，仿
佛来自远方的友人向我飞来，向我问讯，向我诉说。我记得庄子做的那个
梦，梦见自己变成了一只蝴蝶。他不知道自己当时是个人，他只是梦见自
己变成了蝴蝶；而他作为一只蝴蝶，亦可梦见自己变成一个人——我感觉
到一种纯粹而独立的思想状态。"[3]

　　无计返京、失去健康，且几乎与世隔绝的阿克顿，在无所可执着时才
开始真正地理解《庄子》的精髓：独立与生俱来，纯粹源自释然。1945年，
威廉·阿克顿因摆脱不了战争阴影在伦敦自杀。作为家中长子，阿克顿回
到佛罗伦萨，继承家业与爵位，奉养母亲，直至1994年去世，再也没能回
到魂牵梦萦的恭俭胡同四合院。但阿克顿内心对精神故乡的认同与皈依，

---

〔1〕Harold Acton. *Memoirs of an Aesthete*. London: Methuen, 1948, p. 384.
〔2〕Harold Acton. *Memoirs of an Aesthete*. London: Methuen, 1948, p. 384.
〔3〕Harold Acton. *More Memoirs of an Aesthete*. London: Methuen, 1970, p. 130.

让他在终其一生的"离乡"中，恒久地活在唯美的"中国梦"里，亦道亦佛，亦仙亦幻，徜徉于世俗、超然于尘外，逍遥自适、有乐无哀。

第四节 唯美精神驿站：阿克顿的入世隐遁观

阿克顿自幼心怀唯美主义文化思想，向往和平却饱受第一次世界大战阴影的折磨。中国之行激发起他灵魂深处涌动的中国文化血脉，使他终生将北京视为"第二故乡"。阿克顿在北河沿恭俭胡同四合院定居，入职北大英文系，结交中国友人，参与汉学研究计划，学中国话，吃中国菜，收藏中国文物，听中国戏，临摹中国字画，潜心儒释道……甚至还在西山佛寺边买好了坟地。1937 年北京沦陷，他反安隐书斋，扎实做起中国文学系列研究，并打算终生从事汉学事业。但 1939 年，阿克顿被迫离开中国，打算战争结束返京，岂料"返乡"之旅再未能成行。

20 世纪 30 年代阿克顿眼中的中国，与其历史形象有鲜明对照。阿克顿能于中国圆梦，与其纯粹唯美主义文化思想的辩证性有关。阿克顿中西宗教与文化融通的精神生态，是不断在汲取中壮大的鲜活精神生命体，且基于其唯美主义特性。由此，他的精神生态得以经受异质文化碰撞的考验，形成具有自恰性的辩证融通思想。纵使阿克顿精通小说、散文、诗歌写作，还在汉学研究与中国经典作品翻译上展现出独树一帜的风格，但学界对阿克顿的评价更多基于其史学与汉学成就，将其定位为一名史学家、翻译家。主张"一手写诗歌，一手写历史"的阿克顿，其文化思想与汉学理论形成了辩证性的精神生态。对其精神生态的分析有助于解构其唯美主义文化思想的内涵及其"中国情结"，了解这位 20 世纪 20 年代牛津文学的无冕之王、"牛津学人中风头最健者"，缘何身为隐遁者不辩，反自得尘寰中。

一、阿克顿唯美主义的辩证性与自洽性

阿克顿自称"爱美家"，其文化理想在中国得以梦圆，其自传性纪实小说《牡丹与马驹》即是唯美主义与浓郁中国情结的合璧。阿克顿通过唯美主义的诗性壮游，融通了中西信仰体系，构筑了具有辩证性的唯美主义精神家园，次第消解了被遗忘的失落。

家园意识与游牧精神的兼备，构成了阿克顿唯美主义辩证精神生态的家园观。但阿克顿的唯美主义并不执着，他在一处便怀恋一处，每到一所新居，都刻意以彼得拉庄园的唯美标准打造现实家园，虽然风格各异，但皆遵循其对精神家园的建构标准。他的家园需要更丰沛的精神营养，阅历与探险、未知的世界能激发他将当下的唯美家园进行升级。从这个意义上来说，他是一个将家园意识携带于身的精神游牧者，只往水草丰美处安居，敢于从现实的家园中"出走"，最终在游牧中达到家园与唯美的自洽交融。年少时，他将佛罗伦萨的彼得拉庄园视为终身的灵魂皈依之所；但正值年少的他来到夏威夷的彼得拉庄园时，又在另一处火热奔放的唯美家园中放逸身心；牛津大学坎特伯雷方庭的基督教堂中的寓所，不仅成为阿克顿学生时代的唯美栖身之所，也给阿克顿众多牛津学友留下了深刻的印象；北京的恭俭胡同四合院，泳池澄澈，草坪碧绿，满廊黄鹂声不绝于耳，中西字画古玩令人眼花缭乱，午后的沙龙中，络绎不绝的中西访客们，在西式下午茶和中式餐点中乐不知返，品评文艺，漫谈中西……

务实笃行与放怀唯美并存，形成了阿克顿唯美主义辩证精神生态的用世角度。阿克顿未因贵族"特权"而纵容自己错过任何一次现实世界的规训。他以世俗的模板为遵循现实的依据，从小接受了贵族家庭标配的严苛教育，为父母的"外交官"预期苦学多种语言，克服陌生感，使自己成为父母眼中的交际达人，派头十足地经营在其位应有的"范儿"，但在介入

现实的过程中，他从未放弃与现实共存及对唯美主义生活模式的追求。阿克顿在务实与任性中，成功地玩了回"金蝉脱壳"：在潜意识层面追求自由天性的阿克顿，甚至通过刻意练习养成口吃的习惯，若非对其极度熟悉的好友，谁也分不清他的结巴是真是假。

英国文学家、外交家、阿克顿的牛津学友克里斯托弗·塞克斯怀疑，阿克顿的口吃极可能是他有意装出来的。阿克顿的牛津友人、作家伊夫林·沃在小说《故园风雨后》中也提到过这个细节——以阿克顿为蓝本的主人公安东尼·布兰奇在大醉或者极度专注时，口吃的情况反而会消失。有趣的是，阿克顿终生挚友理查德·特纳早就存此怀疑。口吃固然给阿克顿的交谈带来了标志性的特点，但这一习惯也给他带来了困扰。他在回忆录中不无沮丧地提及，虽然父母都希望自己能够从事外交工作，但他还是没能让父母满意，"要不是因为我的口吃，我将会成为一位出色的外交大使"[1]。但阿克顿只想成为一名诗人，出色的口才会不可避免地使他走上外交之路，他扮口吃而成"真口吃"，在父母处获得"免外交官"大赦，而其交游圈却丝毫没有因口吃而变小。

阿克顿在伊顿公学时期，从高年级的同学处借阅了唯美主义大师奥斯卡·王尔德的《道林·格雷的画像》，深为其唯美主义的艺术感折服。"一个十七岁的美国少年对我的习作颇感兴趣，我就是从他那里借来了萧伯纳的剧本和奥斯卡·王尔德的作品，读得如饥似渴。或许十二岁是阅读《道林·格雷的画像》的最佳年龄，那本书美得就像颗正当其时的草莓。我确实经由这部作品，培养了自身未及成熟的兴趣，即朦胧与驳杂的阅读偏好，而这是我在威克斯福德学校读不到的。"[2]此后他结识了唯美主义的启蒙导

〔1〕Harold Acton. *Memoirs of an Aesthete*. London: Methuen, 1948, p. 109.
〔2〕威克斯福德学校，即 Wixenford，成立于 1869 年，是伊顿公学的一所附属学校，阿克顿与弟弟威廉·阿克顿曾在此就读。但阿克顿在回忆录中提及："对这所学校非常厌恶，纵使那儿环境十分优美，且他的贵族身份可让他在威克斯福德享受特殊待遇。"Harold Acton. *Memoirs of an Aesthete*. London: Methuen, 1948, p. 55.

师奥尔德斯·赫胥黎，开启了唯美主义创作之路。

　　在赫胥黎的培养下，阿克顿接受了17世纪英国玄学诗人多恩等人的唯美主义熏陶，摆脱了20世纪现代主义诗歌的原生文化滋养，产生了与同时代诗人气质迥异的审美追求与文学造诣。阿克顿是精神上的通达者，他不与现实的流派、思潮对抗，而是在不断磨砺自身唯美主义的锋刃后，将它们都纳入囊中，作为证明或反证唯美主义思想的注脚。阿克顿是戴着镣铐跳舞的精神勇士，他面对时代给予他的冷落，保持着未来必将属于爱美之人的坚定信念。他不改志、不附庸、不迟疑、不落寞，甚至在受到质疑、否定与边缘化的同时，仍旧以坚定的步履，通过学术与创作的各个维度，走在他实践唯美主义的路径中。

　　隐忍守拙与陶然忘机的共生，营造了阿克顿相互并举且互为显隐的唯美主义辩证精神生态的处世方略。阿克顿的处世方略既天真又世故，天真在于他毫无顾忌地表达自己对美的欣赏。他概念中的唯美主义，既包括意大利的不朽历史与唯美浪漫的彼得拉庄园，多恩的诗句、王尔德的语汇、艾略特的现代诗，佛门梵音、儒家礼乐，也包括富有美感的中式生活方式和西式鸡尾酒会。他的精进与享乐是同时进行的。在寻美的旅途中，他一连病倒在路上几个月，吃着不知名的中国草药，感受着异国怀乡的旅思，一面又以隐忍的态度，带着一路不适与一腔新奇，继续寻觅带着唯美光辉的异国事物。纵使在战争期间，阿克顿蹲守在北京的四合院里，物资吃紧，炮火连天，随时有魂归异乡、身首异处的危险，且在举荐人温源宁南下之后，胡适一时间将他的课削成了一周一节，但阿克顿还是过得乐开了花。京城有美居恭俭胡同四合院，有志同道合的中西友人朝夕相处、品评文学、共商文事，有一路相伴的广东杨厨子变着法儿为他做北京风味的广东菜，北大的学生们还冒着战时的危险来家里为他过生日、陪他聊天。阿克顿在北京文化圈中如鱼得水，艰难的世事与炎凉的世情皆为不美，不美的事物对以美为尊、唯美入眼者无任何负面影响。

116

　　笃行专奉与高吟并开的相得益彰，打造了阿克顿入世随顺与隐遁守一的唯美主义辩证精神生态的成就路径。阿克顿在贵族世家成长，因长子与继承人的身份，天生就承载着荣耀家族、通晓礼法的世俗使命，且自幼缺乏父母之爱，并非不谙世事的"小天真"，他的天真只因天性如此。阿克顿从小接受父母的培育，接待来彼得拉庄园的各国游客，其中不乏皇族贵胄、文化名流、政客商贾。阿克顿的健谈与沟通能力，使他在任何群体前都能游刃有余、优雅自在地畅谈应答。融洽只是态度，阿克顿在积极参与世事与人情的过程中，总能优雅地保留自己的精神世界与唯美做派。

　　在京期间，阿克顿计划翻译中国文学中最富有唯美精神的作品，但计划抵不过规划，北京大学开展的中国文学西译规划早已有既定目标。作为参与者，阿克顿学会了在计划内践行自己的理想，既不与主办方对抗，又在具体落实环节巧妙地使用自己作为主编所拥有的甄选权利，并力求唯美主义地进行文本翻译。"信、达、雅"对阿克顿而言只是粗浅的要求，他的目标是用诗一般的语言与技巧，将原诗在母语语境下传达的效果，用译语在译语语境下也能达到同样的效果。除了语言美，还要还原异域感与历史感，使得富有唯美主义色彩的"中国味"与中国古韵能经由译笔，穿透性地传达给目的语读者。阿克顿的学术自信，不仅使他向英语世界呈现了第一部英译中国新诗，还使中国新诗中最富有唯美精神和"中国味"的诗篇，以唯美的语言传递给喜欢中国白话新诗的西方读者。

二、阿克顿的唯美主义精神生态

　　阿克顿初为避战来到中国，但接触到北京的人文气息之后，再也无法离开，遂将个人唯美主义精神世界融入中国文化系统。阿克顿不仅在北京找到了"第二故乡"，还将中国的宗教融入自身信仰体系，将精神生态进行了去自我化的反观，放下了一神论与西方文化优越的执念，走入了物我

两忘、中西不分的 "世界家园"。阿克顿指出："艺术是一面镜子，可以
扩展、反射向各个层面，在转瞬与永恒中驻足……让我以作为一名唯美主
义者而自豪吧！我是一名真正意义上的唯美主义者。"[1]阿克顿以唯美主义
者自居，并带着这一人生信条在不同的地域进行验证，其中最有代表性的
就是阿克顿的纯粹唯美主义与中国儒释道文化的融合。在儒释道三家中，
阿克顿的偏好围绕着精神力量与唯美体认展开，在思想、形式的层面，加
深了对信仰精神生态的认知。

　　在阿克顿的唯美主义辞典中，与其将 "唯美主义"以 "唯美"命名，
不如称为 "爱美主义"更为恰当。需由爱美之人充当唯美主义者，才可将
以灵动形态呈现的唯美之物尽悉纳入唯美主义的理论注脚中。阿克顿选择
唯美主义的根源在于，他诞生于一个唯美之家。身处意大利佛罗伦萨的彼
得拉庄园，以阿克顿的说法，他无需走遍天下，就可以轻易觅得美。阿克
顿的唯美主义思想，源起于儿时父母对他的唯美教育，萌发于他在伊顿公
学初涉诗歌创作的时期，成形于他就读牛津大学时集诗歌、小说、散文、
历史学创作于一体的成就爆发期，深化于其旅居中国期间的汉学思想与成
就兴盛期。他以终生践行 "爱美"的自我承诺，使得今人回想起唯美主义，
除了王尔德的奇谲轶事和瑰丽文笔，更有阿克顿的文化贵族 "范儿"和唯
美著作 "群落"。

　　阿克顿以美为尊、以美为根的理念，构筑起他的天真浪漫情怀。但世
道不平与屡经战火，也使他明白了世间不可能有 "唯美"之美，纯粹的唯
美是由寻觅并定义美的理论实践者在现实与理想的博弈中协调出的。阿克
顿将爱美天性融汇于寻美之旅，借强者哲学对现实的无条件接受，随机调
节自身的唯美主义与周边环境之间的匹配度，反而在现实的 "一地鸡毛"
下发现了可怡然自得的 "自在壶天"。在与现实并行的精神世界里，他也

---

[1] Harold Acton. *Memoirs of an Aesthete*. London: Methuen, 1948, p. 2.

118

同时建构了一个自在世界，这个世界的名称就是"美"。

等到了北京，阿克顿则把"装修"风格与唯美气派带到了恭俭胡同里的四合院和北京大学英文系的课堂与讲座中。他就像一只背着唯美之壳的蜗牛，带着唯美的氛围四处游走。这也使得他每离开一地，面对自己经营的唯美之家总是万分难舍。故居彼得拉庄园定格了他对唯美家园的记忆；从牛津毕业之后他仍旧留着自己的寓所不忍转租；而在因战争所迫不得不搬离北京恭俭胡同后，身在欧洲的他却还年复一年地交着四合院的房租，期待战后可以再次回到"第二故乡"。当接触到佛法以"无"为要旨的理念时，他不再以建构现实中的唯美家园为求美的唯一途径，而是开启了对中国人审美智慧的思索与求证过程。

阿克顿自称"对中国的一切实在是太迷醉，以至于无法好好地描绘她。这看起来仿佛是对所爱之国的背叛，但真实的原因在于，她太博大了，三言两语不仅说不完，还是对博大的怠慢"[1]。他享受着在恭俭胡同庭院的树下悠哉喝绿茶的感觉，沉醉于中国的古诗与古韵。他对象征中国儒家风范的金鱼怀有超乎寻常的热情，那种宁谧而高贵传递着某种精神能量，使他在与鱼群缓缓地擦身而过中，就被点染了类似的文化基因。中国与金鱼，古老而神秘的精神贵族，一个是相，一个是镜，它们总在互相见证、一体两面中悄然并肩，若即若离、如梦似幻，却又永不分行。阿克顿的唯美主义中国情结，经由对中国文化与礼仪的修习与实践得到了个性化的演绎。阿克顿唯美主义中国观结合了观察和审视、品味与反思，既有先入为主的中国印象，又有后天油然而生的"故土"情结。

北京与佛教，是让阿克顿建立纯粹唯美主义与具有"启示性、神秘感、忏悔意识"佛教思维相联接的重要关卡，二者瞬间融合，使初入中国的阿克顿迅速建立起他与中国佛教间的精神纽带，游历过程中的感知成了直接

---

[1] Harold Acton. *Peonies and Ponies*. London: Oxford University Press, 1941, p. 77.

触发点。在儒释道三家中，阿克顿最欣赏佛教的超脱，其以"空"为宗旨的法性认同，相较于西方信仰以"有"为目标的宗教要旨，不仅适应性与传播性更强，而且所表达的义理要更为深邃。

阿克顿虽赞赏佛教，但对出家修持仍抱有保留态度，遂选择在家修习，并在反映北京生活的小说《牡丹与马驹》中，以主人公菲利浦·弗劳尔通过修习佛教体悟出离生死、遁世皈依的故事，影射自己对佛教的体悟。阿克顿借菲利浦的战时经历，还原了 1937 年至 1939 年间在北京研修佛教的心路历程。"他需要数年时间，才能达到启蒙阶段，一路步履蹒跚地躬行往涅槃的方向；但好在，他可与敦先生结伴，虔诚诵读《妙法莲华经》和《金刚经》，遁出这个活生生的'炼狱'。"书中记录了他被佛光普照时刻的欢喜情形："带着发现智慧的喜悦研究佛经，他听不见头顶飞机的轰鸣，也忘记在战火中残损的城市，也不再关注《北平星报》上那些令人沮丧的新闻标题。"[1]菲利浦诵读梵文经书时，并不完全明白"性空是真实，所见是虚妄"，"真实的光芒不知从何而来，既在心里，也可感知，真实而醇美，宁静而永恒"。[2]既得满心光明，世间万象百态，从此再与他无关。

阿克顿意识到，中国是个儒释道并驾齐驱的国度，三家并行不悖，共同构成了中国人修心的信仰内核。本着求同存异的理念，纵一时面临战乱贫弱的国情也能使信众安贫乐道、静以修身。阿克顿在小说《牡丹与马驹》中，借修行者敦先生之口表达了自己的看法："儒释道三者互不排斥，其立足点不同，但指向同一个源头：一个完美的中国人格。"[3]阿克顿认为，中华民族是非常依赖精神力量而生存发展的民族。"三种信仰和崇拜体系，对务实的中国人来说，就等同于三重保障，每一种都可以寄托且储备精神

---

[1] Harold Acton. *Peonies and Ponies*. London: Oxford University Press, 1941, p. 309.

[2] Harold Acton. *Peonies and Ponies*. London: Oxford University Press, 1941, p. 340.

[3] Harold Acton. *Peonies and Ponies*. London: Oxford University Press, 1941, p. 308.

120

力量。"〔1〕三者起到了良性的互补作用，不执着于祝福的来源与形式，祝福叠加不仅代表了乐观通达的民族心理，而且对祝福寄载形式的宽容是中国人在实际中践行"性空"佛理的大智慧。

基于东西文化融合的人文立场，阿克顿立足于个人对中国儒家礼仪的理解，以纪行文体，对近百年前的中国儒家礼仪进行客观呈现。在 20 世纪 30 年代，阿克顿在对儒家礼仪的亲身体认中，既作为一位西方贵族文化学者对中国儒士精神饱含敬慕，亦身为一位唯美主义践行者对 20 世纪 30 年代儒家礼仪在中国的呈相进行冷静观照。阿克顿将贵族精神、学院风范、唯美主义、宗教汇通，皆融于对"最后的儒士"的自我精神与表意建设中，自觉打破东西方文化屏障，对儒家礼仪进行富有唯美主义特色的异质文化表意重构。阿克顿经由对儒家仪礼的实践与体认，形成了独具特色的"爱美家"儒士风格，既圆了他的"中国梦"，也在百年儒家精神中为其唯美主义思想汲取了中国仪式注脚。

对于中国儒家礼仪，阿克顿深为其仪式所折服，认为崇尚儒学者承袭了最优雅的文化血脉。阿克顿虽身处儒家思想被激烈抵制的时期，但客观观察使他明白，作为中国礼治表现形态的儒家礼仪仍在有意识与无意识中被忠实践行，所以纵使"随着革命（此处指中国的新文化运动）的进行，年轻一代中国人开始反抗儒家思想……但儒家伦理仍然是中国人的现实行动指南。千百年来，圣人一直在传授良好的礼仪与道德，即使那些在贬斥'封建思想'的人，也遵循本能在演绎儒家传统"〔2〕。

但在阿克顿所看到的卢沟桥事变后的中国乱象中，礼仪的"光复"，既非发起者所欲，亦非实施者所欲，前者为的是消除孙中山的政治影响，进行殖民主义文化怀柔政策，后者则是逢迎侵略者、委曲求生的无奈之举。

---

〔1〕Harold Acton. *Memoirs of an Aesthete.* London: Methuen, 1948, p. 284.
〔2〕Harold Acton. *Memoirs of an Aesthete*, London: Methuen, 1948, p. 284.

此时的礼仪，已经完全背离了礼仪本质，变成了一场空虚无聊的闹剧。阿
克顿并不因个人情感因素偏袒或贬抑这场闹剧中的任何一方，他从攻伐双
方简单的正义与非正义的文化立场抽离，站在纯粹唯美的角度，审视对象
是否迎合审美标准。阿克顿所向往的儒家文化，是思想与形式合一的完美
礼乐制度，是纯粹唯美主义在不同场域中的外化与现实情境中的佐证。

　　阿克顿客观地审视儒家学说，敏锐地指出孔子儒家学说的关键，即与
纯粹唯美主义的现实意义相对应的点——和谐与艺术。阿克顿的纯粹唯美
主义，先于他对儒家的认知而形成，他借助孔子的儒学作为佐证其学说的
重要论据。阿克顿在论证时将不为西方人所熟悉的《论语》的地位，先抬
到较《圣经》地位更高的夸张程度上来。接下来，阿克顿并未贬斥《圣
经》，而是终止了对《圣经》的论述，以"人性即是上帝"来承接儒家与
基督教的差异性与相通性，即儒家大智慧中已蕴含基督教的理论精神。但
是，具体的死生问题并非《论语》所主导涉及的理论方向，"未知生，焉
知死"，因此先以礼规范生存范畴内的言行，是安天下、利百姓所迫近的
事。孔子以礼仪教化世人，注重用儒家伦理指导现实生活，为君主传授治
国兴邦为政之道，为百姓灌输平和优雅的生活理念。儒家思想迎合了阿克
顿以纯粹唯美主义拯救世界的观念，即保持以和谐、和平为基准的生存状
态，以礼乐诗书等纯粹唯美的形式作为辅益君主、教化子民的现实手段。

　　儒家文化的精神血脉与表现形式迎合了阿克顿的唯美主义范式，因此
他在中国期间放下一切偏见与禁忌，决心从精神上"继承"儒家的文化血
脉，把自己活成一个彻底的中国儒士。儒士的精神气质与社会地位，最接
近阿克顿的西方文化身份。成为一名中国儒士，不仅不会摒弃阿克顿自带
的世袭贵族与学术精英身份，而且在中国文化的层面上，是对西方文化贵
族身份的多一重认同。

　　因此，阿克顿修习儒家文化，与其说是对儒家文化的认同，不如说是
阿克顿在儒释道三家中，找到了最符合自我的教义形式。在打算定居中国

122

后，他希望能通过儒家的引渡，将在西方的文化身份平行地过渡到中国来，通过儒家文化使自己成为中国的文化贵族，承袭西方的文化身份与中国的文化血脉。

阿克顿自发地跨越了汉学家在面对异质文化时所产生的文学比较与文本研究的常规动作，立足于唯美主义文学创作者与理论发展者的视野，将异域文化场域化作自身理论验证与文学素材的源地。阿克顿唯美主义思想的辩证性推演过程，为唯美主义的演绎模式提供了无穷丰富的注脚。阿克顿内观自在、外显平和的融通气质，符合了中国仕人的"穷则独善其身，达则兼济天下"的圣哲思想，也流溢着精英贵族的雍容风范。阿克顿的唯美主义思想，于乱世中彰显平和，于尘俗中犹见卓越，将20世纪初牛津学人的精英思维，自觉地通过调研与实践过程扩展到专业学科的研究范围之外，走下庙堂，走出书本，活用为构建精神生态的能力。

阿克顿适应现实的生活模式、融汇异质文化因子的精神生态建构，从斯多葛哲学视角重新思索人类精神世界的运行方式，从而将唯美主义精神的维度拓展到"从心所欲"、可先验的辩证模态，增强了人类思维层面的韧性，拓展了它的维度。阿克顿锻造唯美主义精神生态系统的实践，不仅使其精神世界在战乱时期得到了圆满，而且为人类和平共生提供了可供参考的精神模式。阿克顿的纯粹唯美主义宗教融通思想，是值得借鉴的人类智慧蓝本。其精神生态系统的纯粹性与辩证性，值得每一个追求唯美与完善的文明体系借鉴。

第三章　阿克顿的中国诗歌翻译

第一节　新诗翻译：中国新诗英译第一人的眼界与译述

一、创新：阿克顿的中国现代文学印象

　　阿克顿对中国现代文学的评价，来自于其所亲历的新文学运动实践、阅读的新文学成果、参与的新文学翻译与研究工作。他所定位的中国现代文学精神，是基于新时代的新语言与新素材，成于新作者之手的创新成果。阿克顿将西方现代文学与传统中国文学同时作为衡量中国现代文学成就的标尺，得出了在唯美中求新形态、在传统中求新风格的结论。同时，以客观历史视角，在与西方文化的对比中观照陈独秀与胡适的新文学思想与实践。阿克顿以细节还原的笔法，对鲁迅、周作人、郭沫若、郁达夫等现代文学重要作家展开评论，展示以个人视角为出发点的中国现代文学观，为中国现代文学史提交了一份来自西方唯美主义者的答卷。

　　阿克顿认为："东西方乘坐的是同一条文明之船，但若想会会中国乘客，当下却迎来了新一重语言阻隔——没有一位汉学家能站出来充当中国现代文学的翻译。"[1]1932 年他来到北京即想探究中国文学界究竟发生了

---

[1] Harold Acton. "The Creative Spirit in Modern Chinese Literature". *T'ien Hsia Monthly*, Vol. I. No. 4. November 1935, p. 375.

124

什么，"传统汉学家只会郁闷地说，中国文学'缺乏真正的创新精神'"。1935 年时的阿克顿不仅专注翻译中国新文学，还掌握了大量汉语口语。他在北京大学英文系当了三年教师，阅读了大量中国现代文学作品，甚至接触了作家本人，不需请悲观的汉学家替他解说中国文学界究竟发生了什么。相反，他能以亲身经历，向西方学界与英语读者带去来自中国现代文学的精神。

在 1935 年 11 月第 1 卷第 4 期的《天下》月刊上，阿克顿发表了《中国现代文学的创新精神》("The Creative Spirit in Modern Chinese Literature")，这是一篇立足西方唯美主义者与现代主义者视角的评论文章。阿克顿写作这篇文章时已在中国浸染了将近三年的新文学气息，他对三年前听到的答案进行了反驳，"没有什么比这一论断更偏离中国现代文学的精神了"。虽然阿克顿在品鉴中国文学时，始终将古典文学的辉煌成就作为难以逾越的高峰，但他还是反对忽视新生的现代文学。"我们中的许多人并不关注永生，我们急切地想要知道当代中国作家的所思所感。"[1]阿克顿作为牛津学术核心圈的精锐，既惊叹于中国广博的文化历史，更好奇当下所发生的文学变革及其所衍生的现代文学。

阿克顿对中国现代文学的判断基点在于其是否真的具有创新性与创新成果，并以"创新"概括中国现代文学的精神气质。中国现代文学之创新并非温故而知新，而是从文字到形式的全面创新，以至创造出民国时期新文学竞相绽放的奇观。用"创新"二字形容 1935 年中国现代文学的精神，至今回溯仍恰如其分。更为可贵的是，阿克顿敏锐地捕捉到新文学创新的理论与实践并非来自同一批文学家与思想家，更多的创新精神与作品产生于以实践创新的文学探索者，而非引发新文学运动的倡导者。这一结论确

---

[1] Harold Acton. "The Creative Spirit in Modern Chinese Literature". *T'ien Hsia Monthly*, Vol. I. No. 4. November 1935, p. 374.

实契合了中国现代文学的发展状况。

　　"中国现代文学的历程已然开启，但汉语却仍不为大多数西方人所知。汉语依托于华丽且艰涩的符号系统，成为无数专家学者眼中难啃的骨头。"[1]在阿克顿的时代，西方汉学家对传统中国文学语言仍不甚熟稔时，中国文学已伴随新文学运动产生激变。当时的老派汉学家多秉持着"对死者要比生者更有信心"的传统思维，更有甚者，将新生的现代文学视为鄙陋，直言"现代文学充斥着灰尘、烟雾和喧嚣，与纯净、肃穆而不朽的中国文风迥然不同"。[2]但阿克顿来到中国时，并未将自己定位为汉学家，因此他并无意延袭传统汉学的路径，在欣赏传统文学之余，对新作家与新文学也有信心。

　　阿克顿的直觉提醒他，中国现代文学乃是时代激变与文学发展共同促成的文化现象，并非昙花一现，其后有深邃的历史渊源与文化碰撞所致的新生机。而对新文学的关注与研究，必将定格一个时代的文学成就。因此，阿克顿在三年的中国执教生活之后，总结了中国现代文学在语言、作者、素材与精神上的特征，生成了一份西方人眼中的中国现代文学实践报告，而关键词恰是"创新"二字。《中国现代文学的创新精神》融合了阿克顿对中国现代文学的体会，对中国新文学运动、新文人、新文学、新思想的评价。经由阿克顿此文，研究者既能以文化"他者"视角重观新文学的另一张面孔，又可基于阿克顿的唯美主义文化思想，探索中国现代文学中源于传统古典文学与西方文学的唯美因素。

　　阿克顿已觉察出中国现代文学的创新主要体现为语言革命。

　　首先，在中国文学语言自身的质变上，"我们怀疑不仅现代文学作家

---

[1] Harold Acton. "The Creative Spirit in Modern Chinese Literature". *T'ien Hsia Monthly*, Vol. I. No. 4. November 1935, p. 374.

[2] Harold Acton. "The Creative Spirit in Modern Chinese Literature". *T'ien Hsia Monthly*, Vol. I. No. 4. November 1935, p. 374.

对某些词语与节奏的反应发生了变化，而且新知识与新环境迫使他们用旧语言根本无法表达的方式去思考与感受"[1]。阿克顿觉察到新文学所处的文化环境与倡导的白话文，将处于传统文学教育背景的作家抛入了文学创新的激流中。语言的变革掀起探索新文学写作范式的浪潮。虽然白话源于通俗口语，但由于新文学运动主张以白话取代文言，无疑将历代中国文学的基石——语言进行了置换。因此，阿克顿认为，新文学与旧文学对立的根本原因在于语言的变革，以至于二者之间无法形成相互借鉴的通道。而如何运用通俗口语，迅速建构实用通行乃至具有唯美主义气质的中国现代文学，成为这一代文学家创新的最艰巨挑战。

其次，从西方文学的影响方面看，阿克顿所接触的中国现代文学正处于新文学运动的实践繁盛期与中西文化碰撞互鉴的黄金时期。不甘贫弱落后的中国现代文学实践者，深谙旧文学无法普及于民众且无法便捷地引进西方文学与科技思潮。因此，中国现代文学的创作路径，从一开始就携带了中西文明交融的愿景，且在海内外同步进行。较之传统的旧文学，现代文学的传播速度和与西方文学的交融程度是惊人的。1933 年，胡适在芝加哥大学讲座时，概述了白话文运动的发展历程并发表了《中国的文艺复兴》（ *The Chinese Renaissance* ）。阿克顿指出，白话文运动自身就代表着一种非常务实的创新精神，将口头语言与西方文明一并融入文学实践，并再通过文本调适受众的阅读与审美习惯。[2]

阿克顿以他的见闻回溯中国现代文学史："攻击和论争最高涨的时期约在 1917—1920 年间，其间发生的事情十分激动人心，知识界的气氛充满活力"，基于新旧文学的不同立场，"中国分成了不同的文学派系"。阿克

〔1〕Harold Acton. "The Creative Spirit in Modern Chinese Literature". *T'ien Hsia Monthly*, Vol. I. No. 4. November 1935, p. 374.

〔2〕Harold Acton. "The Creative Spirit in Modern Chinese Literature". *T'ien Hsia Monthly*, Vol. I. No. 4. November 1935, p. 375.

顿认为一些过激的反传统行为已走向极端，部分激进学者在没想好新文学如何落脚之前，就以完全否定的方式将旧文学弃置不用，"爆炸性"的言论并不足以解决新文学探索的实际问题。

阿克顿重点围绕这场运动的行动领袖陈独秀与理论领袖胡适的言论及其创作发表评论。他并不否认陈独秀的激情，但怀疑这位言论激进的白话文领袖是否也能成功地使改良旧文学的观念深入人心。阿克顿通过冷静观察与历史研究，提出陈独秀在《新青年》上发表的"三大主义"和"爆炸性"言论中，"许多'创新观念'都是老一套，有些都已经老得过时。在19世纪20年代，教育部就已规定小学前两个年级的教科书必须用白话文书写"。阿克顿面对陈独秀这位"歇斯底里"的白话文运动干将，不无揶揄地化用了一名意大利俚语隔空"提醒"陈独秀：中国真正的"白话文先驱者如今都已步入中年，他们推广白话文所取得的成就，都足以使今天的他们在功劳簿上躺平了，而陈先生对这些改良好像事先并不知道"[1]。

阿克顿曾引述胡适在留学日记中所做"不苟同于流俗，不随波逐流，不人云亦云"[2]的自评，尽管也附和"胡博士的尝试体是白话新诗的首批作品，令人耳目一新"，然而也例举了胡适的诗《两只蝴蝶》，提出"其中甚至包括对朗费罗（Longfellow）原诗精益求精的'改编'"这一足令作者尴尬的"原创"反驳论据[3]。阿克顿对胡适的印象是，言语与做派十分新潮，处处显示出与国际接轨的实迹，且在推广白话文方面成果卓绝，但其新诗风格老旧，除用语尝新之外毫无新处，"只是对古老的格律诗进行表面的'现代化'"[4]。阿克顿并不将尝试的失败归咎于个人，因为向西

〔1〕Harold Acton. "The Creative Spirit in Modern Chinese Literature". *T'ien Hsia Monthly*, Vol. I. No. 4. November 1935, p. 376.

〔2〕胡适：《胡适留学日记》（下），安徽教育出版社 2007 年版，第 43 页。

〔3〕Harold Acton. "The Creative Spirit in Modern Chinese Literature". *T'ien Hsia Monthly*, Vol. I. No. 4. November 1935, p. 377.

〔4〕Harold Acton. "The Creative Spirit in Modern Chinese Literature". *T'ien Hsia Monthly*, Vol. I. No. 4. November 1935, p. 377.

128

方"借鉴"诗歌与无法摆脱传统文学窠臼在现代文学探索中实属难免。他将胡适的创作在理论与实践上落差极大的原因，归结为"在新文学运动之始，作家们难以从一种强大而迷人的文学传统中摆脱出来"，算是为艰难探索中无法速入佳境的尝试者们留足了面子。

相较于理论界的喧嚣扰攘，"在远离流行文学风潮与浮夸歇斯底里的文学界，有些创新精神最卓越的人"，在他们的探索成果里，"并不缺乏新诗与新小说"。在新文学运动的成果中，阿克顿惊喜地发现了优秀的作家与作品。"年轻的中国作家们可为他们产出作品的数量与质量而自豪"，阿克顿例举鲁迅、周作人、郁达夫、沈从文、徐志摩和郭沫若，将他们作为代表新文学成就的作家。阿克顿特别提及，"少有作品问世的卞之琳和何其芳先生，他们的清新美文却最使人印象深刻"[1]。在大名鼎鼎的周氏兄弟中，阿克顿偏爱周作人的文风，对他的文学作品评价最高："他将优雅与刚硬相结合，他的文章是伊利亚式的，无意识却又迷人，有着唯我主义的静谧语调。"阿克顿也曾试图翻译周作人的新文学作品，但随即就意识到"把它们译成英文就像把查尔斯·兰姆译成中文一样困难"[2]。

阿克顿以周作人的诗作《小河》为例，论述周作人擅长以漫不经心地描摹看似无关的情境来表达内心情感。阿克顿对翻译周作人新诗感觉最困难之处，也恰是其行文运思的微妙在翻译中无法定格。阿克顿在 1936 年出版的译作《中国现代诗选》中选译了《小河》这首诗。阿克顿指出在中国新诗人中，徐志摩以他超越民族的通达个性成为最受西方人欢迎的中国人，多数西方人在与徐志摩交往时，都完全没意识到他的国籍与民族。阿克顿在赞赏以外，不无揶揄地说，这个"个性可爱、说话都带着节奏的作

---

[1] Harold Acton. "The Creative Spirit in Modern Chinese Literature". *T'ien Hsia Monthly*, Vol. I. No. 4. November 1935, p. 377.

[2] Harold Acton. "The Creative Spirit in Modern Chinese Literature". *T'ien Hsia Monthly*, Vol. I. No. 4. November 1935, p. 378.

家，拥有天生的诗人气质"，不仅吸引了大量模仿者，还拥有无数女性崇
拜者。而当阿克顿写作此篇评论时，徐志摩已罹难去世，阿克顿也为此深
感遗憾。[1]

最使阿克顿感到别扭的是文豪鲁迅的文风，他虽然在文中详细介绍
了《阿 Q 正传》，却仍旧解释自己并不喜爱鲁迅的文风，而是受朋友之
托迫不得已动笔，虽然评价中肯却在字里行间充满愠怒。阿克顿认为，鲁
迅"有格特鲁德·斯坦因（Gertrude Stein）的文风，相当辛辣"，笔法
与契诃夫相近，"但他与契诃夫的相似之处只是语言风格，鲁迅的故事本
质而言是中国式的"。虽然鲁迅在中国名气极大，影响力卓越，无疑是新
文学运动的精神领袖，但阿克顿认为其作品有思想性但不具商业价值，若
翻译到欧洲，除了契诃夫、博伊斯（T. F. Powys）与凯瑟琳·曼斯斐尔德
（Katherine Mansfield）的读者，估计受众不多。他认为忧郁与激越并存的
鲁迅关注于书写中华民族苦难史，擅长描摹时代激流中小人物的精神状态
与生活情形。"鲁迅以狂怒的姿态，喊出了所处时代的最强音"，但他虽然
阴郁却绝不多愁善感，他对新生活与新青年充满期待。"鲁迅虽狂怒却并
不尖刻，他较同时代的声音更有重量。"鲁迅的笔触时常让阿克顿联想起英
国小说家吉辛（Gissing）的名言："只有笑对苦难，才能活下去。"阿克顿
明确指出，鲁迅所期待的新天地乃是一个全社会观念都发生转变的新世界，
而普通人作为新世界中为数最多的构成是需要改变的关键点。否则，普通
百姓的思想局限，广大中间力量的麻木与沉默，只会让一次次的革命流血，
变成毫无价值的革命与反革命之间的力量循环。因此，"他用嘲讽、怀疑
的态度，对不公正、虚伪、卑鄙的迷信怒火中烧"，以至于像阿 Q 这般贫
苦乡民的愚昧也使得他悲慨万分。鲁迅在小说中对各式"革命"的描述，

---

[1] Harold Acton. "The Creative Spirit in Modern Chinese Literature". *T'ien Hsia Monthly*, Vol. I. No. 4.
November 1935, p. 385.

130

几乎让向往和平宁静的阿克顿崩溃。虽然阿克顿明白鲁迅并不是一位政治投机者，鲁迅关注时事只是出于一种绝望的呐喊。

然而，阿克顿在评价时仍以一种几乎非理性的方式表达他对鲁迅战斗檄文的质疑："革命，反革命，不革命。革命者被反革命者杀害；反革命者被革命者杀死；不革命的人，许是因为反革命者认为他们是革命者而被杀死，或因革命者认为他们不是革命者而被杀死，或因被革命者或反革命者视为无用而被杀害。革命，革命，再革命，再革命……"但阿克顿为鲁迅的文章笔法所折服，他最赞赏的当属鲁迅的超自然记忆力："他总能清晰回忆起儿时的情形，这些场景建构充满了小泉八云（Lafcadio Hearn）式的东方风情。"而小说中最微妙的艺术效果也得力于鲁迅的细节描绘："他的微型肖像画中巧妙而颤抖的色彩，例如穷书生孔乙己，反映出了中国民众的精神个性，而所有这些都是通过温和而冷淡的客观描述实现的。""鲁迅的手术刀正刺中当时中国人麻木不仁的要害。"[1]

现代作家中最使阿克顿感到性格真挚的是郭沫若。阿克顿将郭沫若与雪莱对比，无论是洋溢的热情与创作精神都难掩其天真浪漫。阿克顿援引郭沫若的自我评价："我是一个偏于主观的人，我的朋友每向我如是说，我自己也承认。我自己觉得我的想象力实在比我的观察力强。""我又是一个冲动的人。"阿克顿感到郭沫若的诗与人一样充满了激情，与郭沫若同时代的文人相比，"他的能量和热情给人留下深刻印象"。就连郭沫若的作品都仿佛在向人发问："难道我不是狂人中那个最狂野的吗？"在诗歌创作上，"郭先生的缺点或许就是他太冲动率真，因此也过于多产"。阿克顿不太认同郭沫若抒情的方式，"中国古代诗人在抒情与叙事时，不是直抒胸臆，而往往是借景抒情"，例如将情感寄寓于山水花鸟中，但郭沫若极少

---

[1] Harold Acton. "The Creative Spirit in Modern Chinese Literature". *T'ien Hsia Monthly*, Vol. I. No. 4. November 1935, p. 380.

这么做，"纵使他也写过一些令人钦佩的古典风格诗作"。虽然阿克顿认为郭沫若的诗思不错，尤其指出了《女神》的美学境界，但是郭沫若的"诗作既没有升华，也没有进步，更没有意境：一切都源于一种爆发的力量，让读者读得喘不过气"。不过，阿克顿还是将"奋力诅咒旧社会"的《凤凰涅槃》收录随后出版的译诗集中。[1]重视戏剧的阿克顿也关注郭沫若的历史剧成就，认为其历史剧"虽受京戏影响深刻，无法取悦现代主义作家与读者，但仅从一个西方人的角度审视，这样的历史剧或许才是有趣的中国文学作品"。欣赏中国古韵的阿克顿认为"郭沫若的古典文学功底造福了三个女性形象"，虽然以郭沫若的说法，《三个叛逆的女性》(《卓文君》《王昭君》《聂莹》) 一作深受《浮士德》影响，但郭沫若贵在以中国历史题材为基质，关注女性的命运与权利，更赋予这部戏剧与三个女性角色以新生命。[2]阿克顿通过观察发现进入仕途的文人对国事都比较沉默，因此郭沫若参政时就少写诗，因为诗表达的是真性情。参政后的郭沫若做的是考古学，严谨的学问与思辨能压制真性情，"他现在几乎像个清朝学究，只在考古方面发挥着一腔热忱"[3]。

　　阿克顿也留意郭沫若所在的创造社的活跃成员。但同为《创造月刊》资深撰稿人，阿克顿只将张资平视为写作"无甚文学价值"的三角恋或四角恋流行作品的作家，而对郁达夫给予既幽默又尴尬的赞赏。[4]"郁达夫先生带领我们了解过去十年中国年轻人的心理状况。他被称为一个颓废的

---

〔1〕Harold Acton. "The Creative Spirit in Modern Chinese Literature". *T'ien Hsia Monthly*, Vol. I. No. 4. November 1935, p. 381.

〔2〕Harold Acton. "The Creative Spirit in Modern Chinese Literature". *T'ien Hsia Monthly*, Vol. I. No. 4. November 1935, p. 382.

〔3〕Harold Acton. "The Creative Spirit in Modern Chinese Literature". *T'ien Hsia Monthly*, Vol. I. No. 4. November 1935, p. 385.

〔4〕Harold Acton. "The Creative Spirit in Modern Chinese Literature". *T'ien Hsia Monthly*, Vol. I. No. 4. November 1935, p. 382.

132

人，但他对感觉的追求却并非徒劳无功"[1]，"相对于郭沫若的奔放，郁达夫则显得娇弱且忧伤"[2]。阿克顿重点评价了郁达夫的《沉沦》，认为郁达夫私小说的题材与表达方式，既是他的缺点也是他的优点。"他最突出的长处就是表达坦率，毫不避讳地道出自身所有缺陷，而这是当时的出国留学生所具备的共同特质：聪明、敏感、挣扎、幻灭。"[3]虽然阿克顿发现郁达夫笔下的读书人，对女人和酒精的兴趣显著超越了对政治经济学的关注，"他缺乏强健的体魄，又极易受到女性的魅惑，整天生活在性兴奋与性压抑的矛盾中"，"内有性压抑，外有祖国的悲惨困境，使他与笔下人物的国外生活都无比辛酸。他的想象中充满了变态元素，时不时要自杀谢世，难以说清郁达夫所写的究竟是小说还是自传。他笔下的许多故事都很有趣，传达了青春期的苦恼，整个情绪氛围也与环境合二为一"，"但若只把它们当作故事看，则显得有些可笑了"。[4]

更让阿克顿有些难以接受的是郁达夫行文里的"中西合璧"。"好像用中文还不足以表达他的感情，他时常忽地冒出句英语：'我真是个多余的人！所以我对这世界全然是无用的。我这多余的男人！一个没用的男人！'（I am a man truly superfluous! Thus I am absolutely useless to society and the world. A superfluous man! A useless man! ）"阿克顿无奈地接受了这种杂烩风格，"郁先生的作品中有大量这样混搭的段落，许多白话诗人也好写这样的混搭句式"[5]，"作家无法在时髦词汇、过度想象力和奔突的时

〔1〕Harold Acton. "The Creative Spirit in Modern Chinese Literature". *T'ien Hsia Monthly*, Vol. I. No. 4. November 1935, p. 382.

〔2〕Harold Acton. "The Creative Spirit in Modern Chinese Literature". *T'ien Hsia Monthly*, Vol. I. No. 4. November 1935, p. 385.

〔3〕Harold Acton. "The Creative Spirit in Modern Chinese Literature". *T'ien Hsia Monthly*, Vol. I. No. 4. November 1935, p. 384.

〔4〕Harold Acton. "The Creative Spirit in Modern Chinese Literature". *T'ien Hsia Monthly*, Vol. I. No. 4. November 1935, p. 383.

〔5〕Harold Acton. "The Creative Spirit in Modern Chinese Literature". *T'ien Hsia Monthly*, Vol. I. No. 4. November 1935, p. 384.

代洪流中孤独地坚持自己的风格"[1]。阿克顿甚至将郁达夫道家式的虚无主义与济慈的浪漫诗怀相比，用以评价其《血与泪》一作中对乐观主义者与教条主义者的巧妙讽刺。而且，在逐渐适应了国内现实处境之后，郁达夫的笔锋开始由自省转向对国内现实与中国人心性的审视。阿克顿认为，郁达夫式的自省能力对中国社会与中国作家而言都是一种福音。[2]

　　阿克顿例举上述几位较为理想的新文学作家，并基于西方文学家与评论家的客观视角，真实记录他对中国现代文学家的印象。正因不需考虑作家本人反响，纯粹只为西方世界提供一份中国现代文学体验报告，所以阿克顿笔下的现代文学先驱，个个都从神坛走向人间，少了几分仙气，却多了几分烟火气，与中国现代文学史上的文学巨匠形象颇有落差。这不啻为反观现代文学实景的珍贵参考资料。

　　值得一提的是，阿克顿还借现代文学探索者对他提出的关于"共产主义"问题，分享了其打破文化疆域、共享精神世界的唯美主义文化融通观。来到中国以后，阿克顿发现自己被中国文学青年当成了一个异质文化"新标本"。"鉴于他们的态度之热情，我感到很高兴。但我被他们提出的第一个问题给弄糊涂了：'你的信条是什么？'"阿克顿作了一个比拟，用以呈现自己对唯美主义的表述。他向空中吐了一个烟圈，微笑着对提问者说："这就是我的学说。"唯美主义是融于不同文化形态的，其运行方式是流动性、交融性的。当被问及如何看待共产主义时，阿克顿以唯美主义为出发点，再次进行了比拟。他递给提问者一支烟，并试图引导他理解自己对于共享精神场域、打破语言与思维界限的文化上的精神"共产主义"。阿克顿所分享的无形的精神财富，对应的是他基于唯美主义的融通性，是

---

[1] Harold Acton. "The Creative Spirit in Modern Chinese Literature". *T'ien Hsia Monthly*, Vol. I. No. 4. November 1935, p. 385.

[2] Harold Acton. "The Creative Spirit in Modern Chinese Literature". *T'ien Hsia Monthly*, Vol. I. No. 4. November 1935, p. 383.

对未来文化世界一体性的想象与愿景。阿克顿借屠格涅夫的《烟》，赋予"共产主义"以具有唯美愿景的想象，以此愿景可反推融通异质文化的正确对策。由于当时共产主义的蓝图在阿克顿心目中还尚未明确，因此他提出与蓝图对应拥有的共产主义精神太过超前，但对话与互鉴意识已在他的思维模式中生成。

阿克顿试图在新语言、新作者、新素材与新理论上，探索并总结中国现代文学的精神，但核心思想在于"创新"。面对方兴未艾且全面铺展的白话文，及使用白话文探索新文学创作的现代文学作家，阿克顿看到了优秀的诗歌、小说、戏剧及其作者正脱颖而出。而面对新旧文学的更替与中西文化的交汇碰撞，阿克顿也注意到现代文学所面对的特殊时代环境为新文学探索所带来的机遇与挑战。立足于唯美主义与文化传承，阿克顿总结了基于文学发展自身规律与历史经验所得出的教训，以实例铺陈、对比的方式，直观地展现中国现代文学的发展路径与创作成果。

二、阿克顿对林庚新诗的唯美甄选视角与翻译策略

林庚对中国古典诗歌采取传承与求新并举的态度，在新诗格律、语法与表达方式上积极探索，生成了蕴含中国古典诗歌成熟技法与独特中国古韵的中国新诗。阿克顿在《中国现代诗选》中对林庚新诗创作理论与新诗作品的甄选，注重技法纯粹性、诗语古典性与诗风历史性。在诗歌翻译层面，阿克顿以"以诗译诗"的唯美主义译介笔法，忠实地还原了林庚白话诗的"中国诗味"。阿克顿在新诗编译上的独辟蹊径，是对西方世界唯美"中国梦"的投射，也暗合了林庚新诗创作的审美理念。

20 世纪二三十年代，阿克顿和美国诗刊编辑哈丽叶·蒙罗（Harriet Monroe）等人，借助文学译作《中国现代诗选》与文学杂志芝加哥《诗刊》（Poetry）等中西方文化互鉴平台，向西方读者译介林庚的中国新诗。

以阿克顿和蒙罗为代表的西方汉学家与诗刊编辑，分别对应西方文学界对中国文学的研究性与消费性审美态度，不约而同地选择了以林庚诗作作为偏爱的对象。林庚新诗在海外的传播热度与关注认可程度，大大超过了同时期国内新诗坛的其他作者。林庚所实践的新诗创作方向，对经典中国诗歌意象的延袭与再造，及以仿古角度对新诗格律的借鉴与探索，借助新诗体裁，还原了西方世界对中国文学的经典记忆。

　　林庚立足于中国古典诗歌既有的美学创作思想与审美意识，兼对厚重传统文化底蕴的开拓与尝试，经由个性化的诗性加工，在诗歌形式与语言风格上独树一帜，成为新诗开拓与探索阶段的典范。林庚的新诗创作思路，与其对中国古典诗歌文学艺术与格律精粹的继承与思索结合，因其无功利地投入新诗体式与语言实践而呈现出较强的阶段性与跳跃性。而阿克顿对林庚诗的甄选与翻译，更是从西方唯美主义视角，寻觅投射于新文学里的中国古韵，从而以编译者的视角为新诗创作提交了一份来自西方文学界的审美报告。

　　在文学创作道路上，林庚受到朱自清、闻一多、郑振铎、俞平伯、施蛰存、茅盾、周作人、废名、沈启无、徐耀辰等著名新诗人与学者的提携指点。在 1936 年冬这一"中国现代史上最重要的时期之一"，经徐志摩引荐，林庚主编《世界日报·明珠》文学副刊。在 1936 年 10 月 1 日至 12 月 31 日三个月里，以《明珠》为新的启蒙运动阵地，林庚编辑并发表了周作人、冯文炳（废名）、俞平伯、叶公超、朱自清、朱光潜、李长之、沈启无等北平文人的大量诗歌与散文作品，其创作与编辑水平上都得到了历练。[1]

　　据林庚自述，其新诗创作始于 1931 年，并在 1933 年出版第一本诗集《夜》，收录 1931 年至 1933 年创作的自由体新诗 43 首；1934 年，他辞去

---

[1] 李斌：《论周作人主笔的〈世界日报·明珠〉》，载《汉语言文学研究》2014 年第 1 期。

136

清华大学教职专事创作，同年出版第二本诗集《春野与窗》，收录自由体新诗 57 首；1936 年，出版第三本诗集《北平情歌》，收录新格律诗 58 首，林庚所创作的被翻译到英语世界并引发好评的新诗，也主要集中在这一时期。

阿克顿是向英语世界译介中国新诗的第一人。在《中国现代诗选》中，林庚新诗被选译了19首，分别是Winter Morning（《冬晨》）、Daybreak（《破晓》）、Red Sun（《红日》）、The Country in Spring（《春野》）、Morning Mist（《晨光》）、Rainy Windy Evening（《风雨之夕》）、Forget（《忘了》）、The Red Shadow（《红影》）、Fifth Month（《五月》）、Spring and Autumn（《春秋》）、Memories of Childhood（《忆儿时》）、Home（《家》）、Summer Rain（《长夏雨中小品》）、Night（《夜》）、Hopeless Sorrow（《沉寞》）、Autumn（《秋日》）、The Heart in Spring（《春天的心》）、Shanghai Rainy Night（《沪之雨夜》）、New Year's Eve（《除夕》）。阿克顿之所以尤其青睐林庚的新诗作品，正是被其诗中的传统中国印象所震撼。古典诗歌中令人心动的力量，经由林庚借鉴传统诗歌技法的艺术表现，成功地将新诗体式与古典中国韵味融于一体，亦将西方世界对中国古诗的传统审美经验，借助古典风貌的白话诗平稳过渡为对新诗的品评标准。

在《中国现代诗选》中，林庚诗歌作品的选取数量最多，远超当时中国新诗坛中的领军人物，如徐志摩、郭沫若、戴望舒等，而尝试新诗创作的先驱胡适的作品则未曾选录，只在导言中作为新诗激进派抛弃传统文学的反面例证出现。阿克顿在林庚诗的选取上，打破了对新诗派系与名家作品的甄选策略，在日后引发了学界对这部译作选材视角的质疑。

早在翻译《中国现代诗选》之前，阿克顿已是一名成熟的现代主义诗人，引领了 20 世纪 20 年代牛津唯美主义诗歌复兴。阿克顿对诗歌创作与鉴赏的目标与指征，就是其在牛津时期所确立并践行的唯美主义文学思想，而他对文学作品的体认与验证，与技法与审美相关，并不囿于国别文化。阿克顿对中国古典诗味的偏好，并不只代表个别汉学家的审美立场，同一时期的阿瑟·韦利也钟情于中国古诗，致力于在英语中还原中国古诗的文采，对雄起的新诗则毫无问津之意。

　　无独有偶，在阿克顿英译林庚作品的同一时期，林庚诗作还被美国著名诗歌刊物《诗刊》创立者哈丽叶·蒙罗选录。蒙罗晚年致力于传播中国现代诗歌，使《诗刊》成为最早录用中国新诗的外国刊物。林庚新诗以其独特的中国韵味、隽永的语言风格，为美国读者所认同喜爱。林庚诗通过消费市场的考验，迎合了 20 世纪 30 年代浮华的美国商业社会对遥远中国的诗意想象。

　　在阿克顿编译《中国现代诗选》时，林庚已经出版了第一本自由体诗集《夜》（*Night*，1933），此后又出版了《春野的窗》（*Spring Meadow and the Window*，1935）等诗集。以阿克顿的观感，这些寥寥四行的诗歌，意象饱满，极其纯粹，每首都是精华。阿克顿作为现代主义诗人，在诗歌写作技法上，却十分注重对传统诗歌创作观的传承，且追求的意境是古典且唯美的。立足传统诗歌创作技法，对诗语进行改造，是其在诗歌创作中的重要着力点。他采用的是拼接与借鉴现代主义诗的词句，试图表达在新语态下的唯美诗意，借而反映诗歌所依托的社会新环境。而新文学运动后，新诗创作所处的境况，天然地具有以新诗语描摹新环境的创作前提。但阿克顿所不认同的是新诗在求新时对卓越古典诗歌技法的摒弃，以致新诗语与未曾充分实践的新诗创作理论无法突破诗意形成的传统美学。

　　阿克顿与当时在北京执教的林庚，交流关于中国新诗创作观点时，林庚将其新诗创作论整理成小文章，名为《论诗歌》（*On Poetry*）。在《中国现代诗选》的作家小传中，阿克顿重点摘录了林庚关于中国古典与现代诗歌的审美理念与创作观点。阿克顿之所以力排众议重点推出林庚的新诗与创作论，主要原因就在于林庚创作新诗与阿克顿尝试革新现代主义诗歌的方式皆建立在诗歌创作技法上，并试图以继承传统再现不分古今的唯美诗境，从理论层面入手，探索新诗创作的最佳途径。

林庚在《论诗歌》中提到，无论古诗还是新诗，在诗歌形成过程中不能掺杂太多个人观点，需忠实迎合人对自然的欣赏。大道至简，天然的诗歌创作技法就是培养诗感。诗感即联通外界与内心的诗意化观感与诗意情结，如苏轼的《卜算子》的生成过程类似于以人的视角还原自然。先有诗感，接下来旋即生出对所咏之物的了悟与体认，如王维的《山居秋暝》的阐发过程。在诗歌创作技法层面，林庚认为，联通天人与体悟大道这两种诗感将始终占据人类诗歌精神的主导地位，也是诗歌得以生成与创作的源动力。而联通天人与体悟大道并不是同一类技法，前者是欣赏，后者是还原，诗人在创作时必须二选一，若强行将欣赏与还原两种情感都作为诗歌创作的主导地位，就会因刻意求全而损伤诗意美的表达，因为中国诗歌在视角的切换、感受的还原上，都不允许有太大的跳跃。[1]

若从诗歌形式与语言发展上来讲，林庚认为无论新诗与古诗，诗歌的走向并非形式，而是文字的质地必须走向深刻。无论是对自然规律的体悟，还是对自然的感受状态等，对象应始终以围绕自然与自然性为宜，过于人文、物质的内容，容易造成意象堆砌、过时。林庚所持的诗歌创作观是将创作者与欣赏者的立场进行区别。能读懂、欣赏诗的人未必都适合写诗，真正出色的诗人能以熟练的技法表达对自然风物的感受与对自然规律的体悟，有着更加强烈的欣赏表达能力与总结能力。优秀的诗人能够在既有的诗歌类型中，选出最合乎当下情感表达的文体，熟练地运用意象与手法在诗中再现内心诗感。诗人写诗未必要迎合读者，但他的作品恰恰是大众能够通过诗语间接感受到的，诗人是大众与意境间的媒介。

除了社会环境与诗语革新，诗人是否关注读者，也影响着新诗的创作

---

[1] Harold Acton & Ch'en Sh'ih Hsiang, *Modern Chinese Poetry*, London: Duckworth, 1936, p. 166.

技巧。"新诗包含的新感觉和新的表达方式"，对从古典诗歌阅读习惯中走出的读者而言"显得尤为陌生，因此也生出拒绝"。[1]林庚指出，在中华优秀传统文化背景下，新诗所能够反映出的全新的时代感觉与特性，将终有一天会随着诗歌创作理论发展完善被理解与接受。但新诗自诞生之日起，就饱受读者态度影响。在新诗备受质疑与诟病时，新诗人为规避由读者压力而引发的写作瓶颈，不得不打破传统古诗的创作技法，将新诗的生成过程借助新词汇与新技法，表露得更加隐晦。而由新诗在素材与诗语拼接"创新"上导致的阅读障碍，出发点是为新诗的发展提供形式转换的缓冲时间，但完全颠覆古诗阅读的思路也降低了新诗达意效果。面对新诗在"新瓶"与"新酒"搭配上的瓶颈，林庚指出，只有等到真正探索出适合新诗特色的内容、语言、结构组合方式，且其诗意表达被读者充分理解与接受以后，新诗才有可能开始走向发展与繁荣，否则新诗将一直为主流文学所边缘化。

　　林庚是个古体诗词与新体诗歌都擅长的诗人，在创作新诗之前，他曾有过多年的古诗词创作经验："1931 年在《文学月刊》先后发表《菩萨蛮》等词 16 首。并开始从旧体诗词转向自由体新诗的创作。"[2]林庚的个人新诗集，在 1936 年阿克顿《中国现代诗选》选译其作品前就已问世。1933 年的处女作《夜》由林庚自费出版，该诗集以其古典与唯美的诗歌风格深为阿克顿所击赏。

　　林庚"通过对中国古典诗歌艺术传统的历史考察来展望新诗发展的前途"，此外，在新诗语言的探索上，"通过对汉语语言特点的分析来确定新诗形式的建立所应遵循的原则"[3]。给阿克顿留下深刻印象的是，林庚诗尽

---

〔1〕Harold Acton & Ch'en Sh'ih Hsiang, *Modern Chinese Poetry*, London: Duckworth, 1936, p. 169.
〔2〕林庚：《唐诗综论》，商务印书馆 2013 年版，第 369 页。
〔3〕郭小聪：《热情的追求，执着的探索——论林庚关于新诗形式问题的理论思考》，载《中国现代文学研究丛刊》1984 年第 4 期。

管忠实使用白话文写作，遵从新诗的语言应用规范，但是中国古诗的韵味仍然非常浓烈。恰与当时批判林庚诗常怀"古气"的观点持相反态度，阿克顿认为林庚诗不仅在语言、语感的选择上，而且在作为中国诗最重要的意象与意境营建上，都注重对灵感与直觉的"诗感"还原，而这种灵感与直觉是随着诗人的艺术感而自然具备的。

林庚将阿克顿提到的这种诗人的感受性，归结为"唐诗的好处"："唐诗的可贵之处就在于它以最新鲜的感受从生活的各个方面启发着人们。它的充沛的精神状态，深入浅出的语言造诣，乃是中国古典诗歌史上最完美的成就。"[1]也就是说，唐诗的超越性表现在它可以启发一切时代的人性。谈及古典诗歌创作的成就，林庚曾提出"盛唐气象"的说法，这一理论后来受到学界的普遍认可。他认为，古体诗歌在唐代已经发展到意象的高峰，后世对古体诗歌的技巧又进行了精细如发的系统性打磨。现代人写古体诗，"就算写得再好，也不过怎样像古典诗词而已，不可能有你自己。于是就改写新的现代诗。加上当时民族矛盾很尖锐，也不可能沉醉于古典之中"[2]。

阿克顿比较《中国现代诗选》所录新诗中的"古典派"与"现代派"，如林庚和戴望舒的新诗，其风格就迥异于闻一多、郭沫若与徐志摩诗作。林庚与戴望舒的新诗，虽不再秉承古诗人的生活方式，但是对不分古今的中国诗人思维方式、审美理念与表达偏好，采用直接传承中国古典文化传统的接受态度。对古今之分并不执着的这类新诗创作者，在新诗始创时期保持了新诗的厚重文化底蕴。正如1919年李大钊在《什么是新文学》中对新文学的纯文学性作出的定义：新文学并非"以好名心为基础的文学"，"是为文学而创作的文学，不是为文学本身以外的什么东西而创作的文

---

〔1〕林庚：《唐诗综论》，商务印书馆 2013 年版，第 1 页。
〔2〕林庚：《林庚诗集》，清华大学出版社 2014 年版，第 21 页。

学"[1]。围绕为文学而文学，在新文学领域内开辟诗歌阵营的新诗人，对古诗人"遗传基因"的继承，使得新诗在某种意义上既革新语言又传承文化，能借力于传统在新文学形态中立住脚，继续保持创作水准的高度。

　　相反的是，阿克顿笔下的《新青年》诗人群体，则更多地仰赖西方文化传统，"太匆促地在欧洲和上海'孵卵'"[2]。纵使题材可以通鉴中西，想象可以毫无疆域，但诗歌却如空中楼阁，无法与西方诗歌传统无缝衔接，又无法传承厚重的中国文学精神，从而使得新诗欧化走向了无根的肤浅。而作为"现代派"诗人的林庚，其新诗从古体诗歌中汲取营养，恰恰是认识到文化血脉传承的重要性。针对五四之后为梁启超等学者所深感遗憾的"中国文学传统没有史诗"，林庚恰解释为，在史诗形成的时期，"印度与希腊用的都是拼音字母"，可即时记录口头流传的史传与故事，而中国史诗产生时期使用的甲骨文不便记录，直至文字出现，封建时代的文言记录与白话口语已明显区别开来，官方文字记录的多半是严肃历史。[3]

　　阿克顿毫不客气地"戳穿"了早期知名新诗人对西方诗作过于忠实的"移用"，指出他们在形式与语言上的照搬，甚至与西方诗作只隔了一重翻译，这种思维上的懒惰是无益于新诗成长的。阿克顿认为，新诗创作的文化土壤不需要通过完全否定旧体诗歌的成就来一蹴而就，新诗创作可以大量地借鉴旧体诗的手法与语言。古典诗歌语料的千年体量，是供给后世的中国文学创新者的能量源泉，不需急于划清界限。林庚把从古体诗歌的形式与语言中汲取的经验巧妙地运用到新诗的实践与创作中，并成功地打动了西方读者。

　　20 世纪 30 年代，冯文炳、林庚、何其芳、卞之琳、金克木、朱英诞、南星等诗人"在重新考察与阐释古典诗传统时"，在古典诗歌中收获了

---

〔1〕王运熙：《中国文论选·现代卷》（上），江苏文艺出版社 1996 年版，第 142 页。
〔2〕哈罗德·阿克顿：《〈中国现代诗选〉导言》，北塔译，载《现代中文学刊》2010 年第 4 期。
〔3〕陈国球：《"文化匮乏"与"诗性书写"——林庚〈中国文学史〉探索》，载《中外文学》2004 年第 1 期。

142

"诗言感觉"；在向古典诗歌的创作传统与诗语构成里寻求新诗探索中的难题时，发现了"诗感"对新诗的创作同样具有超越时代的启发作用。[1] 林庚在 20 世纪 30 年代的诗歌，正是将对唐诗的意境与音韵美的追求统一于自身的创作实践中，所以在给东西方读者以"似曾相识"感时，并不是以简单重复或模仿的形式出现，而是从质与象上进行了细腻的重组。这个看似"保守"的创作理念在同时期的创作群体中却显得格外大胆且离经叛道，鲜有国内创作者理解他的用意并支持他的创作风格，质疑与批判的声音当中甚至有不少新诗创作流派的权威人士，给林庚的新诗创作探索造成了客观的压力。

被阿克顿归于与林庚同类型、传承古典诗歌精髓的戴望舒，甚至还针对林庚无法完全突破古诗体裁的问题，专门撰写了一篇檄文，批判林庚不过是拿着白话文来写古诗[2]。戴望舒犀利地批评林庚"没有带了什么东西给现代诗；反之，旧诗倒是给林庚先生许多帮助。从前人有旧瓶装新酒的话，'四行诗'的情形倒是新瓶装旧酒了；而这些新瓶实际上也只是经过了一次洗刷的旧瓶而已"[3]。戴望舒认为林庚不仅自身没能摆脱古典诗歌的桎梏，而且因为林庚早已盛名在外，他对未能脱离古诗窠臼的"四行诗"的提倡与亲践，势必引发青年一代的仿效甚至对古体诗的抄袭，从而将新诗引上一条不古不今、不中不洋的不归路。

林庚创作新格律诗，并不只是简单地以白话文为语言素材重蹈古诗的创作路径，更非如戴望舒所说的"想用白话去发表一点古意而已"[4]，而是基于对艺术理解与文化自信的纯粹诗歌艺术实验。他站在 20 世纪 30 年代诗歌创作思潮边缘，承受了巨大的压力与质疑，坚持诗歌探索的个性化思

---

〔1〕罗小凤：《诗言"感觉"——20 世纪 30 年代新诗对古典诗传统的再发现》，载《文学评论》2013 年第 6 期。
〔2〕戴望舒：《谈林庚的诗见和"四行诗"》，《戴望舒选集》，人民文学出版社 2002 年版，第 142—144 页。
〔3〕马嘶：《林庚评传》，清华大学出版社 2008 年版，第 82 页。
〔4〕马嘶：《林庚评传》，清华大学出版社 2008 年版，第 79 页。

路。他是在众人为革新去旧的大时代振臂高呼时独自向隅的诗人，他的诗作与创作理论都曾因其异质性暗藏于时代的夹缝中。林庚的每一部新诗集都代表了一个阶段对诗歌的不同方向的实验性探索，所以林庚的新诗创作风格并不是持续统一，而是多元变幻的。

在林庚主编《世界日报·明珠》文学副刊时期，报刊主要撰稿人、"京派文学鼻祖"废名极推崇林庚。在阿克顿与陈世骧编译的《中国现代诗选》导言中，废名作为林庚诗歌创作的坚定支持者，对其诗歌成就作出高度评价。20 世纪 30 年代初，随着白话文运动的兴起与传播，白话文新诗创作风起云涌，其中不乏高精确度地模仿甚至照搬西方诗歌的作品。创作热潮使得追名逐利者与求真实践者一拥而上，产生了大量在尝试阶段欠成熟的作品。此间，废名作为一位看不惯"闹新诗"的冷静文人，认为在 20 世纪 30 年代的新诗创作与实践中，林庚的重要性远胜于任何人。"从此不但知道我们的新诗可以如此，又知道古人的诗可以如彼……我读了他的诗，总有一种'沧海月明'之感，'玉露凋伤'之感了。我爱这份美丽……他完全与西洋文学不相干，而在新诗里是很自然的，同时也是突然的，来一份晚唐的美丽了。"[1] 在新诗的语言风格与创作成就上，废名与英国汉学家阿克顿的观点不谋而合。阿克顿对林庚诗歌的偏爱与盛赞，也折射了英语世界诗歌读者与创作者对中国新诗的审美倾向。林庚的新诗虽未能全然脱古，但较之同时期新诗，却更接近西方人对中国的想象。而从诗歌体裁的根源追溯，中国文学烙印在西方世界的记忆底色是盛唐古韵。因要摆脱古诗影响，急于摆脱中国古旧文化束缚的新文化运动，将贫弱中国的旧制、旧俗与文化形态进行了绑定，采用了借鉴西方文学模板的门径，对诗歌这一中国文学的经典体裁进行了换血式改造。

中国新诗在草创之初，对西方诗歌的技法、语言乃至体裁都进行了借

---

[1] 马嘶：《林庚评传》，清华大学出版社 2008 年版，第 101—102 页。

鉴。借鉴虽是新诗探索与尝试的必经之路，却给西方品评者留下了有些早期新诗更接近于拙劣仿效甚至抄袭的印象。且从诗歌的结构上追溯，由于新诗人的模仿是基于异质文化的形式、格律与语言层面上的"为仿而仿"，只为能迅速凭借异质文化的对应体载，摆脱既有的文化面貌及指涉系统，并非拥有深刻打磨语言、运用典故、熟稔技法与形式的经验，所以在表达上显得粗糙且浅薄，缺乏传承历史、厚积薄发的稳健步履。

实际上，同时期的新诗探索者都拥有古典诗歌的学习与创作背景。而之所以在大范围内痛下决心"抛弃"古诗，对所熟悉的文学体裁进行全盘革新，深层次的原因是文学与体制内在绑定，旧文学成为新体制改革的瓶颈。首先，从外部环境上看，具有重要文学成就的近体诗，因其依托的体制为封建帝制而与封建制度所特产的八股文混为一谈，被同时冠以"落后文学"的头衔。其次，从古诗发展的内在原因分析，古诗被列入被取缔而非可扬弃的清单，乃缘于近体诗的发展在盛唐时期达到鼎盛之后，经过累世的改良与尝试，到清末至民国时期已达到语言与技巧的高峰，难以再迎来骐骥一跃的新生时刻。再者，由古诗依存的社会环境的变动来考量，随着国事衰微、西方文化的翻译、中国学子的海外留学等成为思考如何摆脱文化发展瓶颈的多重视角，在古诗这座文化大山难以通过笨重且执着的人力进行迁移的艰涩时期，瞄准新诗，换一方阵地，就成了此时期文化"急行军"的一个战绩。于是新文化运动中诞生的新诗，伴随着对西方诗歌的学习热潮弥散开来。新诗探索者进行大量尝试，但忽略了一个重要的客体，即借鉴西方文化的同时却将中国文学借鉴西方文学的改革看成一场自我革命，忽视了客观存在的世界文学参照系。

在西方诗歌作为蓝本被新诗探索者模仿的过程中，既身为诗人，又作为诗歌爱好者、文化研究者与西方经典文学系统学习者的阿克顿，正以苛刻的目光审视并遴选着硕果仅存的文学火种。阿克顿毫不客气地指出，抛却既有文化传统与文学成就的模仿与照搬，将使白话新诗的探索之路迈入难以再造高峰的僵局，而林庚新诗所具备的，就是抵制人云亦云的风潮，沉静客观地站在以中国文化为源头的文学改良者与继承者的端正位置上，通过传承与改良，实现了诗歌意境与高度的转型与再造。

作为译者的阿克顿在翻译林庚新诗时，凭借"以诗译诗"的唯美主义翻译笔法，立足技法、诗语、题材与意象，忠实还原了林庚白话诗具有古韵的"中国诗味"，盛唐气象在其译诗中化为一个个具体意象，引领西方读者经由诗语走进记忆中的东方诗境中。《中国现代诗选》中的林庚译诗，重合了林庚的古典中国诗味与阿克顿的唯美主义西方诗味，既契合了林庚新诗创作的审美理念，亦以具有古韵与画意的历史诗境，投射了阿克顿立足中西诗歌艺术交融互鉴的唯美主义"中国梦"。

中国古诗意象构筑了为西方读者所熟知的经典诗境，中国哲学与中国古诗曾给奥斯卡·王尔德与埃兹拉·庞德（Ezra Pound）等西方艺术家以灵感。而由中国古诗意境所阐发的意象派诗歌对中国诗境的移用，亦成就了西方诗歌艺术的座座高峰。阿克顿在《中国现代诗选》序言中指出，林庚选材所用意象承袭了唐代诗人的经典意象群，因此他将写作范围限定得非常狭小，比如冬日的早晨、晨雾、夏雨、春天的乡村、春天的心等。但经由意象组合与文字处理，因创作技法的灵活运用与对意象的精确把握，在浓郁的抒情性的立意背景下，简单意象的重组所表现出的情感却极为深邃、细腻且丰富，且显示出现代派艺术的浓郁气息。

在林庚的作品中，《夜》作为诗集《夜》的代表作，是林庚诗中具有代表性且最能传达阿克顿击赏中国传统文化意象的诗歌[1]，也是别具"现代派"气质的诗歌。阿克顿的译文将原诗的中国味儿，甚至是杜甫描述战乱诗的唐诗风，传神地从译诗中呈现出来。而诗中所奔突的"飞驰和超越"

---

〔1〕林庚：《林庚诗集》，清华大学出版社 2014 年版，第 6 页。

意象，也是"浪漫主义"的"想象"（imagination）精神的精萃。[1]

林庚的破题之句"夜走近孤寂之乡"即将夜拟人化，但是在中国古典文学中，物象拟人化是很正常的现象，如"铁马冰河入梦来""微阳下楚丘"等，能够反向带动情境的动态，以静示动，画面就鲜活起来。孤寂他乡，夜色走近，"近"这个动作是持续性且富有动态的，孤寂中无可奈何进逼的夜，而阿克顿的译文"Night enters the solitary region"将首句翻译得动态十足，中国古典诗歌所惯用的起兴手法，在此熟稔地移用了。

第二句"遂有泪像酒"，紧接着将无奈的状态写出，因无奈而有泪，引导读者转向泪的引申意象。阿克顿对此句的译文"So there are tears like wine"，合理地过渡了 night 与 tears 并不构成因果关系的语法逻辑。泪如酒，酒是浓郁甘冽的，也是容易挥发的，浓郁是愁，挥发是流走时间里凝固住的愁。首句的无奈，此时已成悲声，次句将首句破题引入深度悲哀的情境中，泪、酒作为意象，皆成为阐发愁绪的载体。

接下来，林庚再次用传统诗歌意象，整合出一段急促的诗歌节奏，将读者带入现场，气氛真实、情节紧张。"原始人熊熊的火光，在森林中燃烧起来。"火光、马蹄——墙内的人因无望回乡而苦，苦至极处，胸膛内的怒火化为现实中的烈焰。译句"The vigorous flames of primitive man. Blaze in the deep woodland."，借用了译语的英文引申意。"原始人"的"火光"，在原诗中借意象暗指被战争惨况所激越的人类原始情感，flames 不仅有"火焰"之意，亦有"强烈感情"的内涵。真正燃烧起来的火光是在无边际的幽闭森林中，阿克顿用了 blaze 译"燃烧"，巧妙地借用了 blaze 在英语中本应有的"熊熊燃烧"的本意，从而将表面可见的森林之火与潜在的心灵之火，通过内涵相接的意象合二为一。

在诗歌的高潮部分，飞驰、耳语的声音意象同时出现，正当泣不成声

---

[1] 陈国球：《视通万里，思接千载：论林庚诗的驰想》，载《中外文学》2001 年第 1 期。

时，转机降临了——"此时耳语吧，墙外急碎的马蹄声，远去了，是一匹快马。""Now is it whisper time."以现场感将读者带入"屋内"情境的同时，"Outside, the clattering of horse's hooves"，马上将视角转向同时正在发生的外部景象。一系列快节奏的意象，带着热烈、勇敢、胜利，墙内思乡人强压住激动的耳语，反衬出墙外将士们奔赴沙场的无畏与无私。"急碎"本并不等同于 clattering，虽然 clattering 以其在英语语境中拟声的"咔哒"，巧妙地点出了马蹄铁掌与地面相触的金石之声，强化了马匹奔腾的现场感，映衬着耳语者欢动的内心旋律。接下来，马蹄声的"远去"，并非"在远处"，而译诗中将这个渐远的状态处理成了既有的状态，即 far away。[1]

最后，诗人的话外音现身，"我为祝福而歌"，以亢奋的情绪横扫开端的沉郁悲冷。作者既非墙内人，也非墙外驰骋者，但是他的祝福是针对两个群体的，既祝福思乡者早日还乡，也祈愿英勇奔赴疆场的勇士们凯旋。最后一句话，既是对首句的对照与回答，也是对转锋处完美的收尾，全诗做到了起、承、转、合，从语言与形式上完全迎合了新诗的写作与审美要求，古典文学与新文学做到了相得益彰。阿克顿对原诗最后一句话的翻译，却完全将原文那种兼容并包、首尾呼应的双向"祝福"处理成了单向祝福。祝福的仅仅是 rider，而将墙内耳语的主人公、起兴的发起者，抛到了一边。这是西方译者不熟悉中国古典诗歌创作手法的缘故，这样的误译使得全文的逻辑链条出现了断裂。对于一首诗歌来说，诗歌语言可以出现一些解释上的省略，但是逻辑链条的割裂会影响到全诗的美感与艺术水平。从全诗翻译的总体水平上看，虽然收结处逻辑错位，但经由译语还原的战争场景与内心活动却鲜活生动，基本做到了对原诗"中国味"的传神表达。

阿克顿欣赏林庚善于描摹转瞬即逝的时间中的事物和感情，这也是从

---

[1] Harold Acton & Ch'en Sh'ih Hsiang, *Modern Chinese Poetry*, London: Duckworth, 1936, p. 112.

148

祖先那里传承下来的，但这种传承并不影响其对新诗的创新。阿克顿指出，一些站在不同创作立场的诗歌评论者对林庚作出了严厉批评，特别提到林庚诗中的严重混乱与隐晦。但从诗歌风格上看，有章法的隐晦与混搭恰构成了诗境的朦胧婉约，意象的错位与重组则表达了错综杂乱的情感，形式上的斑驳与语言上的古韵，恰是林庚的新感觉派诗歌对中国古典文学师法传承与探索再造的重要体现。阿克顿认为，在阅读中国古诗时，很多词句往往不是一眼就可洞穿的。白话文的特色，并不在于白话文的浅显易懂，而是通过浅显易懂的词句利用或传承古诗诗语，从而体现世界文学印象中的唯美中国梦境。

但白话文入诗与新诗形式革新所造成的诗境错位，使阿克顿在翻译林庚诗上不可避免地有所失误。如《中国现代诗选》选录的《沪之雨夜》，原意是为了表达现代文明的强势冲击下，旧思想与新环境之间的错位带来的怅惘。[1] 诗中主人公虽身处雨夜汽车鸣笛之都市中，却固执地怀抱古典的中国梦境，他"打着柄杭州的油伞出去"，但现实并不似他眼中所及的"檐间的雨漏乃如高山流水"，却是雨中的柏油路。他继而惊喜于耳之所闻，巷中阁楼上的"南胡"声传来，但随即他意识到，与"高山流水"不容于柏油路面和汽车鸣笛形成同类复调，古典的"南胡"虽演奏着"孟姜女寻夫到长城"，但纵使演奏古乐，也入不了古乐所传达的情境中去了。这种复调的错位情感寄托，象征现代文明与文化历史的脱节，也象征现代诗语与古诗情境的脱节，形似之处已无法再传神，只留下诗语与诗境所造成的空虚感。林庚在《沪之雨夜》中所呈现的现代诗"惯有的非逻辑关联的跳跃"，"在现代感性将一个旧有典故还原成一种具体的艺术感知过程之时，在诗的逆转所带来的反讽意味和空间张力中"，融合了现代电影艺术的蒙太奇与现代绘画艺术的聚合、超现实主义的通感想象，已完全打破了

---

[1] 林庚：《林庚诗集》，清华大学出版社 2014 年版，第 130 页。

传统古典诗歌的语言与章法。[1]

　　但如此复杂的情感复现过程，身为英语翻译者的阿克顿只能做到通过细腻地诠释"南胡"与"孟姜女"这类历史词汇来复现古韵，而未能精确翻译反衬古韵已逝的现代词汇。如译诗将"一片柏油路"译为 endless pavement，即"无尽的长路"，倒是比原诗更具悠远古韵，却忽略了林庚此时用"一方"可见的现代文明意象，是要与下文"是一曲似不关心的幽怨"句中手操古乐器却无从再回返历史遗韵的诗中人形成反向映衬的。因此阿克顿对"是一曲似不关心的幽怨"一句的翻译，将"似不关心的"译为 A tune of abstract long-forgotten sorrow，将"似不关心"的那层暧昧朦胧的"有意淡忘"，用"像是早已忘却了的"明确用语翻译，消解了林庚此诗所特有的模糊美与复调性。同时，对真正潜藏中国古韵的重要诗语，如"檐间的雨漏乃如高山流水"一句，却并未为"雨漏"与"高山流水"作注，反将象征愁绪的"檐间的雨漏"翻译成了"由屋檐而下的瀑布"（cascadesn from the eaves），而对"高山流水"也只用"高山上的水"（water from a high mountian）而未加注释，两个英文意象搭配显得古韵全无且莫名其妙。[2]

　　林庚诗之所以隐晦难译，不仅因为他处于并不为主流所认同的窘境，且因其在新格律诗的创作探索中，潜藏了新诗创作者对古诗新用的深邃思考。诗歌是难以翻译的体裁，阿克顿在诗语翻译上的"失误"，不仅基于其异质文化背景，还与林庚新诗创作中暗藏的创作实验有关。但阿克顿对林庚新诗的唯美翻译，使西方世界读者通过对诗境里中国印象的类比与再认，在新诗中"重拾"了这颗中国诗歌遗珠。

　　林庚的新诗创作始于新文化运动开展之后。在白话诗歌创作几乎全盘

---

〔1〕王元忠：《林庚的新诗写作和新格律诗理论》，载《兰州大学学报（社会科学版）》2006 年第 6 期。
〔2〕Harold Acton & Ch'en Sh'ih Hsiang, *Modern Chinese Poetry*, London: Duckworth, 1936. p. 116.

摈弃旧体诗传承的洪流中，在对西方诗歌的借鉴、仿效甚至照抄成为一时
风气的逆境中，林庚顶着在时代浪潮中阔步前行的师友、同行的偏见与舆
论压力，毅然站在了客观的传统文化审美与诗歌文学继承的立场上。而这
种果敢的精神，正源于他在新诗创作中被质疑的"仿古"，但这种"仿古"
意在于新诗中再现"盛唐气象"。"林庚通过自我选择，实现精神上的'二
重'解放，走上新诗自由创造的起点，并找到了新诗现代性追求与皈依传
统的契合之路。"但其走新感觉派的新格律诗所具备的"晚唐诗的自然与
幽深"，也成为其诗歌被诟病为晦涩与"仿古"的根源。[1]

　　作为一名以历史与文学全局观审视新诗发展方向的新诗创作兼理论探
索者，林庚以扎实的求真精神与卓越的探索勇气，为中国白话新诗创作留
下了典雅、唯美的一笔。林庚诗歌在西方世界的翻译与接受，与其在国内
所受到的质疑与诟病形成了鲜明的对比，从接受者反馈的层面，验证了他
在学术理论与创作实践层面改良与再现"盛唐气象"的文学理想，也为白
话新诗创作提供了一条古为今用的现实路径。在对外交流上，林庚白话诗
以精致而古典的韵味，延袭了西方文学世界对唯美中国的想象偏好，使得
其新诗探索在文学交流层面取得了实有性的成功。

三、唯美品甄：对新诗不同流派代表作的英译与再诠

　　《中国现代诗选》是阿克顿向西方译介中国新诗的一部代表性学术成
果，也是第一部向西方译介中国新诗的文集。在书的导言中，阿克顿以西
方诗人、汉学家的创作与研究双重立场来观照这场声势浩大的文学革命运
动，关注中国新诗史上重要作家，尤其重视新诗对中国古典文化的传承与

---

[1]孙玉石：《他的诗"更新，而且更是中国的了"——林庚诗学探寻与中国古典诗歌艺术之联系》，载《北
京大学学报（哲学社会科学版）》2010年第4期。

发展，突显了唯美主义诗性甄选观念与忠实文学原生艺术形式，即以诗译诗的译介观念。阿克顿于中国居留期间积极参与了《天下》月刊等中国文化西渐的文学刊物撰稿，并投身于中国文化向英语世界的传播与研究活动，成果颇丰。其中，在卞之琳的建议和支持下，阿克顿与其在北大英文系执教时的高足陈世骧合作完成的译诗集《中国现代诗选》1936 年由牛津大学出版社出版。在译作中，阿克顿选取了中国 20 世纪 30 年代分属于不同流派的 15 位新诗诗人的 96 首诗。从选取的诗人、诗作数量、诗作风格等方面，可以管窥阿克顿对中国新诗的评介态度。其中，有新月派的两位诗人徐志摩（HSU CHIH-MO）、卞之琳（PIEN CHIH-LIN）和创造社作家郭沫若（KUO MO-JO）的作品。但阿克顿对他们的诗歌进行选译的视角与篇幅与这些诗人在 20 世纪 30 年代的文学地位不符，且译诗风格与所持评价也与诗人的流派特点不完全吻合。阿克顿所采用的是一种诗性化、唯美主义的选择与译介标准，他和陈世骧以诗人的笔法进行翻译，使得翻译作品的诗性特色得到了传承和延展，展示了译作的美学价值与文学价值。

《中国现代诗选》选录徐志摩诗 10 首，包括 Two Moons（《两个月亮》）、The Fathomless Sea（《阔的海》）、For Whom?（《为谁》）、The Five Old Men Peaks（《五老峰》）、Life（《生活》）、By the Mountain Path（《在那山道旁》）、Midnight（《深夜》）、Mountains（《群山》）、The Snowflake's Delight（《雪花的快乐》）、In the Mountains（《山中》）。阿克顿将徐志摩称为"东方的鲁伯特·布鲁克"，肯定了他的新诗创作成就及其对中国新诗诗坛产生的巨大影响，并认为其超越种族的个性造就了其文化的适应能力以及对中西文学的博采众长。但是阿克顿也指出了徐志摩诗歌的缺点，即过于夸张、复沓的语言，与通过强调形式来营造浓烈情感表达效果的特点，使得其诗歌力度有余而不重章法，与中国古典诗歌的美感背道而驰。

阿克顿在《中国现代诗选》的导言中，指出徐志摩的诗歌充满热情，其中包含着形式与语言的美。阿克顿赞美徐志摩诗的意象精美、节奏有力，

时常还能通过灵感的切换，创设诗歌迷幻动感的情境，从而产生魔术般的
艺术效果。根据阿克顿的观点，徐志摩诗的创作高度在现实上局限于其生
命的过早结束，在文学上客观地表现为其"失度"的表现手法。在创作方
面，首先，徐志摩的感情生活与诗意情怀为其爱情诗铸就了肥沃的现实土
壤。在爱情诗的写作上，他开创了中国古典诗歌中未曾出现的，以强烈的
文字张力、诗行结构来表现爱情的先河。但阿克顿也指出，徐志摩的爱情
诗有时也因为强装热烈而显出疲于应付的空泛感。其次，阿克顿指出徐志
摩诗歌的结构特点造成了翻译上的空前困难：由汉语语境造成的魔术般的
诗意效果，在翻译中完全无法得到诗意化的表达。阿克顿以《深夜》和
《群山》为例，证明了徐志摩诗歌英译的难点，以及由英译带来的诗意的
流失。比如《深夜》一诗，原诗是：

深夜

深夜里，街角上，

梦一般的灯芒。

烟雾迷裹着树！

怪得人错走了路？

"你害苦了我——冤家！"

她哭，他——不答话。

晓风轻摇着树尖：

掉了，早秋的红艳。

　　这首诗歌的妙处在于，立意、意象与意境看似无心偶得，但又能浓墨
重彩地融合。作为核心的诗意，其立意的精巧之处在于，语言表层表意看
似明白，但是诗歌绝不能只明白说清一个表意，而是要将这种表意的外在
情景与内在心理状态双线结合地阐释——诗歌平铺直叙对艺术效果的表达

并无好处，浅显直白是隽永诗意的大敌。外在情景上，是深夜里的树经过了一夜的摧折，在晓风中，早秋的红果（抑或红花，象征着爱情的果实或花朵）被看似轻微的外力"晓风""轻摇"——这一"轻"，对应掉落的结果显得突兀。所以，从逻辑上补充完整的诗意，那么应该有一个很震撼的内在过程——这个内在过程就是内在心理状态。核心意象是，街角如梦般迷茫的灯光下，又因烟雾的包裹而更显得难以看清的树。树是有枝丫的，光照充足，可能往任何一个枝丫的方向集中生长，虽然迷幻，可是毕竟是一个相对确定的意象。正当意象初步确定，黑夜里亦可雾里看花时，一个静态中突兀的判断和一个现实中的鲜明场景，强势地植入寂静的场景中，推动了情感的高潮。黑夜与雾，不至于让人走错了熟悉的路，而且，相继而来的是一对青年男女的对话，"害苦了""哭""不答话"。没有应答，象征着现状下的受阻，并不因为前景迷茫而受阻——夜里有雾，灯光迷幻，不一定就会使人迷路；情侣相爱却不能相守，除非违背了世俗常理，否则也不至于要在深夜里私约、泪流。因此，内在层面是因为关系的不确定而受阻，客观层面是因为受到了心理无措的影响而迷路。最后，在需要"见光"的晓风中，红色的果实（花朵）以"微风"的借口而坠落，爱情也为之画上了句号，双线由此合并，并走向相同的结局。

阿克顿在《中国现代诗选》中的翻译如下：

Midnight

At midnight, in a corner down the street

The shafts of lamp-light were as dim as dreams.

The trees were drowned in mist.

No wonder people lost their way.

"You've wronged me，cruel enemy!"

She wept: —came no reply.

The dawn wind shook the tree-tops:
The fine flushed leaves of autumn fluttered down.

　　阿克顿在翻译的过程中，主语全程都是客观性的第三者，以上帝的视角在观照着双线进展，虽然把意思全都译出，可是并不能产生介入事件的真挚情感。译文的最大遗憾就在于，因主语固定致使原有的双线消失，客观上削弱了可能营造体认者切身情感的文本介质，从而让事件、物象、语言浮于真实的表意之外：以意境和意象的翻译为先，不能把握准确的情感发起人；主语的一成不变，限制了诗意的丰富层次与双重内涵的显现。在原诗中，"烟雾迷裹着树！怪得人错走了路？"两句情感丰富，衔接了现实与表意。若只是寻常描写景色，只需要客观冷静地去陈列景物即可，为什么需要有浓烈的感叹与质询在其中？原因很简单，也很不可思议，就是作者变身为诗里的主人公，走入了诗中。这时，主语既是诗人自己，也是诗中的男主角。那么，在翻译时处理成以 He 为主语的观察性语句，不仅可以将原文的情境代入，也可以避免下文省略了 He、直接引入语言情境而带来的主语转换的突兀。这点在翻译上若是作出调整，就可以使得全诗如原作一致——处于一个统一主语的写作环境下，有益于对诗意的连续性体认，也不会导致阿克顿在序言中所说的诗歌魔力因译介而全然消失的情况。

　　阿克顿《中国现代诗选》对徐志摩在中国新诗界的地位与成就均有充分肯定，并认为其早逝对中国诗歌来说是一个重大的损失。阿克顿在对徐志摩进行人格诠释的过程中，探究其诗歌与性格的关系，称徐志摩因具有一种可爱、天真的性格，达到了中国人所崇尚的"天人合一"的人生境界。阿克顿本人也崇尚天人合一，而且来到中国以后就以一名中国人的身份切身体认中国文化，也是天真性格与自然天性的践行者，所以他对徐志摩的评介既是对一名中国诗人的评介，同时也暗含了对自我的评介。

　　《中国现代诗选》中收录了卞之琳的 14 首诗，分别是 The Dream of

the Old Village（《古镇的梦》）、The Return of the Native（《归》）、The Grass on the Wall（《墙头草》）、On the Way Home（《还乡》）、Trust the Running Rivulet（《寄流水》）、A Piece of Shipwreck（《一块破船片》）、The Autumnal Window（《秋窗》）、The Heart of the Old City（《古城的心》）、Sea Sorrow（《海愁》）、Several People（《几个人》）、By the Wayside（《路过居》）、Friend and Cigarettes（《友与烟》）、The Demon's Serenade（《魔鬼的小夜曲》）、On the White Stone（《白石上》）。阿克顿指出，卞之琳写作新诗并不是试图创造一种文学手段，而是为了表达情调，即借助一种诗人个性化的新诗歌体式表达诗人之思。阿克顿对卞之琳诗歌风格的把握非常准确，认为卞之琳的作品表达的是一种复古的情绪，但是这种复古并非只是简单地承袭中国古体诗的传统，而是同时建立在被西方文化浸润的文化前提下，参与了对西方文学作品的译介。卞之琳在《雕虫纪历》中明确指出，诗歌创作之始——恰是阿克顿收录其诗作的时间段——正处于 20 世纪 30 年代中国文学仰赖欧美文学的左翼思潮期，面对社会与文学形式上的剧变，诗人虽有年轻人的表达欲望和热情思想，但是又不明确自身的写作方向，所以，"以凭吊开端，我写诗总富于怀旧、怀远的情调……总喜欢表达我国旧小说的'意境'或者西方所说的'戏剧性处境'，也可以说是倾向于小说化、典型化、非个人化，甚至偶尔用出了戏拟（parody）"。阿克顿将 20 世纪 30 年代卞之琳的诗人形象定位为一代新诗写作者——这里的一代，是以胡适、俞平伯等老一辈新诗创作者为参照。这一时期的新生代写作者，并不执着于口号式的创作思维，所以在对白话文更加熟稔的前提下，能够更加理性地看待中国传统文学的文化营养；再者，也不像早期新诗开拓者那样，一味地模仿欧洲的十四行诗等经典诗歌体式，而是自觉地追寻一种中西合璧式的、能够迎合新的时代语境与文化环境的诗歌艺术，用于表达内心的使命与追求。这种要求在 30 年代的卞之琳身上，是一种较为隐逸的风致。为人低调的卞之琳在诗歌上追求的也是一种"隔"——

156

恰如中国古典诗歌，刻意的"隔"，不仅不会形成理解的壁障，还能通过读者被动地参与文字体认而生成更丰富的意象和情感。卞之琳因其创作风格与低调个性，在诗中避开直接写明真人真事，并借用中国古典诗歌的经典表现手法来摹写真情，甚至可以自如地将人称和视角进行灵活地互换，采用西方的诗歌营养与文艺理论知识，服务于中国传统文化背景下生成的诗人灵气。

根据阿克顿的直观印象，卞之琳诗歌的独特魅力在于，他的诗歌既不故作深邃，又有直击人心的力量。在阿克顿与卞之琳交往时，后者已经在沈从文的帮助下出版了诗集《三秋草》。卞之琳的《友与烟》一诗，不仅被阿克顿收入《中国现代诗选》中，还被认为是多年以后仍旧能够撼动人心的佳作。阿克顿在其自传《一个爱美家的回忆录》中，总结了他所观照的卞之琳的诗歌语言特点，即风格的直白，节奏的自然与口语、习惯用语的运用。卞之琳师承闻一多的《死水》，故初始写作，即在诗歌创作第一阶段（1930—1932年）的写作，基本围绕北平周遭的社会现实与人文风物，并大胆地从写作对象、手法与语言方面进行了新的尝试。

首先，从写作对象上，卞之琳把目光对准了从前难登诗歌大雅之堂的事物，将之引入诗歌写作的意象范畴，对诗歌的意境重建进行了突破性的尝试。虽然卞之琳说只是寄情于"社会下层平凡人、小人物"，但是心怀天下这是诗歌创作入门的基准。卞之琳的忧郁并不是完全个人化的忧郁，而是有着社会根基的隐忧，这就为他锻造空灵的白话语言抹上了一层厚重的人文内涵。其次，在手法上以传统的借景抒情、借物抒情、借人抒情、借事抒情为主，抒发对历史事件与时代激变的感怀。再次，在以白话口语为创作基质的前提下，合并吸收了欧化句法与中国古典文言词汇及语法的精髓，诗体上兼用自由体与格律体。

卞之琳对自己的白话诗歌写作，无论在格调上还是语言上都有理性的要求。阿克顿在传记中指出卞之琳的诗歌回味悠长，但用语却并不深奥造

作，而且能够给人留下长时间的记忆。在格调上，卞之琳能够理性对待人
生，不把浅层的感悟浮于诗中，但又因诗人的敏感和沉郁，不时将浪漫的
运思熔炼于诗歌中，展现出人文主义的诗歌情感基调。因此，其作品中不
"为世所用"、包含了深邃个人化情绪的文辞，反而成了标杆性的范例，如
《断章》。在语言上，卞之琳对待西方诗歌并不持民族主义的立场，认为其
妙处即可为己所用，他既不排斥欧化，但也不过于古奥，能够迎合新文化
运动的主潮，又能够融中国文化的古今意境为一炉。正如阿克顿所赞赏的
那样，卞之琳对于新诗创作的态度是兼容并包的——中国古典诗歌、白话
文口语新诗、西方诗歌的语言与形式……都是他创作时的参考注脚。卞之
琳将自身诗歌纳入世界文学体系的一个重要立场，就是如他所言的"化古"
与"化欧"。

　　正因为卞之琳真正做到了对中西方诗歌质料的"博采"，阿克顿在
阅读时才时常能够有"似曾相识的感觉"：在卞之琳的诗歌里，既有李商
隐、姜白石诗词以至花间词风味的形迹，又有托·斯·艾略特《荒原》的
痕迹，还流露出叶芝（W. B. Yeats）、魏尔伦（Paul Verlaine）、里尔克（R.
M. Rilke）、瓦雷里（Paul Valéry）、奥顿（W. H. Auden）、阿拉贡（Louis
Aragon）与布莱希特（Bertdt Brecht）的诗歌意味，真正展现了对世界文
学的"拿来主义"态度。无论是中国人还是西方人，读来都能够又"隔"
又亲切，意境深邃而言语平实。正是卞之琳博采的诗歌阅读与学习态度，
使得其诗作具备了在东西方文学间巧妙融通的氛围。阿克顿在序言中也指
出，卞之琳深邃、恬淡、微妙、厚韵的语言特色，提升了阅读快感和想象
空间，但也使得译介难度大大提升。

　　阿克顿在《中国现代诗选》中，收录创造社诗人郭沫若新诗 3 首，即
Earthquake（《地球，我的母亲》）、On the Summit of Mount Hekilitsuyama
（《笔立山头展望》）、The Resurrection of Feng-Huang（《凤凰涅槃》）。阿
克顿在导言中指出，与徐志摩同样拥有浪漫情怀并对中国新诗坛产生重大

影响的郭沫若，其作品并不缺乏激情，但每每通篇都在重复经营同一种意象，过分强调结构所带来的形式感。首先，从对诗人的形象定位与作品期待来说，崇儒的阿克顿并不认同郭沫若诗歌情怀中那种不属于东方文化系统的非理性激越。阿克顿理想中的中国诗人，应有典雅的士人风范，不仅有"中国味"，而且还要拥有让人感到新异且心动的非西方风貌；而郭沫若的诗歌洋气十足，在经典传承与他者审美的角度，都与阿克顿对中国诗歌的预设背道而驰。其次，阿克顿指出郭沫若的诗歌大量使用夸张等手法，使得冲动淹没了诗意需要表现的现实，诗人自身情感的成分大大超过了诗歌自身的内容，而优秀的古典诗歌往往是将浓郁的思绪化为浅淡的表意，取其意味深长婉曲。

　　阿克顿在导言中认为郭沫若的诗歌恰巧走向了古典诗歌创作传统的反面，未来主义诗派的自动写作法所造成的诗歌高产，并不能够以量来提升诗歌的质地，无论是他的个人魅力还是诗歌风格，都令同辈国人为之咋舌。阿克顿在评述郭沫若诗歌时，反向引用了象征主义诗人魏尔伦的创作观点，即"不着色彩，只分深淡"。如果专门用比和兴两种手法，其弊端在于意思深奥难明，深奥难明往往文词艰涩；如果一味采用赋体，其弊端在于意思直露浅显，直露浅显往往文字散漫，油滑浮泛，致使文章失去控制，呈现出芜杂枝蔓的毛病。阿克顿直言郭沫若为了抒发感慨，宁可使文章失去控制，平铺直叙，不倚重现实甚至搞错现实，不仅难以翻译，而且难以理解。阿克顿在译诗过程中感到，郭沫若新诗与徐志摩新诗在翻译上存在相同的难点——由母语语境造成的强烈的诗意效果，在翻译中并不能体现出来。而且，郭沫若诗作中的无节制感叹部分，也造成了翻译上的困难——这些在中国语言文字中能够锻造格律效果的诗歌，在表达效果上是具有"爆炸性"的。阿克顿认为郭沫若的新诗在语言和结构的精巧上要逊色于徐志摩，其突显的主要是思想层面的创新，而诗意化的思想层面创新，又是通过语言的张力来加以渲染的。如果翻译无法表达出诗歌语言中的张力，

那么思想层面的优势也就随之湮没。对郭沫若受到极高评价的《凤凰涅槃》
（The Resurrection of Feng-Huang），阿克顿虽借用了中国佚名评论家的评
语，却在结句时，对其"力量、兴奋、速度"的立体主义写作效果并不认
同。但是，阿克顿的译作并非都以精致、尊崇中国文明为纲，以《中国现
代诗选》中所录的《凤凰涅槃》为例，在题目的翻译上，阿克顿就直接将
"涅槃"译为"重生"。"涅槃"一词源于佛教教义，因修道者看清世间万
相的虚与实，信任灵之往生不灭于轮回，所以在此生实相寂灭之后，一切
都归于清静、无苦的圆满往生。

　　阿克顿所看好的中国新诗，多是能够反映中国文化气质的诗歌，对于
西方诗歌形式与艺术在 20 世纪 30 年代中国新诗坛的泛滥，阿克顿并不认
同。因其所秉承的观念是，中国文学形式的变化与发展、规律的总结与结
构的演变，都要采用来自中国传统的诗学理念。而郭沫若在 20 世纪 30 年
代的诗人中，文学观念比较新潮，尤其是其早期诗作甚至常常夹杂了英文
和时髦的外来词汇，形式变化也大量借鉴了西方现代诗歌。如《天狗》中
的诗句："我是月的光，我是日的光，我是一切星球的光，我是 X 光线的
光，我是全宇宙的 Energy 的总量！"再如另一首也创作于留日期间的《笔
立山头展望》中的诗句："万籁共鸣的 Symphony，自然与人生的婚礼呀！
弯弯的海岸好像 Cupid 的弓弩呀！人的生命便是箭，正在海上放射呀！"
这种时髦的节奏感与表达方式并不为阿克顿所欣赏，但为了展现对作家全
貌的概览，阿克顿仍将《笔立山头展望》收录诗选。

　　阿克顿对具有中国文化特色、佛理浓郁的诗歌意象较为认同，故在郭
沫若的诗作中，选取了《凤凰涅槃》一诗，并特别为之配了一个冗长的说
明。他虽然在导言中引用了中国学者对《凤凰涅槃》的高度赞扬，但是并
没有作出正面评价。正如闻一多对于郭沫若的评价，认为他充满动感的诗
歌全然展示着 20 世纪的时代精神。而富有时代气息的郭沫若，使用传统文
学形象的原因在于，借鉴厚重的佛理"涅槃"重生，兼有中国文化经典意

象"凤凰"，以"比"之手法，隐喻处于贫弱与战乱的中国其实是在经历着一场苦修，而结局因明慧、虔诚而终将得到圆满。阿克顿是一位儒释道与西方宗教的融通虔修者，他对佛教的虔诚与兴趣，使得他对这首诗歌的意象十分关注，对这首诗歌的甄选展示了他对郭沫若诗歌在使用意象上的认同。

阿克顿在《中国现代诗选》的导言中，以敏锐的理论直觉提到中国的研究者擅长以门类之分来定位诗歌，即将诗歌依据语言特点、题材特色、时代风潮、仿效者的群体等，有机地切割为以某个或某几位重要作家为代表的流派。在流派形成以后，再以流派领袖的代表作与文学理论为代表，在诗歌阵营上开始与其他流派展开"各自为政"的创作，有时一个流派的艺术特点会对作家产生极大的制约，从而限制了艺术的自由发展规律。作为当时中国新诗流派之争的局外人，阿克顿对中国诗歌流派的评价，有其唯美主义与诗论批评上的客观性。这种观念也建构了阿克顿的"中国新诗美学个性化标准"，影响了阿克顿对译诗的选择。事实上，完全以艺术来划分诗歌美并无原则上的失误，但是会因为随意性、自由化而引发缺漏。以当下的中国现代文学史与中西比较文学译介学的观念来看，阿克顿在《中国现代诗选》中对于中国新诗优秀作品的甄选，眼光独道。尤其是在诗歌美学与翻译语言艺术上，他迎合了诗歌的纯粹美、意象美、形式美。译介上以诗译诗，翻译家本人就是优秀的诗人。在选译时还考虑到异质民俗意象、文化符号的融合，注重诗意美在译作中的传达，可称得上是精湛之笔，可读性极强。有些诗歌经翻译，较原作更好地传达出原作所未能传达的美感，甚至解读出其中的宗教韵味。因为在新诗的写作时期，西方文化在中国的影响力较大，新诗诗人在创作中要跨越文言文到白话文的语言障碍，同时也希望能够亲身实践西方诗歌的中国变革，于是大量借鉴了西方古典与现代诗歌。所以，阿克顿等在翻译诗歌的过程中，反而能够经由西方诗歌的创作笔法，还原出诗人的创作意旨与所借鉴的形式。但是，作为一部需要反映 20 世纪 30 年代中国诗歌成就概貌的诗歌作品汇编，《中国现代诗选》只可称得上是对于中国新诗的"精选"，抑或 20 世纪 30 年代中国新诗美篇汇集。若是需要系统地对 20 世纪 30 年代中国新诗进行分类与选译，并将成果结集并译介，则需要有更充分的诗歌来源与史料借鉴。如在原译作的基础上，再将品评客观化、诗歌分类化、译笔个人化，必将使这部诗集的学术参考价值得到更进一步的提升。

第二节　古诗翻译：中国古诗英译的视野与翻译策略

一、古韵为鉴：阿克顿与胡先骕译《东坡诗九首》始末

20 世纪 30 年代，学衡派主将胡先骕与阿克顿合作，在《天下》月刊发表译作《东坡诗九首》(*Nine Poems of SU TUNG P'O*)。胡先骕与阿克顿的苏轼译诗，本着浓烈的文化历史意识与复归传统倾向，向西方读者呈现了苏轼诗歌所蕴藏的游历意识、归隐意识、怀古意识、宗教意识与绘画意识。在翻译策略上，忠实于中国诗歌结构与意象，译本既富含诗意又倚重意境。胡先骕与阿克顿的合作是对古诗英译的尝试，核心在于借助译介中国古典文学巅峰之作，与新文学运动互鉴；同时，借助古诗翻译，为中国传统文学暗辟国际赛道，客观呈现来自西方文学审美与中国诗歌传统的声音，为中国新诗提供来自同源文化的"他者之镜"。

阿克顿崇尚中国古典文学，面对浩荡汹涌的新文学飓风，他立足于唯美主义视角与沉着冷静的品鉴观，看到了新文学狂飙与突进中的潜在隐患。阿克顿既积极向西方翻译新诗，又中肯地提出新文学需建立在对辉煌古典文字的继承与发展上，并阐述了对中国现代文学精神的深邃反思。他与胡先骕在《天下》月刊上合作译介《东坡诗九首》，不仅是对"昌明国

162

粹"的亲践，也以精锐唯美的译笔向西方呈现出最能代表中国文学峰值的儒士诗歌。而胡先骕与阿克顿的合译及《天下》月刊的国际文学平台，使得《东坡诗九首》不仅具有东西方文学交流的意义，还更进一步反映了学衡派及中国传统文学倡导者，经由汉学家与国际学术刊物所运帷的古典文学传播与影响策略。

《东坡诗九首》以唯美主义诗化译笔，力图将中国传统文学的精神与气韵呈现在东西方文学交流的脉络中，形成与新文学的呼应之势。古韵为新韵之鉴，脱胎于古韵的新韵，才能实现更好的文化传承与创新，这也是胡先骕与阿克顿秉承的中国现代文学发展观。译作《东坡诗九首》以精致笔触，引荐了苏轼这位中国古典诗坛大家，并向世界展出以苏轼为代表的中国儒士心灵画卷。译诗的丰富选题与脱俗译笔，不仅暗含阿克顿的中国文学观，更潜藏胡先骕与阿克顿深植的中国儒士情结与唯美"中国梦"，使阿克顿成为新文化运动潮流中特立独行的现象级存在。而苏东坡的旷达融通与胡先骕的中西合璧、阿克顿的"妙能汇通"，从内在气质与外在表现层面又形成呼应之势。古与今、中与外、佛与耶、古典与新潮、文言与白话，互相映照形成镜像的互鉴，使观者于巍峨古气中，比对今昔文笔，从而更客观地感知新文学运动中不一样的声音与目光。

20 世纪 30 年代，新文化运动形成的巨大声势加速了古典文学的倾覆。而作为中外文学交流的阵地，响应孙中山"天下为公"的倡导，由温源宁主编的《天下》月刊，以客观兼容的姿态将"融化新知"落到实处。《天下》月刊既是崇尚西方思想与文化者的发声平台，也是向世界展示中国新文学与古典文学的大播台，诸般评说撰著，无论派系与出处，尽付与天下置评。与胡适、陈独秀对新文学的倡导相应，梅光迪、吴宓、胡先骕等秉承文化理想主义与中华文学根脉，提出了对新文化运动与古典文学之间的折中方案，即"昌明国粹，融化新知"，并创办了著名的《学衡》刊物，发表了大量旧体诗词文赋等作品。

　　阿克顿以北京大学英文系原主任温源宁主编的《天下》月刊为阵地，
在仅有 56 期的《天下》月刊中，先后投了 9 期稿件，其中包括文论、新
诗歌翻译、古典诗歌翻译、中国古典戏剧翻译、昆曲剧本译介、史料研究
作品等多种文类的撰稿。他不仅向西方译介了第一部中国新诗歌集（即
《中国现代诗选》），同时也与胡先骕合译了苏轼古典诗歌，发表在 1939 年
2 月第 8 卷第 2 期的《天下》月刊中。除了翻译苏轼诗，早在 1931 年，阿
克顿尚未来到中国之前，就与李宜燮合译并出版了冯梦龙"三言"中的四
则故事。可见，阿克顿不仅接触到中国古典小说，而且对古诗翻译有了大
胆的探索。

　　在翻译苏轼古诗之前，阿克顿与陈世骧合译的《中国现代诗选》是他
们向英语世界推出的首部中国新诗译作。阿克顿对中国古诗的推崇，要更
甚于新诗，他选译新诗的重要标准之一即是传承文学古韵、共鉴唯美经典。
秉承唯美主义思想的阿克顿，试图向西方介绍的，是最值得西方读者欣赏
并借鉴的中国文学。但来到北京的阿克顿，在新文学运动的宏大声势与白
话作品大量产出的一派火热情形中，不无忧虑地发现，20 世纪 30 年代白
话文对传统文言与创作理论的颠覆及西方文学对中国文学的剧烈影响，使
新文化运动后的中国文学界处在对新文学形态与创作理论的急剧整合期。
大量不成熟的作品急剧涌现，无根的派别与技法频出，对西方文学蹩脚生
硬的模仿乃至抄袭，几乎完全颠覆了阿克顿对唯美厚重中国文学的最初印
象。因此，在尝试翻译大量新诗之后，阿克顿再次将目光转向了中国古典
文学。

　　但阿克顿对中国古诗的偏爱是显然的，他所甄选的中国新诗，具有鲜
明的古典风格。在《中国现代诗选》导言中，他对中国古诗格律的定位，
是"准确而又壮丽的措辞"。谈及古诗技法，阿克顿在导言中引用《红楼
梦》"香菱学诗"一节，认为中国古诗中的部分作品固然有繁复与雕琢的
缺点，也为学习过程立下了令人望而生畏的要求，但藉此断章取义，放弃

滋养中华文化千年的语言与文学母题，就等于连同中国古诗中的优秀人文传统与文学成就一起丢弃，并不明智。阿克顿援引胡适在 1914 年 7 月 7 日写于《自杀篇》后记中的新诗创作经验："吾近来作诗，颇能不依人蹊径，亦不专学一家。命意固无从摹效，即字句形式亦不为成法所拘，盖胸襟魄力，较前阔大，颇能独立矣。"但阿克顿例举其诗作《蝴蝶》(1916)，指出其象征与形式、语词都并不锐意求新。在《中国现代诗选》中，他未选录胡适的任何一首作品，甚至说胡适钟爱"改写欧洲诗，甚至大大方方地将扶轮社的口头禅羼入诗中"。有了这些讲理据而又毫不客气的评论，阿克顿在胡适接管北大英文系主任一职后受到冷遇，便不足为怪。以胡适、陈独秀等为先锋的新文化运动倡导者，企图断然抛弃古诗这一"旧瓶"，让未及备好的"新瓶"新诗理论与"新酒"白话文迅速占据中国文学主流地位，从体量上并非难事，但新理论与新语言，在短期的磨合中产生的巨大问题却不容忽视，达到乃至超越古诗高峰也实难一蹴而就。

1932 年，38 岁的胡先骕计划"将苏东坡诗词译成英文，准备携往欧洲以饷西方人士"。胡先骕筹划将代表中国古典文学高峰的苏轼诗英译，以期在新文化运动炽盛时期，让西方读者领略中国传统文学的美感与智慧。而此时正值阿克顿初到中国之际，二人均定居北京任教。[1]胡先骕此时任静生生物调查所所长，并在北京大学与北京师范大学讲授植物学，阿克顿在北大英文系执教。爱好相近、见解趋同，使二人有了相识并合作的机会。二人便借助苏轼诗合译，向西方世界呈现中国古典文学之美。但 1932 年阿克顿初抵北京，不通中文，因此二人合作的模式，先由胡先骕将诗译成英文，再由阿克顿以诗语润色。[2]除了翻译苏轼诗，阿克顿还在《一个爱美家的回忆》中提及，搬到北河沿恭俭胡同时，计划合译《东坡诗九首》的

〔1〕王咨臣：《植物学家胡先骕博士年谱》(一)，载《海南大学学报(自然科学版)》1986 年第 1 期。
〔2〕严慧：《1935—1941：〈天下〉与中西文学交流》，苏州大学博士学位论文，2009 年，第 91 页。

胡先骕正在翻译中国经典戏剧《长生殿》，阿克顿则在着手中国通俗小说
《镜花缘》的翻译。阿克顿直言，"世界文化的边界在迅速缩小"，而这些
选译的篇目已为世界四分之一的人口所详悉，提升它们的影响力是一件值
得投入的工作，"我无所顾忌地投入这项文化工程，好像其他的事情都变
得不那么重要了"[1]。

　　在此之前，阿克顿曾与翻译家李宜燮合译冯梦龙《醒世恒言》部分篇
目，并结集为《四则训诫故事》，于1931年出版。这部译作既涉及中国
通俗文学，亦有中国古典诗词，为阿克顿与胡先骕合译中国古诗奠定了实
践基础。此时，阿克顿正雄心勃勃地进行一项汉译研究计划。他说："我
觉得自己是中国式思维方式的载体和媒介，我可以为欧洲人选择的每一部
译作正名，哪怕用上超现实主义标准。"他的目标是："向英语世界读者
引入一个中国通俗文库，我愿意为其中的每一部作品付诸努力，直到希特
勒发动战争。哪怕它们已与我们所处的时代并不相融，我也要为之奋斗终
生。"[2]

　　胡先骕（1894—1968），字步曾，号忏盦，生于江西新建治坪洲。胡
先骕曾祖胡家玉为道光朝探花，官至都察院左都御史；祖父胡庭风为光绪
朝探花，曾代理两广总督；父亲胡承弼为举人，官至内阁中书。[3]胡先骕
是中国植物学奠基人、教育家、文学家、诗人，有《忏庵诗稿》存世。早
在1912年，留美的胡先骕就以"忏庵"为笔名，将诗词发表在《留美学
生季报》，而同一时期在《留美学生季报》上发表古诗词的有胡适、任鸿
隽、陈衡哲、赵元任等。胡先骕于1914年加入南社，推崇"同光体"，却
对提倡新文学的胡适"仰慕殊久"，将"适之宗兄""引为同调"，虽志
学"农林山泽"，却忧心于中华文化衰微，愿与胡适一同"恢弘圣道"。

---

[1] Harold Acton. *Memoirs of an Aesthete*. London: Methuen, 1948, p. 365.

[2] Harold Acton. *Memoirs of an Aesthete*. London: Methuen, 1948, p. 365.

[3] 朱鲜峰:《中国近代高等教育史上的"学衡派"》，浙江大学博士学位论文，2016年，第23页。

166

但胡先骕曾对王咨臣说，自己与胡适都在美国留学，自己学的是科学，胡适专攻文学，但"我却读过外国小说四百多种，胡适之只读过二百多种，不及我的一半"。胡先骕中西文学皆通，曾于 1922 年到 1924 年间，为晚清诗人、词人撰写评论；同时，深受白璧德思想影响，"主张以中国文化为主，在模仿继承传统的基础上，融入西方文化，达到中西合璧艺术创造"[1]。只因"新青年派"与"学衡派"为不同的文化理想南北对立，在与胡适的论战中，胡先骕也全然站在为中国古典文学发声的前沿，立场鲜明地指出："欲创造新文学，必浸淫于古籍，尽得其精华，而遗其糟粕，乃能应时势之所趋，而创造一时之新文学。"[2]

1919 年白话文运动发起前，以留美学生为主，围绕对中国传统文化、文言文及白话文的意见分歧，分成两个文学流派："学衡派"以梅光迪、胡先骕、吴宓等人为代表，认同、捍卫中国传统文化及文言文，并创立《学衡》杂志，主张"论究学术，阐求真理，昌明国粹，融化新知。以中正之眼光，行批评之职事。无偏无党，不激不随"；"新青年派"以陈独秀、胡适、鲁迅、李大钊等为代表，提倡科学、民主和白话文新文学，认为西方文化的发展水平高于当时的中国文化，主张全盘西化，意图打倒文言文，推行白话文，文化阵地为《新青年》杂志。

在胡适、陈独秀等发起的白话文运动如日中天之时，胡先骕发表《中国文学改良论》一文，拥护中国传统文化。据"学衡派"主将吴宓回忆，"《学衡》杂志之发起，半因胡先骕此册《评〈尝试集〉》撰成后，历投南北各日报及各文学杂志，无一愿为刊登，或无一敢为刊登者。此，事实也"[3]。发《评〈尝试集〉》也成为《学衡》创刊的重要动因。胡先骕和阿克顿皆曾事诗歌创作，胡先骕古体诗作颇丰，是学衡派的主力干将，与

---

[1] 胡启鹏:《胡先骕传》，教育科学出版社 2010 年版，第 115 页。
[2] 胡宗刚:《不该遗忘的胡先骕》，长江文艺出版社 2000 年版，第 116—118 页。
[3] 吴宓:《吴宓自编年谱》，三联书店 1995 年版，第 228—229 页。

阿克顿主张以历史、传统、继承的眼光客观对待中国文化改革运动，反对全盘西化的文艺倾向一致。但胡先骕的观点恰非彻底反对新文化运动，在《梅庵忆语》中，他主张发行《学衡》杂志"求以大公至正不偏不激之态度，以发扬国学介绍西学"，将《学衡》发展为可与北大新青年派旗鼓相当的文学阵营。

在对新诗的写作方式产生质疑并提出个人见解的同时，阿克顿借助《天下》月刊的学术平台，不仅向西方译介中国新诗，还本着浓烈的文化历史意识与复归传统倾向，与胡先骕一道试图经由该刊向西方读者呈现苏轼诗歌所蕴藏的人文精神与文学精髓。

胡先骕作为南社成员与学衡派主将，坚决地站在了捍卫传统文学的阵营。与发起新文化运动的学者一样，胡先骕成长于传统中式文化环境中。六岁识万字、七岁赋成诗、有"神童"之誉的他，十一岁得座师沈曾植提携保送，接受现代科学教育。十九岁赴美国加利福尼亚大学攻读森林植物学，并与留美同学共同发起创立"中国科学社"。二十九岁再次赴美，于哈佛大学攻读植物分类学哲学博士学位，此间创作大量古体诗词。胡先骕是胡适白话文运动的反对者，是胡适在北大期间的竞争对手温源宁的得力干将。虽然胡先骕与阿克顿的合作并不构成一种文化观的合流，但这确也是阿克顿在北京大学英文系执教时与胡适间的尴尬经历的实证。胡适与温源宁属于不同的文学阵营，文化理念相左。胡先骕则是温源宁在主理《天下》月刊时期的重要撰稿人，主要方向是中国古典诗歌与中国古典诗歌理论的译介。

胡先骕与阿克顿的古诗翻译合作，核心在于借助译介中国古典诗的卓越篇章，为新文学运动与新诗创作提供反向镜鉴。

阿克顿认为，全盘弃旧的白话新诗凭借完全相异于古诗作者的创作观，无法于短期内以完全不同的语言表达与创作理论达到古典文学千年来锻造的高度。两千年来中国诗人斟酌的意境与锤炼文字的习惯，不可能瞬间因白话文的代入而变得汪洋恣肆，且古诗中的中国儒者气质与新诗中的杂糅气质迥异。

阿克顿在《中国现代诗选》的导言中指出，虽然从译者的角度上，受欧洲语言影响较大的新诗看似易于翻译，但易于直译全然不等同于精译诗意。部分新诗无章法的重复与怪诞语法造成了冗长句式，脱离文学传统以及浅显借鉴西方诗歌的离奇表达，不仅加大了准确翻译诗意的难度，更使新诗新意有余而诗意不足，且语法与语言多有经不起推敲之处。[1]无论是阿克顿还是胡先骕，在新文化运动风潮中，历经冷静观察，最后都站在以时代文化需要为出发点，理性继承中国文学传统的立场上。胡先骕以弥尔顿、但丁与中国的陶谢李杜作比，认为"诗家必不能尽用白话，征诸中外皆然"。谈到建立新的文学，则将"文学"与"文字"作了重要区分——"文字仅取达意，文学则必于达意之外"，"非谓信笔所之信口所说，便足称文学也。今之言文学革命者，徒知趋于便易，乃昧于此理矣"。[2]历史语境不应因追求新知、摆脱落后而被弃置不顾，诗歌中的史感与史料更不可因求新而为过于新巧的时代语汇所轻易取代。在维新派领袖康有为"更搜欧亚造新声"以入诗、"诗界革命"先声黄遵宪"我手写我口，古岂能拘牵"的倡议下，在初起的新诗中，甚至有用外国英雄替换中国英雄，以大量翻译词汇入诗的现象，突破了中国传统诗歌的审美阈限，而既有的古诗标准却被全然束之高阁。胡先骕亦认为黄遵宪所作《人境庐诗草》"仅知剽窃新名词"，满纸声光电与西方名物，远逊自己所作五百余字《水杉歌》。

胡先骕借助《学衡》与《天下》月刊所发起的守护中国传统文化的努力，为新文化运动提供了另一种采信经典的视角。而学衡派与新文化派

---

[1] Harold Acton & Ch'en Sh'ih Hsiang. *Modern Chinese Poetry*. London: Duckworth, 1936, pp. 23—25.
[2] 胡啟鹏：《胡先骕传》，教育科学出版社 2010 年版，第 111—112 页。

在《天下》月刊中的对垒，实质是中西文化碰撞中中国文学寻求发展的两种文化观的呈现。"余则喜东坡，追少陵与昌黎，于近人则嗜散原与海藏。"[1]《东坡诗九首》合译，始于胡先骕对苏轼诗的钟爱，亦发端于阿克顿基于中国现代文学精神的反思——"每个民族都有自己的创造性和批判性思维，除非中国文学发展能循序渐进，且保留着一种历史感，否则人们不能不为中国文学的未来而不安"，历史感基于文化记忆，对文化的新视角也无法完全脱胎于历史中的文化记忆。[2]而历史意识与回归古典，并不代表中国现代文学发展的趋势，而是给发展中的新文学与蓬勃兴发的新诗创作，提供一份可供重构的文化记忆母本。

阿克顿与胡先骕，一位是醉心中国文学的汉学家，20世纪20年代新唯美主义、新现代主义与牛津文学之翘楚，一位是学贯中西的古体诗人、学者、科学家，二人皆怀传递中国传统文学气脉的理想，超越了异质文化壁垒与欧洲中心论的桎梏。而《天下》月刊作为中国古典文学与新文学的客观聚焦点与传播平台，旨在以"天下为公"为出发点，不同派别的撰稿人藉《天下》分享优秀中国文学，既非一味求新，亦非因循守旧。二者的合译，忠实再现苏轼诗的精神与文学高度，兼融传统中国文学与西方诗歌美学，译者的创作背景与文学功底，成就了中国古典诗歌英译典范。

胡先骕与阿克顿合译苏轼诗，既不是有心参与学衡派与新文化派的文学争斗，也不是存心与新诗潮流相对立，偏走中国古典文学翻译的路径。在翻译中国古诗之前，阿克顿已英译大量新诗，并对中国现代文学与新诗作过深入研究；胡先骕也用白话文翻译了赫胥黎的《天演论》，以代替严复的文言译本。阿克顿与胡先骕的苏轼译诗，恰在他即将离开中国的1939年2月发表，而此后在继续中国文学翻译的过程中，他不再涉及新诗及白

---

[1] 胡宗刚：《胡先骕先生年谱长编》，江西教育出版社2008年版，第62页。
[2] Harold Acton. "The Creative Spirit in Modern Chinese Literature". *T'ien Hsia Monthly*, Vol. 1. No. 4. November 1935, p. 387.

170

话文作品，而是将目光回溯到融中国古典文学与戏剧艺术为一体的昆曲剧本与中国戏剧艺术上。阿克顿依照翻译内容，以唯美主义的苛刻标准甄选合译者，但在译笔的诗性与传统性上，无一例外地选择了国学功底极深的学者。他所要经由译本向西方世界传递的，是最具有经典性的异质文学形态，而并非参与派系之争，阿克顿在回忆录中也从未提及自己属于任何一个学术派系。但他对转型时期的中国新文学提出的关于继承传统与创作技法的建议，及其译本所呈现的唯美性与古典性，充分地诠释了他"古韵为鉴"的译介策略与创作理论。

既译新诗也译古诗的阿克顿，推崇传承性、技巧性、唯美性与人文性兼备的中国文学，为中西文化密切交融时期的新文学活动热潮客观呈现了来自西方文学审美与中国诗歌传统的声音。同时，立足于中国文学研究者的身份定位与汉学使命，他以古典文学为鉴，以诗化译笔极力还原作品的精神与高度，为中国现代文学与新诗创作提供了一面具有同源文化底色的"他者之镜"。阿克顿希望借助经典古诗翻译，以苏轼诗为例，呈现中国古诗的唯美古韵，同时排除传统近体诗冗繁铺张的技法，充分展示中国古典文学的人文性与唯美性。胡先骕与阿克顿合译古诗，为 20 世纪 30 年代的中国传统文学开辟了一条与中国新文学并举的国际赛道。在新诗探索之初，《东坡诗九首》以古韵为鉴，旨在以正矫枉，阻邯郸学步，强调从中国古代文学经典中汲取语料与语法，让古典文学在新时期阐发出新的形态与表达，这恰是以积极且客观的姿态投入新文学形式与语言的探索之举。

二、唯美仕人诗风：《东坡诗九首》的翻译策略

在新文化运动时期，胡先骕与阿克顿皆立足于拥护中国传统文学，拟借《天下》月刊将中国文学经典推向西方世界。胡先骕与阿克顿将苏轼诗作为中国仕人诗的最高成就，不仅将其作为西方人了解中国古典诗歌的窗

口，且将唯美主义与仕人精神作为对苏轼诗的翻译理想。通过合译《东坡诗九首》，他们将"他者"与自我关系融于译诗的文化内涵中。在翻译策略上，他们力求从"体""肤""神""貌"四层面，还原苏轼诗歌语言真髓。

苏轼诗以其智性与博雅、诗画一体的意境与豁达通透的哲思，代表了中国仕人诗的最高水平。20 世纪 30 年代，苏轼九首不同体裁的古诗，被拥护继承古典文学的学衡派文论家、植物学家胡先骕与热爱中国古典文学的阿克顿共同作为中国古诗的经典之作进行翻译。胡先骕与阿克顿以"译者式合作者"（translator-collaborator）与"颠覆性作家"（subversive scribe）的双重身份[1]，旨在向英语世界读者展示中国诗歌文质兼备的译文范本，并借助《天下》月刊这一国际文学交流平台，将《东坡诗九首》英译并推向域外。《天下》月刊向英语世界翻译的中国作品以白话文学为主，甚至当时年轻的文人新秀如沈从文、老舍、李广田、陈梦家等的作品都被选入，而浩瀚的经典传统文学并不占据译介主流。虽然《天下》月刊并无显著学派之分，但从英译的作品篇幅上，新文化派显然占据主场，这对《天下》月刊创刊之"天下为公"意愿已有所偏离。

虽新文化运动在引进西方经典层面作出重大贡献，但以胡先骕、辜鸿铭、林语堂、阿克顿、洪涛生等为代表的"保守的人文学者"与"保守的汉学研究者"，却被置身于新文学运动边缘，乃至作为文化"守旧"的反例。然而也正是被主流的新文学运动边缘化的他们，"将中国文化的一些重要典籍译成主要的世界性语言，尤其是英语"，从而让英语世界的读者得以经由精湛苏轼诗译作管窥中国文学的恢宏与智慧。[2]学衡派主将胡先骕与阿克顿所持的中国文学发展观，皆为立足传统、摸索前路，坚决捍

〔1〕Jerry Munday. *Introducing Translation Studies: Theories and Applications*. New York and London: Routeldge, 2001, p. 153.

〔2〕王宁：《翻译在新文化运动中的历史作用及未来前景》，载《中国翻译》2019 年第 3 期。

172

卫传统经典的文化地位与既有成就，因此他们在翻译时更偏向于中国古代文学。胡先骕是"南社"成员，其文学创作以古诗词为主，立场鲜明地持有以传统文学为根基的文学发展观。阿克顿作为汉学家，虽翻译了中国第一部英语新诗总集《中国现代诗选》，向世界呈现中国新诗总体面貌，但随后其翻译笔触即转向中国古典文学，尤其是古典戏剧的英译与研究。他在《中国现代诗选》导言中，指出中国古典诗歌的重要地位与新诗发展对传统诗歌应抱持的态度——中国新诗的发展，不能抛弃历史感与传统经典，中国新诗创作应平等对待欧洲诗歌与中国诗歌传统，并将二者融为一体。

胡先骕与阿克顿合译的《东坡诗九首》，所选诗作皆为反映仕人苏轼笔力与情怀主题的代表作，而非学术界对苏轼经典作品的普遍定位。传统文化的功效，在苏轼诗作里集中反映在其士大夫意识与士大夫情趣的流露，既具政治层面的情结，亦有传统士大夫在生活层面的雅趣。[1]具有浓郁仕人精神的东坡诗，其题材与境界既迎合胡先骕和阿克顿对中国古诗的高度定位，又与二人融通哲思、羁旅天涯、寄情山水、追求隐逸的心灵状态相呼应。更重要的是，经由东坡诗的情怀与题材、画境与诗境，《东坡诗九首》译作较为系统且集中地向西方读者熔炼了中国诗歌经典，是向世界传播中国传统文化、讲述富有中国特色的"中国仕人故事"的译诗载体。

《东坡诗九首》对译作题材的甄选，暗藏自我定位为"仕人"的胡先骕与阿克顿的生平遭际与思想经历，借东坡诗的翻译，达到"仕人"情怀的复调传播。由《东坡诗九首》译诗可管窥 20 世纪 30 年代中外文化人士学贯中西特定群体的精神风貌与文化偏好，且译作对诗歌语言与意境力臻完美，又同时具有文学审美价值与文学交流意义。胡先骕与阿克顿试图通过选译《东坡诗九首》，再现仕人苏轼原诗的文采、风格与文学仕人的精

---

[1] 杨海明：《论唐宋词对传统文化的传承——以苏轼词的"士大夫化"为"切口"》，载《江海学刊》2003年第 5 期。

神风貌，是中国古典文学丰富形态与内涵的例证。译作宗旨是用唯美的英语诗歌语言，达成对苏轼仕人精神超越时空的共鸣，亦是胡先骕与阿克顿超越东西方诗歌语言屏障的大胆尝试。然而，在译作选材与文化内涵上，最突出的是东坡诗的"仕人之风"，这也是胡先骕与阿克顿所认同的中国仕人诗歌典范，亦是二人自我定位为"仕人"的心声写照。

以思乡于宦途为主题的《澄迈驿通潮阁》(*Teng Ch'ao Tower at Ch'eng-mai Post Station*)，为苏轼赴廉州途中离儋耳过澄迈时所作，诗笔清雄，乡愁绵稠且炽热。苏轼于诗成次年去世，作诗之时仍在海南任上。而与此形成复调，游子的思乡情结对胡先骕与阿克顿来说都是最深厚的人生主题，以此作开篇，二人将乡愁借译作序列推上了至高点，为组诗定下了沉重的情感基调。阿克顿于十一岁离开意大利，依次踏上伊顿、牛津求学之路，一生两遇战火，长年海外漂泊，历尽人世之险厄、人情之淡寡。而胡先骕十一岁县学考试，补博士弟子员，称府学庠生，以龙尾取录，并于次年离家赴南昌接受现代科学教育。二人皆年少成诗，早慧却早年离家的怅惘、历经战乱漂泊的离思，与经世致用的人生观、放眼世界的壮怀形成剧烈冲突，尽付于二首思乡曲中。译诗时，虽胡先骕与阿克顿均处盛年，但几逢人生坎坷，已有"倦客愁闻归路遥"的无奈、"青山一发是中原"的怅望，借《澄迈驿通潮阁》中的鹭鹳意象作比，期待也能生出双翅，振翮还乡。

苏轼历经宦途坎坷后，一心向往致仕，却因才华出众被极力挽留。他曾有"忠献公既以相三帝安天下矣，浩然将归老于家，而天下共挽而留之"之叹，最后年老病故在被敕书召回的路上。[1] 以羁旅思乡为基调，在接下来的选译中，胡先骕与阿克顿融合审美偏好，本着中国仕人诗文的几大主题，借东坡诗传达中国传统文学境界与人文情怀。若考虑苏轼整体诗作的

---

[1][宋]苏轼撰，[明]茅维编，孔凡礼点校：《苏诗文集卷十一·醉白堂记》，中华书局1986年版，第344页。

成就与风格，《东坡诗九首》并不全面，但它服务于译者传递主旨与情怀的目的。经由东坡诗的选译可见，译者的抒情立足点是"羁旅仕人"，在题材与情感层面均经此展开，因此并非只选译苏轼名篇。

以出尘于山水为主题的《泛颍》（Boating in the River Ying），为 55 岁的苏轼在远离党争后，于颍洲任上自在游湖的记游之作，诗笔清新。"苏轼既是怀道义、安固如山的仁者，更是一位达于事理、周流无滞的智者"，以"水"为对象创作了大量诗作。[1]《泛颍》中只有湖水，而绝无自伤恚怼，人游湖欲戏水，水鉴人而戏影，自然天真之状，吏民皆笑话"使君老而痴"，但苏轼却不因湖水戏人而恼，只道非水薄相，"与我相娱嬉"。"传统仕人对于安身立命、修齐治平的忧患最终达到一种无忧而达命的境界"[2]，正如苏轼通过与自然合一，与自然之间互动并实现精神能量的传递，并通过同为造物的自然与自我之间，实现存在意义互证与价值判断。如《泛颍》中，颍水"清澈恒常成为某种持守之力的象征"，苏轼在水"易变"后的"不变"中更加确定自我的表象易变实本性不变，从而经由赞颍水"涅而不缁""磨而不磷"等，影射自我的通达淡泊、空宇自守的廉洁笃志。[3] 而阿克顿与"水"则有天然相接之缘，不仅天真纯粹，且崇奉唯美主义的他曾以水作喻，将水作为模拟唯美主义的意象。他将流动不息的水视为智慧的象征，同时将唯美主义也定位为如水般融汇万物的智慧理论。

苏轼开悟通达，不仅天真戏水，以湖为镜，且欲拾取腾云，揽入襟怀，崇尚且自在联通于自然，成就以旷达于云气为主题的《撷云篇》（A Song of Cloud-gathering）。《撷云篇》则是苏轼藉天人合一观与自然天真对

---

〔1〕阮堂明：《论苏轼对"水"的诗意表现与美学阐发》，载《文学遗产》2007 年第 3 期。

〔2〕张景臣：《中国传统仕人的忧患意识研究》，载《河南师范大学学报（哲学社会科学版）》2008 年第 3 期。

〔3〕宁雯：《苏轼自然观照中的自我体认与文学书写》，载《文学遗产》2017 年第 6 期。

话的典范，将无形无声的云气拟人化，"遇云、装云、放云一系列举动本就充满童真，'好言相劝'的加入更使得这一过程成为认真的游戏，就像儿童全身心投入想象的世界"〔1〕，与胡先骕同自然之间的天真互动形成跨越时空的共振。1938 年胡先骕还曾以枚乘《七发》"原本山川，极命草木"作云南农林植物所的所训。胡先骕崇拜自然如宗教，献身植物学，常年采撷标本于山川，经历万千险峻的同时，遍览祖国瑰丽山河，身心在自然中得到放逸，成就了天真率直的性格与纯净豁达的人生观。胡先骕少年师从沈曾植，并随其学习宋诗。虽在南社与"同光体"内部派别的江西派陈三立、汪辟疆、王易、王浩之间有密切互动关系，但胡先骕诗并不一味强调生涩奥衍，胡先骕诗文宗法杜甫、韩愈、苏东坡、黄山谷。〔2〕"同光体"的源头之一江西诗派，自宋以来对苏轼与黄庭坚极力推崇，并不位列"一祖三宗"的苏轼以文、哲入诗，诗风行云流水、智趣横生，用语既磅礴酣畅又空灵质朴，极受胡先骕青睐。

　　苏轼一生历经多次别离、远谪，自嘲"衰怀久灰槁，习气尚馋贪"之际，于"归卧灯残帐，醒闻夜打庵"的孤独与寂寥中，在"白发已十载，青春无一堪"的落寞与反思中，"兼具儒家用事之意志与道家超旷之襟怀的双重修养"的苏轼始渐得儒释道三昧。〔3〕但其怀人诗非只怀人，其写景诗亦非只为寄怀起兴，他在遭际中领悟"也无风雨也无晴"，将儒释道作为安放心灵的净土，无穷苦难使他得以跳脱世事无常，以佛道之理，参透"不能言"的非实有之相，并将儒家礼仪与仕人修为作为人生修行的标杆。在《东坡诗九首》翻译之际，译者胡先骕与阿克顿皆渐入中年，海外飘泊与人事沉浮，使得人生遭际与别离主题的诗占据了译诗中三分之一的篇幅，也反映出此时二人的遭际与心境。

---

〔1〕宁雯：《苏轼自然观照中的自我体认与文学书写》，载《文学遗产》2017 年第 6 期。
〔2〕胡启鹏：《胡先骕传》，教育科学出版社 2010 年版，第 119—120 页。
〔3〕叶嘉莹：《词学新诠》，北京师范大学出版社 2008 年版，第 105 页。

《和子由渑池怀旧》（*Answering Tzu-yu*）怀人于旧迹，却传递了豁达乐观的思想境界，"泥上偶然留指爪，鸿飞那复计东西"充满了对挫折一笑而过、不着于心的坦荡与智慧。毕竟命运多舛，不免悲慨于挫折，但这恰是其天然心性，虽有喜悲却不附着。胡先骕与阿克顿的人生也达到了这样的境界，他们因失意而通达，心态因知苦厄而柔软，祖国与"第二故乡"的名山大川成为放逸襟怀的大千世界。写作《过岭二首》（*Over the Mountains*）时，62 岁的苏轼已走在人生的最后一站，"一片丹心天日下，数行清泪岭云南"，豁达如苏轼，亦知晓"投章献策谩多谈，能雪冤忠死也甘"。而此际花甲之年左迁海南能再调回京，"氄氄"落雨如泪如雪，洗刷了多年的无尽冤屈。但《东坡诗九首》只取此诗起兴处，诗以"氄氄"雨启心扉、以"氄氄"雨伴行程、借"氄氄"雨洗沉冤，三用"氄氄"，意象绵密黏稠，译诗选录段落重在泣诉，因此并未将之后壮怀与豁达语一并列出。而为增其"贤人去国"之失意，《出颍口初见淮山是日至寿州》（*A First Glimpse of Huai Mountains from the River Ying*）中"我行日夜向江海"的漫漫行路，别过的友人隔空相互怅望，"故人久立烟苍茫"的烟雨葱笼、缠绵不休，恰与《过岭二首》（其二）的三度"氄氄"两两呼应，更增思乡与离愁，而人世悲慨与塞途无奈，尽付迷离烟雨中。而在胡先骕与阿克顿的异国生活与事业地图中，被误解与对立的窘境频频发生，甚至威胁到仕途与性命。几番笔战硝烟里，多少无奈辛酸中，异乡的苦雨、昔日故旧的针对与疏离、战事中的万马齐喑，固然使事业与生活负担更加沉重，梦想与现实之间的冲击却更坚定了他们坚守文化真传统的初心。

"自熙宁二年至元丰二年，东坡诗文中被御史们列为攻击朝政直接罪证的作品，大约诗歌五十首，文十余篇"，苏轼虽年少成名，但后因"乌台诗案"与"元祐党争"，历尽颠沛流离。[1]"有感于古今君臣遇合之难，

---

〔1〕巩本栋：《"东坡乌台诗案"新论》，载《江海学刊》2018 年第 2 期。

君圣臣贤，君臣相得，有为于世，功业建树"[1]，曾一度是苏轼的人生壮图，但经宦海沉浮，苏轼渐生隐逸之心，虽"贤臣"之志未尽，但思归净土、将隐园田的思想已浮出水面。心境复归天真之后，苏轼试图奔马骋怀，再次借诗境摹绘中国士人的灵魂归栖与入仕间的矛盾状态。虽此时胡先骕与阿克顿正当壮年，但明确以仕人自居的文化身份定位，与中国士人之雅志适配，方能安居且致用于斯土。借陶然于净土的《扶风天和寺》（*T'ien Ho Temple at Fu Feng*），苏轼于朱栏碧瓦间感悟慈悲喜舍，驻足间可慰百回头，世事生死无常恨，佛门内也无欢喜也无忧。而抒发思隐于田园之志的《涮阳早发》（*Starting Early From Li-yang*），开篇基调就是"富贵本先定，世人自荣枯"，意气人生、执念争名，最后往往碌碌无为、事与愿违，无常铁律当前，则更进一步明确了"种藕春满湖"之志。待将一切常俗放下，却能无功无名漫求天真，反圆满心中凌云之志，得放怀于妙笔之《韩干马十四匹》（*Fourteen Horses Painted by Han Kan*）。"韩生画马真是马，苏子作诗如见画"，既是盛赞韩干画功，亦是自得于诗笔菁华。这首题画名篇，既写马，亦写人，既夸画，也赞诗，良马与壮怀相呼应，名画与好诗堪匹配，意象若争驰于马蹄间。然而笔峰一转，如此好马与壮士、名画与奇诗，"世无伯乐亦无韩，此诗此画谁当看"。此篇置于《东坡诗九首》之末，意味发人深省，既是仕人超脱达观之语，亦为怀才不遇之叹。而胡先骕与阿克顿在历尽人事风涛之后，亦借苏轼的仕人之笔，将人生沉淀、点化擂台于无形，返璞归真于纯粹唯美中国仕人诗的守护者与传播者身份上来。

　　《东坡诗九首》的翻译思路迎合了翻译社会学的本质，即"再现他者与自我的关系"，在跨越文化差异时，选择保留原著的风格，试图还原

---

[1] 庆振轩、云耘：《苏轼君臣观的演进与超越》，载《福建师范大学学报（哲学社会科学版）》2018年第1期。

"自我"与"他者"的原初差异，在存疑与差异性中保持联动，从而使读者与著者暗中形成打破时空阈限的思维互动，在陌生文化碰撞中，经由异质文化再诠，使译作获得更多信息量。[1] 九首译诗主题的线索，既合乎传统诗歌起承转合的美感，亦是胡先骕与阿克顿对中国仕人故事的理想脉络安排和二者对仕人理想形象的寄怀。人间正道是沧桑，初时的张扬、行路的曲折、百折后复归释然，与放空后的超脱坦率，恰也是二人所认同的中国仕人故事与中国仕人精神样板。

为在译诗的内容与形式间获得平衡，在翻译策略上，胡先骕与阿克顿对《东坡诗九首》的翻译忠实于诗歌结构译语旨在"以诗译诗"，明晰意象、重构意境，力求在体、肤、神、貌四个层面，于异质文化语境中还原诗人精神气质与诗笔雅韵，展示中国古诗成就的最高境界。

首先，于"体"层面，译作在诗歌框架上借鉴中国古典诗的文体特征与诗歌结构，力图在英语层面尽可能准确地还原原诗体例与表达效果。"与西方的表音文字不同，汉语起源于象形文字，现行的文字绝大多数属于形声字"，"汉字能更为直观地引起读者对于意象的联想"。[2] 而建立在汉字表意系统顶峰的诗歌文体，其"完美而又多变的形式，诗所表达的或婉妙或豪宕而又舒展自如的情绪，以及那似有若无只能意会的诗意和韵味，很难设想能用另一种语言铢两悉称地传达出来"[3]。尤其在中国古典诗歌翻译中，以《东坡诗九首》为例，体裁有七绝、七律、七言排律、五律、古风等，在抒发仕人精神中，各种形式传达不同效果。而与之相对应，译诗须在翻译中保存并传达不同文体的缤纷华彩与丰富内涵的多样性。

《东坡诗九首》译诗保留原诗的句式与句数，七言重刻画，五言重志

〔1〕高博：《"求异存同"：翻译社会学视域下庞德〈诗经〉译本再解读》，载《复旦外国语言文学论丛》2017 年春季号。
〔2〕吴珺如：《中国古典诗词曲赋英译的翻译美学思考》，载《福建师范大学学报（哲学社会科学版）》2009年第 4 期。
〔3〕罗洛：《译诗断想》，载《中国翻译》1985 年第 9 期。

怀，因此在译诗篇幅上，五言较七言的阐发性更强，七言以直译为主，五言辅以意译。有时，基于英语读者阅读习惯与理解角度，刻意"歪曲"原诗语义，反而达到了忠于主旨的效果。

相较于工整的七言律诗，七言排律的翻译就更为大胆奔放。九首中译得最工整的是《和子由渑池怀旧》，但译诗对语意与结构的忠实恰保留了这则七律含蓄与影射的特点。与《和子由渑池怀旧》有着类似特点的五律《扶风天和寺》，在译语上亦采用极度工整的表现形式，译语工而寓意丰，译语丰而寓意实。重于描绘具体情态并蕴个体意识于意象情态中的《泛颍》与《撷云篇》，译诗参差辉映，充满主观化视角与对诗境的描摹意识。

在对疑问句、反问句、感叹句的处理上，译者面对古诗中大量关联词、语气词等的复杂语义，如"乃是""何堪""何似""无使"等，实现了在英语语义中的平稳过渡，即在忠于原著的同时，以最贴切的语式传达出原诗寄怀。如《过岭》原诗远较选译部分更长，但首句"七年来往我何堪"是统领长诗的起始点，按字意解释，是"七年的来往奔波岂是我能忍受"，但其实诗意在借此句引领下文"难堪之状"，并非只是一句悲慨总结。而译诗把握结构关窍，将悲慨处理成"How shall I bear for seven years the journeys to and fro?"，以"How"开头，答案是开放式的，因此下文三段关于七年来奔波的辛酸由是展开。

在创作经历上，译者阿克顿是新现代主义诗歌的创作者与践行者，早在翻译中国诗歌之前就有大量创作经验，是 20 世纪 20 年代牛津诗歌改革的"助产士"；而胡先骕则偏重"同光体"，注重诗文辞采与质地，强调对传统古典诗歌的传承。二者均有大量诗歌创作经验，《东坡诗九首》合译注重诗歌体裁的典雅性与传统性，为英语读者接受东坡诗提供了规范准确的译作。

其次，由于在宋代仕人观念中，"审美活动不再是被批判的对象，而是提高主体心性的重要途径，生活审美化意味着一种高雅的生活方式，并

180

成为士人的普遍追求"〔1〕，因此，在"肤"层面，译作以唯美主义标准、"以诗译诗"的技术要求，尝试打磨迎合英语诗歌读者阅读习惯的诗歌。同时，又在诗语表达、韵脚、对仗与炼字、用典部分，尽可能还原东坡诗的美感与神韵。

中国诗语中的表达，有难解难译之处。如《扶风天和寺》的"临风莫长啸"，译诗将"长啸"译作 whistle，显然既不贴合原意，表现力也弱得多，虽曹植《美女赋》中有"顾盼遗光采，长啸气若兰"可解作"吹口哨"。苏轼喜用"长啸"，在表现怡然旷达情绪时，"长啸"确可作"吹口哨"解，如《和林子中待制》中句"早晚渊明赋归去，浩歌长啸老斜川"。但在《扶风天和寺》末句，"长啸"形容悲怆之态，应取司马相如《上林赋》中"长啸哀鸣，翩幡互经"之意，即"大声呼叫"。下一句紧接着是"遗响浩难收"，"遗响"译作 echo，取"回声"之意，而 echo 还可解作"共鸣"。对"遗响"的诠释不仅确切，而且情态生动毕现，缓释了"长啸"在翻译准确性上的不足，然而"口哨"于空中回响，终究不如呼号本意更能达意。虽然语意转换与典故化用上译诗仍有诸多可斟酌之处，然而在最考验译笔的对仗与炼字上，译诗着实有惊艳的笔触。以格律最严的七律作例，《过岭》中有"梦里似曾游海外，醉中不觉到江南"，"梦里"是千千万万个梦中，而"醉中"只指代眼下这次大醉，因此译诗将"梦里"译作 In dreams，而准确地将此次"醉中"译为单数的 a daze。

阿克顿钟爱中国古诗，胡先骕则是有大量近体诗创作经验的南社诗人，二者在诗作风格上都偏向唯美复古。二者选译的东坡诗涉及大量自然景色，不仅具有字面上的画意，更重在其以诗志情、以诗纪年、借诗穷理的"言志"意识。译者既要理解诗语，亦需回溯诗人此时的心态与妙悟，

---

〔1〕梁海：《物欲的批判与超越——生活美学视域下的宋代士人鉴藏审美观念与实践》，载《江海学刊》2017年第 1 期。

这就给译语预设了双重使命。字面与内涵的双重语义，给译者带来重大挑战。尽管在翻译时，"译语文本是由译语文字和文化所承载的，但译文的内容和思想来源于原语文本"，因此译语只应忠实于原文内容与思想，只尽量在译语层面与概念结构内涵上，力求表达方式与其他概念域内容实现整合，在挑战译者激活同一概念在译语文化中的各种翻译可能时，确保读者领略到的译诗不失本意与本味。[1]

再次，于"神"层面，忠实于中国古典诗歌对意象的偏重，集中突出神韵，烘托主要意象。在译诗中，关注主题表达与意象之间的联通性，并通过符合诗人潜在心理的译语，准确地翻译意象，创建读者可感知的具体意象及其所承载的心理变化。胡先骕与阿克顿在翻译中国诗的过程中，面对的最大问题之一就是，如何借助合适的译语，突破传统中国诗歌意象翻译的瓶颈。

意象在源文化环境中，是作者与读者之间为取得表达与阅读上的双向审美而在文化缺省（cultural default）层面做出的默契合作。如"柳""雁""梅""桑"等，在汉诗作者与读者之间，只需要对应的意象即可同入意境通衢。但在英译过程中，由于"原文语言符号所负载的文化信息与相对应的译文语言符号所负载的文化信息往往并不平衡"，所以对译诗者在诗歌语言的转换与进行目的语相应文化信息补偿层面，提出了极高的要求。[2]

在意象提炼上，苏轼堪称大家，他时常取画作喻，在下笔前选定契合的意象，再细观摹绘其状貌。"传神与相一道。欲得其人之天，法当于众中阴察之"，方能"萧然有意于笔墨之外者"，诗画合一，终能以形写神而空其实，暗通潜在的妙境——一种诗境，两重意思。如《和子由渑池怀

---

[1] 王斌：《整合翻译再论》，载《上海理工大学学报（社会科学版）》2011年第1期。
[2] 曹明伦：《谈翻译中的文化移植和信息补偿——兼答"自学之友"栏目读者的相关问题》，载《中国翻译》2012年第4期。

旧》，看似意象在"渑池"，志在"怀古"，但其实关键意象在"飞鸿"，
即"鸿雁"。基于对中国仕人文学的理解，"经过不断学习实践即教育过
程并有所成就方能'成人'，才可以获得入仕的资格与能力"，"只有那
些'学而优'的君子才最终拥有参与实际政治事务的真实资格。这样，政
治在实际运作中将全民政治转变成精英政治"。[1]仕人之稀缺，犹如鸿雁
具有清高、洁净的象征意义，都有高洁精英的内涵，但"鸿雁"这一外显
意象与"仕人"的潜在意象，在英语文化中皆不能很好地引起读者共鸣，
古文英译后的译语将"鸿雁"与"仕人"表层与潜在的意思都尽失了。以
"鸿雁"的翻译为例，在《卜算子·缺月挂疏桐》中，许渊冲就曾将"孤
鸿"译作 a swan，取英语语义中天鹅高傲、纯洁之意。此为翻译上完全倾
向英语读者的阅读习惯，却忽视了诗语的中国味道。为忠实原文，《东坡
诗九首》在译文中仍将"飞鸿"译作 flying goose，即正在往远方飞翔的
大雁。远飞代表不流连，而无论地上留下多么鲜明的爪印，然而鸿飞之状
犹生命之流逝、命运之无情。唯有领悟天地不仁，化自身为空有，无论哪
条路都是如此，"Everywhere and in every way"，坏壁已朽，不应再留连于
"旧题"。但此处将"旧题"译为 script，是"笔迹""脚本"之意，而
非字面上的"旧日题诗"，较直译更将已失的人生脚本与失意足迹借人生
大道加以清空，译笔亦传神。"脚本""笔迹"较"题诗"更是对无常与
空无的智慧领悟，既呼应主要意象"雪泥鸿爪"，又暗合主旨的"无迹可
寻"，执着于生死只是留恋尸骨埋藏的"新塔"，而放空向前则此刻的"困
塞"与往日的"崎岖"都将成为时空长河中的过往，亦如飞鸿踏雪泥。因
此，对此诗题翻译更见功力，不提"怀旧"，更不提"渑池"，也不说"应
和"，而只是 *ANSWERING TZU-YU*，即对子由答复对人生的体悟。

---

[1] 刘鹤丹：《学而优则仕：人的政治天命——对孔子政治思想的一种哲学理解》，载《孔子研究》2017 年第
2 期。

意象是诗之眼，不仅具有贯通诗歌情感的线索性，亦有升华诗意、擢升现实思维的思辨性。意象翻译的精确与否，直接决定了译诗与原诗之间的内在联系是否建立，而围绕意象所延展的行文气脉，更考验了译者对古典诗歌结构的把握能力，意象散则神散，意象贯通则诗意愈明。而《东坡诗九首》对意象的把握能力与诠释能力，集中反映了阿克顿与胡见骎作为诗人与译者的诗歌创作功底与语言驾驭能力。

最后，于"貌"层面，基于东坡诗原有的意境，并融合英语读者的阅读与感受习惯，试图还原苏轼于不同心态与遭际中呈现在诗作中的游历、归隐、怀古情怀，并融入宗教意识与绘画意识，从而突破异质文化间的历史与语言隔阂，尽可能真实地塑造可读、可观、可入之诗境。在语言、情绪与感触等层面，经由译作呈现不同风格的苏轼译诗，力求使英语读者体认以东坡诗为代表的中国古典诗歌的妙境与成就。

东坡诗、书、画皆工，曾有"诗画本一律，天工与清新"之说，其所赞许的"疏澹含精匀"出于天真淡泊与简远旷达的胸怀，吐心声之时兼传墨趣，以平淡妙远、浑然天成为诗画的最高境界，因此有"文章翰墨，照耀千古"之誉。《东坡诗九首》中，既有含蓄的言志诗，亦有清灵的写景诗，有奔腾恣肆的题画诗，也有细腻哀婉的咏怀诗。《澄迈驿通潮阁》的倦客愁归路，归心被黄昏吞没，鹭、浦、山、桥等有颜色的景物，连同乡愁，都被吞没于"晚潮"中。译诗将"晚潮"译作 eventide，并未因"潮"而误将"晚潮"作潮水，亦不因上句有"秋浦"而想当然地以为"潮"为秋浦之潮，而是准确地以"暮色吞噬了一切"，将"晚潮"译为暮色黄昏，避免了表达上的夸张与失误，因此更直接地将读者带入无边的黑暗与寂寥中。

相较于前诗忧郁的情境，《泛颍》的"流水有令姿"，"姿"在翻译上并不采用符合中文表达习惯的"姿态"或"气质"，而是用符合英语表达习惯的"真正的魅力"，因为"姿态"是单纯描述性的，用于此展开后文

184

意境之端，易于诱导读者认为，下文不过就是在描述颖水的状态，而原诗只是借"姿"阐发颖水与人格之间的融通共鸣之处，人与颖水有相同的魅力，因此互相吸引、兼融。此处的精确译笔将整个意境以潜在的真正内涵统领于一词，"姿"译作 genuine fascination 而非 posture，显出译者对东坡诗的理解维度，与对意境和用词的把握能力。[1]

之前有颖水戏老叟，《攓云篇》中的老叟弄云，则将云之钝与叟之捷，并列于"逼仄人肘胯"中，但云飞入车，只是 cumbering，累累赘赘，挤入车中，而满车中的云雾，则再吞没了肘与胯。但老叟捉云，则是"搏取"，译文用了 caught and clamped，为更贴切的"捉取"，使手笼云雾的形象更加生动活现。[2]而融天真放旷心性于奔马中的题画诗《韩干马十四匹》，"不嘶不动尾摇风"，译作"Nor whinnies nor moves but swishes the wind with his tail"，将"尾摇风"的字面意义即"尾巴在风中摇摆"，译作"swishes the wind with his tail"即"马尾扫出嗖嗖的风声"，使得马尾之情态与甩动的风声都近乎可观可感，译出传神之笔。[3]译者在表达原文意思时，其实质是将原文的概念与意境所表达的内容转移（transfer）给译文读者，通过新语言交织过程，"在译语中找出恰当的句型"，从而形成等量的内容投射。如此既能与原文结构与概念吻合，又能在修辞和效果上与原文匹配，这不仅考验译者的语言与创作水平，更是对语言隐喻系统在异质语境下调配与再创造能力的检验。[4]

胡先骕与阿克顿对苏轼诗的英译，既基于中国诗韵的传播目的，亦参与苏轼诗歌感染力在英译过程中的再现与重构，复现其神形与咏歌嗟叹的节奏。1963 年马宗霍亦曾提及，"宗宋"的胡先骕"初从山谷入，微觉律

〔1〕H. H. Hu & Harold Acton. "Nine Poems of SU TUNG P'O". *T'ien Hsia Monthly*, 1939（2），p. 183.
〔2〕H. H. Hu & Harold Acton. "Nine Poems of SU TUNG P'O". *T'ien Hsia Monthly*, 1939（2），p. 185.
〔3〕H. H. Hu & Harold Acton. "Nine Poems of SU TUNG P'O". *T'ien Hsia Monthly*, 1939（2），p. 189.
〔4〕王斌:《隐喻系统的整合翻译》，载《中国翻译》2002 年第 2 期。

度过严，无以自骋，转而向东坡"。1939 年卢弼提及胡先骕时，引用其
对东坡诗的评价，言及"东坡之诗多含禅理，遣词造句，时露超逸"，流
露出对东坡诗理趣与文质的击赏。相较唐诗的浪漫与大气，宋诗在苏轼与
黄庭坚引导下，走上"以文字为诗，以议论为诗，以才学为诗"的路径，
"时事、谈笑、谐谑、人情、物态，无不可寓于诗中"，而在形式上，融
"铺叙、议论、博依广引"等，"文理自然，姿态横生"。[1]阿克顿虽不谙
熟苏东坡诗歌，但作为一位融通儒释道耶的汉学家，他向往禅理与隐逸的
仕人境界。

　　阿克顿在《中国现代诗选》的甄选与翻译中，曾力排众议选录林庚的
大量新诗。林庚"受王唯与苏东坡影响最大"，仕人诗风与恬淡诗境深得
阿克顿青睐。阿克顿认为，林庚新诗之所以动人且厚重，恰在于他的诗思
起处、取材用典与成诗章法不是无本之木、无源之水，而来自具有悠久历
史与辉煌成就的中国诗歌气韵传承。[2]固然《东坡诗九首》无法完全重现
原诗语言与格律，但却借助诗化的英语翻译，使苏轼内涵与表现形式极为
丰富的仕人诗风，尽可能以还原格律的形式呈现给西方读者。固然诗歌经
由翻译会损失部分韵味与原有意义，但阿克顿以诗人的笔触与唯美主义的
追求，力求"以诗译诗"，借助诗化译本，实现了中西诗境的一次平移。

　　克兰默 - 宾（Cranmer-Byng）在评论汉诗英译时提出，译汉诗者"必
须首先把自己浸透在汉诗作者的文化传统之中，体验他们的严谨沉默，有
力的暗示笔法，他们那惊人的色彩敏感性，尤其是他们对于创作主题的切
身的艺术修养"[3]。而胡先骕与阿克顿英译的《东坡诗九首》，即是自觉作
为翻译诗语与目的语文化的"浸透者"。二者以精巧翻译策略，重在融原
著精粹与深刻意旨，并以译笔传神，凭借对汉诗英译自觉的创造性叛逆，

〔1〕蔡镇楚:《中国诗话史》，湖南文艺出版社 1988 年版，第 74 页。
〔2〕Harold Acton & Ch'en Sh'ih Hsiang, *Modern Chinese Poetry*. London: Duckworth Press, 1936, pp. 28—29.
〔3〕方重:《陶诗英译的实践与心得》，载《中国翻译》1984 年第 3 期。

186

跨越语言与文化，将中国古典诗歌的高峰平移向世界文坛。《东坡诗九首》既将东坡诗作为中国文学标杆，置于英语语言参照系中，又通过合译者的翻译策略，赋予译诗在英语语境下的全新面貌，"使之能与更广泛的读者进行一次崭新的文学交流"，延展了东坡诗的艺术生命，使其在异质语境下获得重生。[1]

《东坡诗九首》既准确地传达了原诗意旨，又立足情怀与文质两个层面，针对不同文体与题材，忠实客观地展现了东坡诗的人文情怀与美学境界。而在翻译策略上，对原诗体、肤、神、貌的还原与迁移，既兼顾了潜在思想，又迎合英语读者的审美习惯与理解方式。纵在翻译中有些微调整变异，但意译较直译，在表达晦涩的禅意与意境时，更能转达中国古诗含蓄笔法原貌，于意象与意境的建构中，也更能调动西方读者借鉴既有语汇深入真实的诗歌情境，从而领略中国古典诗歌深刻且丰富的情态。

---

〔1〕〔法〕埃斯卡皮：《文学社会学》，王美华、于沛译，安徽文艺出版社 1987 年版，第 137 页。

第四章　阿克顿的中国小说翻译

第一节　冯梦龙小说的域外传播：阿克顿的人文性与唯美化诠释

阿克顿与北京大学英文系学生李宜燮合译冯梦龙"三言"作品，结集为《四则训诫故事》在英语世界发表，拓宽了西方世界了解冯梦龙"三言"作品的思想维度。译作《四则训诫故事》的甄选视角，突出了冯梦龙"三言"的人文主义精神，打破传统译著选材的伦理禁忌，使译本主旨更真实地反映"三言"的创作动因与人文风貌。阿克顿以其纯粹唯美主义文化思想，将"以诗译诗"翻译笔法与忠实原著中国风格的直译策略结合于译作中，使译文呈现出浓郁的异域风情与绮艳文风。

冯梦龙的"三言"（《喻世名言》《警世通言》《醒世恒言》）作为西方世界知名度极高的中国通俗小说经典，其翻译作品自18世纪以来相继问世，成为西方世界了解中国自晚明后市井生活的现实主义典范之作。在众多译作中，阿克顿的"三言"译本《四则训诫故事》由于选材视角与译作风格的大胆尝试，且融汇了阿克顿的纯粹唯美主义文化思想，所以影响力很大，堪称"三言"英译著作的典范。

20世纪30年代，阿克顿离开牛津文化核心圈，前往中国进行汉学实践，力求在中国文学经典中寻求唯美主义理论注脚。在1932年前往中国前，阿克顿已通过阿瑟·韦利、翟理斯、理雅各等著名汉学家的英译本，阅读了大量中国哲学著作、诗歌与通俗小说，对中国文化面貌有了较为深入的了解。阿克顿在其汉学生涯中，沉浸于中国文化氛围中，体会到中国之美的精髓，并萌生了探寻中国文化之美的研究计划。在逐步深入考察与体认中国文化的过程中，阿克顿意识到中国文化的人文性与唯美性是可以与世界共享的文化资源：中国文化之美，能使人重拾平和心态，因美无阶级且不论贫富，而冯梦龙的"三言"充分展示了市民阶层的天然个性与市井生活，是中国人文主义小说的最佳案例，迎合了阿克顿以人为本的唯美主义译介指向。阿克顿打破当时以西方文化为标杆的偏狭认知，计划开启一场"中学西渐"的浩大文化译介工程，即英译中国各个门类的经典，而对冯梦龙"三言"的译介，就是这个学术专题的代表性成果。

《四则训诫故事》是阿克顿唯一一部中国小说译作。他选择"三言"篇目的视角，打破了伦理禁锢与世俗偏见，突显了冯梦龙"情教"思想与人文主义精神；在翻译手法上，以唯美主义笔触呈现中国通俗小说的绮艳风姿，"以诗译诗"笔法突出了冯梦龙作品的诗意化特征，以直译手法保留"三言"译本的中国特色与原著风貌，将冯梦龙的通俗小说进行人文性与唯美化的双重诠释。

一、冯梦龙"三言"域外译介与阿克顿译本

学界对冯梦龙"三言"的定名，原拟定以"新刻古今小说"为题，待第一辑出版后，才定下《喻世名言》《警世通言》《醒世恒言》三个书名，作为第三辑的《醒世恒言》，"出版于天启丁卯（一六二七年）。三辑各收四十篇，共一百二十篇"[1]，与凌濛初的"二拍"同被视为研究中国古典短篇白话小说的宝库，但"三言"成就较"二拍"更为突出。"三言"在

---

[1] 冯梦龙：《警世通言》，人民文学出版社 1981 年版，第 4 页。

清朝曾被列为禁书，一度失传，"鲁迅在一九三〇年编写《中国小说史略》时，还没有看到'三言'全书，只看到《醒世恒言》一种"[1]。较之该书在国内的散佚与被禁，在 17—18 世纪欧洲"中国热"中，《今古奇观》作为第一部被介绍到欧洲的中国小说集，反而被争相翻译而风行一时，身影甚至留在了歌德与席勒的信中。

至 20 世纪初，华裔汉学家也加入"三言"翻译队伍中来，如哥伦比亚大学东亚学系汉学教授、著名文学评论家与翻译家王际真（Wang Chi-chen，1877—1952）于 1944 年翻译"三言"选译本《中国传统故事集》（*Traditional Chinese Tales*）；长期担任剑桥大学东方学院（Faculty of Oriental Studies）汉学教授的张心沧（H. C. Chang，1923—2004）于 1973 年出版《中国文学：通俗小说与戏剧》（*The Chinese Literature: Popular Fiction and Drama*），选译了冯梦龙的"三言"作品。华裔汉学家以对中国文学传播事业的热忱及对中国社会文化现象的深入诠释，极大地推动了"三言"译介的广度与深度。

近年来，国内对"三言"进行了典籍英译，译介研究工作正规模化展开。"美国贝茨大学杨曙辉教授与其夫人杨韵琴合译的《古今小说》（*Story Old and New*）、《警世通言》（*Stories to Caution the World*）和《醒世恒言》（*Stories to Awaken the World*），分别于 2000、2005 和 2009 年由美国华盛顿大学出版社出版。"[2]杨曙辉、杨韵琴夫妇首部"三言"全译本历时 15 年，汇集 120 个"三言"故事，"并且遵从原著对故事进行两两配对的原则和顺序，更是指译本包括了原著中所有的眉批和诗词，以及出版者的扉页和前言"，向英语世界读者忠实展现了原著的全貌[3]。

纵使在 20 世纪 30 年代，西方"三言"的译介程度已较为深入的情况

---

[1] 缪咏禾：《冯梦龙和三言》，上海古籍出版社 1979 年版，第 85 页。

[2] 王华玲、屠国元：《"三言"翻译研究史论》，载《湖南科技大学学报（社会科学版）》2017 年第 6 期。

[3] 颜明：《既明内美，又重修能——"三言"首部英文全译本评介》，载《中国翻译》2013 年第 2 期。

190

下，作为独立翻译与研究者的阿克顿还是找到了创新突破口。阿克顿（与北京大学英文系李宜燮合作）只选译冯梦龙"三言"的四则故事，1931年，首个译本《舟中的爱：四则训诫故事》(*Love in a Junk: Four Cautionary Tales*)由美国 ACE Books. Inc. 出版社刊行；1941年，再版译本《如胶似漆：四则训诫故事》由伦敦金鸡出版社（The Golden Cockerel Press）出版；1948年，译本更名为《四则训诫故事》(*Four Cautionary Tales*)，由英国约翰莱曼出版社（J. Lehmann）和美国 ACE Books. Inc. 出版社出版了两个不同的版本。

《四则训诫故事》虽只选译了四则"三言"故事，但在伦理性、唯美性与学术性上较之前译作皆有所突破。从译作选材上，阿克顿超越西方传教士、汉学家等的翻译禁忌，选译"三言"中展现人性光辉的情爱篇章，保留冯梦龙"情教"观的重要篇目，展现译者的人文主义视角。在译笔上力求至臻唯美，突显了阿克顿的译诗功底与唯美译笔。《四则训诫故事》兼顾作品的文化背景与时代特色，文末还附上中国文化与民俗词汇语义的详细注解，具有较强的研究价值。

二、《四则训诫故事》的人文甄选

阿克顿《四则训诫故事》英译本，收录了冯梦龙"三言"中《醒世恒言》的四则具有训诫意义的故事：

第一则 Love in a Junk（《舟中的爱》），即《醒世恒言》卷 28《吴衙内邻舟赴约》，记述了吴衙内和贺秀娥之间私相结缘、终成眷属的爱情故事，其中秀娥与吴衙内梦中移舟私会环节，有类《牡丹亭》中杜丽娘与柳梦梅的情事，只是在情节上，融入了市井文学风貌。而秀娥患"吃饭病"一节，则充满了夸张诙谐的艺术效果，使这则偷情故事更具戏剧色彩。

第二则 Brother or Bride?（《兄弟还是新娘？》），即《醒世恒言》卷
10《刘小官雌雄兄弟》，记述了刘奇、刘方这对"兄弟"由手足情深到夫
妻情笃的感情经历，刘方助义父之子刘奇振兴家业，为了便于与刘奇一道
在世间打拼，双全节孝，刘方效法花木兰女扮男装，最终"兄弟"成夫妻，
成全了这一则忠义爱情故事。

第三则 The Everlasting Couple（《永久的夫妻》），即《醒世恒言》卷
9《陈多寿生死夫妻》，记述了朱世远与陈青二棋友为儿女结亲，因陈青子
陈多寿患病，朱世远妻柳氏造话以致退亲，朱世远之女以自缢明志，誓不
悔婚。后陈多寿与朱氏女双双服毒未遂，反因以毒攻毒病愈，陈多寿及第
为官、貌复如初，与朱氏恩爱到老的忠贞爱情故事。

第四则 The Mandarin-duck Girdle（《鸳鸯腰带》），即《醒世恒言》
卷15《赫大卿遗恨鸳鸯绦》，记述流连风月的江西监生赫大卿，因贪恋尼
姑美色误入非空庵，遇思凡尼姑空照、静真等，被梦中剃净头发，留在庵
中充当面首。赫大卿因耽于女色而亡，被众尼姑庵内埋尸，其妻陆氏寻夫
致案发，归家以此教诲其子，明"佛门第一戒邪淫"之义。

阿克顿选译的四则"三言"篇目，涵盖了偷欢爱情、兄弟爱情、忠贞
爱情与寺院爱情四类有代表性意义的言情故事。在选材上，以17—18世
纪西方"中国热"的热门中国主题为底色，将忠、孝、礼、义等富有"中
国味"的题材，作为选译篇目的主题范围。另外，阿克顿选题暗合冯梦龙
"情教"观，以情事为主线，呈现官府、商贾、平民、空门四类有代表性
的爱情故事。此外，《四则训诫故事》选材力图从多维度展现晚明中国真
实状貌，对历史瞬间与艺术形象进行了忠实的还原，总体体现了阿克顿在
篇目甄选上的人文基调。

《四则训诫故事》译本由汉学家阿瑟·韦利作序。韦利肯定了阿克顿
的选译主题与译介思路，并对译本的文学性作出较高的评价。韦利在序言
中概述了冯梦龙生平，并介绍中国的两类文学体式——采用文学性词汇写

作的雅文学与采用平民化语言写作的俗文学[1]。此外，韦利经由阿克顿的选材，重点类比了《四则训诫故事》和《十日谈》的人文主题相似性。可以说，《四则训诫故事》因其卓越的人文性，被韦利盛赞为"东方《十日谈》"[2]。

在反映通俗生活的西方人文主义经典作品中，《十日谈》作为集中展现中世纪人性解放的巨制，其对自然人性与市民阶层的讴歌，及对封建思想桎梏、宗教虚伪面貌的鞭笞相当深刻。而阿克顿遴选的"三言"故事中，有一则与《十日谈》故事情节几乎完全相同的篇章，即《四则训诫故事》中的第四则 The Mandarin-duck Girdle（《鸳鸯腰带》，即《醒世恒言》卷15《赫大卿遗恨鸳鸯绦》）。在《十日谈》第三天第一个故事中，兰波雷基奥的马塞托也与赫大卿一样贪恋美色，假装哑巴在一座修道院里充当园丁，修女们争着同他睡觉，甚至还诞下子女成群，养育费都由教会报销，具有极强的讽刺意味。而《赫大卿遗恨鸳鸯绦》的结果，却是主人公为好色付出了生命的代价，训诫意味更为突出。

《十日谈》与"三言"中的这两则故事并不存在影响关系，但二者皆反映了社会资本主义萌芽时期，宗教理念桎梏下人性解放的故事。故事发生的地点，东方的"三言"故事发生在戒律严明的尼庵，西方的《十日谈》故事则生成于教义森严的修道院，但两部书都选择以人的自然属性来引导故事情节的突转。按照常理，佛祖门下、上帝眼前，应是人性最清净的去处，僧尼善信皆是为向往神光、清净尘俗而皈依门下，是一种主动的遵从，但尼庵和修道院并不是监狱，任何人都可以走出围墙。可在围墙之内看似自由的祷告者，却无意身心俱净地以身供奉天主，希望能在圣地找到折衷

〔1〕Feng Meng-lung, Translated from the Chinese by Harold Acton & Lee Yi-Hsieh. *Four Cautionary Tales*, New York: A. A. Wyn, INC, 1948, p. 1.

〔2〕Feng Meng-lung, Translated from the Chinese by Harold Acton & Lee Yi-Hsieh. *Four Cautionary Tales*, New York: A. A. Wyn, INC, 1948, p. 5.

做人、迂回敬神的途径。此时，禁院内人心松动，世间来者旨在考验人心，双方一拍即合，事与祸终酿成。而在"破戒"结果上，相较《十日谈》故事结局，"外来者"马塞托只是拱手求饶，主动结束了这场淫乱游戏，且之后并未离开修道院；而冯梦龙的"三言"故事，则将私通者的命运处理得更加血腥悲惨，茹素持戒的尼姑使偷情者赫大卿体枯而亡，而尼姑们也受到严厉惩戒，在世俗层面的信众也因此看破了"伪佛门"。

正如《十日谈》在意大利乃至欧洲所引发人文主义与神学的公然对立，冯梦龙"三言"故事对世俗的揭露与描摹所引发的轩然大波，同样也冲击了封建理学思想的窠臼。横空出世的这两部人文主义巨制，是东西方思想启蒙先驱在商品经济时代剧变下，以细致入微的洞鉴与反禁俗、反蒙昧的现实笔法，对新兴市民阶层人性与思想解放的纪实。

韦利认为，"三言"无论从思想成就水平还是文学性层面，都不啻为《十日谈》的东方版，而无论是冯梦龙的创作成就还是阿克顿的翻译水准，都使得《四则训诫故事》的情节设计与文学之美远胜薄伽丘的《十日谈》。韦利更认为"三言"是一部被严重低估了思想性与文学性的中国通俗经典作品，而阿克顿的《四则训诫故事》则是开启英语世界读者对"三言"在语言与思想上认知新维度的学术译作[1]。美国汉学家西利尔·白之也曾指出，阿克顿所译"三言"小说，在人文价值上完全可与薄伽丘原著媲美，且在表现手法上较《十日谈》还略胜一筹，充满唯美诗意和中国文学古典韵味[2]。

阿克顿前往中国的时代，西方汉学家的重要任务就是对反映现实的中国通俗小说进行文化价值重估。阿克顿选译所立足的视角，则同时迎合了中国通俗小说价值重估与纯粹唯美主义文化观。白之评价阿克顿所译四则

〔1〕Feng Meng-lung, Translated from the Chinese by Harold Acton & Lee Yi-Hsieh. *Four Cautionary Tales*, New York: A. A.Wyn, INC, 1948, pp.10—11.

〔2〕Edward Chaney & Neil Ritchie. *Oxford, China and Italy*. London: Thames and Hudson Ltd. Press, 1941, p. 40.

故事非常有趣，其中大多数涉及伦理意味，有些内容中人性解放因素被诠释得相当大胆细腻，且阿克顿敢于接触令其他译者望而却步的主题，因此译著的立意得以高于通行译本，其中暗藏着译者对中国通俗文学的更多观点。[1]

与晚明现实主义色彩合拍，冯梦龙的通俗言情小说及其所蕴含的"情教"思想，不仅宣扬其"六经皆以情教也"的个人主义文艺观，也为西方读者了解晚明中国世俗社会人性提供了最直接的文本切入点。冯梦龙"生性多情，以情观物，物皆含情"，认为"一切不合社会规范的行为和心理都是无'情'所致。所以，只要进行'情教'人人有情，一个朝气蓬勃的社会才会产生出来"，"以情为出发点，把情看作决定一切的根源"。[2]

冯梦龙将所执之笔化为"情教"的法器，却并不采用圣哲语录的冷峻笔法说理，而是采用市井生民所喜闻乐见的通俗小说形式。不论读者对"三言"式言情小说所持态度是褒或贬，皆可通过通俗文学在民间的口授或传抄，如某些民族的格言、史诗、圣训等传播范式，得到大范围与长时间流传。冯梦龙"三言"中的言情小说，其创作宗旨是借"情教"暗线在小说中的起伏，令读者切身感受"天理"与"人欲"间的冲突与融合，藉此投射晚明社会的人文精神启蒙。

阿克顿《四则训诫故事》选取的四则"三言"故事，以人性为线索，以世情为底色，向英语世界读者呈现了中国晚明世俗社会的真实面貌。《四则训诫故事》不仅在学术研究层面开拓了西方"三言"英译的空白，更重要的是在选材方面，虽以"训诫"冠名却别具匠心，借用冯梦龙以通俗文学传达"情教观"的理论阐释路径，亦借用与异域通俗小说的神似，褒扬中西共通的人文精神。

---

〔1〕Edward Chaney & Neil Ritchie. *Oxford, China and Italy*. London: Thames and Hudson Ltd. Press, 1941, p. 40.
〔2〕聂付生：《冯梦龙研究》，学林出版社 2002 年版，第 66 页。

　　基于与冯梦龙"情教"观的暗合，阿克顿翻译"三言"时，保留其中
被诟病为俚俗、违反儒家忠孝节义的色情成份，将冯梦龙的"情教"思想
与世俗小说笔法睿智地区别开来。阿克顿将之前译者所望而生畏、恐玷辱
译者声名的"三言"篇目析出，并敏锐地从表层情色场景与绮艳文字描摹
中，精准剥离出冯梦龙"情教"的庄严意旨，即从尊重人性的通俗故事，
讴歌天然人性的真挚可贵。借助通俗小说与言情小说的文学形式，阿克顿
译《四则训诫故事》又使得冯梦龙"情教"主旨经由译本在西方世界得到
广泛传播与更全面的接受。

　　在翻译冯梦龙小说的过程中，阿克顿借助文学作品中的情感因素与语
言细节，还原了作者的创作动机与文本风格，向西方读者忠实传达"情教"
思想的深邃内涵，亦经由译笔向世界传递了冯梦龙的"情教"笔触。阿克
顿以译者的敏锐视角，准确把握冯梦龙"情教"思想核心，英译本既精准
还原了冯梦龙笔下人物的鲜活人性与炽热人欲，又客观呈现了人物生存处
境与世俗人情，使西方读者透过译本，真切感知晚明中国世俗社会的真实
景象。

三、阿克顿对"三言"的"中国风味"唯美英译

　　由于中国诗词在翻译技巧上对译者有较高的要求——需掌握大量中国
传统文化与诗歌意境、章法、语汇等大量知识，诸多译者对中国古典文学
望而生畏。在中文掌握程度不足以直接翻译古典文学作品的困境下，阿克
顿再度采用与中文学者的合译模式，即先由李宜燮将中文翻译成英文，再
由阿克顿根据西方文学与民俗特点，将字面的浅译转化成可为西方读者所
接受的形式。这种翻译法的优点在于，最大限度地忠实于原著体例与创作
意旨，实现了译本的"信"与"达"。

　　首先，在"信"的层面上，阿克顿忠实于原著内容与结构。在内容

上，阿克顿保留了"三言"中的古典诗词与大量中国谚语，使得原作意旨与语言特色、文化底蕴可直观地为英语读者所领略。在明代话本小说中，陈列在首尾部分的古诗词往往是开篇明旨、收尾点题，分布于情节关键点的古诗词，还具有展示人物形象、描摹人物心理、评介故事中哲理运思等效果。但相较小说，其间穿插的古诗词曲等是完全不同的文学体式，翻译时不仅需克服表层意思翻译的难关，且诗词意象的文化内涵是集中且丰富的，往往能引发阅读时的情感高潮，若因翻译难度而删节古诗词曲则会使读者无法经由诗词的意境指涉间接领会作者的深层意旨。在结构上，阿克顿遵循了"三言"作为话本小说的结构，将入话与正文部分都进行了翻译。楔子部分与正文所述往往并非同一个故事，楔子只是后续故事的引子，情节上略有类似之处。但通过楔子与正文中人物的相仿之处，或正面烘托，或反面映衬，对下文创作进行铺垫与预告。阿克顿使译作尽量保留原作结构的完整性，并注重突出楔子部分的起兴意义，通过还原译本的原貌，更增其史料价值与研究意义，且通过忠实地保存原著体裁，使译著的文本原貌在译介中得到还原。

其次，《四则训诫故事》的译文力求打造作者与读者间的信息通道以求"达"。无论对文本中的俗谚、典故，还是诗词曲选段，阿克顿并不避讳实际的翻译难处，针对专属名词可做到雅俗语汇并举，通过译语巧妙地承接原文意思，从而形成诗意化语言与通俗笔法间对照互补，提升译本的可读性。然而，雅俗并重的翻译思路，不可避免地使译文呈现俚俗化，由于阿克顿对译本进行多重翻译语言风格的切换，对原著局部内容采用了看似较为"粗糙"的直译与音译，乃至引发研究者对译本的诟病。但直译与音译明显具备"达意"优势，可使英语世界读者切身感受到译本的"中国味儿"。也就是说，阿克顿在《四则训诫故事》中所刻意营造的译文语言，将"三言"通俗小说镌刻上浓郁的中国风情。

在翻译策略层面，阿克顿《四则训诫故事》译本旨在突出译本的"中国风味"。在翻译语言、民族文化、典故与民俗方面，使译语忠实于中国特色，有利于统一译本风格。

首先，因汉语与英语语言异质性，造成部分文字无法借助英语翻译到位，因此翻译中国特色专有名词时，《四则训诫故事》中常出现同义意译类转译。阿克顿采用与借译相反的手段，进行汉英同义意译，如针对一些只存在于中国传统文化中的术语，像中国的官爵、学位等，阿克顿自觉采用了折衷转译法，"将'秀才'翻译为'bachelor of arts（文科学士）'；将'举人'译为'master's degree（硕士学位）'；将'进士'译为'doctor's degree'或'doctor of literature（文学博士）'；将'状元'译为'first of all successful candidates for the Doctor's degree'"[1]。既向西方读者呈现了中国科举分级并巧作类比，又不致因执着忠实于术语原貌而采用将"秀才"音译为"Xiucai"或不体现晋级关系的"scholar"等的翻译方式，造成理解困难或偏误。

其次，在涉及中国文化细节的译语处理上，阿克顿注重对中国文化词汇与典故出处的详细注释。甚至"三言"所提及的《韩非子》、白居易其人及诗歌在英语世界的影响，以及汉学家阿瑟·韦利对白居易诗歌的英译、中国古代帝王年号与主要事迹阐释、中国古代名城历史典故介绍，再至中国古代典章制度、"木兰从军""霸王别姬""割股奉君""当垆卖酒"等中国典故、"一仆不事二主"等中国俗谚、"祭灶""端午""重阳"渊源等中国民俗，乃至中国琴、棋、诗、酒文化、中国古代流通货币类型等，都进行了客观具体的注释，既暗合阿克顿忠实于中国特色的翻译初衷，也为研究者呈现了译者的文化研究视角。

同时，阿克顿本着客观严谨的实证精神，不避讳翻译使西方人感到理

---

[1]庄群英：《英国汉学家哈罗德·阿克顿与〈醒世恒言〉的翻译》，载《佳木斯大学学报（社会科学版）》2012年第6期。

198

解困难却富有中国特色隐喻意味的俗谚俚语[1]，以及中国人崇尚贞洁观念的牌坊文化、礼教文化等。但他在考据与阐析"三言"中大量牵涉伦理意味的典故时，采用的视角则是严谨且学术的。就是在有助于读者深入理解"三言"内容的基础上，任何有益于理解文意的语汇都不因其伦理性色彩而为阿克顿所回避。阿克顿基于此参考了西方通行的中国文化丛书与中国词典，使得译本中注释部分极富可读性，不啻为西方人了解中国通俗生活的微型辞典。

此外，在处理楔子部分翻译时，鉴于楔子部分与主干内容不完全相关，阿克顿并未遵照原著叙述结构，依插话详尽介绍故事起源，而是将重点放在了交待故事背景的说明性语句与反映作者价值观的哲理小诗上，凸显对中国经典意象的脚注。阿克顿通过精减故事结构，使读者关注重点聚焦于主体故事的情节与具有中国风味的语言特色上。

对于冯梦龙"三言"诗歌的翻译，阿克顿力求在保证诗意准确表达的前提下，以诗性的圆融译笔，自如地将冯梦龙笔下的中国风情平稳过渡到符合英语读者诗歌阅读习惯的语言，形成了《四则训诫故事》诗词曲部分"以诗译诗"、文辞兼美的译语风格。

阿克顿重点突出原著中诗歌及小说的诗意化部分，用诗化语言处理原作中略显通俗的表达，提升了译文雅韵。阿克顿以优雅且诗意的笔法，将读者审美体验与语言唯美性并重，侧面展现了冯梦龙精湛的文字功底。在"以诗译诗"翻译策略影响下，阿克顿对"三言"中诗词曲的细腻翻译创造出比原文更令人印象深刻的优美表述。当阿克顿发现小说中起点缀作用、渲染场景的古诗词，其作为诗人的创作热情与译者的诠释欲望被同时激发。援引美国汉学家西利尔·白之的观点，"如阿克顿所译这般妙句，使所有中国文学爱好者，都亏欠他一个公允的美誉"，这些在原作中显得毫不起

---

[1] Feng Meng-lung, Translated from the Chinese by Harold Acton & Lee Yi-Hsieh. *Four Cautionary Tales*, New York: A. A. Wyn, INC, 1948, p. 141.

眼的小诗，"经阿克顿翻译后，反而成为作品的点睛之笔"[1]。阿克顿用诗
意化译语呈现原著的通俗诗歌，从而使市井言情小说变成雅致唯美的文学
故事。而且，诗歌部分的唯美文风与情节部分的通俗白话两相对比，更加突
出了各自的语言特色，为译本语言缔造了雅俗并举、诗俗兼备的艺术张力。

    "以诗译诗"的翻译策略，使得阿克顿译笔下的市井通俗小说译本展
现出纯粹唯美的诗意化特点。阿克顿用唯美主义的翻译笔触，将文本中的
人性美、人情笃融入景语情语传达的曼妙诗行中，以传神的文字，再现晚
明浪漫主义唯美文风，在另一重文学维度上，再次通过唯美的文学语言呈
现冯梦龙"三言"的丰富文学内涵。

    面对被誉为明代白话短篇小说繁荣标志的"三言"巨制，阿克顿对
《四则训诫故事》的翻译策略，始终将文本的人文价值与唯美意义放在解
读与译介作品的首要位置。作为一名中西文化交流使者，阿克顿以作家与
研究者的双栖身份，通过译本甄选，反馈其对"三言"文学价值的认同；
历史学家与学者的使命感，使他在学术上坚持严谨、注重细节，以合译规
避东西方文化屏障；译者与文学家的专业精神，使他力求实现从原版"三
言"中还原诗化"三言"，以打造译著唯美性与人文性的精品意识成就冯
梦龙"三言"译本中的精品。

第二节　诗意唯美的人文中国梦：阿克顿译《四则训诫故事》

    阿克顿所译《四则训诫故事》通过选译冯梦龙"三言"中具有训诫意
义的四则故事，在思想层面，试图借中国通俗小说的镜像投射西方世俗社

---

[1] Edward Chaney & Neil Ritchie. *Oxford, China and Italy*. London: Thames and Hudson Ltd. Press, 1941, p. 41.

会，而在文学层面，则借译语传达唯美诗意与人文智性两重境界。他的翻译策略，既立足案本，力求在清除语言隔阂基础上，尽量保留冯梦龙原著的中国风味与市井风情；又秉承"神似"的宗旨，借"以诗译诗"手法吸纳原著雅俗题材间的张力，突出文章美感；并以"化境"为终极目的，进而构筑异质文明间唯美与智慧的交融场域。

在《四则训诫故事》问世前，西方虽有大量"三言"译本，却从未有人称"三言"为"东方《十日谈》"。因《四则训诫故事》与《十日谈》内容相似的篇章均展现世俗人性、市井伦理异事，具有深刻的现实批判意义。阿克顿所选录的"三言"篇章，恰是对伪信仰者的批判与揭露，涉及伦理禁忌，颠覆了西方世界对冯梦龙"三言"故事的认知阈限。然而，阿克顿对古典中国始终存有美好的幻想，且《四则训诫故事》是他于1931年来华之前的译作，试图通过兼备人文性与唯美性的中国通俗故事，还原诗笔下的中国历史真实图景，可称之为阿克顿对中国的情景预设。然而，作为一名唯美主义实践者，1932年阿克顿亲赴中国后，却仍陶醉于现实中国的文化氛围与人文气息中。他在中国实现了其唯美主义理想，将北京视为"第二故乡"，决心永驻中国，可惜因战事紧逼与受人暗谤，他的理想终无法成真。《四则训诫故事》可视为阿克顿来中国前的书面"中国印象"记，与《十日谈》的西方通俗世界构成两相呼应的镜像，虽看似更具生活气息、笔法通俗，却不啻为一部脱胎于书斋纸卷中的中国通俗小传。

《四则训诫故事》作为阿克顿唯一一部中国小说译作，其基调引领了阿克顿进入中国之后延伸汉学研究的重心，即古典文学发掘者、世俗文化体验者、市井生活观察者与人文精神践行者。其采用唯美主义思想与以诗译诗的翻译策略，将富有中国风味的异域风情带入英语世界，向西方呈现了晚明中国的真实图景，为世界解读中国故事提供了一扇唯美主义窗口。

一、立足案本，求信"中国风味"

　　罗新璋在《翻译论集》提到的"案本—求信—神似—化境"说，统筹
历代翻译思想，立足中国文学，重构了翻译理论。忠实原著、立足案本，
是阿克顿的中国情结在翻译宗旨上的体现。阿克顿所欣赏的中国文学，并
非平面化的"完美"，而是鲜活纯粹的唯美中国，他希望通过对案本的忠
实，做到求信于唯美诗意的"中国风味"。1926 年，阿克顿从牛津大学毕
业后，在追随牛津文学风潮与欧洲文化评论主流之外，渐与欧洲文学主流
背道而驰，进而将目光对准遥远的中国，"一种超越理性的爱——对中国
与生俱来的爱，一种对中国的使命感被唤醒了。直到我前往中国，我的生
活才始与周遭融会贯通"[1]。而阿克顿选译冯梦龙小说，重要原因在于同属
布鲁姆斯伯里集团的文友阿瑟·韦利对《古今小说》较为关注，且二人对
中国文学世界的向往，更增阿克顿对中国小说的兴趣。在《四则训诫故事》
的翻译过程中，阿克顿所借鉴的文稿并非取自中国本土，而是以传入西方
的"古今小说"为底本，合译者李宜燮时为北大英文系的学生。

　　在翻译策略上，阿克顿力求以还原作品本色与真实情境为旨，以直译
作为主要翻译策略。即在厘清中西语言隔阂的文字基础上，尽量保留原著
中的中国晚明市井风貌，将真实灵动的中国形象与中国故事呈现在西方人
视野中。而对原文忠实，"不仅是对浮面的字意忠实，对情感、思想、风
格、声音节奏等必同时也忠实"[2]。而翻译中求此"形似"，亦可理解为忠
实保留原文的形式，如保留原文体裁、句型、结构和修辞手段等。忠实案
本、求信原典，意味着尊重译本原著的原生文化环境，而阿克顿立足案本
的直译所造成的文本印象，就是最大限度地保留《四则训诫故事》的"中

---

〔1〕Harold Acton. *Memoirs of an Aesthete*. London: Methuen, 1948, p. 198.
〔2〕罗新璋：《翻译论集》，商务印书馆 1984 年版，第 448 页。

国风味"。

　　1931 年，尚未来到中国的阿克顿，对中国古典文化充满了幻想，也向往着"中国热"中文学作品里仁德忠义的中国英雄形象，他希望能够在英语世界中还原一个新的中国经典，不是"英雄"的经典，而是市民文学的高峰。基于"三言"故事在西方的广泛流传，阿克顿敏感地捕捉到"三言"故事中的浓郁中国气息，除了猎奇的成份，更有将严肃的训诫意义加诸平凡故事的智慧性。而来自异域的教谕故事，较之本土随处可见的说教文本，更具有"来自远方的训诫"的精神力量。正如佛经案本翻译中，对"般若""波罗蜜""揭谛"等词汇保留原初面貌的翻译动因类似，脚注的意义是基于母语文化背景下的，而忠实案本的译文更能将镜头推远，从而达到"反观己身"的自省意义。

　　但直译也会带来异质语言之间的隔阂，因此阿克顿在文末依篇章对文本进行了大量注解，试图以中式行文、西式注释规避陌生语言带来的理解障碍。如第三则 The Everlasting Couple（《永久的夫妻》）一篇，褒扬烈女朱世远之女誓不悔婚的守德坚贞，冯梦龙赞其"三冬不改孤松操，万苦难移烈女心"[1]，即孤松与烈女志不随时变易。而翻译此句时，阿克顿从忠实字面意义出发，因"孤松"（lonely pine）一意象在中国文学语境下有坚劲挺拔、高风亮节之意，且在英语中"pine"亦有悲伤、痛苦之意，与文意融合，更显贞妇之德。次句"烈女"则避过英语原有的"殉难者"（Martyr）一词，因此时朱氏之女还未因守节殉难，于是将"烈女"意思与语序稍加改变，为"女子的贞节"（girl's virtue）。[2]虽经此转化，上下句之间的对仗结构与语序发生改动，但关键意象并没有发生变化，迎合了原著主旨。此外，为兼顾英语读者理解习惯，在注释部分，阿克顿引用

---

〔1〕冯梦龙：《醒世恒言》，中华书局 2009 年版，第 120 页。
〔2〕Feng Meng-lung, Translated from the Chinese by Harold Acton & Lee Yi-hsieh. *Four Cautionary Tales*, New York: A. A. Wyn, INC, 1948, Preface. p. 87.

"忠臣不事二主，一马不跨双鞍，烈女不嫁二夫"的"中国箴言"（Chinese proverbs），为朱氏守节引出英语文化背景下可被接受的合理解释。[1]

在文本翻译上，《四则训诫故事》求信守实，既不过度诠释主题内涵，亦不回避原著细节，尽量还原文本中的东方故事与历史情境。但并非每一个形成文化隔阂的意象都能得到相匹配的解释，因为部分意象与典故在英语语境下完全不存在。如第一则 Love in a Junk（《舟中的爱》）中，译贺秀娥"有沉鱼落雁之容，闭月羞花之貌"时，为忠实于中文原意，便保留所有字面意义，"her beauty was so dazzling as to make fishes dive under water, geese swoop down to earth, the moon hide, and flowers blush for shame"，即"她美得光彩夺目，就好像能使鱼沉涧底、鹅潜下水，让月亮躲藏，使花儿都羞红了脸。"[2]如此译语若无注释，定教读者无法理解，然而立足案本与迎合读者，成为忠实"中国风味"译本的两难。因此，阿克顿的译著在可解释的情况下，往往兼具科学论文的精神，对注释极为重视。但有时候全依案本，也会造成完全无法翻译的情况，意象与形容词的引入，反而会扭曲译文意思，译者在过于繁复的修饰与用典中，也偶尔败下阵来。如 Love in a Junk 一则中，贺秀娥"安排布地瞒天谎，成就偷香窃玉情"与潜入舟中的吴衙内私会，若将"布地瞒天""（撒）谎""偷香窃玉""（偷）情"等直接翻译，会颠覆英语读者对贺秀娥形象纯洁温婉的认知[3]。为了顾全人物形象的前后一致性，阿克顿只将此句译为"A lie was forged to veil their secret love"，即"他们为私情编织了一个谎言"[4]。这里的撒谎只因成

---

〔1〕Feng Meng-lung, Translated from the Chinese by Harold Acton & Lee Yi-Hsieh. *Four Cautionary Tales*, New York: A. A. Wyn, INC, 1948,. Preface. p. 155.

〔2〕Feng Meng-lung, Translated from the Chinese by Harold Acton & Lee Yi-Hsieh. *Four Cautionary Tales*, New York: A. A. Wyn, INC, 1948,. Preface. p. 20.

〔3〕冯梦龙：《醒世恒言》，中华书局 2009 年版，第 410 页。

〔4〕Feng Meng-lung, Translated from the Chinese by Harold Acton & Lee Yi-Hsieh. *Four Cautionary Tales*, New York: A. A. Wyn, INC, 1948, Preface. p. 33.

204

全爱情，因此不再是失德之行，而是可被允许的无奈之举了，但由此一来，案本直译的初衷只能被意译取代，"中国风味"也就随之打了折扣。

在第一部英译中国新诗集《中国现代诗选》的翻译过程中，阿克顿曾就中国诗宜直译还是意译的问题进行延伸，得出的结论是宁可保留直译的含糊意义以保全原作的"中国风味"，虽然脚注未必能使所有读者耐心看完。当诗句涉及"秋"意时，"我们是否应该让枫树染上东方文化色彩，形成个哑谜让英语读者费尽思量？或让译语直接与英语文化背景相应，翻译成法国梧桐（plane）或枫树（maple）呢？"[1]可这样一来，西方的"枫"迥异于中国的"枫"，为了兼顾英语读者的阅读习惯，连同中文语境下的意境与典故也一并丢失了。因此，"译者在还原文本原貌之外，得习惯用脚注辅助译文表达完整的民俗与文化意义"，但他也敏锐地意识到，如此一来读者的注意力就无法集中，为了解真实意思，得频频参阅脚注，从而削弱了顺流直下的阅读快感，又为译本的可读性打了折扣。译诗以异质语言复制原诗语言，"就形式对于诗歌的重要性而论，译作对于原作最大限度的忠实，就是最大限度的形似"[2]。而阿克顿的《四则训诚故事》正是以形似辅以详实注释，既保留了原著的"中国风味"，亦使诗意不致因译笔而缺损。

二、秉承神似，突出诗笔美韵

阿克顿秉承神似的翻译宗旨，借"以诗译诗"手法分化原著结构间的张力并突出诗歌美感，将冯梦龙寄载于"三言"中的丰富体裁，以韵文、谚语等形式翻译。阿克顿将冯梦龙在原著中表达的"意在言外却又是无处

---

〔1〕Harold Acton & Ch'en Sh'ihHsiang. *Modern Chinese Poetry*. London: Duckworth, 1936, p. 27.
〔2〕李绍青：《诗歌翻译，形似而后神似——江枫先生学术访谈录》，载《复旦外国语言文学论丛》2019 年第 2 期。

不在的神思、气度"，以唯美主义的标准移步于译作中，使"神"不因"形"改易，仍能体会原著的文章气韵[1]。

"像英、法、意、德那样接近的语言，尚且有许多难以互译的地方；中西文字的扞格远过于此，要求传神达意，铢两悉称，自非死抓字典、按照原文句法拼凑堆砌所能济事"，正如阿克顿的《四则训诫故事》，节选具代表性的四则"三言"篇目，涵盖绝句、律诗、词、谚语、签文、韵文等复杂文体，"各种文字各有各自特色，各有无可模仿的优点，各有无法弥补的缺陷，同时又各有不能侵犯的戒律"[2]。不同体裁的翻译侧重点偏差较大，不同情境下诗文的译笔风格差距甚远，这不仅考验译者的语言功底，对译者在了解中国民俗与传统文化的知识层面也提出了较高的要求。而这对于尚未来到中国且不谙汉语的阿克顿与合译者李宜燮均构成了挑战，而选择中英语境下异质文化背景的合译，使得译本中最具挑战的古体诗词韵文等具有了被忠实还原的可能性。

阿克顿的《四则训诫故事》英译本，收录《醒世恒言》中四则具有训诫意义的爱情故事，译笔既遵从了冯梦龙具人文主义的"情教观"，又兼具阿克顿诗化译笔的浪漫色彩。如第一则 Love in a Junk（《舟中的爱》），即《醒世恒言》卷28《吴衙内邻舟赴约》，记述吴衙内和贺秀娥之间私相结缘、终成眷属的爱情故事。从情节上定义这则故事，即涉及伦理问题的窃玉偷香主题，但无论是作者冯梦龙还是译者阿克顿，都不似道学家板起脸来说教，而是致力于打造并还原生动的现场感，使偷情与动情无异，窃玉与闻香般发于自然。诗笔浪漫天真，译笔精致瑰丽，且二人相会缘于激湍忽起，危难时的邂逅犹使人奋不顾身，虽逾法度，实属"无咎"。随调任父亲乘船至江州的吴衙内，"倏忽之间，狂风陡作，怒涛汹涌，险些儿

---

[1] 刘宓庆：《当代翻译理论》，中国对外翻译出版公司2005年版，第211页。
[2] 陈福康：《中国译学理论史稿》，上海外语教育出版社2000年版，第391页。

掀翻”，四五里江面上挣扎良久，只求神佑挣扎到岸。惊魂甫定，常态常
理皆失，见十数丈远另一官船内有一神仙般的女子，非常时期，竟不顾所
视非礼，越性看了个仔细。“秋水为神玉为骨，芙蓉如面柳如眉。分明月
殿瑶池女，不信人间有异姿。”[1]惊惧之际得仙姿以慰其心，此亦人之常情，
虽逾礼法，但却不使观者觉得龌龊或突兀。阿克顿将译诗语言处理得相当
清雅洁净，基本还原了贺秀娥的秀丽姿容，将其比作“金百合”（golden
lily shoon），取“金百合”在英语语境下优雅高贵的文化内涵。但将“不
信人间有异姿”暗中置换为“Beside this vision other beauties fade”，近于
白居易的“六宫粉黛无颜色”，即所有事物在秀娥的美貌中也黯然失色，
以译者笔触代主人公脱咎，即：如是这般美艳，教人动情岂有过咎[2]。

　　作为呼应，贺秀娥暗见集何郎、荀令、潘安于一体的吴衙内，动情也
实出于天然本性。作为情节预设主人公之间的暗中呼应，秀娥见吴衙内有
感而发，二人犯禁，仿佛天造之过，而非逾礼之错，并暗中投掷诗帕幽约。
“花笺裁锦字，绣帕裹柔肠。不负襄王梦，行云在此方。”区区数字，却难
掩缠绵秀逸、风流佻达，颇有《诗经·国风·鄘风·桑中》的“期我乎桑中，
要我乎上官”之范，将秀娥形象烘托得更加大胆鲜活。阿克顿将此诗翻译
得极其优美，因英语中“柔肠”未能作“爱心”解，便曲译为“a loving
heart”。阿克顿虽未为襄王一枕高唐梦的典故作注，但直接将此细节进
行诗化的艺术加工，“Haunted by gentle dreams I here impart. Of floating
clouds the proper trysting place”，将原诗的主动语态转化为被动语态，又
将第二人称转为第一人称[3]。英译可解作“你被我递去的温柔梦境唤醒，重
云如帐，恰容我们在此幽会”，妙在秀娥诗笺的《诗经》范儿，在阿克顿

〔1〕冯梦龙：《醒世恒言》，中华书局 2009 年版，第 403 页。

〔2〕Feng Meng-lung, Translated from the Chinese by Harold Acton & Lee Yi-Hsieh. *Four Cautionary Tales*, New York: A. A. Wyn, INC, 1948,. Preface. p. 19.

〔3〕Feng Meng-lung, Translated from the Chinese by Harold Acton & Lee Yi-Hsieh. *Four Cautionary Tales*, New York: A. A. Wyn, INC, 1948, Preface. p. 28.

笔下居然译出了《楚辞》风，叆叇重云如帐，淑女窈窕立盼，宛若《楚辞·山鬼》中"表独立兮山之上，云容容兮而在下"。在译笔中，秀娥宛若仙子的飘逸风姿与氤氲的云中境均灵动可见，较原文传达了更为强烈的抒情意味。

"全面求'信'"，既要忠实再现原作思想，又要如实展示原作写作风格和审美效果，使译作成为名副其实的原作的"回声"[1]，而《四则训诫故事》的"中国风味"，恰印证了此"回声"。阿克顿崇奉唯美主义，既重视诗文质地，亦忠于传达作品真实意思，在《四则训诫故事》中，有大量影射"情教观"的译笔，阿克顿采用以诗译诗的翻译策略，将诗语表述得格外浪漫优美。

三、深旨化境，构筑融通场域

阿克顿在异质文化背景下投射人文理想的"化境"，运用了"只可意会，不可言传，求简捷而缺推理，靠灵感而非逻辑，重直觉而轻论证"的化境译法[2]。"化境"作为《四则训诫故事》翻译审美的终极目的，构筑了异质文明间交融场域的人文性与唯美性；同时，还原了阿克顿理想中的中国民间生活形象，并使"译文以载道"，力求在中国故事译本中，经由文本、译文、象征与历史，建构中西人文精神的通衢。此外，在传达人文主旨层面，阿克顿秉承冯梦龙"三言"所承载的现实批判性，将"情教"思想的人文内涵贯穿纷繁复杂的情节之间。

作为一部书斋中的文化交融之作，《四则训诫故事》既饱含阿克顿对遥远中国世俗社会的理想图景，又兼有其对以西方文化为背景的现实市井

---

〔1〕孙致礼：《全面求"信"，尽可能照原作来译》，载《中国翻译》2020年第2期。
〔2〕连淑能：《论中西思维方式》，载《外语与外语教学》2002年第2期。

生活的审视意识。在完全相异的叙述背景下，把东方之境拟作西方之境，将《十日谈》中的西方市民社会，与具有相似性的晚明世俗社会进行相互投射与佐证。译本的终极目的，是通过融通虚构文本与东西现实之间的真实人性，将超越文化背景却具有相同训诫意义的故事呈现在英语世界中。而类同性是翻译中求取文本"镜像感"以博取读者认同的内在要求。此处的"镜像感"，作为西方读者易于接受中国小说及其训诫意义的前提条件，亦影响了阿克顿对译本甄选与翻译的倾向性。《四则训诫故事》虽然节选的是四则情感故事，但其中包含了私情、亲情、忠情与乱情，既有为西方读者所熟悉的中国式爱情故事，亦有迎合西方读者阅读习惯的《十日谈》型故事。阿克顿通过在译作中建构迎合西方读者"可读性"的故事场域，以精致且充满异域风情的妙笔，凭借精巧的通俗小说故事情节，引领西方读者在轻松的阅读中，走入一个既陌生又不乏亲切感的文章教化世界。

译者面对的是两种语言所对应的"两大片文化"，且冯梦龙学识广博，"三言"中典故极多、体裁复杂，读懂原文已非易事，翻译任务中还包括许多"外国人不易了解的东西，这又使深入了解外国文化成为十分必要"，译者必须是双文化的通才，而且是双语言的熟练掌握者[1]。因译本追求"化境"，因此极考验译者打磨作品情节的功力，随着故事渐入高潮，译者此时的动机是尽量清除读者的理解障碍，以达于"入境"乃至身临其境，走入故事中乃至取代主人公。基于此，《四则训诫故事》对情节纵深处的翻译策略由诗意、唯美转向了通俗、人文。

如第四则 *The Mandarin-duck Girdle*（《鸳鸯腰带》），监生赫大卿入非空庵，与尼姑空照、静真等媾和，欲归反被剃发强留，乃至丧身殒命。相较于其他篇目，这则颇具训诫意义的故事是与《十日谈》故事最相近一篇，

---

[1] 王佐良：《翻译中的文化比较》，载《中国翻译》1984 年第 1 期。

即《十日谈》第三天第一个故事，"兰波雷基奥的马塞托假装哑巴，在一座修道院里充当园丁，修女们争着同他睡觉"。*The Mandarin-duck Girdle* 情节突转源于两个反常的情节，第一是尼姑（修女）思凡，第二是尼姑（修女）起杀心。《醒世恒言》原著中，分别用一则曲牌和一句韵文，影射在书中所描摹的畸形社会下，女尼与修女不仅皆可歌"人曲"，且其奇思诡谲还能谱出新章，犯下惊世骇俗的滔天罪行。如此，清净之地俨然成为容忍最危险行为的遁世宝地，此与其堂皇伟壮的外表已南辕北辙。而在译文中，阿克顿对关键节点的文化意义与隐喻已不再用注释，而是加以更直接的语言加工，达到"在神似和形似发生矛盾时，舍形而留神"[1]的表达效果，使英语读者在享受阅读畅快感的同时，能完全忽略文化差异而产生"似曾相识"的心境，从而悄然迈入阿克顿所暗设的东西合一训诫场域。

人性不因信仰而发生质变，善如此，恶亦如此，而对善与恶的刻意褒扬和贬抑，乃至徒然加增许多空无意义的形式，就孕育了恶行的"场"。此等"场"中自然人性因形式而受到遏制，善行皆浮于表面，而恶行在背阴处悄然滋长。正如《十日谈》开篇所说，"世上有多少头脑简单的男女呀，他们满以为只要给一个年轻姑娘前额上罩上一块白布，脑后披上一块黑巾，她就不再是女人，不再有女性的欲望，仿佛一成为修女就跟一块石头一样了"[2]。恰如冯梦龙所形容的被迫虔诚生活，《赫大卿遗恨鸳鸯绦》将这表里不一的情形评价得十分刻薄直白。年轻女尼一般拒不见客，但一表人才的赫大卿一进门，便得门缝里偷觑的女尼空照热情款待，"他原是个真念佛，假修行，爱风月，嫌冷静，怨恨出家的主儿"，"当下两只眼光，就如针儿遇着磁石，紧紧地摄在大卿身上"[3]。但若将假修士的

[1] 王宏印：《中国传统译论经典诠释——从道安到傅雷》，湖北教育出版社 2003 年版，第 201 页。
[2] [意] 薄伽丘：《十日谈》，钱鸿嘉、泰和庠、田青译，译林出版社 2010 年版，第 166 页。
[3] 冯梦龙：《醒世恒言》，中华书局 2009 年版，第 183 页。

210

假修行以原著的繁复笔法译出，则会将读者的注意力迁移至译文的文采之上。因此，阿克顿译语干净狠辣，一句话道出玄机，"she was no Buddhist at heart"。无论是求神还是拜佛，神在心中要远先于一切礼仪形式，而此人心无佛祖，纵住庵执礼也是枉然。且阿克顿为了更深入地解释佯修伪信的恶处，还矫枉过正地补上一句，"She loved gay company as much as she loathes solitude and resented the celibate life imposed on her"[1]，即"空照女尼对同性恋伴侣之爱的热切，恰若她对强加于己身的孤独生活的厌恶之浓烈"。这一句多出的诠释并不在冯梦龙原著中，但译者在此进行加工的寓意即在于更进一步揭示巍峨圣殿中的不堪事实，即借中国故事的"场"，嵌入西方宗教别史中的私货。

但在《十日谈》中，对于私入修道院，还儿女成群、老有所乐的马塞托而言，抑或对于暗中达成一致默契的伪修女们来说，逾矩对双方的惩罚未能体现。亵渎上帝或神灵，不仅应受世人苛责，亦当受命运裁处。在冯梦龙的笔下，赫大卿受计枯竭而死后，被扮作尼姑埋入地下，冤案了结后，也只落得"地下忽添贪色鬼，人间不见假尼姑"的结局，纵官府定罪也只道"赫大卿自作之孽，已死勿论。尸棺着令家属领归埋葬"，白教一方百姓看了笑话。[2]赫大卿无视信仰与礼俗，以邪心入邪境，恰中了静真、空照"生于锦绣丛中，死在牡丹花下"之毒计。此句是冯梦龙彰显伪修行人之阴毒的"文眼"，阿克顿在译本中，再次以白描取代意象道出暗藏主旨，甚至不惜拆破原句对仗结构，"Born and bred in the society of women. He was destined to die beneath the peony blossoms"，译后的句子更增了一重深意，生长于妇人之身是无常无定之相，死于牡丹花下则是定相与定局，生长时的无知恰如人对命运无常的无知，而死亡的定局为心怀不轨的图谋者敲响了无形的警钟。阿克

---

〔1〕Feng Meng-lung, Translated from the Chinese by Harold Acton & Lee Yi-Hsieh. *Four Cautionary Tales*, New York: A. A. Wyn, INC, 1948, Preface. p. 183.

〔2〕冯梦龙：《醒世恒言》，中华书局 2009 年版，第 198 页。

顿对翻译的改造，实现了潜在情节和字面修饰两重目标的融合，纵略有些偏离原作风格，但忠于作者的训诫之境，亦以文白兼备的文学"场"，引领英语读者轻松走入了以中国文化背景为主题的训诫"场"。

在阿克顿所处的时代，因时代风气所致诗坛情色之风日炽，商业世界对诗歌标准的二度淘澄占据主流，作为一位寄望"左手写诗，右手写历史"的诗人，他因追求唯美主义与现代主义诗风而被边缘化，既无缘执牛津诗坛牛耳，亦无法在诗坛中占据一席之地。他不再是1922年初入牛津时那个光芒四射、著作频出的创作明星，甚至还被牛津学友罗伯特·拜伦揶揄为"懒惰的学术爱好者"。其实阿克顿此间产出大量历史学著作，只是不被文化界与读者青睐，甚至连正常出版都成了问题。评论家西利尔·康诺利（Cyril Connolly）干脆在《新政治家》（*The New Statesman*）杂志上，将伊夫林·沃的《衰落与瓦解》和阿克顿同时期的小说《乏味》作平行比较，并尖刻论断："不解伊夫林这般卓越的文学天才，为什么偏要对阿克顿这个平庸无能的三流作家分外垂青？"[1]基于"落俗"溃败之际，牛津毕业后巡游欧洲，勉强"趋同"从事文学评论的阿克顿，尝试将创作的目光转向兼容诗歌的中国通俗文学翻译，试图在迎合时代主流的大背景下，在异质文化情境的通俗文学中，复兴未尽的雅文学之梦。而复兴就意味着"复古"，阿克顿选择中国古典文学中融小说、诗词、戏剧、理论于一炉的"古今小说"，将"三言"中的训诫篇章加以遴选，并作为实践"中国风味"、圆满唯美诗意文学梦的突破口之一。

西利尔·白之对《四则训诫故事》赞誉有加，称阿克顿的译本在文学价值与人文思想层面，全然可与薄伽丘原著媲美。在语言文字上，阿克顿的译笔精湛，将诗意与古韵两相融合，充满浓郁的中国风味，较《十日

---

[1] Harold Acton. *Memoirs of an Aesthete*, London: Methuen, 1948, pp. 201—203.

谈》更胜一筹。[1]在译语锻造上，"以诗译诗"与俚俗兼备形成强烈反差，使译本的人文性与唯美性两相竞放。对文本细节与典故的阐释，突显了阿克顿的历史学思维在汉学研究领域的应用，虽有时屈于达意采用归化翻译，但有时类比反而是有心藏私，旨在隔山打牛，借中国典故讽谕西方世俗社会中的顽垢：只看字面者咀嚼表层意义，领会要旨者则感悟到"训诫"意义，各得其妙。同时，阿克顿将"译文以载道"的翻译宗旨融入对译语的打磨中，并试图在中国文化背景下阐发原著深层内涵与潜台词，实现了"神似"与"化境"的译语高标。阿克顿对译语的打磨与其文学创作宗旨密不可分，即"建造一座巴洛克文体的纪念碑，与我的唯美主义理想相契。于主流之外，在使命之中，我希望笔下的文字，能像英文经典名著那般完美无瑕"[2]。

总之，阿克顿对《四则训诫故事》的翻译，在精神要旨上既遵从了冯梦龙浪漫主义的"情教观"，又忠实地传达其历史与现实意义，还原了兼具唯美性与人文性的中国通俗史传。《四则训诫故事》客观呈现冯梦龙文化思想的哲理性与人文性，在异质语境下向西方世界摹绘了唯美诗意的中国故事。该译本选材上充溢现实主义精神，而在翻译宗旨上，则倾向于理想主义，既是阿克顿借助中国文学投射世俗理想的净土，也是凭借中国故事阐发训诫之思、探究人性之道的实验场。而且阿克顿的甄选视角与翻译策略，实现了西方文学世界对冯梦龙"三言"的译本转型，以文学性与伦理性兼备的视角，展现了一幅写意与工笔兼备的中国市民社会写真图，讲述了唯美主义与人文主义诗意寄寓下的"中国故事"。

---

[1] Edward Chaney & Neil Ritchie. *Oxford, China and Italy*. London: Thames and Hudson Ltd. Press, 1941, p. 40.
[2] Harold Acton. *Memoirs of an Aesthete*. London: Methuen, 1948, pp. 200—201.

第三节　译笔瑰奇：《四则训诫故事》的"中国风味" 唯美英译

阿克顿选译冯梦龙"三言"小说并结集为《四则训诫故事》，既是其生平第一部汉学著述，又寄托了他的中国文学理想。在注释环节，阿克顿以严谨的史学研究态度，为该书注释引证大量介绍中国文化的西方典籍，向英语读者呈现了西方文化"他者"视角下的"中国故事"汇编。同时，阿克顿通过强化楔子部分的归化翻译，彰显冯梦龙"三言"作为通俗小说的伦理性色彩，擢升了译本的训诫意义。而阿克顿对译作篇目的甄选与编排，经由章回间的史感重叠，涵盖冯梦龙的人文追求，并与阿克顿对中国通俗小说的创作期待融合，汇通了中西文人的文学理想。

一、"中国故事"：详实厚重的注释

前文已述，阿克顿选译冯梦龙小说，重要原因在于同属于布鲁姆斯伯里集团的文友阿瑟·韦利对《古今小说》较为关注，而且，二人对中国文学世界的向往更增阿克顿对中国小说的兴趣。然而，冯梦龙"三言"原著中典故极多，纵观阿克顿为《四则训诫故事》所作注释，不啻为一份微型的中国知识小辞典，基于译者对注释的采选视角与解释途径、引证出处等，向读者展示了以阿克顿关注点为核心线索的"中国故事"。而用典的详实，则归因于阿克顿深厚的史学功底与严谨的治学态度。《四则训诫故事》译本的英文注释，涉及大量中国历史、文学、生活常识及民俗、信仰等中国史料，甚至对一些相关潜在意义较为晦涩的表述，也采用了译文忠实案本、脚注曲尽其详的两套阅读系统互相参照佐证，保留了文本的原始风貌。同时，阿克顿在注释中展现出强烈的历史研究与文化考据意识，对重要典故与复杂意象的出处不吝花大篇幅解析，在忠实原文的基础上，为打通英语世界读者的阅读障碍与文化隔阂另开辟了阐释蹊径。

　　阿克顿的历史学者与汉学家身份，使得他在翻译小说之际，以研究视角审视小说的异质文化因素，是尚未被提及且较早出现的西方"三言"研究资料。而回溯西方的"三言"研究史，迄今最早记录为伯希和在1924年为豪厄尔（E. B. Howell）编译《今古奇观：不坚定的庄夫人及其他故事》（*The Inconstancy of Madam Chuang and Other Stories from the Chinese*）所撰写的评论文章，发表于欧洲汉学刊物《通报》24卷。[1]后有华人吴晓铃于1949年用法文撰写《〈古今小说〉各篇的来源》，发表于巴黎大学《汉学》杂志第2卷第4期。此后又有汉学家西利尔·白之、韩南（Patrick Hanan）、夏志清等人的研究，在西方文学界产生了重要影响。但阿克顿的"三言"研究，则于1931年生成，虽不以"'三言'研究"之名冠之，其文学研究与历史学价值却是客观事实。

　　作为一名历史学家，阿克顿极注重史料出处与原典考据，此治学精神在他研究美蒂奇家族系列著作可见一斑。以查尔斯·威尔逊（Charles Wilson）的观点，作为一位杰出的戏剧史学家，阿克顿的伟大才能之一，就是总能发现他所关注史实的有趣之处，并且迅速地扼住它的精要节点。阿克顿能非常轻松地运用渊博学识，通过介绍让读者了解到他写历史的思路与重要关注对象，且其老辣的笔法与唯美主义文风使得其史学著作"在艺术层面令人印象深刻，在历史层面使人无懈可击"。[2]阿克顿的治史观念也深入他的汉学研究中。在翻译《四则训诫故事》时，阿克顿尚未来到中国，但其对中国文学的印象主要来自两个层面，即"质"与"文"的层面，礼义为中国文化之"质"，智美为中国文化之"文"。而其挚友阿瑟·韦利对《古今小说》较为关注，为其开展研究并翻译提供了现实契机。

---

〔1〕葛桂录：《20世纪中国古代文学在英国的传播与影响》，大象出版社2017年版，第272页。
〔2〕Edward Chaney & Neil Ritchie. *Oxford, China and Italy*. London: Thames and Hudson Ltd. Press, 1941, pp. 51—53.

但在竭泽而渔地搜求西方相关权威资料之余，阿克顿以其历史学者的直觉，以注释诱导的暗线，将译者个人偏重点集中于注释部分加以阐发，使得注释不乏精彩且出人意料的惊喜，其可读性不逊原著。

强烈的历史感使阿克顿在《四则训诫故事》的注释部分采取了以"史、礼、俗、信"为背景主线、以"忠、孝、节、义"为情节副线的双线结构，梳理出别具民族与文化特色的"中国故事"集注。围绕"史、礼、俗、信"的副线设置，确保未能谙熟中国文化的英语读者经由注释轻松掌握故事情节所处的历史背景，尤其是年份，如成化年间"Ch'êng Hua"、宣德年间"Hsüan Tê"，帝王或臣子如尧"Yao"、明仁宗洪熙皇帝"Hung Hsi""Jên Tsung"、曹操"Ts'ao Ts'ao"、荀彧"Hsün Yü"，再如古都城临安"Lin-an"、长安"Ch'ang-an"。围绕主线，阿克顿在注释中还客观地引述或介绍与故事情节相应的节庆传统与历史渊源，如重阳节"*Ch'ung Yang* Festival"是一个登高野餐饮酒赋诗的快乐节日，"Reciting poetry and drinking wine, roasting meat and distributing cakes"，仿佛都能见到古人交递饮酒擘分饼饵的情形；还有问候另一世界的亲人并祈求保佑生者的清明节"Ching Ming（'Pure Brightness'）festival"，以及端阳节"*Tuan Yang*"的龙舟"Dragon-boat"仪式，特色食物粽子"Tsung-tzǔ"是种用叶子包着糯米的三角型食物，"triangular masses of rice or glutinous millet, wrapped in leaves"，粽子是为了保全楚国大诗人屈原"Ch'ü Yüan"的躯体不被汨罗江里的鱼儿吞噬而投下的饵料，今人仍以食粽子表示对这位失意英雄的哀悼。但注释中的粽子较原生的中国粽子，更多了些来自西方文化中的诗意浪漫气息，英语读者阅览注释中的粽子，其尖端要用百合叶覆盖，再用五彩丝线裹起，如此一来，江中鳞龙便无法将它们偷走了（"the scaly dragon would not steal them"）。

同时，重视中国文化信仰的阿克顿，注释中将儒释道文化背景融汇一炉，既有达摩祖师"Ta-mo/Bodhidharma"的"直指人心，见性成佛"

（"man should seek and find the Buddha in his own heart"），还介绍了佛家的轮回与转世说。道教的灶神"Tsao Chün/ the Kitchen God"，其神像在家家户户的炉灶旁供奉着，灶神既能司命，又是财神，还负责向玉皇大帝汇报一家的所有好事与坏事。阿克顿所引儒家文化典籍，则有《论语·颜渊》所载孔夫子的名言"四海之内皆兄弟"（"All are brothers within the four seas"）[1]等。除了儒释道信仰，注释中甚至还录入了一些不分教义的中式道德信仰，如年轻人若求不折寿，就不能接受长者的跪拜等。

与注释中具有客观性的主线相对，注释副线基本围绕情节展开，在注释中数次提及白居易（Po Chü-i/ Po Lo-t'ien）诗，并援引大量中国典故。副线重点在于阐释西方读者所不了解的中国传统文化背景，突出主人公所处时代的道德标准以及主要人物的个性与理念等。在说明小说中所提及或表现出的"忠、孝、节、义"之行时，阿克顿引用了《韩非子·和氏》中卞和（Pien Ho）献璧的典故褒扬其刚直大义，将典故注释置于刘方亮明女子身份并向"兄弟"刘奇表明心迹的韵文中，"营巢燕，声声叫，莫使青年空岁月。可怜和氏璧无瑕，何事楚君终不纳"[2]，以卞和之典影射刘方"兄弟"之情笃。谈及中国道德中最核心的孝道，却用了个"二十四孝"中"割股奉亲"的典故。[3]原著刘方与刘奇尽孝中并无割股奉亲一节，阿克顿的注释颇带异域奇谈性质，即中国病人食子女的一片大腿肉，无论多重的病都能痊愈，而割了肉的人也同时享有孝顺的美誉，但"二十四孝"中的许多义行，在中国道德社会也只是纸上高不可攀的理想。

而关于中国儿女奉孝的奇谈，阿克顿还介绍了中国人为仍在世的父母提前购置寿材（"boards of old age"）的习俗，而这副寿材的质地是否上乘

---

〔1〕Feng Meng-lung, Translated from the Chinese by Harold Acton & Lee Yi-Hsieh. *Four Cautionary Tales*, New York: A. A. Wyn, INC, 1948, Preface. p. 53.

〔2〕冯梦龙：《醒世恒言》，中华书局 2009 年版，第 139 页。

〔3〕Feng Meng-lung, Translated from the Chinese by Harold Acton & Lee Yi-Hsieh. *Four Cautionary Tales*, New York: A. A. Wyn, INC, 1948, Preface. p. 155.

则与老人的面子挂钩，一旦寿材购置妥当，存在屋里或邻近的寺庙中，老人会感到一切都准备停当的安慰，而尽个人财力成全老人这桩心事，则是考量子女孝顺的一条可见标准。[1]谈及中国女子之守"节"，阿克顿不仅连用数条注释说明中国女子对从一而终的执着与对再嫁的忌讳，"Twice-married woman"意味着耻辱与谩骂，"一马不跨双鞍，良仆不事二主，烈女不嫁二夫"才是当受褒奖的妇道，终生不嫁或因节自尽的贞洁寡妇，会被当作社会公认的妇德榜样，政府为其立起贞洁牌坊，并被一方百姓敬供起来。而妇人失德也会连带在世的丈夫遭殃。阿克顿在注释中指出，中国男人最不堪忍受的恶毒指称就是"忘八"（"Wang-pa/ tortoise/ forget eight"），于情势所逼被迫"忘记"了"忠孝仁义礼智信"八种大德。阿克顿也作了额外推断，即由于乌龟繁殖过程有违自然，因此这种耻辱具有非自然赐予（即由社会施加）的文化意义。[2]而在"义"的层面，阿克顿既例举夫妻相守之义，如"霸王别姬"（*Pa Wang Pieh Chi/ Pa Wang's Parting with his Favourite*），亦罗列亲子相佑之义，如"木兰从军"（*Mu-lan Ts'ung Chün*）。阿克顿是个京剧迷，纵使在注释中也忍不住提及。这两则典故作为中国最著名的京剧被搬上戏台，并由梅兰芳扮演主角，阿克顿赶上了民国时期中国京剧的鼎盛时期，时常在剧院中欣赏梅兰芳的京剧。[3]

但"忠、孝、节、义"的副线是具有矛盾性的，阿克顿经由注释，既突出了一个具有理想境界的中国文化环境，又暗中增补了一个与"忠、孝、节、义"相对的世俗世界。这一世界中有悠游于堂皇道德观之外，却笃定存在于世俗社会的浪漫绮事与爱情片段，才子佳人与痴心男女的故事才是

---

[1] Feng Meng-lung, Translated from the Chinese by Harold Acton & Lee Yi-Hsieh. *Four Cautionary Tales*, New York: A. A. Wyn, INC, 1948, Preface. p. 158.

[2] Feng Meng-lung, Translated from the Chinese by Harold Acton & Lee Yi-Hsieh. *Four Cautionary Tales*, New York: A. A. Wyn, INC, 1948, Preface. p. 154.

[3] Feng Meng-lung, Translated from the Chinese by Harold Acton & Lee Yi-Hsieh. *Four Cautionary Tales*, New York: A. A. Wyn, INC, 1948, Preface. pp. 150, 153.

构成世俗生活最真实丰厚的层面，这与中国传统的妇德"修己身，如履冰""无是非，是贤良"等已相去甚远，在"情教"之中，而非在礼学道德教化之中。

在第一则故事 *Love in a Junk* 的注释中，阿克顿一口气为三位中国美男子作了脚注，即三国时的何晏（Ho Yen）、荀彧（Hsün Yü）与西晋的潘安（P'an Yüeh）。因原著中提到一首诗形容吴衙内长相，集各朝代男神姿容于一体，让深闺中的贺秀娥一见倾心，如此俊美所引发的倾心，即不属于违"天理"，而是循"天理"，合乎冯梦龙对"天理"的认知。"何郎俊俏颜如粉，荀令风流坐有香。若与潘生同过市，不知掷果向谁傍？"[1] 除了原诗译文精美，阿克顿在注释中也不吝笔墨，引述三位美男子如何白、香、俊的形容与轶事。[2] 在最绮艳的一则故事 *The Mandarin-duck Girdle* 中，阿克顿援引了张敞画眉、卓文君当垆卖酒的典故，还解释中文中"牡丹花"的典故，除了形容女子艳冠群芳，还勉为其难地翻译了"牡丹花下死，做鬼也风流"（"the peony unfolds its blossoming petals under the falling dew"）、"巫山云雨"（"the meeting of clouds and rain"）等俗谚为牡丹花语作注。[3] 阿克顿在 1941 年出版了记录北京生活的纪实小说，题目就叫《牡丹与马驹》。牡丹作为绮艳富丽的意象，深为阿克顿所钟爱，他的中国印象与北京往事，亦如牡丹般如幻似梦、国貌天香。

二、中国伦理：归化翻译增强训诫意义

除了在情节建构上推广"情教观"与人文性，译本对"训诫"意义的

---

[1]冯梦龙：《醒世恒言》，中华书局 2009 年版，第 405 页。

[2] Feng Meng-lung, Translated from the Chinese by Harold Acton & Lee Yi-Hsieh. *Four Cautionary Tales*, New York: A. A. Wyn, INC, 1948, Preface. pp. 147—148.

[3] Feng Meng-lung, Translated from the Chinese by Harold Acton & Lee Yi-Hsieh. *Four Cautionary Tales*, New York: A. A. Wyn, INC, 1948, Preface. pp. 157—158.

规划，还集中体现在对篇目的甄选上，其中就包括了楔子部分。对在《四则训诫故事》每篇开头的楔子部分，阿克顿敏锐地意识到楔子故事在篇章结构与教谕意义上所起到的导引与暗指双重意义，因此保留楔子部分，并采用较为客观、睿智的笔法翻译。借阿瑟·韦利对豪厄尔所译《古今奇观》的评价，"此类短篇故事，每篇皆用一个同类的短故事作引子，可以暗示佛教'Jataka Story'（《本生经》）的影响"。Jataka Story 亦有化身佛的故事引导后一本事，而此"楔子"在中国小说的始末常见，意旨较故事本身更具教谕意义。阿克顿保留楔子部分，既忠实于中国小说传统形式与原著结构，亦借不同译文风格的楔子故事，更加直接地传达故事所蕴含的训诫意义。

　　冯梦龙在楔子部分，借佛经等故事与语录所提及的道德理念与信仰戒律也特别丰富，因此在翻译时，阿克顿也极尽其能，以第三者的叙述口吻摹拟原著的训诫语气，尽量使楔子的"教化"意义在文字表述上显著区分于小说主体。但楔子部分基于客观化的翻译，旨在将训诫意义更直白地传递给读者，因此阿克顿有时不得不以归化策略，消解译本的部分中国文化特色。如在 Love in a Junk 的楔子中，有一则劝诫世人约束德行的七绝，"贪花费尽采花心，自损精神德损阴。劝汝遇花休浪采，佛门第一戒邪淫。"[1]阿克顿将有伦理意义的不尽"贪花"，译为"不断地沉浸于情欲之花中"，即"craves incessantly for amorous flowers"。而次句"自损精神德损阴"，因西方只有"赎罪"之谈，而无"损阴"之说，因此只保留了"自损精神"半句内容进行翻译，即"Forfeits his health and spiritual powers"，且将原句的"精神"理解为健康与精神合一的身心，把原句中的"损"译为"耗尽"（forfeits），语气较原著更为犀利。继次句"贪花"无从翻译之后，第三句中"劝汝遇花休浪采"的"采花"也一并跳过了中文中复杂的指

---

[1] 冯梦龙:《醒世恒言》，中华书局 2009 年版，第 402 页。

代，使用了"迷途知返"的直译，即"Pray do not pluck them rashly, lest you stray"。末句中提到"佛门第一戒邪淫"，阿克顿既没解释佛门戒律，也未直译或意译"邪淫"，而是将中西信仰中的"天堂"与"涅槃"合一，即"此去天堂是通向神圣涅槃唯一的路"，"From Heaven's path, Nirvana's holy way"。译句的难解处在于"涅槃"，尽管将"天堂"与"涅槃"合一有些牵强，但"此去天堂之路"的内涵为英语读者所熟悉，理解同在终点的"涅槃"也就相对容易，反使得对文意的理解更加准确。[1]

以西方信仰指称的词汇解释涉及中国信仰的词句，也同样出现在 Brother or Bride 的楔子中，但这则五绝的翻译是个败笔，未能译出后二句真实要旨。原诗为"薰莸不共器，尧舜好相形。毫厘千里谬，认取定盘星"[2]，即借桑茂男扮女装与刘方以女扮男的故事，警醒世人摆脱现象的束缚，认清事实中真正的因果与正义，即"定盘星"，戥子、秤杆上第一颗星，常喻约定俗成的基准与定规。桑茂与刘方之行从表象上看都逾越规矩，但前者为恶，后者为良，标准即在是否逾越了"定盘星"，造成不良的社会后果。但"定盘星"这个指代确实让译者无从下笔，"差之毫厘，谬以千里"亦难以用现成的英语俗谚解释。虽然绝句的关键着眼点在后二句，但由于跨文化翻译的艰涩，译者甚至在翻译时将主旨直接跳过了，全诗只保留前两句翻译。阿克顿将首句"薰莸不共器"翻译为"The fragrant flower shares no vase with plants of evil smell"，即"香草臭草不会被置于同一器皿"，至于"薰""莸"二草的典故，则囫囵带过。

冯梦龙此绝首二句由《孔子家语·致思》演化而来，即将"回闻薰蕕不同器而藏，尧桀不共国而治，以其类异也"的同质类比，化为首二句的异同之比，首次句间暗含"虽然……但是……"的转折关系，次句"尧

[1] Feng Meng-lung, Translated from the Chinese by Harold Acton & Lee Yi-Hsieh. *Four Cautionary Tales*, New York: A. A. Wyn, INC, 1948, Preface. p. 15.
[2] 冯梦龙：《醒世恒言》，中华书局 2009 年版，第 129 页。

舜好相形"改自"尧桀不共国而治"，意为尧舜二人因品德融洽、品貌亦相和。阿克顿理解此中的繁杂出典与潜在意思，但为了忠于原典，于是将《孔子家语·致思》的原句代替冯梦龙的诗句翻译了，次句译为"Twixt Yao and Chieh the contrast is as Heaven and Hell"，并在文后为"尧""桀"作注，以天堂与地狱之差指代尧桀之别。[1]次句的翻译跨越原著而上溯至出典，作为异质文化翻译者委实为惊艳之举，撇去后二句的主旨未翻之疏，仅凭此句亦见阿克顿的历史学养。但由于是楔子中的故事，注重教谕作用，因此多以西方信仰典故参与翻译，在文采上较正文部分翻译逊色。

在 The Everlasting Couple 的楔子翻译中，一出楔子里有一首七绝、两首七律，绝句基本做到了直译，但因两首律诗中二联牵涉太多典故，如对孙膑智斗、霸王别姬、楚汉之争、三国争强等，将囫囵翻译的精神发挥到极致。但在文采上，经由译笔，阿克顿以散文诗的笔法将两首律诗大意加以复述，译文中不再是原诗的金戈铁马、行军布阵，充斥着隐喻对仗，而是转译为更富有唯美意境的诗行，充满了史诗般的雄浑气魄与瑰丽辞采，在表达效果上并不故弄玄虚。例如楔子中将棋局比世局，引孙庞斗志、刘项相争，寄兴棋枰之诗却暗喻千秋世局，互为投射隐喻，正如原著引明人曾棨诗："两君相敌立双营，坐运神机决死生。十里封疆驰骏马，一川波浪动金兵。虞姬歌舞悲垓下，汉将旌旗逼楚城。兴尽计穷征战罢，松阴花影满棋枰。"[2]首句起势，末句归于平静，中二联纵横捭阖、气势极大，千折百转尽拟棋局与世局无异、棋思与谋略相类。阿克顿的译诗先是扫清了用典与隐喻上的重重关隘，众多历史事件中只为虞姬舞垓下作注。"十里封疆驰骏马"译为"Their noble chargers gallop o'er the land"，即"贵族们在土地上（策马）奔驰"，英语中形容"封疆"有"fief"一词，但为

---

[1] Feng Meng-lung, Translated from the Chinese by Harold Acton & Lee Yi-Hsieh. *Four Cautionary Tales*, New York: A. A. Wyn, INC, 1948, Preface. p. 50.

[2] 冯梦龙：《醒世恒言》，中华书局 2009 年版，第 115 页。

了顾全韵脚的朗读效果，宁取语义更宽泛的"land"，足见阿克顿对诗行音韵的唯美要求。而颔联次句"一川波浪动金兵"阿克顿译为"Their soldier's armour flashes on the waves"，场面雄浑豪壮，即"行进将士们的盔甲如波浪般翻动闪烁"，既有李长吉"甲光向日金鳞开"一句的瑰丽奇谲，又有《伊利亚特》中交战的阵势"兵勇们全都列队坐下，紧挨着／各自蹄腿快捷的驭马和闪亮的甲械"[1]，"他把驭马和战车留在身后，闪着耀眼的铜光"[2]，"穿戴精工制作的铠甲，在铜光闪烁中走动"[3]。借助西方文化经典的词藻翻译中国经典，从而使得英语读者能鉴赏到原著的文笔精髓与深厚底蕴，亦为阿克顿尊重历史、汇通中西的治学初衷。颔联"虞姬歌舞悲垓下，汉将旌旗逼楚城"一句，翻译中只交待敌军围城、美人悲歌，"The beauty sings and dances and laments, While the banners of the foe surround the city"，浅近却与颔联阵势形成呼应，在喧嚣扰攘的沙场中心，却有人在用优美柔弱的歌舞传达将败的悲怆，相较于华丽的原句，译句反而通过突出对比更富艺术张力，也更易于英语读者理解。尾联上句"兴尽计穷征战罢"，译句将"兴尽计穷"译为"when pleasure cloys and wit's exhuasted"，"兴尽"所译不尽如人意，并非"快乐使人厌烦、智慧被耗尽"，而是"（世局与棋局的）战争意兴与运筹智慧尽皆耗尽"。但下句收笔处，"松阴花影满棋枰"一句译得别有意境，"The shades of pines and flowers invade the chess-board"，摹似阴影"侵入"（invade）棋盘，完全是诗的动态笔法，足见阿克顿的炼字功夫。[4]

译本只节选四则故事，但其中的两则故事之间，楔子与正文还存在复调性质，如第二则 *Brother or Bride* 的楔子与第四则 *The Mandarin-duck*

［1］［古希腊］荷马：《伊利亚特》，陈中梅译，译林出版社2017年版，第81页。
［2］［古希腊］荷马：《伊利亚特》，陈中梅译，译林出版社2017年版，第98页。
［3］［古希腊］荷马：《伊利亚特》，陈中梅译，译林出版社2017年版，第107页。
［4］Feng Meng-lung, Translated from the Chinese by Harold Acton & Lee Yi-Hsieh. *Four Cautionary Tales*, New York: A. A. Wyn, INC, 1948, Preface. p. 75.

Girdle 的正文。第二则故事即《醒世恒言》卷 10《刘小官雌雄兄弟》，正文所叙为刘方女扮男妆两全节孝的故事，而楔子则记述了桑茂以男扮女败坏风化，楔子故事与正文故事反差鲜明，恰如楔子开篇诗云："衣冠未必皆男子，巾帼如何定妇人？"而在第四则故事，即《醒世恒言》卷 15《赫大卿遗恨鸳鸯绦》中，赫大卿风流横死之后被扮作尼姑下葬，而故事中套的故事，几乎与桑茂男扮妇妆、入尼庵"修行"的故事构成了情节上的复调，表达的训诫意义也不尽相同：基于道德表层的训诫意义，与投射的人文精神与处世准则，隔空形成了具有差异性的二重唱。而巧在《赫大卿遗恨鸳鸯绦》一则故事并无楔子，在笔法与情节上，桑茂与赫大卿一小一大两则故事恰好构成情节上与空间上的呼应。阿克顿敏锐地发现了两则故事之间的关联，风化之起落，既可起于假扮，亦可毁于伪装，表象之下的真实寓意，其实是超越于道德标准上的无常观。此外，《四则训诫故事》中节选的楔子故事情节、结局与正文主体之间，经常出现错位。如《吴衙内邻舟赴约》楔子中，潘遇因"欺心之事"而与状元失之交臂，吴衙内与贺秀娥双双逾矩，却能终成眷属，是因"前缘判定，不亏行止"。在甄选译本时，阿克顿试图以"异"求和，在楔子与正文、不同篇章的引子与故事之间形成了一条人文主义的暗线，迎合了其立足突破中西方文化观念，对通俗小说人文创作主旨的终极追求。同时，融汇儒释道中的道德礼义观、无常观、因缘观等于一炉，更加丰富了阿克顿人文甄选视角的阐释体系。

三、史感重叠：中西文人理想的汇通

18 世纪英国感伤小说在启蒙思想与浪漫主义之间体认着自发情感的压抑与喷薄，无形中与以冯梦龙"三言"为代表的晚明"情教"小说暗中同频，"作为广泛群众心理与社会意义的实践，都是商业社会萌发或发展阶段中"，人性与非自然人类社会之间的"走火"实录。[1] 阿克顿对"三言"故事的训诫与"情教"意义的把握，与冯梦龙创作"三言"的初衷契合，即通过通俗故事在民间可世代广泛流传的文学生命力，传达"不害于风化，不谬于圣贤"的通俗文学理想。而对历史有敏锐直觉的阿克顿，不仅看到了冯梦龙著述对其文学理想的寄载，以及与前后世文人著述的暗通，还将此明暗两线化为文学表象，暗借翻译冯梦龙"三言"中具有训诫意义的四则故事并巧妙编排，呈现个人对中国文学"情史"与"人曲"的甄选与评介视角。同时，借选译《四则训诫故事》实现了史感上的中西文化理想复调，表层译述内容与潜在翻译动机，使得冯梦龙与阿克顿的文学理想间实现突破时空的汇通。

　　冯梦龙的"三言"是一部通俗小说，立足宋元旧篇与吴语民歌，先补上之前两部爱情经典的通俗"续集"，再预先道出《红楼梦》未能发展的情节。冯梦龙在通俗文学上的创作尝试，采用了雅俗并举的策略，以雅彰文笔性灵，以俗明劝世教谕。阿克顿熟悉中国戏剧，对昆曲剧本尤其钟爱，曾译《桃花扇》，笔法极美，也曾对翻译《红楼梦》动过念，但在翻译中国小说成为西方汉学界指向的研究背景下，最终仍向译笔指向了通俗小说。阿克顿经由译笔复活的，是中国文人情史的通俗版本，而正因其通俗性与影响力，其中的人文故事与"情教观"使得其训诫意义能在更大的读者群体中开展，对著作与译作皆然。

　　晚明冯梦龙认同张载、朱熹理学思想之"存天理，灭人欲"、"知"先于"行"的伦理主张，将天伦视为"天理"。"情"为理之始发处，"彼以情许人，吾因以情许之。彼以真情殉人，吾不得复以杂情疑之"。因此，冯梦龙赞赏私情，笔下的违世俗常道之"从至情上出者必真切"，

---

[1] Jin Wen, Sentimentalism and the "Cult of Qing": Writing Romantic Love in 18th-Century England and Late Ming China, *Research Article*, p. 552.

"妾而抱妇之志焉，妇之可也。娼而行妾之事也，妾之可也"〔1〕。

　　但 "才情跌宕，诗文丽藻" 的冯梦龙，年轻时在专心科举之际，亦曾 "逍遥艳冶场，游戏烟花里"，终历经人情浮薄、世态炎凉，他既了解文人社会，也谙熟世俗社会，对小说文体寄寓 "六经国史之辅"（《醒世恒言》序）的瞩望，而对《醒世恒言》则有 "恒则习之而不厌，传之而可久" 的社会教育寄怀，即阿克顿将其译本题名为《四则训诚故事》的内涵。"淫谭亵语，取快一时，贻秽百世" 为冯梦龙所不齿。〔2〕冯梦龙小说中固然有些绮艳情节，但相较于同时期的晚明世俗小说，要简约洁净得多，通俗小说脱胎于真实的市民生活，无法规避饮食男女之事。而作为 "东方《十日谈》" 的《四则训诚故事》所处的这一时代文化背景，与《十日谈》颇有类同之处，亦为阿克顿取之为类比的潜在目的。

　　无论是冯梦龙创作编撰 "三言"，还是阿克顿的甄选翻译，均基于文人关注社会生活的视角，即借用文学的力量，传达文人对自由理想人文世界的向往，并在文学维度中将 "情教" 理想先于梦境而建构并呈象。〔3〕基于通俗小说的创作主旨，冯梦龙不需刻意回避市井人情之事，得道市井亦容身，通俗丽藻事亦真，小说作为其训诚教谕与文学精神的放怀，既可作民间史料记载，亦可放飞其人文理想。在阿克顿所译《四则训诚故事》中，对文学历史的承继、重构与影响最典型的就是 *Love in a Junk* 一则。吴衙内与贺秀娥的故事，潜藏并再造了《西厢记》与《牡丹亭》的情节，同时还对后世的《红楼梦》宝黛故事植入了影响。

　　《西厢记》是引导《红楼梦》中宝黛互明心迹的引子，但《红楼梦》里，前世绛珠仙草的黛玉化为人身只为报神瑛侍者灌溉之恩，纵使动情也

---

〔1〕冯梦龙:《冯梦龙全集》，江苏古籍出版社 1993 年版，第 85 页。

〔2〕缪咏禾:《冯梦龙和三言》，上海古籍出版社 1979 年版，第 8—9 页。

〔3〕Yang Shuhui. *Appropriation and Representation: Feng Menglong and the Chinese Vernacular Story*. University of Michgan Center for Chinese Studies, 1968, p. 35.

只有还泪以报，而不可以身相许，且曹雪芹对"女儿出嫁"一事甚为扼腕，因此作为男女之完美形象，宝玉必须出家、黛玉必须夭亡，因为曹雪芹笔下的"女儿"情结，不容"宝珠"玷染世俗尘杂。冯梦龙对"女儿"的评价亦高，曾有诗赞"女儿""聪明男子做公卿，女儿聪明不出身"，"有等聪明的女子，一般过目成诵，不教而能。吟诗与李、杜争强，作赋与班、马斗胜。这都是山川秀气，偶然不钟于男而钟于女"[1]。而在《吴衙内邻舟赴约》中，贺秀娥与吴衙内先圆了尘寰之梦，先有梦境提前"预告"二人欢会的情形，诗文相契更增机缘巧合，为二人迈出关系中惊险一跃埋下伏笔。在冯梦龙笔下，二人既无《西厢记》中的地位悬殊，亦无需重演杜丽娘为情而死、为情而生的曲折故事，从而将中国传统文人对情史的演绎定格于现实可感的通俗小说中。

对《四则训诫故事》，西利尔·白之赞誉有加，称阿克顿的译本在文学价值与人文思想层面，全然可与薄伽丘原著媲美。在语言文字上，阿克顿的译笔精湛，将唯美诗意与中国古韵两相融合，较《十日谈》更胜一筹。[2]阿克顿在翻译策略上，以传达译本中国风味作为翻译主旨，既忠实原著、暗合冯梦龙的文化思想辩证性，又不失结构上的甄选与创新、突出诗笔与白话的张力对比，使文本极富可读性，被阿瑟·韦利称为"东方《十日谈》"，并盛赞其译笔较《十日谈》而言更加精致且富于变化。[3]尤其是诗笔部分，以诗译诗的功力，足见其对中国古典文学的独特诠释笔法，虽诗笔已成韵文，但还原细节之精、炼字之妙，保留了中国古典诗韵，而将中国古诗的字面与内涵两重意思，尽投射于译笔中。

在选材方面，虽只涉及四则故事，但故事的核心皆立足于人文思想，

---

〔1〕冯梦龙:《醒世恒言》，中华书局 2009 年版，第 141 页。

〔2〕Edward Chaney & Neil Ritchie. *Oxford, China and Italy*. London: Thames and Hudson Ltd. Press, 1941, p. 40.

〔3〕Feng Meng-lung, Translated from the Chinese by Harold Acton & Lee Yi-Hsieh. *Four Cautionary Tales*, New York: A. A. Wyn, INC, 1948, Preface. p. 1.

撰述市井层面几重具有代表性的伦理故事，情节引人入胜、发人深省，笔法既具有诗意唯美性又兼有市井人文性，恍若展示晚明世俗社会的文字博物馆，集历史与民俗之大成，经由译作可突破世俗、管窥真实历史并感受中国风味。小说是基于现实的艺术重组，阿克顿以诗文并茂的通俗小说为切入点，取其精巧却全面的结构特点，经由冯梦龙具有训诚意味的"三言"故事，兼顾内容与文采，引导西方读者管窥晚明中国社会的真实镜像。《四则训诚故事》不仅呈现了冯梦龙与译者的笔力，亦经由译者对译本的甄选与翻译策略，投射了西方世界对中国人文世俗社会的想象。

第五章　阿克顿的中国戏剧翻译

第一节　《中国名剧》翻译：流行大众戏曲与经典戏剧文化的引渡人

　　阿克顿在中国留驻八年，谙熟中国文化的同时，对中国京剧艺术产生了浓厚的兴趣，曾与长期在华的美国戏剧家 L. C. 阿灵顿共同翻译了民国最流行的京剧经典曲目中的 33 个折子戏，即 *Famous Chinese Plays*（《中国名剧》），这本戏剧翻译集于 1937 年 3 月初出版，由当时极富影响力的英文报上海《字林西报》（*North China Daily News*）刊印。作为美学家的阿克顿，不仅从满足于个性化的审美需求出发，也以专业的学理运思与文献采撷为目标，与阿灵顿共同推动了这部译作的诞生。

　　在结识阿克顿并决定与之共译中国京剧前，美国戏剧家阿灵顿对中国戏曲早有研究，在编译《中国名剧》之前的 1930 年，阿灵顿就已出版了一本研究中国戏曲的专著，即 *The Chinese Drama: from the Earliest Times until Today*（《中国戏剧史》）。阿灵顿由于在中国长期担任海关及邮局官员，故曾在中国沿海和内陆多地驻留，其广博多识源于他对中国文化深厚的兴趣与敏而好学的求知精神。阿灵顿年迈时与京剧结缘，是因为他忠实而仁厚的管家有个漂亮女儿是青年戏剧学院的学生。阿克顿在其《一个爱美家的回忆录》中提到，他在戏剧审美倾向上偏向唯美的舞台表演艺术，而阿灵顿则倾向于现实主义审美。但他们并不因为观念不同而无从合作，相反，他们在写作中可以互为"他者之镜"，让译作能够兼顾学理和文本艺术。

据阿克顿回忆，在来华工作与生活的学者中，阿灵顿是特别擅长自学的，他将中国戏剧这一难以为西方学者所称道的艺术形式作为毕生的爱好。虽阿灵顿与中国文化素有缘分，却不为当时的汉学家所重视。

《中国名剧》全书分五个部分。第一部分是部分戏目的插图，还附图说明了京剧脸谱的名称以及对某个戏目中角色的赏析，有些甚至对角色性格都进行了一定的概括。第二部分是由 Hope-Johnstone 翻译并编谱的戏曲，虽都是些篇幅短小的唱段，但有中文戏词和对这些戏词的拼音标注，曲谱下方还给出了相应的英文翻译。在目录部分就具体地说明了是男声还是女声所唱，详述了所使用的主要乐器名称。第三部分的引言，详尽地叙述了编者对中国戏剧的了解，在后文中将展开论述。第四部分是戏曲翻译，共收录了 33 部中国经典京剧曲目，依次是《战宛城》(*The Battle of Wan-ch'êng*)、《长板坡》(*The Battle of Ch'ang-pan P'o*)、《击鼓骂曹》(*Beating the Drum and Cursing Ts'ao*)、《奇双会》(*An Extraordinary Twin Meeting*)、《妻党同恶报》(*A Wife and her Wicked Relations Reap Their Reward*)、《金锁记》(*The Golden Locket Plot*)、《庆顶珠》(*The Lucky Pearl*)、《九更天》(*The Day of Nine Watches*)、《捉放曹》(*The Capture and Release of Ts'ao*)、《珠帘寨》(*Pearly Screen Castle*)、《朱砂痣》(*The Cinnabar Mole*)、《状元谱》(*A Chuang Yüan's Record*)、《群英会》(*The Meeting of the League of Heroes*)、《法门寺》(*Buddha's Temple*)、《汾河湾》(*At the Bend of Fên River*)、《蝴蝶梦》(*The Butterfly's Dream*)、《黄鹤楼》(*The Yellow Crane Tower*)、《虹霓关》(*The Rainbow Pass*)、《一捧雪》(*A Double Handful of Snow*)、《雪杯圆》(*Affinity of the Snow Cup*)、《牧羊圈》(*The Shepherd's Pen*)、《尼姑思凡》(*A Nun Craves Worldly Vanities*)、《宝莲灯》(*Precious Lotus-Lantern*)、《碧玉簪》(*The Green Jade Hairpin*)、《打城隍》(*Beating the Tutelar Deity*)、《貂婵》(*Sable Cicada*)、《天河配》(*The Mating at Heaven's Bridge*)、《翠屏

山 》(*Jade Screen Mountain*)、《 铜网阵 》(*The Brass Net Plan*)、《 王华买父 》
(*Wang Hua buys a father*)、《 五花洞 》(*The five Flower Grotto*)、《 御碑亭 》
(*Pavilion of the Imperial Tablet*) 和《 玉堂春 》(*The Happy Hall of Jade*)。

在翻译这些戏剧曲目篇章前，译者介绍了相关戏目内容所在的年代，
及其间涉及的西皮、二黄、昆曲、武戏等戏曲类别，并附有出场名角儿的
姓名及其所扮演的角色类别和表演内容。在每个剧目前，编者都注明了此
戏中的故事发生的年代、戏剧类别，并附有出场人物的名字、角色类别和
表演内容，而且对于戏中富有中国文化特色的戏剧表达或角色、情节介绍
等，都在戏文中加注并进行详尽的解释。如书中对中国传统表路程的单位
量词"里"就作了如下解析："A *li*（里）is roughly one-third of a mile."
部分戏文前还有剧情梗概，每部戏文后都有个结局"Finis"，由编者概述
这场戏将如何收尾。在引言的后半部分，编者还将中国戏剧以音乐形式作
了西皮、二黄、评剧、昆曲四种区分，并分别进行了概述，还将中国的戏
剧角色即生、旦、净、丑四大类进行了区分并作了简要介绍。

阿克顿作为一名出色的中国戏剧爱好者，其梨园情结使他在北京期间
将听戏作为生活日常。在积累了大量观演经验后，阿克顿指出中国戏剧是
一种由戏剧家和戏剧表演者共同成就的艺术，要达到戏剧艺术的高峰，二
者的配合是必须的。阿克顿认为，相较于西方受"三一律"严苛限制的剧
本创作，中国戏剧的剧本不够简练，其中包含了大量的俚俗套路，缺乏迎
合时代的文学创新。纵观阿克顿的翻译剧目和翻译理论，其在译介剧目的
选择上，注重戏剧经典性的同时也兼顾了剧本的文学性。针对中国戏剧剧
本冗长、时间跨度大等特点，阿克顿选择了最富有戏剧艺术张力的几部折
子戏进行翻译。而且，在翻译每部作品时，都会简要地介绍其时代背景和
作品概况，并以个人审美视角，立足戏剧艺术与文学审美理论层面发表对
剧本的评介。

1939 年，阿克顿在《 天下 》月刊分别发表了三部折子戏译本。但这三

个剧本皆非京剧而是昆曲的剧本。阿克顿指出，京剧剧本因在形式上重复过多而落入了俗套，鉴赏京剧艺术一定不能脱离舞台观演。昆曲是现实主义文学艺术与浪漫主义审美艺术的融汇，昆曲剧本的文学性较京剧而言，更具有审美价值。而且，从文化意义来说，读者可通过阅读剧本去推演与反观剧作生成时期的社会面貌，因此昆曲剧本具有较高的现实主义价值。阿克顿在翻译昆曲剧本的过程中，采取了简化剧本的译介策略，对重复、冗余的部分进行删节，力求在维持形式的完整性上兼顾秉承剧本的艺术性。

1939 年 4 月，阿克顿在《天下》月刊第八卷第 4 期上发表了昆曲《牡丹亭》中的《春香闹学》一折译文。文题为 CH'UN-HSIANG NAO HSUEH, A K'un-chu Light Comedy, from the Ming Dynasty Play。将《春香闹学》定位为昆曲中的轻喜剧。作为戏曲艺术中的代表性作品，《牡丹亭》中《游园惊梦》在文学价值上更甚于《春香闹学》。若要在文学的层面将剧本的文学性传导出来，势必在原有的松散剧作结构下更加削弱作品的戏剧性。中国戏剧剧本的文学性以及剧本的语言艺术所锻造的情境、意境及衍生的意象等，与西方经典剧本对台词的要求不符。西方戏剧中，台词需要对人物性格或者情节发展具有推进作用，而文学性的台词所带来的放缓节奏的艺术效果，势必造成西方读者阅读中国戏剧剧本的障碍。《春香闹学》一折戏中，人物性格生动、形象鲜明，台词简约而有张力，戏剧进程流畅，既迎合了情节紧凑的戏剧审美要求，又将角色的性格充分展示出来。阿克顿立足于西方戏剧艺术的审美视域，翻译了《春香闹学》一折。

1939 年 8 月，阿克顿在《天下》月刊第九卷第 1 期上，发表了昆曲《狮吼记》中的《跪池》一折译文。《狮吼记》是昆曲经典剧目，《跪池》一折所突出的是妒妻与丈夫之间的矛盾冲突。该折戏文描述了眉山书生陈慥（字季常）被其善妒的妻子诓骗，回家后被责罚跪在池边的戏剧冲突。阿克顿之所以选取这则剧目，是因为他发现东西方戏剧中，妒妇悍妻是一个经典的主题。虽然在古希腊时期和古代中国，妇女的社会地位皆低，可妒妇形象作为戏剧的经典形象来源，说明东西方女性在婚姻中都有表达自身情感与个性的天然需要，这在精神层面的表达上体现的是东西方人类文化的共通性。

1939年9月，阿克顿在《天下》月刊第九卷第2期上，发表了昆曲《林冲夜奔》译文。阿克顿对该剧本评价极高，认为《林冲夜奔》在艺术性上代表了中国戏剧艺术的高峰，剧作所展示的阳刚之美突出了戏曲艺术的人物形象。林冲作为一位落魄英雄，其无辜遭际并不直接由剧作家借助台词点出。英雄的人物形象，完全通过人物的对白与动作加以展现，让观者的介入与分析去弥补人物评说的部分，最终达到戏剧艺术在剧本内外的互补，实现了艺术的完整性。这部剧作突出的是人物的内心世界与主人公的现实遭际之间的冲突。与之相对应的是另外一个昆曲剧本《尼姑思凡》，剧本张力也是通过与《林冲夜奔》相似的形式表现出来的。剧本需要实现艺术张力，就需要将现实与理想的两极无限延展，造成一种由距离而生成的紧张感。作为英雄的林冲，本应报效国家，建功立业并名留青史，可是却因为被奸人陷害而不得不雪夜奔逃——英雄的出走，是其与现实社会的剥离，而"英雄"这个称号的实现需要现实社会的首肯，剥离了现实之后，英雄即成贼寇；而尼姑赵思凡皈依佛门，本不应有凡心，可却因年芳貌美、才情卓越、心思细腻，将袈裟扯破，脱离了佛门清净地，与私逃下山的一名和尚相携入尘，从此沾上了人世诸般业缘。

阿克顿选择的几部昆曲剧本有一个共同特性，即皆对准戏剧的矛盾冲突——冲突越大，与现实越"不合"，主人公的生活与情志被打出了常轨，戏剧张力就有了天然的基础。再加上剧本塑造人物形象的人文主义特性以及人性的鲜明生动，在东西方戏剧文化交流上迎合了天然的共通性，更利于西方读者欣赏与接受中国戏剧艺术之美。

1973年，阿克顿、陈世骧和白之的合译本《桃花扇》，由加利福尼亚大学出版社出版。这是阿克顿与陈世骧在文学研究上的又一次合作，它既是他们学术思维的合流，也是二人亦师亦友的见证。在阿克顿的建议下，二人再度合作翻译《桃花扇》，使远离中国的二人能够一同神游中国梦。陈世骧去世之时，《桃花扇》仍有七幕未能译完，陈世骧在伯克利的同事白之接过了他未及完成的译作。

阿克顿在为《桃花扇》所作的前言中，将这本书作为对亡友陈世骧的纪念，简述了翻译剧本的始末，并对《桃花扇》的故事梗概、作品背景、作者孔尚任与《桃花扇》主人公侯方域之间的关系，以及剧本的时代意义等作了介绍。阿克顿与陈世骧之所以共同选择《桃花扇》作为中国经典戏剧译介的对象，是因为这部作品的极高文学价值与其诗意化的语言表述风格。从《桃花扇》的文史意义上观照，它反映的是在明清交替的特殊时期的历史背景下，突出的社会矛盾所激发出的个人禀赋、身世剧变与思想成就。艺术情境下的现实世界，是一种被急剧放大和强化的艺术人生，这一点可以达到中西艺术的同鸣，有利于译本在英语世界的接受。经过诗意化的文学加工，译者能够将故事中的家国之思、民族之憾、儿女之情，生动地涌现纸上。《桃花扇》不仅具有剧本的艺术价值，而且也可以通过剧本反观当时的社会生活，让读者再领略明末清初时作为商业重镇的苏州和扬州风貌。秦淮河畔的灯影笙歌、衣香鬓影、风流韵事、诗词歌赋，是中国古典文化中的永恒记忆，也可使西方的中国文化研究者经由译本去找寻流逝的文化符号，将文学经典进行异域移植。

据阿克顿在《一个爱美家的回忆录》中的记述，初到中国的他，经由中国友人接触了中国戏剧，不过一开始他并未接受京剧这种与西方戏剧大相径庭的艺术形式。从惊诧于中国戏的嘈杂，到在中国戏院中流连忘返，阿克顿经历的不仅是中国式生活，更是他的唯美主义思想对中国戏剧的认可与品鉴过程。在离开中国之前，阿克顿已经转化成为中国京剧的资深票友与坚定译介者，他的愿望是将中国戏剧的表演艺术，与昆曲的戏剧性、文学性、唯美性引荐给西方观众，让更多的戏剧爱好者享受到中国戏剧的独特唯美。而且，阿克顿还身体力行地推广中国戏剧，凡是有外国友人来京，阿克顿的保留节目之一就是请他们逛戏园看京戏。尽管大部分人的反应是马上捂起耳朵仓皇逃走，但是阿克顿依然故我，认定京剧的表演艺术是一种奇妙的催化剂：能在锣鼓喧嚣中给人以宁静，能在至简的表意演绎系统中诠释丰富的情境，能让听众如提线木偶般任由变幻多端的情节与旋律牵引，能让素食者的身心无一例外地经受一场场酣畅淋漓的洗礼，能在熙熙攘攘的观众中体会到众生平等的真谛。

但阿克顿并非一开始就能从西洋音乐切换到中国京剧。在 1932 年阿克顿初到中国时，他对京剧的观感与一般的西方来客并无二致，甚至在当年游历东南亚时他还对新加坡的中国剧院颇有微词，"只有中国人对噪音的偏爱让我无法住进南方大酒店（Great Southern Hotel）……我被尖叫声与现实之间的联系弄糊涂了"[1]。而在北京接受了无数次京剧洗礼之后，阿克顿对京剧的印象大为改观，转而为京剧艺术迎合中国式审美发表了一番宏论。阿克顿认为在京剧剧院中，饮食素淡、心身清净的中国人引以为自豪和享受的热闹，在身心混浊的西方人身上，却是一份无法享用的精神大餐。"当我吃了几年的中国饭菜之后，响亮的锣鼓、铙钹和急促的胡琴声，使我的灵魂得到了慰藉。"[2]阿克顿在描述 20 世纪 30 年代外国人居留北京的小说《牡丹与马驹》中，就以自己为蓝本，塑造了一个痴迷中国京剧的文学形象，这个戏迷因沉醉于《贵妃醉酒》不能自拔，还收养了饰演杨玉环的小男孩。

根据白之的回忆录，阿克顿在对京剧剧本进行翻译的过程中，不止一次地提及京剧是仍在流行的中国传统艺术形式。阿克顿也不否认昆曲艺术在剧本文学与戏剧艺术上的高雅，但感性的他始终认为京剧喧闹的开

〔1〕Harold Acton. *Memoirs of an Aesthete*. London: Methuen, 1948, p. 311.
〔2〕Harold Acton. *Peonies and Ponies*. London: Oxford University Press, 1941.

场——那"砰"的一声令人无比愉悦，而且能够迅速将观众带入积极的鉴赏模式状态。

　　白之援引阿克顿的说法，例举程砚秋高超的假声唱法使得艺术家在演绎时能更好地结合优雅的角色姿态与动作，去展现剧中的贤妻良母形象。阿克顿颇为关注的是细节化的动作及其表现力。戏剧中的角色为了展现中国儒家思想所认同的贤良淑德，会拒绝从男性手上接过东西，于是就要以看似艰难的方式，浑身发着抖、向下摇晃，艰难地拾起某个东西。有时候这个动作的延续时间长达一刻钟，而真正要吃饭的那个角色，只能因为等待这个贤良且亲力亲为的动作完成而挨饿，但由于演员演绎得太精彩了，观众忽略了这种情况的不合理性，总是报以热烈的掌声。在另一个场景里，阿克顿又描述了处于艰巨任务中的一个人物——马义，即京剧名段《九更天》中的角色。《九更天》一名《马义救主》，又名《未央天》，讲述宋代一个义仆马义为救主人，历尽磨难而最终使冤情昭雪的故事。此剧马义杀女时的一段情节堪称经典，马义必须牺牲女儿的性命来救主人，"他摆弄刀时，因激动而浑身发抖；时而前进，时而后退，摇摆不定，不知是自己亲手杀掉女儿，还是由她自尽；冰冷的刀从他手中滑落，表露了他的焦虑与恐惧、渴望，同时害怕看到女儿会用它来做的事，直到他的妻子以一声冗长的尖叫，催生了女儿将一个疯狂致命行为完成，女儿从地上拾起刀，顺从地削过颈项——这一切组合成一个非常有戏剧性的场面。即使是最老练的观众，也会痴迷地坐在那儿，跟着马义一起经历最激烈的心理斗争"[1]。

　　中西方戏剧文化在阿克顿看来并非是需要互相突破或相较高下的两个体系：体系与体系间的兼容性与相似性，根植于同属戏剧的性质；而异质体系间的相异与特异性，关注的目的并非在于给某类体系"正名"，而是享受探寻异质性的过程，关注具有审美性质异质性的成因，从而将探求与

〔1〕Edward Chaney & Neil Ritchie. *Oxford, China and Italy*, London: Thames and Hudson Ltd. Press, 1941, p. 42.

236

解析成因的过程作为充实文化思想、提纯思想境界的挑战与注脚。所以，从对中国戏剧的飨宴和悦纳过程，可见阿克顿对唯美主义思想的研究方式，是一种立足于"边走边看"的文化强者态度——看似对异质性文化的接受程度很高，事实上是在无形中遵从了真正的强者对于文化形式的淡泊态度。在享受了感观的新口味后，阿克顿放弃了一味强调中西戏剧的差异性。鉴于 20 世纪 30 年代的中国社会并不具备移植西方戏剧传统的强大力量，所以阿克顿选择了另一途径，即通过戏剧翻译的方式让西方人"开眼看世界"。戏剧文化的世界并不需要占山为王、画地为牢，而是需要辽阔的胸襟、无功利的唯美精神，提取戏剧文化的精髓并使之融入本应流转的世界文化中，让互为所用者的本体意识退居其次，让唯美的戏剧艺术作为创作、演绎、发掘、传播与接受这一良性循环的主体。即便在中国戏剧艺术并不为西方世界普遍接纳的 20 世纪 30 年代，阿克顿仍执着地认为，英国文学界会以平等的姿态，接纳中国文学这颗耀眼的明星。阿克顿的翻译理想虽不能完全实现，但文学交流史实还是给勤勉者以公允的回馈，阿克顿的文化作品流于小众品鉴与文学研究，但他的文化直觉使其审美眼光具备了经典化的甄选倾向。

第二节　阿克顿的中国戏剧翻译：人文精神与唯美华章

20 世纪 30 年代的阿克顿，不仅赶上中西文化互答程度较高的时期，还迎头碰上了中国京剧艺术的鼎盛时期。名角儿的行踪遍布北京各大戏院，为各自所属的流派卖力，普通的戏子绝不敢与名角竞争，有的戏院甚至为名角专门设定黄金时间场次，方便狂热的戏迷们在最合适的时间前来捧场串戏。

全盘融入中式生活的阿克顿不仅恋上了京剧，还对戏院嘈杂的氛围上

了瘾，他认为中国戏院是汇集人间百态与各色人等的融洽场所，台上台下
都是人生大戏。初到戏院的阿克顿，惊诧于中国戏院的嘈杂与拥挤，高
雅的上流人士与拉人力车的苦力齐聚一堂、翘首以盼，只为了同一个目
的——即随着大幕拉开，胡琴铙钹奏响开启了抚平灵魂的瞬间。戏迷们对
戏剧的热忱充满了对艺术的虔诚，这恰好迎合了阿克顿所主张的纯粹唯美
主义文化思想的严苛与精准。在剧场内，每个貌似平凡的听众在鉴赏与品
评戏剧时，都体现了恰到好处的专业水准，倒彩声和喝彩声永远都能在第
一时间准确地从众人口中嘶吼奔涌而出，演员在台上的一招一式与一颦一
笑，都被无数只眼球同时聚焦。

　　阿克顿在《中国名剧》的导言中提到，戏子训练过程不啻为一部鲜
活的血泪史，从儿时就开始的残酷训练，使得他们每一个招式的心法都连
带着体罚与斥骂的底色，规矩深深地镌刻在戏子们的内心深处。一个普通
的戏子要成为名角儿，不仅要具备苦功和天资，而且还得凭借师父的提携
与运气，而名角的产生更是超出想象的艰难。但阿克顿也指出纵使是名震
四海的名角，社会地位依然很低，无论他的名望和收入达到了何等程度，
这与西方的艺术家并不相同。阿克顿也反思了这一问题的根源所在，因为
名角在其成名之前是不能够自由发挥的，而是要照本宣科地模仿到惟妙惟
肖、分毫不差，才能获得业界的认可，这个过程并不是艺术的产生过程，
而是艺术的精确模仿过程。在达到神似这个艰难的目标之后，经由各种机
缘成为名角的戏子，才可以在演绎的过程中适度加入个人的独创，且这种
尝试很可能会被视为对传统与权威的挑战，必须得借力于实力、机缘等复
杂因素，最后才能成就自己艺术家的性质，但他所做的并非创造新事物，
而是改良原有的艺术形态。所以说其艺术成就要远低于演绎成就，确切来
说，名角所具备的是虔诚于文化传统的工匠精神，他们是技术的传承者，
并非艺术的创造者。

　　阿克顿还基于生理因素分析了自己对京剧的喜爱，不仅言之有据，还

238

能进行辩证的反向逆推。这不仅解释了不同的文明载体对艺术的偏好，还为论证自己对中国文化的痴迷作了生理学注脚。阿克顿认为，以肉食为主的西方人，耳目声色中的一部分欲望在对重口味、高热量肉食的消耗中被屏蔽了，这也就是西方音乐较中国戏曲来得轻快宁静的原因；而中国人以素食为主、口味寡淡，因而不怕铙钹锣鼓的喧嚣，反而通过享受热闹的戏剧场景，将吃肉的欲望等价置换。"中国人的热闹音乐，是娱乐生活的必要伴奏，在这群以大米为食的人中，热闹成为了一种必备的辛辣佐料，为原本寡淡的生活增添了无穷乐趣。当我吃了几年的中国饭菜之后，响亮的锣鼓、铙钹和急促的胡琴声，使我的灵魂得到了慰藉。我只需在闷热日子里听上一场令人大汗淋漓的京剧来使躁郁的身心复归平静，而西方音乐在那时的我听起来，就像是葬礼上演奏的歌曲。"[1]阿克顿看似做了一个主观判断，但他的理论不仅得到论据支持，还暗合了天人合一的思想。

虽然阿克顿所指"如闻哀乐"般的古典音乐使人闻之沮丧，但纵然西方也有热闹的戏剧和欢畅的交响乐，可与京剧的火爆气氛相较，仍有显著的静噪之别。阿克顿从人的内在生态环境与外在生态环境协调共生的角度理解中国传统的"天人合一"思想：静极思动——平素在生活中端庄温雅的中国人，需要在戏院这一特定的"躁动"场所，听凭艺术的指针牵引，实现情绪高潮的群体性共震；茹素与飨宴——中国人以素食为主，且不谈将食膻腥视为奢侈的平凡百姓，纵使富贵人家的饮食较西方人而言也显得清淡。耳目声色归于同一个躯体，躯体所在的总体环境需要保持天然的平衡，清淡饮食的肠胃服从天性的导引，呼唤着一套热闹的视听盛宴来弥补饮食上的寡素，从而在由外及内的浸润中充实灵魂。

阿克顿的这套理论妙在可进行反向推演，不仅从现象上直接诠释了西方戏剧与音乐相较于中国戏剧的"沉静"，也通过"天人合一"思想解释

---

[1] Harold Acton. *Memoirs of an Aesthete*, London: Methuen, 1948, p. 293.

西方人品味偏好的内在原因：动极归静。阿克顿前往中国时的西方世界，既是资本与战争充斥的世界，也是贪婪与刚戾弥散的世界。人们在欲望前迷失，在战争中流离，生活的心态与姿态都是忙乱嘈杂的，作为对身心的互补，文艺作为人们的休闲与放逸形态，自然寻求清淡沉静的表现形态。这看似矛盾，实则是内在心灵世界与外在感观世界的自觉归一。"嗜血"与"换血"，过程类似于西方哲学古老思想实验中的"忒修斯之船"——这艘船的零件因为不同的原因分别在不同的时期被加以置换，置换作为继续保持正常航行的唯一选择，直到最后所有的装置都已非原先的装置，但从身份上还是同一艘船。阿克顿认为，西方人与东方人已是完全相异的两个族群，正如人类的身体构造都出自同源，但随着不同地域的自然环境与文化氛围感染，渐渐地被置换以不同的水土、食谱、口味……而这些置换不仅因其所居环境的客观条件决定，更重要的是身体服从于内在总体环境的天然召唤，而自然地践行了一套能够迎合内在环境需求的生存法则。具体到阿克顿对西方人的肉食论，即"嗜血"，而身体所吞噬的血肉最终将异化身体的内在环境。以肉食为主的生物因受肉食负荷的肠胃而听从天性的导引，呼唤沉静的耳目享受，在阿克顿看来就成为西方与中国戏剧氛围呈现天壤之别的生理学原因。

即使是在 20 世纪 30 年代，中国人的日常生活模式仍旧保留着十足的传统痕迹，足以让前来猎奇的历史学家赏心悦目。不过更多前来寻找文化记忆里中国身影的西方人，都畏难于中国的真实国情与逝去的古典风范。传统更多地体现为面对西方文化的两极化态度，要么延袭古圣对西方的"奇技淫巧"不屑一顿，要么就是五体投地地一味盲从。但古典因适应时代变化而无法再呈现古雅的风貌，西方人惊异失落于"不古不洋""既旧且新"的全新中国。这个中国此前并未被西方世界所深知，17—18 世纪的辉煌盛世之后，走向没落与闭塞的中国并未在西方人的群体性历史记忆中占据重要的位置，而贫弱衰病且不堪一击的中国成了未经细摹的文化符号，

240

西方人只能将对中国的向往与好奇留在故纸堆中，沉醉于博物馆化中国的情境中陶冶避世情操。

京剧艺术虽经累世变革发展，但对文化历史与技术规范都有着守制般的忠实传承态度，因此京剧成为独立于社会文化发展形态而相对独立的文化化石。基于此，阿克顿将寻找传统中国的目光指向京剧戏台。由演绎着才子佳人、文官武将的演员，以戏剧的形式向观众讲述着过去的故事，舞台色彩鲜明、场景华丽，当时的京剧被处于全盛时代的京剧演员赋予了鲜活生命，不仅再现了历史，还丰富了时代文化的史感，彰显了中华民族传统文化的底蕴。

阿克顿以一位唯美主义者的敏锐直觉，避过尘世中"不纯粹"的中国因素，敏锐地从京剧舞台上觉知并感受到纸面上的博物馆化的唯美中国特色，津津有味地沦陷在优秀的传统京剧艺术经典中。在北京著名的剧院里定格中国生活的精彩片段，怀着浪漫的愿景，将历史研究与提高自身魅力的双重目的都倾注在看戏这种朦胧的艺术形式中。

阿克顿来中国的目的更倾向文化考察而非避世。所以阿克顿的文化选择与他周边访华西方人士的文化功利性不同，正因"无功利"的天下为公之心，他几乎不抱着任何目的地参与到对中国文化的品鉴中。阿克顿的唯美主义文化思想与纯粹的天性，反而使他取得捷径，绕过繁琐、程序化的翻译与考古活动等，转而从活生生的唯美实践中，既品味到浓郁醇熟的史感，也感受到自在其中的悠游畅达。因此，阿克顿的纯粹唯美主义思想，使他获得了"随遇而安"的流动性的寻美能力。

《中国名剧》的译者阿克顿和阿灵顿，站在西方戏剧艺术审美的视角，指出中国戏剧应该保持既有的文化特色与文明内涵，其改良的目的应是让戏剧在保留原有风韵的同时变得更加富有"中国味"的魅力，才可堪称中国美之载体。在《中国名剧》的导言里，阿克顿以西方戏剧审美的视角，观照中国京剧的语言与布景、艺术品格与发展趋势。导言既是为西方英语读者所作的京剧简介，更是译者立足西方戏剧理论的言说方式，对作为"他者"的中国京剧所作的一份详实的阅读报告。由于中国戏剧在语言和对话上的变动很大，甚至一个小短剧在不同的场次都会出现极大差异的情形，戏剧的脚本也只是演绎的参照，而把握真正的演出需要反复的品味与琢磨，故编辑这部翻译集子需要两位译者大量的实际观演经历。

　　尽管如此，文本翻译的出入还是在所难免。作为西方戏剧鉴赏家，难以理解中国京剧演员在台上过分自由的演出形式，他们反复改变戏词，只为角色能更加迎合自身，而这与西方的戏剧演绎精神大相径庭。因此在翻译时，两位译者只节录了戏剧的精华部分，删掉了剧本中的许多对白。译者将中国戏剧比作雕琢后的宝石，脚本只是璞玉，只有经过演员们精湛的表演后，戏剧才能熠熠生光。所以经典曲目不但归根于好剧本，更出彩于好演员，名角儿们在演绎中对剧本进行再创造，以他们丰富的舞台经验积累在演绎间融汇了自身对曲艺的美感体认，使得原有的角色更添了一层个性化的审美价值。一个完美的戏曲篇章，需要的是团队的协作，是一个将体态、动作、脸谱、唱腔与舞蹈精密匹配的华丽集合体。

　　对音乐有着较高鉴赏水平的译者，将京剧与西方的歌剧进行比较，认为二者风格相似。阿克顿赞美中国音乐的令人陶醉，认为西方人食肉者鄙，故对音乐的要求是能够净化被纵情声色所污染的灵魂，所以西洋音乐在审美上趋向于轻柔、优雅而精致的风格；而京剧中的音乐听上去宏阔、粗犷、汹涌如潮，在初次接触的西方人听来一定是刺耳的，现实中的中国人多以素食佐餐，生活平淡、寡欲少求，性情多温婉恬静，反不忌惮以热闹来调剂身心。

　　虽然在阿克顿和阿灵顿翻译这部戏剧作品的时期，中国京剧舞台上依旧以男性演员为主，但是开办戏剧学校、招收女戏子已经成为当时社会的新风尚。在私人训练机构，一些已经退出舞台的著名戏剧家开始尝试招收女弟子。在接受训练后，一些女弟子已有了些名气，毕竟由男性来扮演女

242

性角色，在形式上会出现与现实的背离。译者指出，到编撰《中国名剧》一书为止，中国古典戏剧已有一些改革，但是在当时效果不佳。因为这些改革并非立足于东方戏剧在中国文化精神要旨下进行的演化与转型，而是倾向于对西方戏剧文化一厢情愿的偏重与倚仗。

在译者客观的审美观照下，与西方戏剧相比，中国戏剧是一类更重感性的戏剧形式，它对规范并不苛求，简单的表象下恰恰蕴含了与中国人性格相呼应的内敛与丰富意蕴，以简示繁，以感唤性，这是在千百年的文化积淀下所形成的艺术形态特质，非一朝文化思潮所能改变。

京剧艺术所指示的是中国文化之美，这种艺术形式的传承从本质上来说是中国文化对后人的宝贵遗赠。当时的西方文士，但凡能够抛开文化偏见去审视中国文艺而亲身远赴中国"寻梦"者，其借鉴与译介的目标是纯粹的中国艺术载体，绝非一味崇洋的"四不像"。正如阿克顿在回忆录当中所说，阿灵顿对京剧艺术的感性色彩与文化特色是如此热爱，甚至想回他的故乡加利福尼亚去拍些以京剧题材为故事背景的电影，让西方人能够用一种较为直观的方式接触中国京剧里文化艺术的精髓，他为京剧中的"皆大欢喜"结局而迷醉，认为这种情节模式对西方人可以形成一种文化的教化：人活着的时候，面对的未知人生充满了刺激、伤感和幽默，而前方总有一个幸福的结局在等待着他们。

乐观的戏剧精神与生活理念是中国文化的瑰宝，不仅迎合了当时苦中作乐的芸芸众生，而且也是每个时代的中国民众所能够沉醉其间的民族精神要旨。将国民的心灵随处放逸至优秀传统文化的桃花源，恰是自身文明对载体的保护。正如林语堂在《吾国与吾民》中所说，中国戏剧意图制造一种理想化社会，其本质与西方经典戏剧形态——悲剧的崇高意旨相异，动机并不在于通过戏剧精神来教化人性，而是为了给现世的观众人手一面可以照见完美自身的菱花镜，这样的戏剧精神在世界上是罕见的，也是完全尊重观者、立足受体的创作立场。

第六章　阿克顿唯美主义学术历程反思与展望

第一节　纯粹唯美主义的东方寻梦人

阿克顿文化行为审美理念的重要内核就是以"美"作为衡量一切文化互鉴的纲领。阿克顿追随王尔德的审美理想，因此同被称为"爱美家"。虽然这个群体因其领袖和部分成员的生活取向而受到文学界的诟病与疏离，但是以"美"为纲领的文学创作使得他们的艺术取向与审美品味，较之欧洲中心论的美学思想扩展式霸权性话语，要更加纯粹、中肯。这种审美理论基于一种"非理论"的超验主义，能够形成一条作品、媒介与读者之间的直接纽带。禀承唯美主义思想的"爱美家"阿克顿所执的审美观念，是以美作为一切艺术的唯一目的。他的美学思想秉承了王尔德的美学观念，无美不可入诗文、进剧本、融史述。作为一位诗人、小说家、戏剧翻译家、汉学家、史学家，他对"美"的执着追求和苛刻定位，使得自己的审美之路带上了一种义无反顾的色彩。与北大英文系学生陈世骧合作了世界上第一部中国新诗译本《中国现代诗选》的阿克顿，对中国现代优秀诗歌的定位在于诗歌的古典美。与其说阿克顿执着的是具有中国风味的美感，不如说他是承袭着王尔德的审美观念，在突破文化偏见、民族歧视、道德框架等的前提下，以"美"为一切艺术形式的审阅标准。在阿克顿的眼中，最

244

后的美第奇是美的，拿波里家族的古老和庄严是美的，彼得拉庄园是美的。
这一位典型的世界主义学者身上，展示出一种美学的博大与宽宏胸襟，使
得他能够排除诸多文化先验论、文化流俗与审美积习。以生活与美的和谐
共融作为寻美、体认美的唯一标准。阿克顿在中国找到了美的寄托，在中
国艺术形式中归纳出美的真谛。

　　阿克顿自称为"爱美家"，他的自传即题名为《一个爱美家的回忆
录》。然而，维多利亚时代"爱美家"的词义就已被扭曲得面目全非。阿
克顿也在他的回忆录中写到，近乎一半的友人在看到这个回忆录的名称时
就对书名颇难认同，认为"爱美家"的题名定会使读者先入为主地认为该
书是那种"奇装异服、蓄着肮脏长发、口齿不清言必称'艺术'的家伙"
所作。阿克顿对同为"爱美家"的奥斯卡·王尔德评价颇为中肯，尽管欣
赏他的作品，但还是认为王尔德的所作所为是压垮"爱美家"这个妙词慧
意的最后一根稻草，加之阿克顿终身未娶，且与诸多男性友人交往甚厚，
更成了后世诟病此词的另一论据。

　　根据阿克顿的撰述，他自称"爱美家"只因他热爱美的事物。在他看
来，美是这个世界必不可少的组成元素，正如星辰之闪烁、花朵之盛放、
云朵之逶迤、水波之流泄，都作为美的表征渗进大自然和人类社会的每个
角落。在第一次世界大战中，他依旧不改爱美的志向，沉默地在硝烟中游
走欧洲，捕捉残缺的美，美之于他犹如生之运息，对美的不懈追求也决定
了他毕生定要献身寻美的事业。战争使一些西方人士开始反思自身文化的
缺陷。因商贸、殖民和现代工业而迅速强大起来的西方世界，为何依旧落
入如野蛮部落一般的争抢与杀戮中？西方的信仰并不能拯救一切，尤其作
为关注人类命运体认的"爱美家"们，战争足以使美的载体与美的精神同
时倾圮。阿克顿作为一位"爱美家"，不仅擅长对美感的体认，还拥有一
双世界性的文化撷取眼光，在西方俯视东方的时代中他依然秉承一位寻美
者"地球村"的观念，认为"真正为和平美好而生的祝福应破除疆界，生

发于每个人的心田，文化是世界共有的"，人们不但应保护既有文化，还应发现更多的文化之美以"天下为公"。

阿克顿 1932 年来到中国，1939 年因战事紧逼被迫离开北京。他以"爱美家"自居到中国寻求美的良药，发现了与自身投契的文化并沉醉其间，甚至还打算以北京为度余生之所，几乎不曾改名易姓。当战争迫使他离开北京恭俭胡同的四合院时，他觉得此生最美好的岁月也随之终结。阿克顿情迷中国之美，尽管中国彼时正处于贫弱交加、战乱频仍的混乱局势。不同于将目光投向中国而取"拿来主义"的西方文化利用者们，亦有别于痴迷画卷与书本中的中国而对现实中的中国横加抨击甚至无中生有地描摹的西方文士们，阿克顿有感于中国现实之美，亦以传播中国经典文学艺术为己任。留驻中国期间，他广交文人雅士，从教北京大学，师从儒学文士，品鉴中国艺术。阿克顿幼年时期的家庭艺术环境使得他具备了一双识美的慧眼，他摒弃当时西方炽盛的区域文化限制、殖民主义文化观念和欧洲中心主义文化撷取观。中国之美与他品味投契，让他扩展了美的识见、充实了信仰，为原本的人生更增了一层新的诠释。

来到中国的阿克顿，其目的即是"寻美"。在来中国之前，他也曾前往东方其他国家，但他对美的天生直觉和准确判断，使他选择中国作为"美"的研究对象，并将自己的行踪与文笔留在了最贫弱混乱时期的中国，成为了一名赤胆忠心的中西文化交流使者。

20 世纪 30 年代，已经历过一次世界大战的西方，面临着家园破碎、信仰空虚与精神上的流离失所。20 世纪西方世界经历群体性抑郁，从内因上来看，是西方进入垄断资本主义时期对资本积累的需求与既有资源环境的发展不相适应的结果；从外因上来看，是西方的宗教信仰在发展论上陷于迟滞的结果。信仰是最纯粹的美学，但是美学失去了信仰的基石，就成了无本之木。第一次世界大战之后，笃信上帝的西方人不解虔信缘何换来的并非平等的安宁，而是因私而起的战乱和流离失所。由于资本主义在 19

246

世纪末 20 世纪初的任性发展，垄断资本主义与海外殖民地的扩张使得人伦与信仰的制约效力减弱，人欲被摆上了衡量价值的首位评判标准。摧毁欧洲中心论的集体性信仰丧失，使得雄居学界圣地的欧洲中心论内部也产生了质疑的声音，并出现了分化。西方文士为理论和民族精神的出路展开了探寻计划。他们中的一部分人选择了与西方信仰反向行之的方式，也就是取道东方。

在 20 世纪初，中国是尚未完全受到西方文化与信仰浸渍的文明圣地，是那个在千年前就已让西方叹为观止的文明宝库。从借助中国文明来拯救西方文化或信仰危机的先例来看，这种文化引渡是以一种"旧瓶装新酒"的方式来进行文明移植。阿克顿青年时代身处的西方社会正处于垄断资本主义的萌发期与生长期。阿克顿在学习与从业时期，不幸经历了因私欲、物欲而起的两次世界大战。两次世界大战摧毁了西方人的宗教信仰，物欲与念欲的可仰赖性已经在两次战争中受到否定。在信仰无从寻觅信靠的情况下，西方人再次把期待的目光转向了东方的中国。正如笃信"中国文明将统一世界"的汤因比曾指出，无论经济与科技发展状况如何，人类都应该抛弃不同文化的"面子"，去任何一个经典文化模式中淘洗"文化真金"。人类必须得放下傲慢与偏见，走向一个无国界的文明世界，认同人类出自同一个文明产生共同体，是必须相辅相成地共生、共存、共发展的，才能够得到真正无边界、无隔阂的文化全貌。阿克顿作为一名"美"的使者，因其对"美"具有一种"非理论智慧"，所以能够凭直觉找到引发美感共鸣的文化载体。这是信仰"天人合一"，主张"和而不同"的中国文化传播史上的幸运，也是西方文化发展史思辨运帷的契机。

在"爱美家"的身份认同层面，阿克顿对待社会关于"爱美家"一词的引申意义有自己的认知，并未在意其对自身文化发展前景的影响。在对"爱美家"这一自我角色的不断认同下，最终取得了自我身份认同及与"他者"身份融入的双向合一。而其对唯美主义的独自奔走与不懈探求，甚至不顾忌西方宗教一神论的既定框架，去体认属于中国人性中的唯美主义精神，并最终得到了答案。阿克顿的文化忧郁气质，从表现形式上来说，是追求完美人性与社会大环境不相符合造成的。

阿克顿的文化忧郁症与其所处的西方社会文化忧郁症保持同步。前者是因为错位的栽种，是一种产生于原生文化土壤的文化休克。简约地说，阿克顿的文化忧郁症是一种明晰的自知病况，而其时西方社会的文化忧郁症，则是一种可感病症而不知病况的隐性顽症。阿克顿的"东方疗病"之行是一种解决自身心理病痛的自觉行为，他既是为自身的精神困境而奔走，也是为西方社会的文化危机探寻出路。相较于西方世界对中国文化的蒙昧与鄙薄，阿克顿作为西方文化人士中的"先行者"，其难得之处在于他并不规避文化"面子"。阿克顿文化忧郁症的痊愈并非因其自带解药，而是他并未因文化"面子"而规避人类灵魂自带的解药。

阿克顿文化忧郁症的产生，有家族和时代道德两个层面的因素。在时代道德因素层面，集中体现为文化"面子"的固执。但是阿克顿的文化"面子"的底色，区别于其时西方文化的肤浅物质基础，直接决定了阿克顿在对待精神危机时的处理方式与社会的趋势迥然不同。阿克顿原生的贵族家庭，无论是否处于物质丰富的时代，其所传承的物质与精神生活都不存在匮乏的可能性。但是，丰厚的家学与崇高的社会地位并不能够使其灵魂得到安稳的快乐。

首先，家庭成员多，但集结的方式多以联系或瞻仰其家族名誉、社会声望等为主导形式。阿克顿的家庭极为好客，对外开放型的家风使得家中往来无白丁，常年高朋满座。纵然济济一堂，可是真心人极少。从家庭内部成员来说，阿克顿的父母并非因爱结合。从母亲霍腾斯一方来说，是阿克顿的外祖父相中了阿克顿的父亲阿瑟·阿克顿。因阿瑟拥有古老欧洲的世袭爵位，在霍腾斯与阿瑟结交之后，阿克顿外祖父认为成长于富庶、优秀家庭的女儿应与阿瑟这样出身名门的欧洲贵族联姻。对阿克顿的父亲阿瑟·阿克顿而言，作为一名没落的贵族后裔，他空怀振兴家族风华的理想，但囿于现实原因难偿夙愿，亦愿意与能够帮助他实现梦想的霍腾斯家族联姻。

阿克顿虽为长子，却并不受眷顾于父母，并不相爱的父母把爱同时给了次子威廉·阿克顿，阿克顿是父母心目中不完美的长子。父亲阿瑟早已脱离了婚姻的轨道，母亲霍腾斯只把阿克顿当作是维系婚姻脸面的救命稻草，阿克顿生活在缺乏爱的环境中，他的忧郁并非来源于物质社会的虚无，而是带有更多心灵层面的体认缺位。

西方文明世界为中国文化所折服，在 20 世纪 30 年代并不是一个高峰期。如果说 18 世纪西方的"中国热"是波及欧洲多地的普遍性热潮，那么 20 世纪初阿克顿等唯美主义者的东方文化之行，是一种小范围的文化尝试与文明探究，是立足于文化先验论者的文化行为实践。而进入中国之后，中国式的文化自信从气质上和理论上都与阿克顿的唯美主义思想暗合，从而引导了阿克顿对中国文化的倾情投入。中国式文化自信是建立在中国文化特色上的文化自我建构、顺变、消解与扬弃体系。作为一个并不总是处于太平盛世的古老国度，中国文化中的唯我独尊思想与以彼为尊思想，均非一成不变。这在近代总是被误认为闭关锁国思想束缚了发展眼光的国度，其人文观自崇儒以来融汇天道、人道，治国持家采用的是中庸思想。其仁和中正的世界观指导着中国人以"水满则溢"的思想，在建构自我的同时，防止盲目自大，以谦逊、本分、务实、奉公作为君子之德。这种自我建构的形式，随着岁月日久弥坚、经岁弥淳，恰是防止物欲与私欲过度膨胀的镜鉴体系。在这种稳定结构的干预下，中国文化的顺变能力，从文化体系到个人，都处于一个自在系统修为与外在系统加持的状态。在文化逐渐圆融的体系中，能够及时地应对外界物质环境的变化，并能够消解其中的不利因子于圆融体系之外。因为，从这个文化体系发展的脚步来看，是一个为保持系统良性运转而可以舍弃任何造成妨碍的因素。在消解的方式上，

　　并不是激烈的方式去舍弃，而是通过漠视、忽略、不给予计较的方式，使
得外在的不利因素无法通过系统的屏障。系统对于能够补充营养的文化因
子，则择其可用而用之，择其不可而弃之。这些外在的不利因素，既包括
外来文化交流所携带的文化因子，也包括自身文化在发展过程中需要应时
被弃置的文化代谢，亦含有各个时期无法迎合并辅佐文化系统良性发展的
文化产物。

　　西方文明在危机中，为了消解、顺变文化忧郁症，取中国文化自信可
用之处，这一文化互鉴集中体现在西方借鉴中华文化抗抑郁性的案例中。
所以，在西方文明产生危机的不同时代，如著名的"礼仪之争"时期，西
方文明世界对中国文化的远眺和礼赞，达到了有史以来最盛。西方世界的
文化忧郁症在 20 世纪初"发病"的原因，是重物质而轻精神，对物质无
节制的求索导致西方人的快乐体认通道变得因纯粹物欲而陷于偏狭。而中
国文化对精神世界的修为，及其与物质合理追求并行不悖的自我圆融体系，
能够在以精神世界统领物质世界的良性运转肌理中，达到不被物质裹挟的
理想运转状态。阿克顿的文化忧郁中有着与古老中国气质暗合之神韵。他
只身来到中国，寻找治疗抑郁的良方，最后虽身长离，但心意永驻，只把
故乡作他乡。中国式文化的气质中有一种先天的抗抑郁因素，知足常乐、
知因信果、随遇而安。作为精神领袖的圣人，以修身、治国、齐家、平天
下为己任；作为文化领袖的诗人，以诗歌为情志之寄托，并且用诗歌的言
语加以呈现；作为历代社稷基石的庶民，则重仁义道德、信读书知礼，从
善如流。

　　诗人群体是中国文化史上最富文化符号意义的群体。诗人之"达"，
是中国人借文言志、缘语传情的方法标杆，这种抒情、遣怀的文化手段，
在中国诗歌的西传中，已成为语言学、创作论与翻译学的研究对象。

　　在语言学的开拓方面，古往今来的诗人凭借与外物之间的神通，创造
了丰富的文化意象；对中国诗歌语言的探究衍生出西方著名的意象派诗歌

写作，在比较文学史上还造就了经典的回返影响。在创作论的层面，中国诗人在承袭既有创作模式的前提下，对文本进行了多种手法的创作尝试，拓宽了文学创作的维度。在对中国诗歌创作论进行研究的过程中，西方诗人发现可以通过非白描的方式，以写意法，经由立意传神，从而刷新了西方文学的创作思维。在翻译学方面，中国诗歌的西传给译者出了难题，既使其心动，又体会到言语之隔下诗意的难以言传——恰如鸠摩罗什翻译教义经典，言翻译好比嚼饭与人，在言语之隔时，实不得已而为之举。不同文明的语言隔阂，加之诗歌语言与现实情境的"隔"，就给译者呈现了空前的技术难题。这个难题的出现，也给比较文学翻译学研究提供了跨语言、跨文明的方法论导向。最为阿克顿所欣赏的中国古典诗歌，洋溢着中国古典诗人之"达"——古典诗作为中学西传的最重要文学体式，其精神内涵主要体现在诗人借诗以论道（即天道）"达"、借诗以显心（即心境）"达"、说理以歌信（即信仰）"达"、华采以显文（即文章文采）"达"这四个层面。

中国古典诗歌的西传是汉学研究的重要课题。作为中国最古老的文体，诗歌成为诗人情志之寄托，流于经典的诗歌，构成了世代中国文学的文化底色。诗无达诂，任何一个时代的变迁、任何一个国界的跨越、任何一个思维体系的变更，都会引起语义"翻译"上的质变。但是，从诗歌的创作上来说，诗无复杂的意义是诗歌的内在结构过于简单、思想感情过于直白的体现。所以，西方人发现了中国古典诗歌中的致妙之源，即"意象"。意象是典型的能够望文生多义的文化概念，阿克顿在翻译中国现代诗歌时，就比较偏重富有古典诗歌气质的作品，这些作品都有些经典意象在其中。

从古到今的中国百姓，皆有一种对天道达观的品质。这种"天人合一"的恬淡人生观是面对纷乱世事扰攘尘俗的大智慧。无论所处社会环境

如何，身处何地，所经何事，旷达的入世观念使得中国的百姓随时能够身
处桃花源中。人世不可避，入世与隐遁在中国平民的大智慧中，是并行不
悖地存在着的。在阿克顿等西方文士来到东方寻找唯美主义思想并重拾信
念之前，18 世纪时东方圣哲就已经让西方文化世界眼前一亮。在西方人的
信仰与经验中，圣哲与神的存在，与普通百姓是存在阶级的距离与不同世
界的差别的。普通人既不能拥有圣哲的智慧，也不能拥有神的权力，所以
一切都必须听命于他人，在创造、发明与推进社会的运转上，普通民众并
不善于做掌舵人，而只是应时、顺变。这种顺变，是未经自我反思的无条
件接受，怀疑的精神若出现在宗教与学术权威之前，与其说是无信仰，不
如说是一种背叛和无知的表现。同样也对神的意志顺从、对圣哲的话加以
遵照的中国百姓，从信仰的形式上看仿佛与西方百姓的信仰没有区别。可
是，中国百姓在虔诚信仰之前，除了应时、顺变之外，别具一种自信之信。
因为中国的宗教内涵与中国的圣哲精神，皆不离"天人合一"的智慧，只
有合乎"天人合一"思想的信仰与学说，才能够被中国社会所接受，并作
为百姓的通识加以代代传播。

　　阿克顿的唯美主义思想，是建立在纯粹理论基础上的完美主义文化思
想。阿克顿思想与中国式文化自信，是跨文化、跨语言、跨文明的文化互
鉴。这种无意识、无功利、无时限的契合，同于中国文化理念中的"同气
相求"，不需要经过根本性的文化观念否定，可以进行现实层面的文学活
动与思想层面的文化理念兼容性实验，是人类文化交融实例中的最理想范
式。阿克顿的唯美主义思想之所以能够与中国式文化自信暗合，原因包括
二者思想上的类同性、气韵上的求同性两个层面。首先，从类同性来说，
文化类同性源起于不同文明体系，需要灵魂层面的暗合。作为文化先验主
义者的个体，阿克顿的唯美主义文化气质是与生俱来的，其文化气质的始
基，脱胎于反映天然人性的理念。在适应自然规律与时代变迁的过程中，

中国文明进化出了一套能随机应变的思想机制，即不论面对何样的外在形态和生存法则，都能够迅速淡化物质层面的形态，而将精神通过传承的方式，"转存"精华的实质性精神内核于不同时代的物质状态中，使得物质形态不至过度局限于精神的传承、延伸与进化的进程。其次，从气韵上的求同性来说，阿克顿之所以能够轻易地融入中国文化的情境并且受到中国文明的滋养，是由于其顺应天道，得到了中国文化质地中"求同存异"方法论的认可。与垄断资本主义时期西方的物质追求锐化相比，阿克顿的取向无论是否积极健康都是与主流思想背道而驰的。阿克顿思想中的"求同存异"，并不是指向西方主流思想"求同"，而是指针对物质世界的态度与中国文化中重精神而轻物质不谋而合。

　　阿克顿的唯美主义思想与中国式文化自信暗合的特点，具体表现在阿克顿的唯美主义思想中的"一切以美为衡量的指针"对纯粹美的判断标准、阿克顿的文化思想与文化行为上的浑融万物于一体的类"天人合一"思想、阿克顿的文化行为指导思想中的类中庸气质普适性特点等三个层面。阿克顿对纯粹美的定位，即唯美主义先行论，是阿克顿简化物质世界复杂规则、纷乱表象的独到人文观念，是根据非理性评价机制而随机"进化"出的一套为纯粹美明哲保身的评价机制。这套文艺品评机制，与中国文化不以时代、文化、政权的走向论文艺美学价值的方式不谋而合。而区别在于，阿克顿是唯美主义先验论的先行者，而中国文化观则在历史体系中业已生成且不断圆熟。在物质作为衡量进阶主流文化领域的垄断资本主义社会里，任何文化产品美感的纯粹性都有可能被价格等同于价值的物质公式所沾染。阿克顿另辟蹊径地遵循了纯粹美的标准，并以身试行，投入时间与实践的双向检验，终于在东方的中国得到了同时代的异质文化验证，并让智性的光辉浮出了文化史的水面，使得唯美主义审美体验成为经典文学的注脚。

第二节　阿克顿的文化行为

一、以美为纲：中国梦境在英语世界的唯美潜藏

阿克顿的文化行为并不是孤立的探索，而是一场融入了 20 世纪 30 年代"牛津大学才子派"的现代主义唯美主义东游记。他们的中国之行是跨文化体验层面英国现代主义进程中"远东之行"和"中国热"的表现和明证。这一团体的核心成员包括哈罗德·阿克顿、罗伯特·拜伦、彼得·昆内尔、奥斯伯特·西特韦尔和 W. H. 奥登。

阿克顿对中国文学的传播，除了参与中西文化互鉴的活动，还以自身经历撰写文学作品，其代表作《牡丹与马驹》反映了阿克顿等西方人在 20 世纪 30 年代北京的生活概况。这部作品的写作对象迎合了当时一系列"中国游记"的现代主义唯美先锋文学实践主题。在"牛津大学才子派"的行文里，饱含着对中国文化的沉醉、叹服和眷恋。他们以自我作为感知主体，在贫弱的异邦中国重拾自我，阿克顿化身为《牡丹与马驹》中的主人公菲利浦，甚至希望能在中国认祖归宗，拥有一个中国传统大家庭血脉，这个家族有着悠久的历史、严格的礼仪和家学，通过一年一度的清明祭扫、神圣的拜谒流程，隔空感受来自历史河流中的民族文化血液的奔流，并且最终将这份共鸣的洪涛注入自身的血液。其实菲利浦感受到的，不仅是来源于古老中国的文化震撼，实质上更是一种纯粹庄严的文化史观。这种文化史观并不只是姓中国，而是姓世界，其超功利性、跨文明性、划时代性，是可以为每个时期的文明文化所传承的。点醒菲利浦的其实也是文化交给比较文学学者的一种神圣使命，即携文化之真正火种，突破现实层面的诸藩篱，使之薪火相传、泽被天下。

阿克顿演绎了以"牛津大学才子派"集结的比较文化学者，站在唯美主义美学的角度抛开西方社会对落后东方的文化偏见，亲身参与到中

国的生活节奏中去。让纯粹寻"美"的心灵，以一种质朴天真、"复归婴儿"的方式，去感受真正的东方之美、文化之髓。在频仍的战乱中，在贫弱的生存空间里，唯美主义者以哲学的运思发现了为中国所普及的凡常智慧，就是"天人合一"下的"惜恩知足"。这在当时已进入垄断资本主义社会的西方，是无法体认的大智慧，也是亟需解决的精神瓶颈。物欲的旋涡使得当时的西方世界失去了对因果的基本认知，简单从生活的物质层面与理论发展水平的层面进行比较，想当然的自我满足使得西方人陷入了一种"永不止息"、竭泽钻营式的探索与挥霍状态中。此后，由精神"自负"相继引发的两次世界大战就是这种思维方式错误的最直接证明。唯美主义践行者们作为时代文化的精英，敏锐而又自觉地认识到，要寻求自救、重拾自我、拯救西方世界的精神危机，就必须打破"常轨"，从"反向"出发，寻找救度精神危机的法门。最后，他们都在中国找回了信仰，得到了切身的唯美主义体认，并将它诉诸文字，带到了西方社会。

二、以融为道：唯美主义的通才与世界和平的使者

阿克顿所信仰的宗教，是一种可以为世人所取但不问出处的泛世界宗教，旨在迎合人性与环境的浑融不二，迎合人性美与伦常美，既是普世的生死观，也是济世的通达智慧教义。作为一种对美的信仰，唯美主义就是阿克顿信仰的始基和理论核心。阿克顿并不避讳"爱美家"这个词可能引发的歧义，而执着地认定这是一种不会被潮流抛弃、被更新换代、被时间忘却的大智慧，它的时代烙印只会存在于某一个时代，但是经由它而记录的文化烙印却能够长生不息。

作为一名历史学家，阿克顿深谙历史意识的重要性，社会每一个进步与发展的足迹，都无法脱离对既有历史经验与文本的借鉴。他的传记虽然不是历史学作品，但依旧按照史学笔法明确地做上索引，这份当年眼前的

辛苦，其实是阿克顿对未来研究者的寄望，希望他们能够因循自己的研究思维，找到他所体会的中西合璧的"大道"。这在欧洲中心论占统治地位的时代是必然不会被认可的观念。所以他借助文学的形式反映，以一种客观的远见，悠然自得的"得道"精神，去优雅地"救世"。阿克顿所了悟的浑融大道是放之四海而皆准的，所以只要以历史的客观性作为文化传播的底线，他可以在冥冥中等待。这种等待是无功利性的，因为他的出发点是"救世"，这个世界并不分东西方世界，这种远大广博的胸怀，决定了阿克顿"切入"中国宗教思想的方式。

阿克顿来到中国寻美与疗救之方的时代，正值传统"中国美"举世不彰之时。但阿克顿却直言北京是爱美人士最后的天堂，并自称为中国的达官贵人，打算永久在中国定居。来到中国之前，他曾取道日本。这个同样也信仰佛教的国家，在寺院里发动青年人参与战争，这为阿克顿所不能接受。因为在他的理解中，宗教是不允许杀戮的。因时值贫弱战乱，20 世纪30 年代的中国与经历过第一次世界大战战火的欧洲，略有相通之处。阿克顿在彼时的西方，并不能够找到"救世"之法，西方人亦在质疑乃至抛弃信仰。那么，同等乃至更恶劣环境下的中国，人们将以何状态生存下去，成了阿克顿所关注的问题。

阿克顿在他的小说《牡丹与马驹》中，提到了一种在乱世中不求出世的隐遁状态，作为其领悟中国宗教的文学注脚。他把小说的文化背景定格在经历战乱的中国，以阿克顿为原型的主人公菲利浦目睹了战火中庶民的惊慌与智者的达观。在生死关头，是无意去装出待客的面孔来迎接"他者"窥视的。所以，这时的面貌较之平时温良恭俭让的中国面孔而言，显得更加直接。

阿克顿在小说中借菲利浦的心灵慨叹：必须有一种以"无为"面世的"常理心"，"为"是不得不为，"无为"是无可为。乱世之乱，盛世之盛，流年之灾，丰年之足，一切都在一个既定的轨道中，纵可预知，此劫数亦无可逆转。这种人生观为远道而来、带着寻找精神出路这个明确目标的菲利浦所折服，于是他便不再逃遁，直面人生的劫数，去迎接内心的平静。菲利浦抑或阿克顿本人，皈依于这种"无为""无己""无功""无名"的思想，在孕育了这种强大真理的土壤上找到了身心的家园。所以，阿克顿在中日战争开始乃至近逼眼前时，并没有选择回到欧洲寻求安宁，而是毅然决定留在北京，甚至在日军攻城时，还在继续交付恭俭胡同四合院的房租，期待能够再次回到他的"第二故乡"。阿克顿不顾战火，二战期间数次向英国外交部陈情，希望重回中国担任文化参赞一职，终无果而终。于是，他秉承已形成的唯美主义泛世界信仰，最终在意大利佛罗伦萨的彼得拉庄园安度余生，把故乡当他乡地"异乡"圆梦。

1939 年，阿克顿得康有为的女儿康同璧为其画的一副仿罗汉打坐的肖像，即《咏艾克敦先生象赞》，并题诗称其"亦耶亦佛，妙能汇通"，也就是盛赞其能够兼信融汇东西教义。

三、以他为我：纯粹唯美主义与成就文化思维之器

以阿克顿的唯美主义文化行为的价值取向为例，阿克顿所践行的是一种知行合一、向世间求证心中之美的智慧哲学。这种哲学思想，已经自觉地与中国历史中哲学思辨暗合，取道佛家与儒家思想，在世行为体现为实证君子的言行，主张修身养德，评价标准完全发自内心，对现实生活的指导意义直接体现在中国生活对阿克顿精神的给养上。

阿克顿文化行为借助于哲学思辨的重要现实意义在于，其文化行为理论对现世生活的教育与指导意义。其与中国哲学之要旨的暗合，是一种跨时代的心灵共鸣，是人类以一种最纯朴的价值观对入世采取的态度。阿克顿并不鼓吹逆来顺受式的生活观念，他对在中国所持的生活模式，定位就是艺术型达官贵人的生活。他欣赏中国人的隐忍，为中国人的善良与不折

不挠而感动。但是，他只是怀着一种探求的态度在介入中国人的生活，而并非要让自己过上那样的生活。阿克顿对中国文化的融入是一种心怀世界文化、拥抱式的文化态度，身在中国就做个像模像样的中国人。但对于中国的贫弱，他并非有同胞的救助情怀，而是想求索在极端环境中，中国人究竟以何智慧来主宰现世生活。

　　思想家人生之不幸，恐为人类思想进步之推手。正因阿克顿对异国家园的执着依恋，给人类文化思维提供了一种"可把他乡作故乡"的可能性。这种由心而生的世界观固然是唯心主义，但是它起到的作用却是从心求证理想世界，由内而外地将美好的心灵世界加以外化。造成阿克顿放逐心灵的重要原因，在于他的家庭教育缺乏爱而导致原生性的爱的缺失。阿克顿的父母之间并不存在真正的爱情，父亲阿瑟因需维持爵位、光复家族辉煌而迎娶素不相识的美国巨富之女，而其母霍腾斯在丈夫身上不仅得不到爱，还受到公然背叛，之后将爱化为占有欲，施加在孩子身上。可是，谈及原应享受的父母之爱，阿克顿作为嫡长子，宠爱却尽被同胞弟弟威廉·阿克顿所得，他是一个"错误的孩子"，也是一个可怜的"弃儿"，是家庭关系中的"零余者"。与其说他背负着疗救西方的使命，还不如说他是为自己寻求身心的家园。当他意识到，中国人面对不如意之事，无法像他一样远渡重洋、任性地寻求解脱之法，而是得切实地扎根于眼前一切的既定成规、俗轨，顺应流变、接纳己所不欲，无视"排异反应"，他明白自己应该走上一条"修为"的路。修己之美学，各取东西方哲学思想之所长，从心所欲，行为上，服从心的指点，唯"美"独尊，心怀美，则至美，则得美。

　　阿克顿最终想要成为的是一位超越国籍限制的"世界公民"。他对中国人处世哲学的探求，并不只单纯地为了疗救西方世界，而是寻求至乐的"通法"，可放之四海而皆准。在中国他第一次觉察出了一种文化使命感，就是作为一位寻美的使者。在切身体会中，阿克顿发现了中国式的自得其乐，即在不同的地域有着与其相适配的文化气质。例如，中国人的外表看上去儒雅柔弱，文人墨客的文化气质清雅、博闻广识，可是他们却喜爱热闹的京剧，同时也擅长诗词歌赋，并能陶冶于其间。这种文化集体性，使得阿克顿有了皈依家园的感觉，这是他从心体认的家园感，在他离开中国之后，终生都在故乡守望着异乡的"心灵家园"。

阿克顿的汉学活动，作为一种在唯美主义思想指导下的自觉美学实践，具有世界文明互鉴意义。其对审美对象的选取和研究，具有泛世界性的比较文学意义，以个人研究为切入方式，践行了一种普世文学美学。

附 录

附录一 哈罗德·阿克顿年谱简编

1904 年　出生

7月5日，哈罗德·阿克顿出生于意大利佛罗伦萨彼得拉庄园。阿克顿是费迪南德四世统治下的那不勒斯首相约翰·阿克顿爵士的重曾孙。他的父亲、艺术家、收藏家阿瑟·阿克顿于1900年任美国建筑师斯坦福·怀特（Stanford White）的代理人，专为美国东海岸富人豪宅提供艺术设计方案。1903年3月15日，阿瑟·阿克顿与芝加哥伊利诺斯信托储蓄银行行长威廉·米歇尔（William Mitchell）之女霍腾斯·米歇尔结婚，并租下彼得拉庄园。

1906 年　2 岁

阿克顿的弟弟威廉·阿克顿出生。据阿克顿所说，虽然自己是继承家业的长子，但父母更偏爱弟弟，所以从小就尝到冷落滋味。

（按：谱主为西方人，故本谱计算年龄方法依西方习俗。本年阿克顿2岁。）

1907 年　3 岁

阿克顿的母亲霍腾斯·阿克顿用来自芝加哥的家庭资产，买下了租赁四年的彼得拉庄园。由于阿瑟·阿克顿是佛罗伦萨最好的私人收藏家，阿克顿夫妇开始重新设计彼得拉庄园，并试图恢复这座426年前就已建成的文艺复兴时期的庄园。霍腾斯所带来的巨额陪嫁，使得阿瑟得以为彼得拉庄园进行大范围改造，并购置大量艺术藏品。阿瑟与霍腾斯夫妇频繁开展文化活动，使彼得拉庄园成为佛罗伦萨文化交流胜地，大量化妆舞会都在彼得拉庄园举行，毕加索、亨利·摩尔、迪亚基列夫等，都曾是阿克顿儿时家中座上客。哈罗德还常随父母去塔蒂伊拜访邻居、美国艺术史学家伯纳德·贝伦森（Bernard Berenson），并欣赏他的藏品。阿克顿与贝伦森是终生好友，贝伦森的艺术观对阿克顿影响极大。

1908 年　4 岁

该年，阿克顿频繁参观佛罗伦萨教堂与艺术画廊，最喜收集绘画明信片。此间，他自学父亲阿瑟整理的意大利艺术品与知名画家目录，认识了法国印象派画家和西班牙艺术家委拉斯开兹（Velásquez）、戈雅（Goya）等。

1909 年　5 岁

阿克顿对画家桑德罗·波提切利（Sandro Botticelli）产生崇拜之情。

1910 年　6 岁

阿克顿在佛罗伦萨受彭罗斯小姐（Miss Penrose）启蒙，尝试写诗，并终生热爱诗歌。

因对表妹弗兰西斯卡生恋，阿克顿在弗兰西斯卡患猩红热期间，为其创作了生平第一首诗。

1914 年　10 岁

阿克顿与弟弟威廉一同被父母送往英国伊顿公学附属学校——沃金厄姆（Wokingham）附近的威森福德预备学校（Wixenford Preparatory School）上寄宿小学。阿克顿对这所学校并无好感，他的同学多半是英国上层阶级子弟，如马克·奥吉尔维 - 格兰特（Mark Ogilvie-Grant）、比利·克伦莫尔（Billy Clonmore）、阿尔弗雷德·达根（Alfred Duggan）和休伯特·达根（Hubert Duggan）等，其中一些人随后升入伊顿公学与牛津大学，继续与阿克顿同窗。

1915 年　11 岁

阿克顿开始接触唯美主义作家奥斯卡·王尔德作品，被王尔德明艳瑰丽的文字所吸引。阿克顿继续写诗，并成为伊顿校刊编辑。

1918 年 14 岁

5 月，阿克顿与威廉入伊顿公学学习。阿克顿此间继续写诗，并在伊顿发表第一首诗，支持迪亚基列夫（Diaghilev）和西特维尔（Sitwell）。

在伊顿公学期间，阿克顿受教于奥尔德斯·赫胥黎（1894—1963），继续深入接触唯美主义理论，大量阅读 17 世纪约翰·多恩（John Donne）和安德鲁·马维尔（Andrew Marvell）的玄学诗，继续诗歌创作，与布莱恩·霍华德联合创办校刊，编撰诗集《伊顿蜡烛》，向伊顿校友征稿并独立发表诗作。

1921 年 17 岁

8 月，哈罗德与威廉随父母经由巴黎再次去美国看望其外祖父母。这次举家出行，使阿克顿眼界大开且人情练达。

同年，伯纳德·贝伦森在该年写给美国收藏家伊莎贝拉·斯图尔特·加德纳的信中，评论阿克顿的父亲阿瑟·阿克顿："我们给你派了一位佛罗伦萨旧交，名叫阿瑟·阿克顿，他收藏和销售艺术品。他是斯坦福·怀特的经纪人，娶了个芝加哥富婆。他是个'花花公子'，他这人天分卓越，我相信只要得您赏识，他会感激您的。"

1922 年 18 岁

2 月，阿克顿与布莱恩在绘画大师埃文斯帮助下，成立伊顿艺术学会（Eton Arts Society），参加公开讨论和展览。此间，阿克顿与一群卓越的伊顿男生成为该团体的核心成员，如布莱恩·霍华德、罗伯特·拜伦、奥利弗·梅赛尔（Oliver Messel）、艾伦·克拉顿 - 布鲁克（Alan Clutton-Brock）、安东尼·鲍威尔、亨利·约克（Henry York）等，其中部分伊顿学友随后与阿克顿一道升入牛津大学。在伊顿期间，罗伯特·拜伦与阿克顿交恶，直至入学牛津才和解。

伊顿艺术学会设冈瑟纪念奖。在一次画评活动中，阿克顿初遇布鲁姆斯伯里集团（Bloomsbury Group）的灵魂人物罗杰·弗莱（Roger Fry），弗莱作为评委出席。阿克顿将布鲁姆斯伯里的源起，归因于罗杰·弗莱的创造力与影响力。虽然阿克顿在文艺方面表现出众，但专业课成绩并不理想，甚至一度陷入难以毕业的窘境。

3 月，阿克顿为友人布莱恩·霍华德所编的伊顿诗刊《伊顿蜡烛》撰稿并参与编辑，但由于所有诗歌与文章基本都由阿克顿与霍华德编写，因此一些激进学

262

生也称它为《伊顿丑闻》(Eton Scandal)。这本献给史文朋(Swinburne)的现代派诗集,还向奥尔德斯·赫胥黎和伊迪斯·西特维尔约稿,引发诗界轰动。这本伊顿校刊总共一版一印,装帧华丽,内容唯美,出版当天即告售罄。主编布莱恩·霍华德为人喜怒无常,但由于外祖家都是美国人,与阿克顿的关系极好,后也与阿克顿一道进入牛津大学。在《伊顿蜡烛》中,布莱恩撰写了一篇歌颂现代主义与庞德的诗作。

4月16日,阿克顿离开伊顿公学,准备升入牛津。

5月,阿克顿前往牛津,入住牛津克里斯教堂寓所。该教堂寓所为维多利亚风格,成为牛津人的文化沙龙聚集地,罗伯特·拜伦还曾欲与阿克顿在牛津安排一次维多利亚风格展览,被当局制止。

阿克顿在牛津遇见大量身着制服还未复员的青年军官,还遇到比利·克伦莫尔(Billy Clonmore),并进行了一次激烈且不愉快的谈话。阿克顿感到牛津缺乏唯美主义风气,意识到自己肩负在牛津复兴唯美主义的使命。

进入牛津大学后,阿克顿参与牛津独立学生报《切维尔》(The Cherwell)、《伊希斯》(The Isis)、《牛津展望》(The Oxford Outlook)等牛津文学刊物编辑与撰稿,展露其诗歌创作天才与理论批评研究才华。同时,加入由莫德·爱丽丝·伯克(Maud Alice Burke,1872—1948)创办的伦敦文化沙龙(Emerald Cunard),跻身牛津文化核心圈。

● 1923年　19岁

担任牛津校刊《牛津扫帚》(The Oxford Broom)主编并撰稿。这本杂志致力于将旧传统从牛津扫除,并为牛津诗坛带来唯美主义新风气。阿克顿的牛津学友伊夫林·沃应邀为每一期刊物设计封面,并撰写关于伊丽莎白夫人与情人安东尼伯爵轶事的文章。

阿克顿的处女作诗集《水族馆》(Aquarium)问世,该诗集受 T.S. 艾略特和伊迪斯·西特维尔的影响,用词前卫大胆。这部现代主义诗集受到文学界的关注。在牛津大学本科生中,阿克顿被称为当之无愧的无冕之王。

为当年刊行的《牛津诗歌》(Oxford Poetry)撰稿。

阿克顿应邀在工会做两次演讲,因反响极好还一度被嫉妒他的竞争对手诽谤在演讲现场使诈。虽然有卓越的演讲天分,但阿克顿一心只想成为一名作家,对政治并不感兴趣。他说:"由于我的根在意大利,在英国我就等同于一个没有政治背景的人。"

10月17日，在《切维尔》第7卷第12期上，发表《威尼斯书信》（"Venetian Letter"）。

1924年　20岁

2月2日，阿克顿于《切维尔》第2卷上发表《早期维多利亚艺术中的英国现实主义》（"English Realism in Early Victorian Art"）一文。

5月7日，阿克顿于《伊希斯》第654期，发表《拜伦与近百年来的庆典》（"Byron and the Recent Centenary"）一文。

5月24日，阿克顿于《切维尔》第9卷第4期上发表《罗纳德·费尔班克先生的口才》（"Mr Ronald Firbank and the Eloquence of Inifrence"）一文。

阿克顿的牛津沙龙涵盖了昔日旧友与新朋，堪称以阿克顿为灵魂人物的牛津文化核心圈，有罗伯特·拜伦、迈克尔·罗斯（Michael Rosse）、加文·亨德森（Gavin Henderson）、布莱尔·吉尼斯（Bryan Guinness）、马克·欧吉尔维-格兰特（Mark Ogilvie-Grant）和大卫·塔尔博特·赖斯（David Talbot Rice）。阿克顿的牛津新朋包括日后互动频繁的伊夫林·沃、格雷厄姆·格林和彼得·昆内尔。

阿克顿邀请彼得·昆内尔共同编辑当年的《牛津诗歌》，阿克顿所甄选的诗歌因笔触细腻、风格唯美而大受好评。

薇奥莱特·特雷芙希斯（Violet Trefusis）的父母买下了佛罗伦萨的欧姆布莱林诺庄园（Villa L'Ombrellino）。阿克顿随后从薇奥莱特口中，第一次听说了南希·闵福德（Nancy Mitford，1904—1973）的名字，阿克顿与南希保持了终生的友谊。

1925年　21岁

小说《印度愚人》（An Indian Ass）出版并获好评。一些评论家认为，阿克顿将是他所处时代最卓越的诗人之一。

6月13日，阿克顿在《切维尔》第14卷第7期上，发表介绍文章《海报考古学家：阿什莫尔博物馆的麦克奈特·考夫先生》（"The Poster-Archaeologist: Mr McKnight Kaufer at the Ashmolean"）。

同年，阿克顿在校刊《切维尔》上对同学格雷厄姆·格林的诗集发表评论，认为这些诗歌充满了感伤主义悲情。格林吸取了阿克顿的重要评价，并对他的作品进行了针对性修改。

该年，阿克顿还在《切维尔》上为查维尔剧院撰写戏剧评论，评论对象包括当时在牛津剧院（Oxford Playhouse）任职的约翰·吉尔古德（John Gielgud）。

阿克顿幽默博学、风度翩翩，花了很多时间在社交上。他的朋友圈阵容强大，大多出于豪门巨富，不需为生计操心，他们轮流在寓所办奢华午宴。阿克顿在豪华派对上背诵史文朋的诗篇，并用扩音器对着草坪朗诵自己的诗和 T.S. 艾略特诗歌的轶事，令新朋故友难以忘怀。

伊夫林·沃将阿克顿介绍进伪君子俱乐部，该酒吧会所的座右铭即"水是最好的东西"。阿克顿成为该俱乐部的灵魂人物，和伊夫林·沃、罗伯特·拜伦共同引领了牛津的时尚风潮。很多牛津学子因追随阿克顿的风度，都穿上了"哈罗德裹脚裤"。

● 1926 年　22 岁

6 月，阿克顿在《牛津展望》第 8 期第 39 卷发表《格特鲁德斯坦小姐：她在现代文学中的地位》（"Miss Gertrude Stein: Her Function in Modern Literature"）一文。

夏季，阿克顿从牛津大学毕业，此后前往巴黎攻读研究生学位。阿克顿毕业时，有人预测阿克顿此后将成为一名杰出诗人。

在巴黎，阿克顿遇到作家毛姆（W. S. Maugham）。毛姆一心想得到布鲁姆斯伯里集团认同却屡屡受挫。在毛姆的私人秘书杰拉德的帮助下，二人经常见面。阿克顿向毛姆推荐科妮利娅的作品，毛姆则否定阿克顿的鉴赏眼光。

入冬，阿克顿由巴黎返回伦敦，并在伦敦攻读研究生学位，罗伯特·拜伦为其安排寓所。拜伦已签下一本书的合同，出版商支付了费用，阿克顿的新作出版却因不迎合低俗潮流而遭受冷遇。

严冬，阿克顿在伦敦阿德尔菲的约翰街找了间寓所，经常与罗伯特·拜伦一起外出用餐交际。阿克顿在伦敦古奇街的中国劳工俱乐部地下室里，遇见第一个中国人——广东厨子钟昌，从此与中国结下不解之缘。钟昌不仅为阿克顿烹调中国美食，还向他介绍中国政局并带来孙中山的革命宣传册。

阿克顿在阿德尔菲寓所开展社交活动。在罗伯特街的拐角住着来自智利的安妮塔·贝瑞和蒂亚·马丁内斯，前者是"布鲁姆斯伯里一半画家的知己"。

1927 年　23 岁

昔日的牛津学友开始迅速走上发表之路，如西利尔·康诺利（Cyril Connolly）和彼得·昆内尔等，阿克顿指出，他们盗用阿克顿的言论用来发表，却并未向他说明或感谢，且在成果出版时反而揶揄自己，令他相当难过。伊顿旧友布莱恩·霍华德一直试图接近阿克顿。

阿克顿生平最后一部诗集《五个圣徒及附录》出版，彼得·昆内尔亲自协助阿克顿校勘排序。序言撰写者评论阿克顿："哈罗德·阿克顿的这本诗集将立刻使他成为现代派诗歌的领袖。"但因这部诗集无人问津，出版商罗伯特·霍尔顿及其合伙人也几乎破产，阿克顿诗歌创作由此走向停顿。

该年，阿克顿在写给母亲的信中，说他即将于次年出版的小说《乏味》（Humdrum）将是一部"明快的现代主义风格小说，它轻灵又不乏厚重，不应使我蒙羞。"

阿克顿暂回佛罗伦萨。不能随他一同前往的钟昌与阿克顿道别，令阿克顿非常痛苦。阿克顿体会到一种不能亲近中国的缺憾感，并对前往中国有了最初的计划。

1928 年　24 岁

小说《红玉髓》（Cornelian）发表，受到格鲁斯特·斯坦因（Gertrude Stein）的赞扬。

罗伯特·拜伦新书出版，彼得·昆内尔的象征主义研究著作出版，伊夫林·沃关于罗塞蒂研究的著述出版并得到西特维尔夫妇所作的序言，此三人为该时期牛津学术核心圈的典型代表，阿克顿名列末位。罗伯特·拜伦在新著出版的鸡尾酒庆功宴上，公然揶揄阿克顿成果鲜少。

小说《乏味》发表，仅 31 页，包含了阿克顿的一些诗作。该著由阿克顿的友人南希·康纳德（Nancy Cunard）出版，献给牛津期间的挚友伊夫林·沃。同年，沃出版了处女作《衰落与瓦解》，将此作献给阿克顿。同年，牛津友人西利尔·康诺利在《地平线》（Horizon）杂志上将两部小说进行比较批评，以贬低阿克顿的作品为代价，却将《衰落与瓦解》定位为沃小说生涯的第一部杰出作品。康诺利在《新政治家》杂志上将伊夫林·沃的《衰落与瓦解》和阿克顿的小说《乏味》进行平行比较，并尖刻品评道："不解沃这般卓越的文学天才，为什么偏要对阿克顿这个平庸无能的三流作家分外垂青？"昔日同窗毫不客气的比较与批评，让阿克顿非常伤心。他无奈地悲慨道："难道这就是牛津文友赐我的待遇吗？"

5 月，阿克顿担任伊夫林·沃婚礼的伴郎。因联姻成为天主教教徒的伊夫林·沃婚姻失败，二人之间的友情因伊夫林离婚冷淡了五个月。

1929 年　25 岁

弟弟威廉从牛津毕业。阿瑟为兄弟二人在兰开斯特购置一所巨宅，这个寓所成为年轻人举行化妆舞会的胜地。风声传到父亲阿瑟·阿克顿耳中，阿瑟一气之下拆除别墅，威廉后回到佛罗伦萨。

1930 年　26 岁

为亨利·克劳德（Henry Crowder）于巴黎出版的《亨利音乐》（*Henry-Music*）撰《源自特雷西亚》（"From Tiresias"）一文。

诗集《混乱无序》（*This Chaos*）在巴黎出版。

1931 年　27 岁

阿克顿与翻译家李宜燮（Lee Yi-Hsieh）合译的《舟中的爱：四则训诫故事》（*Love in a Junk: Four Cautionary Tales*）由美国 ACE Books. Inc. 出版社刊行。该译作成书时间在阿克顿来中国之前。阿克顿根据大英博物馆馆藏的文献，节选冯梦龙《醒世恒言》中四则具有训诫意义的故事。阿瑟·韦利为该译著作序，并称《四则训诫故事》为"东方《十日谈》"。

1932 年　28 岁

阿克顿的第一部历史学著作《最后的美第奇家族》在佛罗伦萨出版。阿克顿试图将这部作品列入史学与文学上一座"巴洛克风格的纪念碑"，希望自己的诗歌创作之路能在史学著作上重生，期许自己的史传文体能像英语经典著作那样唯美。

在朋友诺曼·道格拉斯（Norman Douglas）鼓励下，前往亚洲，途经日本、朝鲜与伪满洲国。

阿克顿参与张韵海所组织的妙峰山远足，并一道往寺庙拜谒。同行者有在北大任教的学者梁宗岱与杨宗翰。

阿克顿在北京社交圈遇到张歆海夫妇、容龄公主、德龄公主和交际花冯玫瑰等。张歆海邀请阿克顿前往大学演讲，被阿克顿婉拒，理由是在他决定进入北京学术圈之前，想对中国的其他城市进行考察。

5月底，阿克顿与西门·汉考特·史密斯夫妇一道，经历了为时近半年的中国之游，途经南京、上海、广州、香港和澳门等地。

该年夏，阿克顿在上海遇到在伦敦、巴黎期间结识的友人贝尔纳丁·绍德·弗里茨。贝尔纳丁嫁给一位上海股票经纪人，并带阿克顿领略各式中国大餐，走访"中国城"，参观在阿克顿眼中像"中西大杂烩"一样的外滩，并引荐其认识艾米利·哈恩、小伊英、昂根·斯特恩伯爵夫人，还带阿克顿参加李鸿章之子李经迈所举办的游园会。此次盛会上，阿克顿经介绍结识了恰诺伯爵夫妇，伯爵夫人是墨索里尼的女儿。在贝尔纳丁家，阿克顿还遇见林语堂及其妻子。阿克顿评价林语堂是个"古板、生硬的小个儿男人"，带着扶轮社成员所特有的幽默感。阿克顿评价林语堂编撰英文刊物《中国文学评论》的风格，使他想起从前他所编辑的《牛津伊希斯》（Oxford Isis）。

酷暑时节，阿克顿来到广州，在珠江畔游览。广东发生霍乱，阿克顿染上严重热病，病愈后前往香港、澳门。热病期间，阿克顿雇佣广东仆人苏齐（杨厨子）。随后，苏齐举家随阿克顿北上，一直伴随阿克顿直至其1939年离京。

夏季到冬季之间，阿克顿前往东南亚游历。在前往新加坡的船上他遇到其间唯一一位中国人——马来西亚锡矿主李先生。这位用着金牙签、戴着价值一万二千港币的翡翠扳指的华人，一路都在炫耀他的财富与在剑桥读书的儿子，并指出阿克顿购买的画轴不值钱，教他用印章识别真伪，并邀请他去吉隆坡家中参观他的得意藏品。阿克顿一行走访了新加坡、印度尼西亚的爪哇岛和巴厘岛、泰国曼谷、柬埔寨吴哥窟等，最后回到香港。

该年，阿克顿返回并定居北京后，西门·汉考特·史密斯与美国的劳伦斯·史克门此后引导阿克顿走上购买与收藏中国文物之路。

冬季，应北大英文系系主任温源宁之邀，阿克顿入职北大，教授英国文学、英文写作课程并开设讲座。

1933年 29岁

该年，阿克顿致信母亲霍腾斯，说他对日本飞机在北京上空投放宣传单一事感到不安，预料战火将至。但在暴风雨来临前的宁静中，阿克顿经历了前所未有的充实人生。他学习中文与中国生活方式，并入北大教授英国文学。阿克顿觉得，相较于活力满溢的北京，唯美古旧的佛罗伦萨虽充满历史感，却缺乏智性与社交。阿瑟·阿克顿不理解儿子为何投入无利可图的写作与研究。阿克顿说，佛罗伦萨除了敬爱的母亲，并无可使他留下的理由。阿克顿断言他在北京时期的信件与创作都是最好的，总有一天会被出版。

7月，受战事影响停学后在天津生活窘迫的陈世骧，应阿克顿之邀入京，此后长期在阿克顿的恭俭胡同四合院居住。

1934 年　30 岁

阿克顿友人迈克尔·罗斯（Michael Rosse）的弟弟戴斯蒙德·帕森斯（Desmond Parsons）爵士移居北京，哈罗德为他在离寓所不远处租下一套院子，路程只需步行两分钟。在俄罗斯担任了一段时间的《泰晤士报》记者后，阿克顿的牛津学友罗伯特·拜伦也来京，住在帕森斯的家中，并时常与阿克顿一同逛北京。

夏季，阿克顿与帕森斯爵士一同浏览北京西山大觉寺。帕森斯迷上汉学，不满足于只住在北京，准备赴敦煌考察。

在南希·康纳德（Nancy Cunard）汇编的《黑人安特波洛尼》（*Negro Antbology*）一书中撰文《普希金和彼得大帝的黑人》（"Pushkin and Peter the Great's Negro"）。

1935 年　31 岁

8月，在《天下》月刊创刊号中，阿克顿与陈世骧合译邵洵美与闻一多的新诗二首。

10月，在《天下》月刊第1卷第3期中，阿克顿与陈世骧合译戴望舒的诗《我的回忆》《秋蝇》二首。

11月，在《天下》月刊第1卷第4期中，阿克顿与陈世骧合译李广田的两首诗歌《旅途》《流星》。

11月，《中国现代文学的精神》（"The Creative Spirit in Modern Chinese Literature"）发表于《天下》月刊第1卷第4期。

1936 年　32 岁

当年，阿克顿与陈世骧合译的《中国现代诗选》由牛津大学出版社出版。这部译作的部分内容先发表于《天下》月刊、芝加哥《诗刊》与《北平年鉴》上。译诗集的出版得到了卞之琳与梁宗岱、《诗刊》女主编哈丽叶·蒙罗的建议与支持。《中国现代诗选》是第一部向英语世界介绍中国新诗的英译诗集，开中国新诗英译之先河。

夏季，阿克顿回到佛罗伦萨作短暂的归国之旅，确定要在北京长住。他在京常与友人相邀，一道在古色古香的四合院里喝下午茶。

10月10日，在北河沿向一位抽大烟的旗人贵族后裔租下一栋四合院，装修豪华并挖了个游泳池。这套大院足以容纳他日益加增的中国家具与卷轴藏品。他离京时这些藏品皆未携归。据阿克顿所说，为了筹备来日回京时的花费，他还在恭俭胡同四合院的屋角埋下了一坛金子。入住当夜，这所曾被风水先生保证对阿克顿助好运的"风水"宅邸，发生"狐仙"入侵事件，后仆人请来道士驱邪乃止。

1937 年　33 岁

阿克顿迷上京剧，戴斯蒙德·帕森斯时常与他结伴听戏。从敦煌回京后的帕森斯患重病回伦敦，此后不久在伦敦病逝，令阿克顿极为痛心。阿克顿坚持认为帕森斯已皈依佛门，临终应回到北京。罗伯特·拜伦与阿克顿相伴结为莫逆，二人仍像昔日在一起时，一边争执一边互相依靠。

3月，与美国戏剧家 L. C. 阿灵顿合译《中国名剧》，收集了民国京剧最受欢迎的33出折子戏加以英译校注，由《字林西报》刊印出版。此间，阿克顿另一部与周一民（Chou I-min）合译的京剧译本则毁于战火。阿克顿对自己这部永远无缘问世的译著评价极高："这部手稿成为战争的牺牲品对我而言是莫大的悲哀，因为我选的剧本比给《洛杉矶时报》的缩略版要好得多。"

暑假前，阿克顿与北大同事筹划规模宏大的中国经典西译项目。

7月5日，北大学生聚阿克顿寓所为其庆祝生日，并赠送瓷制菩提达摩像。当日有花鼓戏和舞狮节目，陈世骧为其吹奏笛子作庆。

1938 年　34 岁

1月，《美第奇家族之后的佛罗伦萨》（"Floreance after the Medici"）发表于《天下》月刊第6卷第1期。

1939 年　35 岁

2月，在《天下》月刊第8卷第2期中，阿克顿与胡先骕合译苏轼的古典诗歌，即《东坡诗九首》(*Nine Poems of Su Tung P'o*)。这几首诗分别是：《澄迈驿通潮阁》(Teng Ch'ao Tower at Ch'eng-mai Post Station)，《泛颖》(Boating in the River Ying)、《攓云篇》(A Song of Cloud-gathering)、《和子由渑池怀古》(Answering Tzu-yu)、《过岭》(Over the Mountains)、《出颍口初见淮山是日至寿州》(A First Glimpse of Huai Mountains from the River Ying)、《韩干马十四匹》(Fourteen Horses Painted by Han Kan)、《浰阳早发》(Starting Early from Li-yang)、《扶风天和寺》(T'ien Ho Temple at Fu Feng)。

4月，在《天下》月刊第 8 卷第 4 期，阿克顿发表了昆曲《牡丹亭》的《春香闹学》(*Ch'un-Hsiang Nao Hsueh: Ch'un-hsiang Turns the Schoolroom Topsy-Turvy*)一折译文。

6月，阿克顿受到来自日本与德国的双重警告——若他继续住在北京，将无法确保其人身安全。阿克顿被迫打点行装离开中国。离京前，康有为之女康同璧曾为阿克顿手绘一幅罗汉打坐像，并题词"亦耶亦佛，妙能汇通"(A believer both in Christ and Buddha, you harmonize in yourself their various teachings)。阿克顿先由北京乘火车往塘沽，继而登上日本"友丸号"离开。出行当天，北大的老师和学生一早前来为他送行，临别赠送阿克顿很多礼物，他几度情绪崩溃。途经日本、太平洋与加拿大，阿克顿回到英国。阿克顿在日本停留了三天，在檀香山钻石山路易斯表姐家的彼得拉庄园小住几天，随后还走访了温哥华和蒙特利尔，最后回到阔别七年的伦敦。

7月，阿克顿入住弟弟威廉在伦敦泰德街(Tite Street)的画室，二人因作息时间不同而生隙，阿克顿于数周后迁出。威廉正处于情绪抑郁时期，阿克顿认为弟弟抑郁的原因在于思念家乡。威廉对印度产生兴趣，并决定与友人伯利尔·德·佐德(Beryl de Zoete)一道学习乌尔都语。佐德是阿克顿老友阿瑟·韦利的朋友。

8月，阿克顿搬进朋友迈克尔·罗斯(Michael Rosses)在伊顿露台的一所房子。迈克尔·罗斯此时正在爱尔兰卫队服役，妻子安妮和孩子们在约克郡居住。

8月，在《天下》月刊第 9 卷第 1 期发表昆曲《狮吼记》的《跪池》(Scenes from *Shih Hou Chi*: The Tale of the Roaring Lioness)一折译文。

9月，在《天下》月刊第 9 卷第 2 期发表昆曲《林冲夜奔》(*Lin Ch'ung Yeh Pen: Lin Ch'ung Flees by Night*)一折译文。

1940 年　36 岁

2 月，面对法西斯的猛烈进攻，阿克顿代表英国文化委员会前往意大利作巡回演讲。作为文化使官，阿克顿被要求以促进英意间关系为目的，追溯英国与意大利之间深远的历史与文化渊源，试图用文化同源性唤起人们对战争的反思与对和平的期盼，防止意大利向英国宣战，但这趟巡回演讲并未起到预期效果。

该年，阿克顿在布莱克教授英语，想为和平多作些贡献，除了回意大利巡回演讲，还向英国信息部申请驻京工作，暂未获得回应。

阿克顿继续交纳恭俭胡同四合院的租金，但他已感觉到，随着战事吃紧，自己可能再也无法回到北京寓所。四合院里珍贵的中国艺术品，如丝绸卷轴、漆家具、明代玉器和牛角杯等，还有屋角埋下的一坛黄金，都将成为梦幻泡影。

1941 年　37 岁

弟弟威廉应征入伍。

阿克顿加入英国皇家空军。与他想要成为一名飞行员的夙愿截然相反，他受聘为一名情报官，终日忙于文案工作。

该年，阿克顿接受为期几个月的训练，在一次飞行训练时，因站起时遇上飞机急转弯而导致膝盖骨骨折。疗养期间阿克顿学习中文，希望能再回北京任职。

小说《牡丹与马驹》由伦敦 Chatto & Windus 出版社出版。

阿克顿在《新写作对开本》（*Folios of New Writing*）第二卷上撰文《闲话中国》（"Small Talk in China"）。

《四则训诫故事》更名后的《如胶似漆：四则训诫故事》（*Glue and Lacquer: Four Cautionary Tales*）由伦敦金鸡出版社再版。

1942 年　38 岁

初夏，战时阿克顿所乘坐之船在葡萄牙海岸遭受鱼雷袭击，致使阿克顿终生腿部残疾。阿克顿被英国皇家空军公关部派驻到加尔各答附近的孟加拉邦司令部，在情报部门从事档案管理工作。阿克顿发现其中有一些中国人，感到非常亲切，经常与他们长谈并聊及中国，征询中国的战况，仍不放弃回到北京的计划。阿克顿感觉受到排挤，并发现匿名举报信迫使他断绝了回归中国的愿望。

5 月，阿克顿盛怒之下，向英国皇家空军递交调任申请，前往德里担任新闻联络官。在德里，阿克顿邂逅了时任中国驻印大使温源宁，二人时常相伴长谈，

272

还因占卜前途找到一位出名的印度占卜师，阿克顿问询知回京无望，却将有一场大灾降身。随后几年，他相继在伦敦、巴黎与德国服役，直至 1945 年战争结束。

酷暑，阿克顿持续感到恶心，确诊伤口感染后被摘除肾脏，在印度马苏里（Mussoorie）疗养，经历着严重伤口化脓与剧烈药物反应，加之术后感染，几乎命悬一线。阿克顿与远在瑞士的父母无从联系，在前线冲锋的弟弟威廉亦杳无音讯。

1943 年　39 岁

5 月，阿克顿回到伦敦并在英国皇家空军任职。阿克顿的老友、汉学家阿瑟·韦利在同一栋楼工作，二人时常一起吃午餐。

该年，阿克顿恢复在伦敦期间的社交生活，萨维尔俱乐部（Savile Club）是他经常会见朋友的地方。南希·闵福德的丈夫彼德·罗德（Peter Rodd）请阿克顿代为隐瞒他休假的情况。阿克顿亲自到海伍德·希尔（Heywood Hill）的书店探望南希，有时还在詹姆斯·里斯－米尔恩的未婚妻阿尔维尔德·卓别林的宴会上遇见南希。

1944 年　40 岁

该年秋，阿克顿在《新写作之光》（*New Writing and Daylight*）上，发表中国戏剧理论研究《仪轨与现实：中国通俗戏剧》（"Convention and Reality: The Chinese Popular Theatre"），延续了对中国京剧艺术的关注。

10 月，巴黎解放后，阿克顿被派往凡尔赛沙夫（SHAEF in Versailles）任新闻联络官，负责审查记者对会议的报道。

冬，阿克顿在巴黎遇见早在伊顿公学时就已听闻的乔治·奥威尔，并时常一同进餐。同时，阿克顿还在巴黎与重逢的老友格特鲁德·斯坦（Gertrude Stein）与让·科克托（Jean Cocteau）修复了友谊。

严冬，阿克顿已成为战后法国文艺复兴倡导者。阿克顿在担任英国驻巴黎大使的德夫·库珀（Duff Cooper）之妻黛安娜·库珀（Diana Cooper）举办的大使馆宴会上大放光彩，结识了大批在巴黎的诗人、音乐家与艺术家。

1945 年　41 岁

春夏，阿克顿在巴黎参观毕加索在秋季沙龙（Salon d'automne）的展厅。在巴黎期间，阿克顿首次接触"存在主义"，并对萨特、加缪、德·波伏娃等人产生兴趣，同时对天主教作家克劳德尔（Claudel）也保持了关注。

8月，阿克顿以一名新闻联络官的身份被派往德国。

8月，阿克顿获知弟弟威廉·阿克顿在战争中逝世的噩耗。威廉的骨灰瓶被送回佛罗伦萨。威廉的公开死因是战场阵亡，阿克顿称威廉的死因不明，有可能是因抑郁自杀。威廉曾在伦敦成为一名肖像画家，战时服役，死时年仅39岁。威廉终生追随兄长阿克顿足迹，处处以阿克顿为标杆，但他受到父母的关爱更多，以至于阿克顿从小就没有享受到多少父母的宠爱。兄弟二人关系很好，在牛津就读时，阿克顿曾与母亲通信，说威廉似乎漂泊不定，呆在牛津是一个错误。威廉的死把早已貌合神离的霍腾斯和阿瑟重新拉回一处，因为威廉是他们俩最爱的孩子。战时霍腾斯因受到审讯，夫妇二人被拘留三天，彼得拉的藏品全被法西斯霸占。霍腾斯获许前往瑞士，阿瑟则通过贿赂得以离境。虽然受到折磨与惊吓的霍腾斯曾发誓再不回到意大利，但她还是回来了，然而她再也无法认同佛罗伦萨人。阿瑟虽然在彼得拉庄园之外还有五处庄园，但他最舍不下的是彼得拉庄园，如果没有艺术收藏他就不愿活下去。阿克顿虽然回家，但却明白自己回家是个错误。在威廉去世后，家中只剩下一个儿子，阿克顿有尽孝敬父母终老并继承家业的义务，但他被困在了佛罗伦萨，再没能像在北京时那样找到自我。

10月，在部队遣散后，阿克顿返回佛罗伦萨，修复因战事而略有受损的庄园庭院，随后继续过着作家生活。

1946年　42岁

阿克顿拜访美国的亲人并准备经商。但经过一翻实地考察，随即发现自己并无经商天分，且在美国发展出版事业也处处受限，因而决定回到佛罗伦萨定居。

阿克顿为由伊迪斯·西特维尔撰写、马里克-劳雷·德·诺埃利斯（Marie-Laure de Noailles）所译《查森·维特》（*Charson Verte*）一书的巴黎版写作前言。

1948年　44岁

2月，阿克顿应母亲密友弗洛伦斯·克兰妮（Florence Crane）之邀，陪同母亲前往克兰妮在美国著名避暑胜地、马萨诸塞州海岸伊普斯维奇附近的城堡山（Castle Hill）豪宅作客。阿克顿继而探访在加利福尼亚伯克利任教的陈世骧，并在其六松山庄寓所长期度假。陈世骧几乎每天都带着阿克顿去旧金山游玩，一起看广东戏或去唐人街吃中国菜。面对来自政府的说客，阿克顿劝导陈世骧留在美

274

国传播中国文学。由于无法返回中国，二人决定再启译笔返乡之旅，合译孔尚任的昆曲剧本《桃花扇》。

阿克顿开始写作历史学著作《因西多王子》（*Prince Isidore*）。

阿克顿在约翰·莱曼（John Lehmann）所编的《奥菲斯》（*Orpeus*）一书中，撰《墨西哥的现代绘画》（"Modern Painting in Mexico"）一文。

译本《四则训诫故事》（*Four Cautionary Tales*）更名后再版，由英国约翰莱曼出版社（J. Lehmann）和美国 ACE Books. Inc. 出版社出版了两个不同的版本。

回忆录《一个爱美家的回忆录》出版。该回忆录的写作缘于格特鲁德·斯坦因的强烈建议。

1950 年　46 岁

历史学著作《因西多王子》在伦敦出版。这部以那不勒斯为背景的奇幻著述，部分改编自杜马斯（Dumas）作品，后由克里斯托弗·赛克斯（Christopher Sykes）改编为由 BBC 发行的影视作品。

阿克顿为 K. 彼得·卡费尔德（K. Peter Karfeld）所拍摄并编辑的《意大利》（*Italy*）一书作序。

1951 年　47 岁

阿克顿为菲利克利·托布斯基（Feliks Topolski）编撰的《88 张照片》（*88 Pictures*）一书作序。

阿克顿为菲利斯·哈特诺（Phlis Hartnoll）所编《牛津戏剧指南》（*The Oxford Companion to the Theatre*）担任撰稿人，提供关于中国戏剧的多个词条注释。

1952 年　48 岁

春季，伊夫林·沃与阿克顿共同游览西西里岛和意大利南部。伊夫林的幽默感使阿克顿得以从战争与亲人辞世的泥淖中振作起来。

阿克顿为《伟大城市的黄金时代》（*Golden Ages of the Great Cities*）一书撰《中世纪的佛罗伦萨：15 世纪》（"Medicean Florence: 15th Century"）一文。

1953 年　49 岁

阿克顿的父亲阿瑟·阿克顿爵士在佛罗伦萨彼得拉庄家中去世，享年 80

岁，《伦敦时报》（*London Times*）为阿瑟撰写讣告。

1954 年　50 岁

阿克顿为佛罗伦萨出版的《佛罗伦萨平民：14 世纪》（*Civilti Fiorentina: Il Quattrocento*）一书撰《开放的，万能的人》（"Aberti, Uomo Universale"）一文。

阿克顿为南希·康纳德（Nancy Cunard）的《伟人：诺曼·道格拉斯的回忆》（*Grand Man: Memories of Norman Douglas*）一书撰《诺曼叔叔》（"Uncle Norman"）一文。

阿克顿为詹姆士·拉维尔（James Laver）主编的《记忆球》（*Memrorable Balls*）一书撰《火球舞会》（"Le Bal des Ardents"）一文。

1956 年　52 岁

历史学著作《那不勒斯的波旁朝人》出版，获得评论界好评。该著讲述 1634 年至 1825 年期间，庞贝古城被发现以及那不勒斯与法国间的战争等历史故事。阿克顿的先祖约翰·阿克顿（Sir John Acton）与拿破仑（Napoléon Bonaparte）、纳尔逊（Horatio Nelson）等名人在书中同登历史舞台。该著亦是阿克顿以纪实笔法，追溯其家族渊源之作。

阿克顿去巴黎参加了玛丽·洛尔德·诺埃尔斯（Marie-Lurue de Noailles）的狂欢节舞会（Mardi Gras）。阿克顿在化妆舞会上假扮成曾教过他的威廉·贝克福德，在光头上罩了假发且披上蓝缎披风，玩得非常开心。

1958 年　54 岁

6 月，阿克顿在《伦敦杂志》（*The London Magzine*）第 5 卷第 6 期上发表《那不勒斯的驱逐者》（"Neapolitan Ousiders"）一文。

为历史学著作《最后的美第奇家族》第二版作序。

1959 年　55 岁

阿克顿自儿时起就结识且相伴一生的邻居老友、美国艺术史学家伯纳德·贝伦森去世。辞世前，贝伦森向阿克顿透露，希望能将他于埃塔蒂别墅（I Tatti）中的意大利、中国与伊斯兰藏品捐献，供未来的哈佛学子教育之用。

276

● 1960 年　56 岁

阿克顿为在罗马出版的《18 世纪意大利的艺术和思想》(*Art and Ideas in Eighteenth Century Italy*)一书撰《费迪南多·加利亚尼》("Ferdinando Galiani")一文。

● 1961 年　57 岁

关于故乡佛罗伦萨的作品《佛罗伦萨》(*Florence*)出版。该著图文并茂，由瑞士摄影师马丁·赫利曼(Martin Hurlimann)拍摄关于佛罗伦萨的 138 张照片，由阿克顿撰写历史轶事，是了解佛罗伦萨艺术史的重要参考资料。

历史学著作《那不勒斯的波旁朝人》的续集《最后的那不勒斯波旁朝人》出版，获得评论界赞誉，奠定了阿克顿作为一名严肃历史学者的地位。该著讲述了 1825 年至 1861 年间欧洲大动荡时期的那不勒斯历史，至今仍是研究那不勒斯史料的重要来源。

阿克顿为彼得·甘(Peter Gunn)所著《那不勒斯：一个翻版》(*Naples: A Palimpsest*)一书撰写前言。

● 1962 年　58 岁

阿克顿的母亲霍腾斯·阿克顿在佛罗伦萨彼得拉庄园家中去世，享年 90 岁，阿克顿正式继承彼得拉庄园。母亲去世以后，阿克顿开始专心从事严肃的史学工作，并成为当时意大利历史学家之翘楚。

6 月，阿克顿在《伦敦杂志》第 2 卷第 3 期上发表《爱德华多·德·菲利浦》("Eduardo de Filippo")一文。

10 月，阿克顿为庆祝伊迪斯·西特维尔 75 岁生日，赴伦敦皇家节日音乐厅(Royal Festival Hall)听生日音乐会。

阿克顿为菲利普·霍恩(Philip Horne)主编的《卡洛·戈齐的无用回忆录》(*Useless Memoirs of Carlo Gozzi*)一书撰写导言。

● 1963 年　59 岁

10 月，阿克顿在《伦敦杂志》第 2 卷第 7 期上发表《斯波莱托节》("The Spoleto Festival")一文。

● **1964 年　60 岁**

阿克顿为汉娜·基尔（Hanna Kiel）编辑的《伯纳德·贝伦森珍藏》（*The Bernand Berenson Treasury*）一书撰写导言。

● **1965 年　61 岁**

阿克顿为佛底斯·克莱（Fdith Clay）所编《意大利南部的拉马奇》（*Ramage in South Italy*）一书撰写导言。

10 月，阿克顿在《阿波罗》（*Apollo*）第 82 卷第 44 期上发表《盎格鲁 - 佛罗伦萨殖民地》（"An Anglo-Florentine Colony"）一文。

阿克顿的最后一部小说《以旧换新》（*Old Lamps for New*）出版，这部讽刺小说围绕一幅画被盗而展开。

南希·闵福德去彼得拉庄园拜访阿克顿，对彼得拉的优美与舒适喜出望外。薇奥莱特（Voilet）闻知南希来意大利，劝阿克顿带南希去她家欧姆布莱林诺庄园（Villa L'Ombrellino）参观，但被南希拒绝。

● **1966 年　62 岁**

阿克顿在《亚当国际评论》（*Adam International Review*）1966 年第 2 卷第 3 期上发表摘自《伊夫林·沃的三次召唤》的《艺术家》（"The Artist"）一文。

● **1970 年　66 岁**

回忆录《一个爱美家的回忆续录》出版，此著为《一个爱美家的回忆录》续篇。

夏季，阿克顿与身患重症的南希·闵福德生平最后一次在威尼斯会面，其间与安娜·玛丽亚·西格娜（Anna Maria Cicogna）同住。

● **1971 年　67 岁**

5 月 23 日，与阿克顿合译昆曲《桃花扇》的陈世骧因心脏病骤发离世。此后，《桃花扇》译本由阿克顿与陈世骧在伯克利的同事、美国汉学家西利尔·白之继续合译。

阿克顿为巴尔塔扎尔·科拉布（Balthazar Korab）在佛罗伦萨出版的摄影随笔集《冈比亚》（*Gamberaia*）撰写文本。

阿克顿为埃德·卡罗琳·霍布豪斯（Caroline Hobhouse）主编的《冬天的十七个故事》（*Winter's Tales 17*）撰《礼物马》（"The Gift Horse"）一文。

1972 年　68 岁

阿克顿的最后一部短篇故事集《一报还一报及其他故事集》出版。

阿克顿为哈利·比主编并于罗马出版的《佛罗伦萨书》（*The Book of Florence*）撰写文章《一段古老的爱情：佛罗伦萨的英国人》（"An Ancient Love Affair: The English in Florence"）。

1973 年　69 岁

阿克顿被纽约大学（New York University）授予荣誉学位。

阿克顿关于佛罗伦萨的著作《意大利豪宅：托斯卡纳别墅》（*Great Houses of Italy: the Tuscan Villas*）出版，讲述了这些富有历史感的豪宅所经历的沧桑岁月与历代屋主轶事。书中由阿克顿的良伴、德国摄影师亚历山大·齐尔克（Alexander Zielcke）拍摄的精美别墅照片，是为纪念父亲阿瑟·阿克顿。

南希·闵福德去世，阿克顿认为正是由于南希从事对腓特烈大帝史料研究的痴迷及撰写传记的艰巨任务，才使她得以克服病痛，走完生命最后一程。

1974 年　70 岁

阿克顿被伊丽莎白女王授予大英帝国司令（Commander of the British Empire）爵士爵位。

阿克顿将英国研究所图书馆安置在他佛罗伦萨中心的一所房产内，其中有专门的哈罗德·阿克顿图书馆（Harold Acton Library），藏有超过 5 万本图书，书籍种类涵盖艺术史、英语文学、意大利文学、历史、旅游与音乐。

阿克顿为佛罗伦萨出版的展览目录《美第奇的黄昏》（*The Twilight of the Medici*）撰《关于最后的美第奇的笔记》（"A Note on the Last Medici"）一文。

阿克顿为奥斯伯特·西特韦尔的《玛丽和其他人》（*Qween Mary and Others*）一书撰写前言。

阿克顿为安娜·玛丽亚·克里诺（Anna Maria Crino）和布赖恩·迪肯（Brian Deakin）主编的《英国历史概要》（*A Short Outline of British History*）一书撰前言。

10—11 月，阿克顿在《伦敦杂志》第 14 卷第 4 期上发表《南希·闵福德》

（"Nancy Mitford"）一文。

1975 年　71 岁

阿克顿在《潜水员随笔》（*Essays by Divers Hands*）第 38 期上发表《马克斯·比尔博姆：英国古典名著中的花花公子》（"Max Beerbohm: A Dandy among English Classics"）一文。

阿克顿为毕生好友南希·闵福德所著的传记《南希·闵福德：一部回忆录》（*Nancy Mitford: A Memoir*）出版。南希·闵福德的妹妹、"闵福德女孩"（"The Mitford Girls"）之一戴安娜·摩斯利（Diana Mosley，1910—2003）在此书序言中评价阿克顿："1932 年哈罗德去北京之后，伦敦文学圈的气氛就像熄了一盏耀眼的灯，好个性让他遍走天涯，哈罗德是个不折不扣的超级巨星。"

1976 年　72 岁

阿克顿与陈世骧、西利尔·白之合译的昆曲剧本《桃花扇》由加利福尼亚大学出版社出版。该译本被认为是中国古典戏剧中最出色之英译本⋯⋯《先声》一折被选入梅维恒主编的《哥伦比亚中国古典文学选集》（*The Columbia Anthology of Traditional Chinese Literature*）中。

1977 年　73 岁

10 月，阿克顿在《鉴赏家》（*The Connoisseur*）第 196 卷第 788 期上发表《作为艺术赞助人的那不勒斯波旁王朝 1734—1799》（"The Bourbons of Naples as Patrons of the Arts 1734-1799"）一文。

1978 年　74 岁

一部拍摄纳斯塔斯佳·金斯基（Nastassja Kinski）《归来吧》（*Cosi Come Sei*）的意大利电影，在佛罗伦萨及周边地区拍摄，阿克顿允许摄制组在电影片头使用彼得拉花园作外景。

1979 年　75 岁

阿克顿为伊迪丝·克莱（Edith Clay）主编的《布莱辛顿夫人在那不勒斯》

280

（ *Lady Blessington at Naples* ）一书撰写导言。

小说《阴谋已逝》（ *The Pazzi Conspiracy* ）出版。

阿克顿为在佛罗伦萨出版的卢西亚诺·贝尔蒂（Luciano Berti）主编《佛罗伦萨》（ *Florence* ）一书作序。

1980 年　76 岁

阿克顿为在华盛顿出版彼得·昆内尔主编的《内心深处》（ *Afairs of the Mind* ）一书撰《康纳德夫人：一位著名的伦敦女主人》（"Lady Cunard: A Celebrated London Hostess"）一文。

为历史学著作《最后的美第奇家族》第三版撰写导言。

阿克顿在《潜水员随笔》41 期上发表《阿克顿勋爵：伟大的世界主义者》（"Lord Acton: A Great Cosmopolitan"）一文。

1981 年　77 岁

阿克顿为爱德华·利森（Edward Leeson）主编的《冬天的二十七个故事》（ *Winter's Tales 27* ）撰写《弗洛拉的跛脚鸭》（"Flora's Lame Duck"）一文。

阿克顿为米兰（Milan）主编的《别墅景观》（ *Vedute delle Ville* ）一书撰写导言。

阿克顿为马塞洛·万努奇（Marcello Vannucci）所著《外国人在托斯卡纳的冒险》（ *L'Avventura degli Stranieri in Toscana* ）一书作序。

1982 年　78 岁

小说《灵魂体育馆和其他故事》（ *The Soul's Gyminasium and Other Stories* ）出版。

阿克顿为克洛维斯·惠特菲尔德（Clovis Whitfield）和简·马蒂诺（Jane Martineau）主编的《那不勒斯绘画 1606—1705》（ *Painting in Naples 1606—1705* ）展览目录撰写前言。

1983 年　79 岁

阿克顿为苏珊娜·约翰斯顿（Susanna Johnston）和安妮·坦南特（Anne Tennant）主编的《野餐文献》（ *The Picnic Papers* ）一书撰《明十三陵的野餐》（"A Picnic at the Ming Tombs"）一文。

6月，阿克顿为《泰晤士报高等教育副刊》（*The Times Higher Education Supplement*）第555期撰《哈罗德·阿克顿爵士对沃尔特·帕特尔散文集〈复兴〉的回顾》（"Sir Harold Acton looks back at Walter Pater's collection of essays, *The Renaisance*"）一文。

阿克顿为伯纳斯勋爵（Lord Berners）所著《第一个孩子与远离疯狂战争》（*First Childbood and Far From the Madding War*）一书撰写前言。

阿克顿为安东尼·兰普顿（Antony Lambton）所著《雪和其他故事》（*Snow and Other Stories*）一书撰写前言。

阿克顿为佛罗伦萨出版的伊迪丝·沃顿（Edith Wharton）《伊塔亚尼·洛罗·贾尔迪尼》（*Ville Itaiane e loro Giardini*）一书作序。

1984年　80岁

举办八十寿辰庆典。玛格丽特公主为阿克顿爵士在伦敦举行宴会，来自世界各地的朋友同窗与晚辈后学，联名合撰一本回忆录史传《牛津·中国·意大利》（*Oxford, China and Italy*）作为他的寿礼。

1985年　81岁

阿克顿的最后一本著作，小说《三位杰出大使》（*Three Extraordinary Ambassadors*）出版。该著讲述了18世纪的三位特使：威尼斯的亨利·沃顿（Henry Wotton）、佛罗伦萨的霍恩斯·曼恩（Horace Mann）和那不勒斯的威廉·汉密尔顿（William Hamilton）。阿克顿认为他们三位皆是泛欧文化的大使，恰与阿克顿更远大的文化志向——成为打破异质文化边界的世界公民、唯美主义文化的宣传者有投合之意。

1994年　90岁

2月21日，阿克顿于彼得拉庄园家中离世，遗体告别仪式在彼得拉庄园举行，并在圣马可教堂举行庄严的葬礼弥撒，随后被安葬于佛罗伦萨南部的爱洛雷公墓（Evangelico degli Allori Cimetero），与父母兄弟葬于一处。

阿克顿生前已立遗嘱将庄园及所有藏品作为教育遗赠，捐给纽约大学（New York University），成立纽约大学佛罗伦萨分校，这一遗愿早在四十年前阿克顿就已开始酝酿。在阿克顿生命中的最后几年，他的养老金已不足以满足彼得拉庄园整体的日常维护与修缮。

1995 年

阿克顿爵士去世后一年，他对教育的遗赠和愿景被纽约大学传承。纽约大学计划开展一项教育项目，即以阿克顿的教育遗愿为宗旨，以彼得拉庄园为世界性文化基地，立足全球视野，回溯家族与历史、放眼全球与未来，开展青年教育。阿克顿生前经常造访的古董专家乔万尼·康蒂（Giovanni Conti）对彼得拉庄园的藏品进行清点，并对每个房间都进行了摄影记录，每件物品的摆放位置都被明确标识。

2006 年

该年起，彼得拉庄园定期举行阿克顿讲座（Acton Lectures），在校园内举行面对公众与留学生的系列讲座，旨在围绕意大利及欧洲历史与文化，介绍杰出的学者和文人。通过阿克顿讲座，世人对佛罗伦萨彼得拉阿克顿家族的恢宏历史有了更进一步的了解。

2019 年

彼得拉庄园藏品与图书馆公开，学术研讨会、圆桌会议、藏品展览和专题会议承办等，更增加了彼得拉庄园与阿克顿的知名度，引发更多人对这位终生投身教育与文化事业的学者的关注。

彼得拉庄园对外公开展览阿克顿陈设于校区内的 6000 多件物品，包括早期意大利版画、佛兰芒挂毯，以及文艺复兴时期的多色雕塑、法国服装、新艺术银器、中国陶瓷、巴洛克家具等。

2020 年

因新冠疫情，据意大利国家与托斯卡纳地区的建议，彼得拉校区取消了所有线下活动。在彼得拉校区进行封闭式管理期间，校区定期在室内博物馆和室外花园进行维修和保养。

附录二 论哈罗德·阿克顿小说里的中国题材[1]

通晓西方艺术史的阿克顿素以"爱美家"（aesthete）自居。而 19 世纪后期，"爱美家"一词开始代指对美的东西有特殊敏感并渴望追求美的人，他们的出现具有深长的文化意蕴，那就是用"美"来净化被物质追求侵染的精神世界，让它重新变得鲜活丰盈起来。阿克顿是 20 世纪的"爱美家"，《一个爱美家的回忆》足以表明，他对"美"的追寻成为他生活乃至生命中不可舍弃的部分，这就是感悟自然之美、撷取东西方艺术之美、崇尚充满灵性的诗意人生。而对中国经典文化的心仪与痴迷，正是阿克顿作为"爱美家"身份最好的注脚。

一、痴迷中国文化的哈罗德·阿克顿

出生于意大利佛罗伦萨的哈罗德·阿克顿爵士（Sir Harold Acton，1904—1994）是英国艺术史家、作家、诗人，曾受业于伊顿、牛津等名校。1932 年起他游历欧美、中国、日本等地。早年在牛津、巴黎、佛罗伦萨研究西方艺术，暮年于佛罗伦萨郊外一处祖传宫殿颐养天年。著有诗集《水族馆》（*Aquarium*，1923）、《混乱无序》（*This Chaos*，1930）等，小说《牡丹与马驹》（*Peonies and Ponies*，1941）、《一报还一报及其他故事集》（*Tit for Tat and Other Tales*，1972）以及历史研究《最

---

[1] 该文曾刊于《外国文学研究》2006 年第 1 期；《外国文学研究》（人大复印资料）2006 年第 6 期全文转载。

后的美第奇家族》（*The Last Medici*，1932）、《那不勒斯的波旁朝人》（*The Bourbons of Naples*，1956）。另外尚有两部自传，《一个爱美家的回忆录》（*Memoirs of an Aesthete*，1948）与《一个爱美家的回忆续录》（*More Memoirs of an Aesthete*，1970）。

　　对东方文化，特别是中国文化，阿克顿有一种发自内心的痴迷。1932年，精致的日本艺术带给他一种异乎寻常的美，遂离欧赴日，踏上寻访东方之美的旅途。然而，当时日本国内已经弥漫着军国主义的嚣张气焰，他无法欣赏那儿的历史文物，决定转往中国。这一决定让他从此与中国结下不解之缘。像很多人一样，阿克顿起初是通过汉学家的著作来了解中国文化的。他早就熟读过阿瑟·韦利译的白居易，翟理斯译的庄子，理雅各译的儒家经典。据曾经在伦敦拜访过他的萧乾在1940年1月6日的日记里说："四点钟，一到阿克顿家，他就陪我去拜访英国著名汉学家，《诗经》《道德经》《四书》、唐诗以及《红楼梦》的英译者阿瑟·魏礼先生。"〔1〕可见阿克顿对韦利的敬仰之情。而八年的在华经历让他对中国有了更多、更直接的认识。

　　20世纪二三十年代，不少英国作家、批评家来华讲学，阿克顿在北大教授英国文学。他教的是"有修养"的教授们认为是歪门邪道的作家作品，如艾略特的《荒原》和劳伦斯的《查特莱夫人的情人》，还鼓励学生写艾略特的论文，这是第一次有人在中国认真宣讲欧美现代派文学〔2〕；另一方面又把中国文学和文化介绍到西方，阿克顿后来就与他人合作翻译出版了戏曲、小说、现代诗歌等方面的中国文学艺术著作，这些均大大促进了中西文化的交流与融合。

　　阿克顿与北平文化人之间亲密交往，梁宗岱、袁家骅、朱光潜、温源宁和张歆

---

〔1〕萧乾在后来的回忆文章中谈到了他与阿克顿的这段友谊："四十年代在英国，我们常围炉一道回忆北平。那时他也应征入了伍：穿着一身灰色的空军军服，却满脑子的梅兰芳、刘宝全、天桥、厂甸和大栅栏。他并不驾驶飞机，英国空军看中的是他所精通的法语和意大利语。珍珠港事变前，他一直还在缴纳北平那所四合院的租金，我们这座古城真有股难以抗拒的魅力。"阿克顿晚年在遗嘱里把他家祖传的佛罗伦萨古宅捐赠给美国纽约大学，其中一个条件就是纽约大学要邀请萧乾夫妇去该校小住一阵。1985年秋，纽约大学校长趁来北京开会的机会，邀请萧乾吃饭，带来阿克顿回忆录的第二卷，其中有一段谈到了阿克顿与萧乾的友谊。参见萧乾：《封箱之前》，《心的解读》，中共中央党校出版社2002年版，第17—18页。
〔2〕据阿克顿自传《一个爱美家的回忆》，他是第一个在中国大学的英语文学课上讲解艾略特的《荒原》，并说当时把艾略特这样的"激进派"诗作教材，在北京西方人圈子中引起许多非议。他也详细描写了与北大诗人们的交往："给我印象最深的是卞之琳，他刚出版了第一本诗集《三秋集》；他读的第一首是《友与烟》……这首诗的空灵气氛，当时使我非常着迷，现在依然使我非常着迷。""卞之琳刚从北大毕业，但是样子像个十八岁少年。外貌单薄瘦弱，眼镜使他显得格外谦逊，谈到诗也会脸红。我的反应热情，他反而不知所措。"正是在卞之琳的鼓励下，他与陈世骧决定合译一本《中国现代诗选》。参见赵毅衡：《伦敦浪了起来》，人民文学出版社2002年版，第129—130页。

海等均与之过从甚密，同时又在学生中结识了一批青年诗人。从 1932 到 1939 年，阿克顿在北平住了八年。八年的中国生活，使他的亲友发现他"谈话像中国人，走路像中国人，眼角也开始向上飘"。康有为的女公子康同璧为阿克顿做了一幅罗汉打坐图。画上题诗赞：

> 学冠西东，世号诗翁。神来运乃，上逼骚风。
> 亦耶亦佛，妙能汇通。是相非相，即心自通。
> 五百添一，以待于公。

阿克顿在其回忆录说不好意思引用这样的赞词，唯有"亦耶亦佛，妙能汇通"，或可当之。

欧战爆发后，阿克顿离开北平，奉召应征入伍，参加英国皇家空军。因他会讲意大利语，实际上当了翻译参谋。离开中国，使阿克顿结束了"一生最美好的岁月"。二战后阿克顿移居意大利。潜心从事那不勒斯波旁王朝的研究工作。他伤心地看到"这一番轮回中已回不到北京"。去国之思，黍离之悲，使他找到陈世骧共同翻译《桃花扇》，以排遣"怀乡"病。他们的翻译直到 70 年代陈世骧作古后，才由汉学家白之（Cyril Birch）整理出版。

1984 年夏天，80 岁的阿克顿爵士又成了新闻人物。既有英国王室玛格丽特公主亲自设宴为他祝寿，更有他遍及世界各地的朋友们，其中有诗人、作家、汉学家、历史学家、文学批评家等等，他们送给阿克顿一件罕见的厚礼：一本装帧优雅的书："牛津、中国、意大利：纪念哈罗德·阿克顿爵士八十寿辰文集。"英国桂冠诗人约翰·贝杰曼（John Betjeman）为文集题了热情洋溢的献诗（只可惜贝杰曼本人却在阿克顿寿辰之前去世）。一批英国文化界名人著文为寿。其中，汉学家劳伦斯·西克曼（Lawrence Sickman）写了阿克顿在北京的生活；另一位汉学家白之介绍了他作为第一个中国现代文学翻译者的贡献。[1]

阿克顿作为第一个中国现代文学翻译者，指的是他曾与陈世骧合作翻译了中国现代诗的第一本英译《中国现代诗选》（*Mondern Chinese Poetry*）[2]。该书 1936 年由伦敦出版，是最早把中国新诗介绍给西洋读者的书。陈世骧（1912—1971）幼承家

---

[1] 参见赵毅衡：《艾克顿：北京胡同里的贵族》，《西出洋关》，中国电影出版社 1998 年版，第 47—51 页。
[2] Harold Acton & Ch'en Sh'ih Hsiang, *Modern Chinese Poetry*, London: Duckworth, 1936.

286

学，后入北京大学主修英国文学，1932 年获文学学士学位。陈世骧和阿克顿合作编译的这本诗选可以说是两人在北大交往的缩影。当时陈世骧还是北京大学西方语文系三年级学生，阿克顿是他的老师，本来对他并没有什么特别的印象。1933 年，日本不断侵扰北平，后北大被迫停课，学生纷纷向老师告辞到乡下避难，就在众多学生的信函中，阿克顿读到了陈世骧写给他的一封情文并茂的散文诗，当即为陈世骧的文学及英语素养而动容。当情势稍定，北大复课，阿克顿随即邀请陈世骧回校。据说两人重聚当时恰巧是阿克顿的生日，学生们送了一个达摩瓷像给阿克顿。饭后大家在院子里，陈世骧更为阿克顿吹了一曲笛子，令阿克顿想起英国浪漫诗人华兹华斯《刈割女郎》内一段哀怨缠绵的歌声。阿克顿后来更强调，正是借着陈世骧，他才进入中国现代文学的殿堂，同时因为陈世骧，他才继续留下在北大任教。

阿克顿不谙中文，由此可知，这本两人合译的诗选，应该是大部分由陈世骧做初步工作，包括人选、诗作以及初步的翻译。从阿克顿的回忆录里的记述，我们更可以在讨论卞之琳《墙头草》一诗时，看出整个程序是由陈世骧首先作出字译或者音译（literal translation），进一步完成初稿，再由阿克顿润色定稿。

这本《中国现代诗选》共选译了 15 位中国现代诗人的新诗作品，其中陈梦家 7 首、周作人 4 首、废名 4 首、何其芳 10 首、徐志摩 10 首、郭沫若 3 首、李广田 4 首、林庚 19 首、卞之琳 14 首、邵洵美 2 首、沈从文 1 首、孙大雨 1 首、戴望舒 10 首、闻一多 5 首、俞平伯 2 首。诗选最后是这些诗人的小传。其中一些译诗在出版前已经在芝加哥的《诗刊》、上海的《天下》月刊以及《北平年鉴》上刊发。在《诗选》的扉页上，阿克顿对这些刊物的编者，尤其是《诗刊》主编哈丽特·蒙罗（Harrier Monroe，1860—1936）表示感谢。

阿克顿虽与北平大学中留学欧美的中国学者不乏交往，但他对中国古典文化有自己的偏好，这从他对中国新诗的审视中可见一斑。这本译诗选及其《导言》体现了阿克顿本人的文学观和嗜好，即对古典文化传承的重视。选录篇什最多的诗人是林庚，而对那些过于欧化的新诗，尤其郭沫若等人的作品评价不佳。废名在《谈新诗》中说："在新诗当中，林庚的分量或者比任何人更重些，因为他完全与西洋文学不相干，而在新诗里很自然的，同时也是突然的，来一份晚唐的美丽了。……真正的中国新文学，并不一定要受西洋文学的影响。林朱二君的诗便算是证明。"[1]

---

[1] 废名：《论新诗及其他》，辽宁教育出版社 1998 年版，第 171 页。

当然，林庚的新诗创作是不是"完全与西洋文学不相干"，后来不少评论者对此颇有异议。但废名的这种评价并非空言，林庚的新诗的确充满浓郁的古典气息。诗中的意象大致沿袭古典诗词中夜、雨、荒野、秋风、落叶、孤鹰、凄雁等经典语词。当然，这些传统的意象经过了诗人的思想映照，被赋予了强烈的主观情绪和崭新的时代精神。

今天看来，阿克顿的眼光与当时中国新文学的努力方向相去甚远。当新诗人义无反顾地切断与传统的血脉渊源时，阿克顿却以域外学者的身份，确立审视中国新文学的另一种眼光，强调传统对新诗建设的重大意义。对此，我们姑且暂不评判。不过，若联系阿克顿小说《牡丹与马驹》中主人公菲利浦对中国古代诗人的景仰，即可更进一步印证阿克顿本人的态度。大而言之，阿克顿对中国古典文化的心仪、古典艺术之美的痴迷正由此清晰透出。

二、"精神的现代病"和东方救助中的爱与憾

小说《牡丹与马驹》以 20 世纪二三十年代抗日战争前后的北京为背景，描写当时许多在京欧洲人形形色色的生活，以及他们来到东方古都的不同感受。他们或抱着种族自大的民族偏见无视身边的一切；或不知疲倦地组织舞会沙龙，趁机向有贵族头衔的游客兜售中国古董而从中渔利；或倦怠西方艺术、鄙弃西方文明，希望在搜寻东方秘密中发现出路。小说也写到了一味崇拜西方的中国学者、新旧夹缝中的青年知识分子，以及底层京剧伶人的生活等。作者从不同角度表现了东西方文化碰撞下的人心世态。

主人公菲利浦·费劳尔（Philip Flower），一位孤独的爱美者，试图用中国文化救治一战以来为有识之士所焦虑的西方现代危机，所谓"精神的现代病"。他在中国的精神探索历程，多少有点作者自己的影子。某种意义上说，阿克顿以小说家之言，形象地反映了 20 世纪二三十年代东西方文化在更深层碰撞中，迸发出的重大思想命题。

首先，关于东方（主要指中国）文明救助西方危机。这一理想经罗素等西方思想家，梁启超、梁漱溟为首的"东方文化派"，以及辜鸿铭等人的激扬鼓吹，在 20 世纪初的知识界荡起一片波澜。小说一开头便以主人公菲利浦对中国彻底的皈依切入这一时代话题：

> 菲利浦一直自忖北京这座城市对他意味着什么。欧战后，他返回北
> 京，但又因一次偶然的西山之行，还有北戴河的染疴在身而离开它。他发
> 现自己竟那样强烈地想念北京，就像宠物依恋它的女主人……他深深感到
> 自己正尽最大可能远离战后政治，还有笼罩欧洲的紧张激烈，很大程度上
> 这紧张激烈就出自可疑的欧洲文明轨道之内。他在古都北京呼吸到一种宁
> 静的气息，任何事物都让他沉浸在超自然的、泛神论的幻想与惊喜之中。[1]

他就像西方文明的逆子，又仿佛是中国文明流落在欧陆的弃儿，怀着一份倦游归乡的挚诚，把北京当作安身立命的归宿，栖息灵魂的家园。

他说："是中国治好我的病，战争让我的生活变成沙漠，而北京让我的沙漠重现生机，就像那牡丹盛开。"他患上的正是那一代西方有识之士共患的心病——所谓"精神的现代病"。的确，1914—1918 年惨绝人寰的第一次世界大战，以血淋淋的事实暴露了西方资本主义近代文明的弊病，给人们带来难以弥补的精神创伤，对欧洲人的自信心和优越感是一个沉重打击。这让一些对文明前途怀抱忧患意识的西方人，在正视和反省自身文明缺陷的同时，将眼光情不自禁地投向东方和中国文明，希望在东方文化，尤其是中国哲学文化中找寻拯救欧洲文化危机的出路。德国人施本格勒著《西方的没落》一书，就公开宣告西方文明已经走到尽头，必将为一种新的文明所取代，为了走出困境，欧洲应该把视线转移到东方。罗素（Bertrand Russell，1872—1970）是 20 世纪声誉卓著、影响深远的哲学家、思想家和文化巨人，他就是带着对西方文明"破产没落"的哀痛，甚至是对西方文明行将在战火中彻底毁灭的恐惧，朝圣般东来中国，企求能从古老的中国文明里寻求新的希望，呼吁用东方文明救助西方之弊端。

对西方文明满怀悲怆意绪的菲利浦，又何尝不是揣着类似的朝圣心情走进了北京？

> 他像做苦力一样，拼命阅读中国的经典著作，有时把冷毛巾放在前额
> 上，好让自己头脑清醒，一读就是到深夜。他总希望能在中国人那难以捉
> 摸的精神中发现新的光亮，在这块自我放逐的土地上找到人生的新航向。

---

[1] Harold Acton, *Peonies and Ponies*, Oxford University Press, 1941, pp. 1—2.

> 他渴望在中国的土地上与中国人相识，并被他们接受。若能被中国家庭
> 收留，那就是再好不过的事情。他想象自己能在清明或中秋前举办祭孔仪
> 式，那是他崇敬的美德。[1]

失望于西方世界的他像无家可归的精神孤儿，苦心孤诣地渴望在中国得到抚慰与庇
护，那么，中国也就成了他逃避欧洲、逃避现实的世外桃园。

其次，如果说阿克顿笔下菲利浦的中国寻梦，契合了罗素等西方哲人改造欧洲
的思想，从而使他的形象具有深刻的文化意蕴；那么，身为"爱美者"的独特气
质，又使他不愿正视中国正在发生的一切变化，而是一厢情愿，借着一种怀旧的情
绪，对中国的历史和传统发出一种"但恨不为古人"，或"但恨今人不古"的感
慨。如果说思想家罗素的中国观既是历史的、文化的，又是现实的，他站在关注人
类命运的高处，对中国传统文化的利弊以及中国的现状均有深切的思考与敏锐的洞
察；那么，"爱美者"菲利浦所追寻的只是古典中国——哲学、艺术、文学中的中
国，与现实中国几乎毫不相干。他们的立场都是西方的，但他们的视界及关注的终
极点并不一致。

对菲利浦而言，古典中国被想象成医治现代病的灵丹妙药。唯其如此，被现代
中国人视为历史遗产的"古典"，在菲利浦眼里就有了"现实"救治的意义和价
值，而这一切都是从他自己——一个现代西方人的角度出发的。所以追寻古典，就
如同追寻精神家园般性命攸关。小说中表现他对古典中国的痴迷已经到了顶礼膜
拜、甚至令人发笑的程度。比如在欧洲人的沙龙里，他被叫作满族崇拜狂，他的一
切东西，甚至佣人和狗都要有满族家谱。他顽固地拒绝叫北京为北平。他不明白为
什么现代中国人对传统文化弃如敝屣，竟要到国外去接受西式教育，倒把他对中国
的热爱看成讨人嫌的偏激。其实这个人物的宁肯"抱残守缺"、拒不接受中国正在
发生着的现代蜕变，在当时西方乃是一种十分普遍的倾向，即把中国当作"文物博
物院"。

小说中写了以马斯科特（Mascot）夫人为代表的西方游客。他们纯粹为满足猎
奇心理而来华，在北京四处游逛搜寻古董，兴致勃勃地看处决犯人。还把中式布置
的住所称为"风俗"沙龙，来客都穿上满族的衣服，戴着长长的指甲套以此为乐。

---

[1] Harold Acton, *Peonies and Ponies*, Oxford University Press, 1941, p. 79.

290

正像小说中一位西方游客所说："从社会学意义上讲，古典的一切都没有消失，只是名字换了罢了，难道我们不是在靰鞑国？"[1] 20世纪的中国竟然仍是历史烟尘下的靰鞑国！

作者借菲利浦对他们的不以为然，对当时那些见解浅薄、浮光掠影的北京过客表示厌恶。但在骨子里，菲利浦与他们实相去无几，尽管他更高雅渊懿、更有文化底蕴。在他眼里，来自西方的各种事物就像病菌一样侵蚀北京的肌体，"唉，北京已经死亡了；死于来自西方的各种病菌。唯一让他感到安慰的是，他已在西山的一角为自己买了块墓地"[2]。

对这一倾向，罗素的分析可谓发人深思。他认为喜欢文学艺术的人很容易将中国误解为像意大利和希腊一样，是一个文物博物院。在中国的欧洲人除了感兴趣的动机之外，还非常地保守，因为他喜欢每一样特别的，与欧洲大不相同的东西。他们把中国看成一个可欣赏的国家而不是可生活的国家。他们更看重中国的过去，而不为中国的将来考虑。[3]罗素的这番话可谓相当精确地概括了一般西方人（不仅仅是喜欢文学艺术的人）看待中国的典型心态。对这种心态，赵元任不满地称之为"博物院的中国"观。

赵元任曾做过罗素的翻译，他指出许多外国人到了中国，见不得中国有任何进步或改变，他们恨不得中国人至今过的还是明末清初的生活。他对这种怀有博物院心理的人是非常气愤的；"你一年到头在自来水、电灯、钢琴的环境里过舒服了，偶尔到别致的地方，听点别致的声音，当然是有趣。可是我们中国的人得要在中国过人生常态的日子，我们不能全国人一生一世穿着人种学博物馆的服装，专预备着你们来参观。中国不是旧金山的'中国市'，不是红印度人的保留园"[4]。小说中的中国青年冯崇汉也指责说："你们只对这些毫无意义的历史细节感兴趣，而这早就应该被我们抛弃。"因为中国此刻最需要的恰恰是如何摆脱历史的束缚，尽快加入现代化的行列。

所以说，尽管菲利浦与那些北京过客不同，他在中国不是为了肤浅地搜奇掘异，而是寻找心灵的寄托，也更具有向东方文明表达精神诉求的意味。唯其如此，

〔1〕Harold Acton, *Peonies and Ponies*, Oxford University Press, 1941, p. 229.
〔2〕Harold Acton, *Peonies and Ponies*, Oxford University Press, 1941, p. 81.
〔3〕〔英〕罗素：《中国问题》，秦悦译，学林出版社1996年版，第169页。
〔4〕赵元任：《新诗歌集序》，见《新诗歌集》，台北商务印书馆1960年版，第15页。

他骨子里的"博物院"心态则更深刻彻底，这在他对古典诗歌与京剧艺术的嗜好上体现得最突出。

作为中国旧文学的精粹，古典诗歌在新诗崛起后不再风光依旧，这是时代选择并赋予新诗以历史责任的结果。而把古典当作家园的菲利浦，向中国青年提起古代的《诗经》、屈原、陶渊明、杜甫、李白、李清照时，侃侃而谈如数家珍。联系阿克顿本人对中国现代新诗的审美口味，不难看出其中有作者自己的体会。而菲利浦对京剧的喜爱，及对北京伶人生活的描写恐怕大体来自阿克顿自己的经验。他与美国的中国戏剧专家阿灵顿（L. C. Arlington）合作，把流行京剧三十三折译成英文，集为《中国名剧》[1] 一书，于 1937 年在中国出版，收有从春秋列国一直到现代的京剧折子戏："长坂坡""击鼓骂曹""捉放曹""状元谱""群英会""法门寺""汾河湾""蝴蝶梦""尼姑思凡""宝莲灯""碧玉簪""打城隍""貂蝉""天河配""翠屏山""玉堂春"等。这一工程非常困难，但阿克顿是个京剧迷，研究过梅兰芳《霸王别姬》的舞蹈艺术，观赏过北昆武生侯永奎的《武松打虎》，并与程砚秋、李少春等人均有交往。美国女诗人、《诗刊》主编哈丽特·蒙罗第二次来华访问时，阿克顿请她看京戏，锣钹齐鸣，胡琴尖细，蒙罗无法忍受，手捂耳朵仓皇逃走。阿克顿对此解释说：西方人肉食者鄙，因此需要宁静；中国人素食品多，因此喜爱热闹。"而我吃了几年中国饭菜后，响锣紧鼓对我的神经是甜蜜的安慰。在阴霾的日子，只有这种音乐才能恢复心灵的安宁。西方音乐在我听来已像葬礼曲。"[2] 这段趣事竟被阿克顿写进小说。

和菲利浦一样，女艺术家埃尔韦拉（Elvira）用十年时间尝试各种主义，从达达主义到超现实主义，但让她气恼失望的是，这些丝毫不能满足她的趋异心理。于是离开巴黎来到中国，怀着幻想去"揭开另一个未经探索的现实"。实际上，她宣称的"西方必须面对东方"只是纸上谈兵而已，行动上则不自觉地流露出西方现代文化优越感。比如，她认为中国的李博士用英语写哲学是了不起的进步。她无法欣赏京剧，一听中国音乐，"浑身起鸡皮疙瘩，好像听电钻打孔。天晓得我费了多大力气去欣赏它，我想它对我来说不值一提"[3]。她想走进中国人之中，但她首先想到的是为"智力欠缺又怀种族偏见的地道中国人办一个沙龙"，但这个天真的野心最

---

[1] Harold Acton & Lewis Charles Arlington , *Famous Chinese Plays*, Peiping: Henri Vetch, 1937.

[2] 转引自赵毅衡：《西出洋关》，中国电影出版社 1998 年版，第 48—49 页。

[3] Harold Acton, *Peonies and Ponies*, Oxford University Press, 1941, p. 28.

终受挫，那"优良的中国人"用怀疑的目光打量她，他们无法理解她想干什么。这一切让她不安，觉得自己仍置身于中国文化之外。说到底，她是以西方的眼光居高临下地看中国，所以在菲利浦看来，她终究割不断与西方的联系，"而那正欺骗她那虚弱的盔甲"。在埃尔韦拉的身上，我们似乎看到哈丽特·蒙罗的一些影子。

古老的京剧给了菲利浦别样的艺术感受，陌生而又热闹的戏园，身段柔美的男伶，"霸王别姬"那动人的音乐与悲剧力量，这一切都让他兴奋感动。他结识了17岁的男伶——扮演杨贵妃的孤儿杨宝琴（Yang Pao-Ch'in），毫不犹豫地想收为养子。他说："我从看到他的第一眼起就喜欢他，我要为他做一切，不要问我为什么，我自己也不知道。我想因为他是中国鲜活的象征，而我爱中国。"[1] 其实，他所爱的只是舞台上、扮演"杨贵妃"的杨宝琴，当身着西装的男孩站在他面前时，他竟惊讶的半天说不出话来。这正表明，安慰救助菲利浦的只是那古典的、艺术的中国，现实中国的任何变化都令他难以接受。

也许，菲利浦与众不同的执着，就在于似乎义无反顾地彻底抛弃了西方文明，怀着可贵的真诚与平等的态度、发自内心地投身于北京人的生活中，他渴望别人把他看成中国人，他想和他们一样过着寻常的家庭生活，感受伦理亲情，沐浴在古典艺术的柔美月色中。然而，这究竟只是一厢情愿的幻想而已，步入20世纪的中国，正艰难地从古典迈向现代，她已经无法眷顾这位来自异域的寻梦人。

再次，如果说酷爱诗歌和京剧代表着菲利浦对古典艺术的追寻，那么从孔子的信徒，到道家思想的追随者，再变为遁世的佛教徒，菲利浦的哲学思考行踪几乎浓缩了整个西方世界对东方哲学的接受利用史。

小说中埃尔韦拉善意地责怪菲利浦说："作为一个自认的孔子崇拜者，你太高尚了。"生活严谨端正，既重道德操持又不乏温厚的人伦情怀，加之对孔子思想的信从，菲利浦的确表现出儒者的襟怀风范。不过，"爱美者"的特殊气质使他与老庄道家思想更为心通神契。在这方面，阿克顿鉴于自己的艺术理想，他笔下的菲利浦更多是从审美层面上去认同道家人与自然的和谐关系。

菲利浦把金鱼看作大自然的精灵，"我得向金鱼致敬……多么华美的生灵！我真嫉妒它们的洁净、清新，它们那宁静的生活与娴雅的交谈"。在他看来，金鱼比叫嚣的思想家教给我们的要多得多，"比如，幽雅的举止，当仪容庄重成为消逝

---

〔1〕Harold Acton, *Peonies and Ponies*, Oxford University Press, 1941, p. 121.

的艺术，我们可以从金鱼身身上学到。孔子说'君子坦荡荡，小人长戚戚'。金鱼教会我们如何保持平静和冲淡。它们那超逸的游动提醒我们，它们比人类更悠闲而诚实。"他的话立刻遭到中国青年实用态度的讥讽，他激动地反驳说："任何实用之物都无法使生活美丽起来，太实际会让人的眼界变得狭隘……而美必须靠细致培养才行，唉，即使在璀璨的东方，生活的色彩也暗淡了，我觉得西方应对此负责。在金鱼消失之前我要紧紧拥有它们，失去它们将是巨大的不幸。"[1]

这里，人对金鱼的赏爱与拥有实际是比喻人与自然的亲和关系，以及能够感悟天地自然之生命的诗化之心。失去即意味人与大地的隔绝，将再也无法体验物我交融中那元气氤氲、充满灵性的纯朴境界，在物质、金钱、技术至上的世界里，在重实用、重功利的支配下，人类迷失了自我，异化为它物。菲利浦与其说是紧紧抓住了"金鱼"，毋宁说他试图通过爱"美"之心的培养、宁静守一的追求来葆有一颗生意葱茏的天地之心，以此顽强地抗拒强加在人性上的种种异化。

先秦道家对社会文明智慧的断然拒斥，对天地自然的一往情深，所谓"弃圣绝智""独与天地精神往来"，通过泯去后天经过世俗熏染的"伪我"，以求返归一个"真我"。这种祈求人类天性自我的复归，重新找回人与自然的和谐，原本就有鲜明的心灵救赎意义。而西方进入工业时代以后，人与自然日益疏离成为"精神的现代病"之一，道家思想的特性恰好迎合了自尼采、斯宾格勒以来对西方文明批判的潮流，与怀着"精神的现代病"的西方哲人的救治渴求产生契合，造成了20世纪一二十年代发生在西方艺术家、文学家圈内的道家热，即所谓"欧道"主义的一时兴盛，根源就在于道家思想可以用来填补"上帝缺席"后现代西方世界的精神空场。

正如德国汉学家卜松山概括的那样："自尼采和施本格勒以来，对西方文明的批判已经成了现代西方意识的基本组成部分。对文明的批判在新近时期表现为生态保护的一个重点，这是卢梭'回归自然'口号的现代翻版。这里，道家人与自然一体的观念便闯入了西方敞开的大门。对西方很多人来说，'现代的困扰'，已蔓延到现代生活世界的其他领域，比如技术和经济效益挂帅把现代人束缚于'目的理性'思维的刚硬外壳，所以，道家文明批判的观点可以对今天厌倦文明的欧美人发挥影响。"[2]而这也正是菲利浦这一文学形象所体现的道家思想对现代西方的启蒙

[1] Harold Acton, *Peonies and Ponies*, Oxford University Press, 1941, pp. 70, 76.
[2] [德] 卜松山：《与中国作跨文化对话》，刘慧儒等译，中华书局2000年版，第88页。

意义。

小说结尾写到由于日本入侵，在京的欧洲人纷纷离去，菲利浦仍留在家中，超然而悲观地面对现实。他觉得世事纷乱，好像回到孔子时代。他自己就像孔子一样渴望安定。但头顶上日本人的狂轰滥炸令他根本平静不了。就是这样，他也不完全责怪日本人，他认为是他们在效尤西方，是欧洲人制造毁灭性的武器。他决定不管发生什么，都留下来。在他的心底，真希望满族人再回来，北京重新成为强大帝国主义的首都。[1]这样的想法出自一个"满族"狂的头脑并不足怪，倒更说明菲利浦对中国历史一厢情愿的美化粉饰，因而对现实中国的前途出路问题完全失去了现实判断力。

作者为困惑中的菲利浦安排了精神上的引路人童先生。他在菲利浦家避难，以微笑、忍耐与和善来面对突然降临的灾难和北京的沦陷，对天崩地塌的时代骤变持有疏远超逸的姿态。菲利浦从那微笑里看到了一种来自古典文明的、与世无争而处惊不变的从容。在它的背后菲利浦发现了令他欣羡不已的随缘哲学，以及更深阔神圣的宁静。这正是他渴慕已久的宁静。在童先生"四大皆空即可解脱""儒道佛三教合一，互不排斥，它们包含了整个人类学说"的开导下，菲利浦全身心地研究佛教经典，最后他成为一位吃斋念佛的遁世者。小说的最后一章题名"走向涅槃"，意味深长地暗示菲利浦经过人生的喧嚣、焦虑之后，最终在东方找到了一条归于寂静的精神出路。

小说中与菲利浦理想落空这条线索平行的，是中国年轻知识女性杜怡（Tu Yi）的悲剧。杜怡曾在巴黎接受西方文化的熏陶，在巴黎的三年，她完全忘记原先在国内的种种管束。她已经不是传统意义的闺秀，作为有思想、有追求的新女性，她有一颗强烈的爱国心，她说"当我在法国时心里只想祖国，它在我心中至高无上，就盼望着回来"，"当时国内正发生巨大变化，知识分子正致力于唤醒民众，传播新思想"，"我也受杜威思想鼓舞，觉得再呆在外国简直是浪费时间，归国后可以大有作为，所以就回来了"。[2]回家后，她不得不面对尖锐的现实：旧礼教的陈规陋习、父母的意志和婚姻包办等，都要她屈从。她公开反抗，逃出家庭，在北京的大学里教书，过着自食其力的生活。她从容地出入马斯科特夫人的舞会和埃尔韦拉的沙龙，因为那是她曾十分熟悉的生活。小说中提到，当杜怡把埃尔韦拉介绍给不会

〔1〕Harold Acton, *Peonies and Ponies*, Oxford University Press, 1941, pp. 303—304.

〔2〕Harold Acton, *Peonies and Ponies*. p. 179.

说外国话的女友时，埃尔韦拉说，直到那刻才意识到她是中国人。杜怡第一次拜访男友冯崇汉（Fêng Chung-han）的母亲，冯老太太看到她竟然当着男人的面揉脚趾，大为震惊，缠着小脚的她觉得不可思议，认为杜怡"太没规矩了"。可见，杜怡的行为举止已经相当西化了。不过她很快就将巴黎的习俗抹得一点不存。虽然仍有地道的巴黎口音，却已换上中国的衣衫，"又高又硬的领子、长裙及踝，两颊与双唇胭脂也变得俗艳了"，她还让埃尔韦拉叫她杜怡，而不是爱丽丝。她在西方受教育，骨子里几经被西方文化所熏染，同时又深受中国传统的束缚，这种文化冲突中的两难境地，时常令她困惑得无所适从。对待自己的婚姻，她既不甘心接受父母之命，所受的西方熏染又使她与激进爱国的男友产生分歧，尤其是男友对西方人的厌恶更使她觉得两人之间有无法逾越的鸿沟。当埃尔韦拉责怪她说"总不能把自己像个包裹一样丢给一个完全陌生的人吧"，应该争取自由，到巴黎去。而她却无望地说"我有什么办法，我毕竟是中国人啊"，"我只能把巴黎从我的记忆中抹去，回到从前的生活"。[1] 埃尔韦拉愤激地说北京就像坟墓，最优秀的知识分子在里面要么腐烂，要么变成化石。有的人生活在沉闷阴郁的传统里原地踏步，而不肯抱残守缺者又都热衷于摹仿西方，真是难以理喻的中国！ 她的抱怨与同情更让杜怡绝望，最后她在埃尔韦拉花园里上吊自杀了。

阿克顿通过杜怡的不幸结局，意在指出当时中国知识分子处在新旧交替之际，对传统的依赖与惰性，以及反抗旧礼教时的软弱性与不彻底。对杜怡来说，她并非不知自由与幸福的可贵，经济的独立、所受的教育完全可以让她找到自己的归宿。但她放弃了，正当鲁迅《伤逝》中的子君，以及新思想感召下的无数"子君们"为个人的自由与幸福与旧礼教决裂时，杜怡却依然成了旧礼教的牺牲品。

与杜怡形成对照的是李博士与冯崇汉，他们都属于当时中国知识阶层中的革新人物。不同的是前者主张中国的出路在于完全西化，他对马斯科特夫人们说"我们古老的文化已经死去，就让它死吧，赶快让更有活力的文化来取代它"，"我们生活在中国的文艺复兴时代，中国正在进步"，"我们热爱崇敬你们的威尔斯、罗素、利维斯，我们被他们的著作深深打动，由衷激赏"[2]；而冯崇汉虽然在大学的文化促进会中，致力于宣传新思想，希望科学与创造精神能推动中国进步，摆脱现实困境，但像杜怡一样也迫于母命，为娶妻之事而苦恼。他虽然爱杜怡，但自小接受的

---

〔1〕Harold Acton, *Peonies and Ponies*. pp. 24—25.

〔2〕Harold Acton, *Peonies and Ponies*. p. 19.

296

排外教育，使他无法接受杜怡的洋派作风，最后两人之间终因思想观念上的隔阂而分道扬镳。

总的说来，无论是菲利浦的理想落空，还是杜怡的自杀悲剧，抑或小说里形形色色人物的命运，都植根于中西文化碰撞、冲突，难以调和的历史背景。痴迷于中国文化的阿克顿正是通过其写实之笔，呈现了他自己也不愿看到的事实，即企求以东方文明以拯救西方危机只能是一种虚幻和梦想。

三、东方救助与西方的文化利用

应该说，《牡丹与马驹》中以西方学者菲利浦在中国的精神探索历程，作为一个鲜活的思想个例，它形象地呈现了东方文明拯救西方危机这一时代命题的诸多内涵。不过，阿克顿别具深意的是，还借菲利浦中国寻梦之路上的爱与憾，引发我们进一步思考这样两个连带的问题：他的精神出路到底有怎样的现实可能性？这恐怕是连作者自己也无法规避的问题。关于这些，阿克顿已经在客观的描写中相当明显地透露出些许消息来。而且，更重要的是，我们对菲利浦在中国的精神探索历程又该如何作出自己的评判？

东方救助是西方文明危机下的一种精神诉求，它先天带有的理想化色彩，就决定它对文化与文明的反思批判比提供实际可行的策略更有意义。菲利浦一旦走出古典中国的包裹，现实便立刻让他的理想化作泡影。如小说中写他与养子杨宝琴一起前往天桥营救杨的师傅安先生，围观的看客潮水一般涌向那儿，他们看到不少猎奇的外国人也夹在看热闹的人流中，其中就有马斯科特夫人。菲利浦被震惊了，他深感困惑——"他们也叫人？"他心中的幻想破灭了。他一直以为在所有种族中，中国人本性最善良、最文明，而他们竟是这样麻木而冷漠，人性在哪儿？他从欧洲战场上幸存下来，始终坚信能在哪儿找到人性，他以为在中国找到了，而此刻，他的眼里一片黑暗，耳中一片轰鸣。对发生的一切似乎都失去知觉，观众走了，士兵离去了，那些议论、兴奋、紧张也都消散了，周围重又变得灰黯、死寂。[1]菲利浦在中国寻觅完美人性的理想也就此破灭了。

面对无法抵挡的西化潮流，菲利浦想把养子杨宝琴培养成传统中国人的用心也

[1] Harold Acton, *Peonies and Ponies*, Oxford University Press, 1941, pp. 168—169.

无可挽回地付诸东流。他说中国戏曲艺术的家在北京，而男孩对这毫无兴趣，只对欧洲的图片看得津津有味。他绞尽脑汁向杨灌输中国的历史与传统，讲北京城的由来，从忽必烈汗的壮丽都城到 1928 年民国政府改名北平。他带杨四处探访北京一带的古迹，想以此阻止杨对西方的沉醉，但只有美国才是孩子心中的乐土，帝国大厦的图片就张贴在房间里。杨还不顾义父的反对，一心想学英语而非中文，整天总穿菲利浦的那件诺福克茄克衫，恳求把他带到外国去。这些让本已对西方文明失望的菲利浦，又陷入意想不到的尴尬境地。阿克顿安排这两处情节显然不尽为小说家的虚构，恐怕更应来自他对现实的敏锐观察与深切反思。

另外，东方救助始终都是西方意识下的文化利用，这与东方文化自身在本土的现代价值并无多少关系。菲利浦说："我只是半个外国人，心是中国的。"[1]不可否认，像菲利浦这样的有识之士确实是出于强烈的危机感和精神诉求，虔诚地把目光投向中国。但更应看到，他们的立场、视点和期待视野始终都是西方的，他们的心不可能是中国的！他们推崇中国古代文化主要是出于自我警示、自我调整和自我完善，因而他们汲取中国文化作为思想资源，主要是借用他者之长，实际上是为陷入深刻的"现代性危机"之中的西方社会寻找一条可能的出路，他们发掘出中国古典文化的现代价值，实际上是为西方人所认同、适用于西方"现在"需求的西方价值。[2]正像菲利浦拒绝把北京叫北平，不相信中国人的抗日信心，竟从心底盼望满清帝国重新回来等等，这均出于他对古典中国的"需求"，至于中国的"现在"及其"需求"，则既非他们考虑的重心，亦非考察的重点。他在中国文化中所认定的那些价值，比如道释的超越现实、遗落世事，追求宁静解脱等，也就理所当然是西方"精神的现代病"所需要的良方，显然不是国难当头、山河破裂之际，中国所亟需的拯世之策。也就是说，我们不可以把西方人在后工业时代所遇到的问题当成自己的现实问题，而这正是我们不可移易的坚定立场。

〔1〕Harold Acton, *Peonies and Ponies*, Oxford University Press, 1941, p. 98.
〔2〕参见［德］卜松山：《与中国作跨文化对话》，刘慧儒等译，中华书局 2000 年版，第 231 页。

参考文献

一、中文文献

古籍

［1］冯梦龙著，橘君辑注：《冯梦龙诗文》，福州：海峡文艺出版社，1985 年。

［2］冯梦龙：《醒世恒言》，长沙：岳麓书社，2006 年。

［3］高棅：《唐诗品汇》，上海：上海古籍出版社，1988 年。

［4］胡培翚著，段熙仲点校：《仪礼正义》，南京：江苏古籍出版社，1993 年。

［5］孔尚任著，云亭山人评点：《桃花扇》，上海：上海古籍出版社，2016 年。

［6］钟嵘著，徐达译注：《诗品全译》，贵阳：贵州人民出版社，1992 年。

文集

［1］卞之琳：《雕虫纪历》，北京：人民文学出版社，1979 年。

［2］胡先骕：《胡先骕诗文集（上、下）》，合肥：黄山书社，2013 年。

［3］林庚：《林庚诗选》，北京：人民文学出版社，1985 年。

［4］林庚：《林庚诗集》，北京：清华大学出版社，2014 年。

［5］萧乾：《海外行踪》，长沙：湖南人民出版社，1983 年。

专著

[1] 陈乐民：《欧洲文明的进程》，北京：三联书店，2014年。

[2] 陈受颐：《中欧文化交流史事论丛》，台北：台湾商务印书馆，1970年。

[3] 陈世骧：《中国文学的抒情传统》，北京：三联书店，2015年。

[4] 陈世骧：《陈世骧文存》，沈阳：辽宁教育出版社，1998年。

[5] 陈望衡：《中国古典美学史》，武汉：武汉大学出版社，2007年。

[6] 范存忠：《中西文化散论》，南京：译林出版社，2015年。

[7] 冯尔康等：《中国宗族史》，上海：上海人民出版社，2008年。

[8] 废名：《论新诗及其他》，沈阳：辽宁教育出版社，1998年。

[9] 废名、朱英诞：《新诗讲稿》，北京：北京大学出版社，2008年。

[10] 冯文炳：《谈新诗》，北京：人民文学出版社，1984年。

[11] 葛桂录：《含英咀华：葛桂录教授讲中英文学关系》，北京：中央编译出版社，2014年。

[12] 葛桂录：《雾外的远音：英国作家与中国文化》，福州：福建教育出版社，2015年。

[13] 葛桂录：《中英文学交流史（十四至二十世纪中叶）》，台北：万卷楼图书公司，2015年。

[14] 葛桂录：《英国文学研究的学术历程》，重庆：重庆出版社，2016年。

[15] 郭少棠：《旅行：跨文化想象》，北京：北京大学出版社，2005年。

[16] 郭勇健：《现象学美学史》，北京：社会科学文献出版社，2018年。

[17] 郭延礼：《中国近代翻译文学概论》，武汉：湖北教育出版社，2005年。

[18] 胡宗刚：《不该遗忘的胡先骕》，武汉：长江文艺出版社，2005年。

[19] 胡宗刚：《胡先骕先生年谱长编》，南昌：江西教育出版社，2007年。

[20] 李克建：《儒家民族观的形成与发展》，北京：民族出版社，2016年。

[21] 凌继尧：《西方美学史》，北京：北京大学出版社，2004年。

[22] 陆树仑：《冯梦龙研究》，上海：复旦大学出版社，1987年。

[23] 刘志侠、卢岚：《青年梁宗岱》，上海：华东师范大学出版社，2014年。

[24] 聂付生：《冯梦龙研究》，上海：学林出版社，2002年。

300

［25］潘显一等：《道教美学思想史研究》，北京：商务印书馆，2010 年。

［26］冉常建：《东西方戏剧流派》，北京：人民文学出版社，2018 年版。

［27］沈定平：《明清之际中西文化交流史》，北京：商务印书馆，2012 年。

［28］彭发胜：《向西方诠释中国——〈天下月刊〉研究》，北京：清华大学出版社，
2016 年。

［29］舒兰：《五四时代的新诗作家和作品》，台北：成文出版社，1980 年。

［30］苏明：《域外行旅与文学想象：以近代域外游记文学为考察中心》，北京：中
国社会科学出版社，2016 年。

［31］尚秉和：《历代社会风俗事物考》，台北：台湾商务印书馆，1985 年。

［32］王铭铭：《走在乡土上：历史人类学札记》，北京：中国人民大学出版社，
2003 年。

［33］吴经熊：《超越东西方》，北京：社会科学文献出版社，2002 年。

［34］王锦厚：《五四新文学与外国文学》，成都：四川大学出版社，1996 年。

［35］王宁、葛桂录等：《神奇的想象：南北欧作家与中国文化》，银川：宁夏人民
出版社，2005 年。

［36］温源宁：《一知半解及其他》，沈阳：辽宁教育出版社，2001 年。

［37］王佐良：《英国诗史》，北京：外语教学与研究出版社，2016 年。

［38］王佐良：《英国浪漫主义诗歌史（珍藏版）》，北京：三联书店，2018 年。

［39］熊辉：《五四译诗与早期中国新诗》，北京：人民出版社，2010 年。

［40］谢天振：《比较文学与翻译研究》，上海：复旦大学出版社，2011 年。

［41］叶长海：《中国戏剧学史稿》，北京：中国戏剧出版社，2003 年。

［42］杨天宏：《基督教与民国知识分子》，北京：人民出版社，2005 年。

［43］易中天：《破门而入——美学的问题与历史》，上海：复旦大学出版社，
2006 年。

［44］徐葆耕：《西方文学：心灵的历史》，北京：清华大学出版社，2003 年。

［45］许明龙：《欧洲 18 世纪"中国热"》，太原：山西教育出版社，2007 年。

［46］赵景深：《戏曲笔谈》，北京：中华书局，1962 年。

［47］赵毅衡：《对岸的诱惑：中西文化交流记》，成都：四川文艺出版社，2013 年。

［48］郑晓云：《文化认同与文化变迁》，北京：中国社会科学出版社，1992 年。

［49］周一良主编：《中外文化交流史》，郑州：河南人民出版社，1987 年。

［50］张节末：《禅宗美学》，北京：北京大学出版社，2006 年。

［51］查明建、谢天振：《中国 20 世纪外国文学翻译史》，武汉：湖北教育出版社，2007 年。

［52］朱谦之：《中国哲学对欧洲的影响》，石家庄：河北人民出版社，2006 年。

［53］张仁香：《梁宗岱诗学研究》，广州：暨南大学出版社，2014 年。

［54］张玉能：《深层审美心理学》，武汉：华中师范大学出版社，2018 年。

［55］朱学勤、王丽娜：《中国与欧洲文化交流志》，上海：上海人民出版社，1998 年。

［56］周小仪：《唯美主义与消费文化》，北京：北京大学出版社，2002 年。

编著

［1］范伯群、朱栋霖主编：《1898—1949 中外文学比较史》（上下卷），南京：江苏教育出版社，2007 年。

［2］复旦大学文史研究院编：《西文文献中的中国》，北京：中华书局，2012 年。

［3］何培忠编：《当代国外中国学研究》，北京：商务印书馆，2006 年。

［4］高建平、丁国旗编著：《西方文论经典（第三卷） 从德国古典美学到自然主义》，合肥：安徽文艺出版社，2014 年。

［5］梅国平编：《改革开放以来胡先骕研究文选》，北京：中国社会科学出版社，2015 年。

［6］赵澧、徐京安编：《唯美主义》，北京：中国人民大学出版社，1988 年。

［7］张庚、郭汉城编：《中国戏曲通论（上、下）》，北京：文化艺术出版社，2013 年。

［8］郑振满、陈春声编：《民间信仰与社会空间》，福州：福建人民出版社，2003 年。

译著

［1］［法］布迪厄：《艺术的法则：文学场的生成和结构》，刘晖译，北京：中央编译出版社，2001 年。

［2］［法］谢和耐：《中国文化与基督教的冲撞》，于硕等译，沈阳：辽宁人民出版社，1989 年。

［3］［美］本尼迪克特·安德森：《民族主义的起源与散布》，吴叡人译，上海：上
海人民出版社，2005 年。

［4］［美］白之：《白之比较文学论文集》，微周等译，长沙：湖南文艺出版社，
1987 年。

［5］［美］鲍威尔：《我在中国二十五年——〈密勒氏评论报〉主编鲍威尔回忆录》，
邢建榕等译，上海：上海书店出版社，2010 年。

［6］［美］杜赞奇：《从民族国家拯救历史：民族主义话语与中国现代史研究》，王
宪明等译，北京：社会科学文献出版社，2003 年。

［7］［美］萨义德：《文化与帝国主义》，李琨译，北京：三联书店，2016 年。

［8］［美］特里·伊格尔顿：《美学意识形态》，王杰等译，桂林：广西师范大学出
版社，1997 年。

［9］［美］依迪丝·汉密尔顿：《希腊精神：西方文明的起源》，葛海滨译，沈阳：
辽宁教育出版社，2005 年。

［10］［日］笠原仲二：《古代中国人的美意识》，杨若薇译，北京：三联书店，
1988 年。

［11］［英］阿伦·布洛克：《西方人文主义传统》，董乐山译，北京：三联书店，
2003 年。

［12］［英］埃里克·霍布斯鲍姆：《民族与民族主义》，李金梅译，上海：上海世
纪出版社，2006 年。

［13］［英］丹尼·卡瓦拉罗：《文化理论关键词》，张卫东等译，南京：江苏人民
出版社，2013 年。

［14］［英］雷蒙·道森：《中国变色龙》，常绍民、明毅译，北京：中华书局，
2006 年。

［15］［英］玛·布尔顿：《诗歌解剖》，傅浩译，北京：三联书店，1992 年。

［16］［英］曼德维尔：《曼德维尔游记》，郭泽民、葛桂录译，上海：上海书店出
版社，2010 年。

［17］［意］柏朗嘉宾：《柏朗嘉宾蒙古行纪》，［法］鲁布鲁克：《鲁布鲁克东行
纪》，耿昇、何高济译，北京：中华书局，2013 年。

［18］［中］温源宁：《不够知己》，江枫译，北京：外语教学与研究出版社，2012 年。

［19］［中］吴经熊：《唐诗四季》，徐成斌译，沈阳：辽宁教育出版社，1997 年。

［20］［中］吴经熊：《吴经熊自传》，周伟驰译，北京：社会科学文献出版社，
2013 年。

学位论文

[1] 包小晗：《周作人新诗研究》，南京大学，2013 年。

[2] 蔡乾：《思想史语境中的 17、18 世纪英国汉学研究》，福建师范大学，2017 年。

[3] 陈仕国：《〈桃花扇〉接受史研究》，山西师范大学，2015 年。

[4] 陈璇：《叙述与确认：民国时期新诗选本研究》，武汉大学，2014 年。

[5] 陈夏临：《"爱美家"的"中国梦"——哈罗德·阿克顿爵士与中国》，福建师范大学，2010 年。

[6] 蒋秀云：《中国古典戏剧在 20 世纪英国的传播与接受》，福建师范大学，2011 年。

[7] 刘邦春：《从消极和平到积极和平》，湖南师范大学，2012 年。

[8] 刘娟娟：《从交际翻译策略看奚密〈中国现代诗歌英译〉和艾克敦〈中国现代诗选〉导言的汉译》，北京外国语大学，2015 年。

[9] 吕超：《比较文学视域下的城市异托邦——以英语长篇小说中的老北京和老上海为例》，上海师范大学，2008 年。

[10] 许路：《美国汉学家阿灵顿生平及著作研究》，北京外国语大学，2014 年。

[11] 王琼玉：《陈世骧文学思想研究》，安徽师范大学，2016 年。

[12] 谢向红：《美国诗歌对"五四新诗"的影响》，首都师范大学，2006 年。

[13] 严慧：《1935—1941：〈天下〉与中西文学交流》，苏州大学，2009 年。

[14] 杨靖：《"耶""佛"的接榫与错位——李提摩太中国大乘佛教文本英译研究》，上海外国语大学，2019 年。

[15] 岳曼曼：《宇文所安的中国文学英译研究》，湖南师范大学，2019 年。

[16] 易永谊：《世界主义与民族想象——〈天下月刊〉与中英文学交流（1935—1941）》，福建师范大学，2009 年。

[17] 朱玲：《昆曲翻译的多模态视角探索——以〈牡丹亭〉英译为例》，苏州大学，2015 年。

期刊论文

[1] 卞东波：《〈中国现代诗选〉：最早翻译到西方的中国现代诗集》，《中山大学学报（社会科学版）》，2014 年第 3 期。

304

［2］北塔：《略论闻一多诗歌之英文翻译》，《中国现代文学研究丛刊》，2011 年第
　　　12 期。

［3］高博涵：《论卞之琳 1930—1934 年间的创作心态及其诗歌》，《文艺争鸣》，
　　　2014 年第 10 期。

［4］葛桂录：《奥斯卡·王尔德与中国文化》，《外国文学研究》，2004 年第 4 期。

［5］葛桂录：《论哈罗德·阿克顿小说里的中国题材》，《外国文学研究》，2006 年
　　　第 1 期。

［6］龚敏律：《艾克敦与 30 年代中国"北方系"新生代诗人》，《文学评论》，
　　　2013 年第 6 期。

［7］管兴忠、马会娟：《胡同贵族中国梦——艾克敦对中国文学的译介研究》，《外
　　　语学刊》，2016 年第 2 期。

［8］哈罗德·阿克顿著，北塔译：《〈中国现代诗选〉导言》，《现代中文学刊》，
　　　2010 年第 4 期。

［9］黄丽娟：《文化异位中的心灵顿悟——哈罗德·阿克顿的中国叙事研究》，《外
　　　国文学》，2012 年第 6 期。

［10］蒋登科：《西方视角中的何其芳及其诗歌》，《现代中文学刊》，2012 年第 4 期。

［11］路旦俊：《"三言"英译的比较研究》，《求索》，2005 年第 4 期。

［12］李德凤、鄢佳：《中国现当代诗歌英译述评（1935—2011）》，《中国翻译》，
　　　2013 年第 2 期。

［13］李刚、谢燕红：《中国现代诗歌的英译传播与研究》，《南京师范大学文学院
　　　学报》，2017 年第 4 期。

［14］马会娟、管兴忠：《艾克敦和英语世界第一部英译中国新诗选》，《外国语
　　　文》，2015 年第 2 期。

［15］沈文冲：《卞之琳年谱简编》，《南通师范学院学报（哲学社会科学版）》，
　　　2002 年第 18 卷第 1 期。

［16］陶家俊：《唯美中国的诱惑：20 世纪 30 年代牛津才子的中国之旅》，《外国文
　　　学》，2018 年第 2 期。

［17］王华玲、屠国元：《"三言"翻译研究史论》，《湖南科技大学学报（社会科
　　　学版）》，2017 年第 6 期。

［18］庄群英：《英国汉学家哈罗德·阿克顿与〈醒世恒言〉的翻译》，《佳木斯大
　　　学社会科学学报》，2012 年第 6 期。

［19］庄信正：《忆陈世骧先生》，《现代中文学刊》，2014 年第 2 期。

［20］叶向阳：《"北京让我的生活像牡丹般绽放"——英国作家艾克敦与北京》，《国际汉学》，2016 年第 3 期。

［21］易永谊：《温源宁与北京大学英文系（1924—1933）》，《现代中文学刊》，2015 年第 3 期。

［22］赵云龙：《中国新诗在英语世界的翻译与接受（1936—2017）——基于英语世界"引进"与中国官方"外推"活动的对比研究》，《中国比较文学》，2019 年第 2 期。

二、英文文献

著作

［1］Acton, Harold & Ch'en Sh'ih Hsiang. *Modern Chinese Poetry*. London: Duckworth, 1936.

［2］Acton, Harold & Lewis Charles Arlington. *Famous Chinese Plays*. Peiping: Henri Vetch, 1937.

［3］Acton, Harold. *Peonies and Ponies*. London: Oxford University Press, 1941.

［4］Acton, Harold. *Memoirs of an Aesthete*. London: Methuen, 1948.

［5］Acton, Harold. *More Memoirs of an Aesthete*. London: Methuen, 1970.

［6］Acton, Harold. *Nancy Mitford*. London: Gibson Square Books, 2002.

［7］A. Richard Turner. *La Pietra: Florence, a Family and a Villa*. New York: New York University, 2002.

［8］Chaney, Edward & Neil Ritchie. *Oxford, China and Italy*. London: Thames and Hudson Ltd., 1984.

［9］Davie, Michael. *Diaries of Evelyn Waugh*. Penguin Putnam trade, 1979.

［10］Fenollosa, Ernest F. *Ezra Pound: The Chinese Written Character as Medium for Poetry: A Critical Edition*. New York: Fordham University Press, 2010.

［11］Feng Meng-lung, Translated from the Chinese by Harold Acton & Lee Yihsieh.

Four Cautionary Tales. New York: A. A. WYN, INC, 1948.

[12] Haft, Lloyd. *Pien Chih-lin a study in modern Chinese poetry.* Foris Publications, 1983.

[13] Harrison, Glenys. *Nancy Mitford and Friends.* Cheltenham: South Books, 2016.

[14] Munday, Jerry. *Introducing Translation Studies: Theories and Applications.* New York and London: Routeldge, 2001.

[15] Quennell, Peter. *The Marble Foot: An Autobiography 1905-1938.* The Viking Press, 1976.

[16] Waley, Arthur. *Chinese Poems.* Lowe Bros. High Holborn: London W. C., 1916.

[17] Waugh, Evelyn. *Brideshead Revisited.* London: Penguin Books, 1981.

[18] Waugh, Evelyn. *Letters of Evelyn Waugh by Evelyn Waugh.* NewYork: Phoenix Press, 1995.

[19] Yang, Shuhui. *Appropriation and Representation: Feng Menglong and the Chinese Vernacular Story.* University of Michgan Center for Chinese Studies, 1968.

论文

[1] Cohen, Alvin P. "Bibliography of Chen Shih-hsiang 陳世驤，1912-1971." *Part I: Writings in English.* 1981, 3（1）: 150-152.

[2] Foxeus, Niklas. "'I am the Buddha, the Buddha is Me'：Concentration Meditation and Esoteric Modern Buddhism in Burma/Myanmar." *Numen*, 2016（63）.

[3] Hsu, Pi-ching. "Emotions and Dreams in Feng Menglong's Three Words." *Ming Qing Yanjiu*, 2006.

[4] Hu, H. H. & Harold Acton. "Nine Poems of SU TUNG P'O". *T'ien Hsia Monthly*, 1939（2）.

[5] Jin, Wen. "Sentimentalism and the 'Cult of Qing'：Writing Romantic Love in 18th-Century England and Late Ming China", *Research Article*, 03 October, 2014.

[6] Wang, C. H. & Joseph R. Allen. "Bibliography of Chen Shih-hsiang 陳世驤，1912-1971." *Part II: Writings in Chinese.* 1981, 3（1）:153-154.

后　记

出生于意大利佛罗伦萨的哈罗德·阿克顿爵士是英国汉学家，同时也是艺术史家、诗人、作家、收藏家，曾受业于伊顿、牛津等名校。1932年起他游历欧美、中国、日本等地。早年在牛津、巴黎、佛罗伦萨研究西方艺术，暮年于佛罗伦萨郊外一处祖传官殿彼得拉庄园颐养天年。对东方文化，特别是中国文化，阿克顿有一种发自内心的痴迷。1932年，精致的日本艺术让他体会到一种异乎寻常的美，遂离欧赴日，踏上寻访东方之美的旅途。然而，当时日本国内已经弥漫着军国主义的嚣张气焰，他无法欣赏那儿的历史文物，决定转往中国。这一决定让他从此与中国结下不解之缘，而后来八年的在华经历让他对中国有了更多、更直接的认识，也在他的回忆录、小说及译著中留下了对中国文化的唯美印象。在20世纪30年代，踏进东方文明古国的阿克顿对待中国文化的观念别具先进性与前瞻性，他的"中国梦"是鲜活丰盈而恒久执着的。

通晓西方艺术史的阿克顿素以"爱美者"自居，用"美"来净化被物质追求浸染的精神世界，让它重新变得鲜活起来。阿克顿对"美"的

308

追寻成为他生活乃至生命中不可舍弃的部分，这就是感悟自然之美，撷取东西方艺术之美，崇尚充满灵性的诗意人生。而对中国古典文化的心仪与痴迷，正是阿克顿作为"爱美者"身份最好的注脚。如此"爱美者"的出现，本身就具有深长的文化意蕴。这是一个非常值得认知探讨的有趣的灵魂。

我对哈罗德·阿克顿的关注开始于本世纪初期做博士论文《英国文学里的中国题材：1793—1945》〔该论文后来由德国金琅学术出版社（Golden Light Academic Publishing）于 2016 年出版〕的时候，其中涉及阿克顿的一小节内容也是学界首次探讨阿克顿笔下的中国题材及中国形象问题。后来以《论哈罗德·阿克顿小说里的中国题材》为题，发表于《外国文学研究》2006 年第 1 期，并被人大报刊复印资料《外国文学研究》2006 年第 6 期全文转载。这篇文章通过细读英文文本指出，痴迷中国文化的阿克顿通过其小说《牡丹与马驹》的主人公菲利浦·费劳尔在中国的精神探索历程，形象地展现了东方文明拯救西方危机这一时代命题的诸多内涵。从孔子的信徒，到道家思想的追随者，再变为遁世的佛教徒，菲利浦的哲学思考行踪几乎浓缩了整个西方世界对东方哲学接受和利用的历程。经过扩充修订，再以"我前世就是一个中国佬：凝望哈罗德·阿克顿对中国文化的痴迷"为题，作为 2015 年拙著增订版《雾外的远音：英国作家与中国文化》（福建教育出版社）的一节内容刊出。同样，该文也已作为附录收入这本评传之中。

对这样一个"爱美者"展开全面探讨的愿望，在陈夏临多年来对阿克顿孜孜以求的垦拓中得到了初步实现。夏临分别于 2007 年和 2019 年考入福建师范大学比较文学与世界文学专业，跟随我攻读硕士和博士学位，商议确定的课题都集中于哈罗德·阿克顿研究，并以优秀的硕士学位论文《"爱美家"的"中国梦"——哈罗德·阿克顿爵士与中国》（2010）与博士学位论文《跨文化交流语境中的译者哈罗德·阿克顿研究》（2022）成果，如愿获得学位。她的博士论文立足于原典史实，全景呈现与深刻阐析"爱美家"哈罗德·阿克顿的文化身份、文化思想、翻译策略与汉学成就，重点突出阿克顿新诗翻译的文学传统继承与文体创新意识、古诗翻译的命运共同体建构意识、小说翻译的历史与民俗研究意识、京剧翻译的平民史诗复现意识、昆曲翻译的中西戏剧文化互鉴意识等诸层面，并从中西文化互鉴角度，展示作为文化"他者"的阿克顿，如何以文化导体身份，传播中华优秀传统文化，传承中华文化根脉，向世界讲述中国故事方面所作出的突出贡献。参加工作后，夏临也申请获批了福建省社科规划项目《哈罗德·阿克顿"中国情结"文化行为研究》，并发表了多篇研究论文。

正是基于对阿克顿史料文献的采集把握与上述的研究基础，我们才有为这个研究对象撰写评传的构想。立足于思想史的维度，在中外文化交流与文明互鉴的时代语境中，探究阿克顿"爱美家"精神家园的形成背景、文化内涵与思维成果，使其人格鲜活起来。我们试图将历史做活，使人物重现，将关系厘清，把思想阐发。也就是说，要重现"鲜活"的交流史，追溯"被经典化"的成因，复现"失踪者"阿克顿，厘清"爱美家"的精神家园与人文关怀，最终促使阿克顿其人其事、其情所想，为世人所知所感。

阿克顿生前已立遗嘱将出生并终老于斯的彼得拉庄园及所有藏品作为教育遗赠，捐给纽约大学，成为纽约大学佛罗伦萨分校。在其藏品中就包括许多跟中国有关的艺术品物件，让人们不断回味这个自称前世就是一个中国佬的阿克顿的中国梦。

2018 年年底，我曾收到来自美国纽约大学欧洲与中世纪研究中心主任 Larry Wolff 教授的热情邀请，参加在佛罗伦萨彼得拉庄园举办的"哈罗德·阿克顿在中国：东西方文化对话研讨会"及"哈罗德·阿克顿与中国"艺术展，与来自欧洲、美国以及香港的学者一起分享交流研究"爱美家"阿克顿的收获。而我们目前撰写的这部评传也希望能作为"阿克顿与中国"课题的一个新成果，展示传主将唯美的先验智慧投诸对中国文学的研究、翻译以及对中国文化的无穷羁旅与倾情拥抱上，并向在中国找到了灵魂归宿和唯美镜像的哈罗德·阿克顿致敬。

葛桂录

2023 年 9 月 28 日于福州